首届全国机械行业职业教育精品教材
职 业 教 育 汽 车 类 专 业 教 材

汽车发动机构造与检修

（第 3 版）

曲英凯　刘　锐　主　编
曲晓红　张井柱　副主编
张立华　主　审

人民交通出版社
北　京

内 容 提 要

本书为首届全国机械行业职业教育精品教材、职业教育汽车类专业教材。本书重点介绍了汽车发动机构造、工作原理和检修过程中所需要的知识和技能。全书共分为8个项目,分别为曲柄连杆机构的检修、配气机构的检修、燃油供给系统的检修、进排气系统的检修、发动机管理系统主要元件的检修、点火系统的检修、冷却系统的检修、润滑系统的检修。

本书主要供职业院校汽车类专业教学使用,也可作为汽车相关技术人员培训用书。

本书配有教学课件,教师可通过加入汽车高职教学研讨群(QQ:64428474)获取。

图书在版编目(CIP)数据

汽车发动机构造与检修/曲英凯,刘锐主编. 3版.—北京:人民交通出版社股份有限公司,2025. 4.—ISBN 978-7-114-20392-3

Ⅰ. U472.43

中国国家版本馆CIP数据核字第2025UZ4135号

Qiche Fadongji Gouzao yu Jianxiu

书　　名:汽车发动机构造与检修(第3版)

著 作 者:曲英凯　刘　锐

责任编辑:时　旭

责任校对:赵媛媛　魏佳宁

责任印制:张　凯

出版发行:人民交通出版社

地　　址:(100011)北京市朝阳区安定门外外馆斜街3号

网　　址:http://www.ccpcl.com.cn

销售电话:(010)85285911

总 经 销:人民交通出版社发行部

经　　销:各地新华书店

印　　刷:北京市密东印刷有限公司

开　　本:787×1092　1/16

印　　张:15

字　　数:351千

版　　次:2013年3月　第1版
　　　　2019年7月　第2版
　　　　2025年4月　第3版

印　　次:2025年4月　第3版　第1次印刷　累计第4次印刷

书　　号:ISBN 978-7-114-20392-3

定　　价:59.00元

PREFACE

第3版前言

本书深入贯彻落实党的二十大精神，积极响应《教育强国规划纲要（2024—2035）》关于“打造职业教育优质教材”的战略部署，以提升“五金”建设中“金教材”质量为使命，全面服务新时代高素质技术技能人才培养需求。严格遵循教育部最新高等职业教育专科（汽车类）专业教学标准，深度契合汽车维修工国家职业标准和职业技能大赛要求。编写团队通过系统化企业调研，确保教材内容与行业技术发展同步，实现专业教学与岗位需求的精准对接。

自2013年首次出版以来，本教材已成为全国职业院校汽车专业的首选教学用书，并于2017年荣获“首届全国机械行业职业教育精品教材”称号。2019年出版的第2版进一步优化了内容体系，2024年启动第3版修订工作，在保持原有特色的基础上，着重强化了课程思政、新技术应用和数字化资源建设，持续引领汽车专业教材建设方向。

第3版全面升级：深度融合理论与实践，赋能新时代技能人才培养。与第2版相比，第3版在内容体系、教学设计和资源建设上实现了全方位优化，更加契合现代职业教育的发展需求：

1. 结构科学化，目标立体化

每个项目新增“三维学习目标”（知识目标、技能目标、素质目标），其中素质目标融入课程思政元素，注重培养学生的工匠精神、职业操守和社会责任感。以大众、康明斯等主流车型为载体，通过8大项目、24个典型任务，系统诠释发动机结构、原理与维修技术，实现“理论—实践—创新”的闭环学习。

2. 内容前沿化，技术实用化

新增柴油机燃油供给系统等前沿技术模块，替换过时内容，确保与行业最新标准同步。重新优化插图与图表，采用高清分解图与三维示意图相结合的形式，直观呈现复杂结构，提升学习效率。

3. 资源数字化，学习终身化

依托中国-东盟多彩智慧学院平台（https://www.acscei.cn/portal/index），提供中英双语微课、虚拟仿真等动态资源，支持“扫码即学、云端巩固”的混合式学习。通过“任务场景化、技术标准化、资源数字化”三维设计，构建“学—练—用”职业能力提升体系，强化岗位迁移能力。

第3版以“立德树人”为根本，将思政教育、技术革新与数字化学习深度融合，不仅教会学生“如何做”，更引导其思考“为何做”，真正实现从技能培养到职业素养的全面升华，为行业输送知行合一的高技能人才。

参与本书编写的有：吉林交通职业技术学院曲英凯（项目二、项目三、项目五）、刘锐（概述、项目一、项目六任务一、项目八任务二）、曲晓红（项目四任务一、项目四任务二）、张井柱（项目七）、刘振（项目四任务三）、高寒（项目八任务一）、高伟（项目六任务二）、刘恩宏（项目六任务三）。全书由曲英凯、刘锐担任主编，曲晓红、张井柱担任副主编，张立华担任主审。

本书在编写过程中引用了一些国内外文献资料，扩展和充实了本书内容。在此，对上述文献资料作者表示感谢。

限于编者经历和水平，教材内容难免有不当之处，恳切希望使用本书的广大师生和读者提出修改意见。

编　者

2025年3月

二维码索引

续上表

序号	二维码	名称	页码	序号	二维码	名称	页码
19		火花塞结构	187	23		蜡式节温器的结构	205
20		冷却系统组成3D结构展示	198	24		润滑方式	213
21		散热器盖结构	199	25		齿轮式机油泵的工作原理	219
22		离心式水泵的工作原理	204	26		转子式机油泵的结构	221

CONTENTS 目　录

概述

学习目标

❖ 知识目标

1. 掌握发动机的基本组成。
2. 了解发动机的编号。
3. 掌握发动机的基本名词术语、基本工作原理。
4. 了解发动机的基本性能指标。

❖ 技能目标

1. 能够指出发动机各部件的名称。
2. 能够解读发动机铭牌。

❖ 素质目标

1. 能够自觉遵守法律、法规以及技术标准规定。
2. 能够与同学及教师建立良好的合作关系。
3. 培养质量意识、安全意识和环保意识。
4. 传承和弘扬精益求精的工匠精神，以严谨认真的态度对待每一项学习任务。

发动机是将其他形式的能量转变为机械能的一种机械装置。汽车所采用的发动机绝大多数是内燃机。内燃机是燃料在发动机内部燃烧的一种热力机。内燃机每实现一次热功转换,都要经历一系列连续的工作过程,构成一个工作循环。

根据所用燃料的不同,汽车发动机分为汽油发动机(简称汽油机)和柴油发动机(简称柴油机)。汽油机通常是将汽油直接喷入进气管或汽缸内,与空气混合形成可燃混合气,再用电火花点燃,这种发动机被称为汽油喷射式发动机。汽车用柴油机使用的燃料一般是轻柴油,通过高压燃油泵加压后由喷油器喷入汽缸,与汽缸内经过压缩的空气混合,使其在高温下自燃做功。

1 发动机的基本组成及功用

发动机的结构形式不同,其具体构造也有所不同。但就其总体结构而言,基本上都是由曲柄连杆机构、配气机构、燃油供给系统、润滑系统、冷却系统、点火系统(柴油机无此系统)、起动系统、进排气系统和发动机管理系统组成(图0-0-1、图0-0-2、表0-0-1)。

图0-0-1 迈腾发动机总体结构(外部分解图)

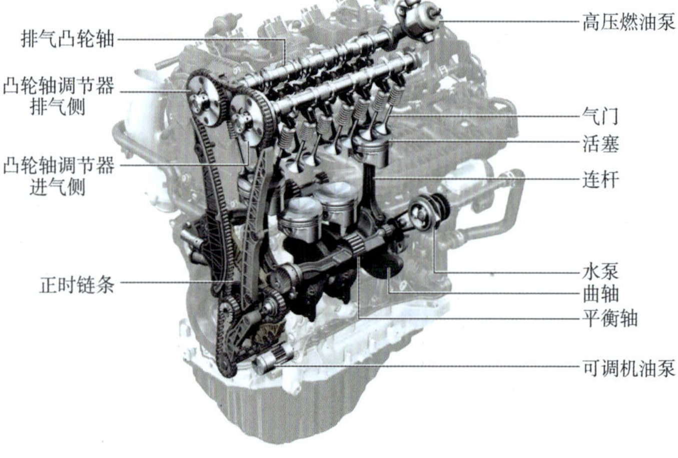

图0-0-2 迈腾发动机总体结构(内部透视图)

发动机的组成及功用 表 0-0-1

<table>
<tr><th colspan="2">名称</th><th>组成与图例</th><th>功用</th></tr>
<tr><td rowspan="2">两大机构</td><td>曲柄连杆机构</td><td>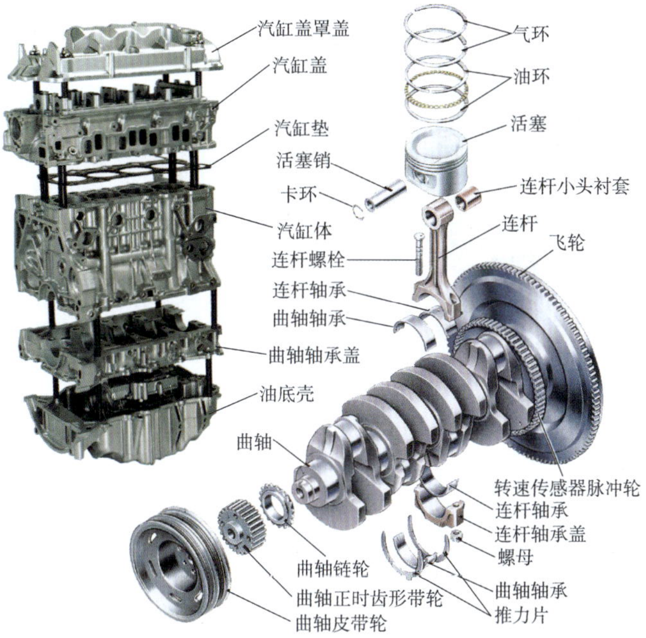
</td><td>(1)将燃料燃烧的热能转变为机械能。
(2)将活塞的往复直线运动转变为曲轴的旋转运动。
(3)以转矩的形式向外输出动力</td></tr>
<tr><td>配气机构</td><td>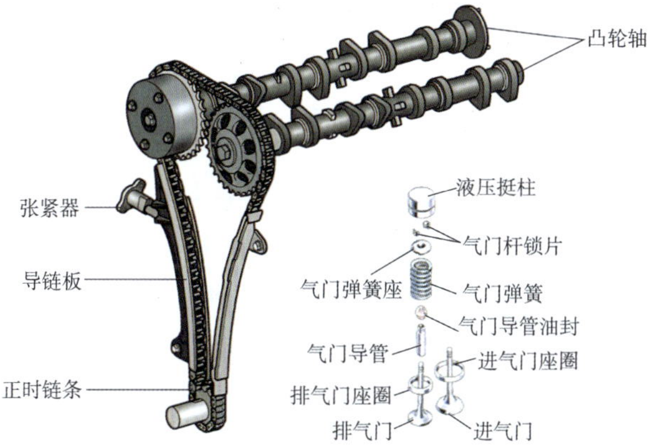
</td><td>(1)按照发动机各缸的做功顺序和每一缸工作循环的要求,定时地开启和关闭进、排气门。
(2)使新鲜可燃混合气(汽油机)或空气(柴油机)及时充入汽缸。
(3)把汽缸内的废气及时排出汽缸</td></tr>
<tr><td>七大系统</td><td>燃油供给系统</td><td>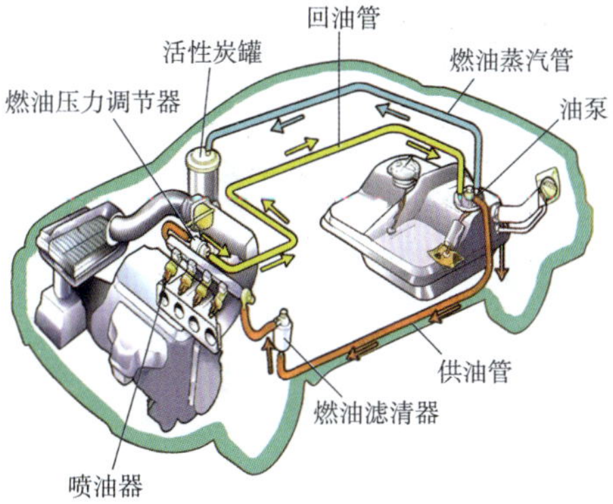
</td><td>(1)将燃油加压,输送给喷油器。
(2)根据发动机不同工况的要求,配制一定数量和浓度的混合气,供入汽缸</td></tr>
</table>

续上表

名称		组成与图例	功用
七大系统	润滑系统	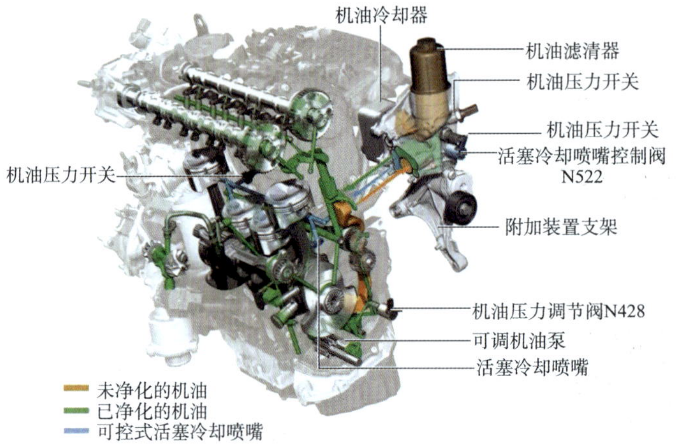	(1)润滑:减少零件表面摩擦、磨损。 (2)冷却:降低摩擦表面的温度。 (3)清洗:带走零件表面的磨屑等。 (4)密封:对相互配合的零件间的间隙进行密封。 (5)防腐:能防止零件表面产生锈蚀。 (6)减振:能吸收相互配合件间产生的冲击力
	冷却系统	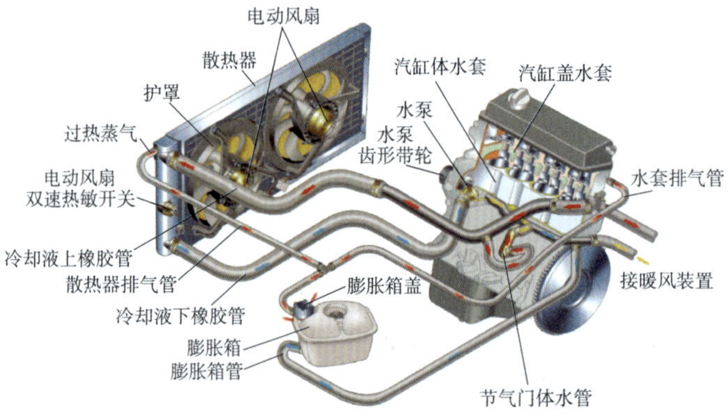	(1)将发动机的热量散发到大气中。 (2)维持发动机的正常工作温度
	点火系统	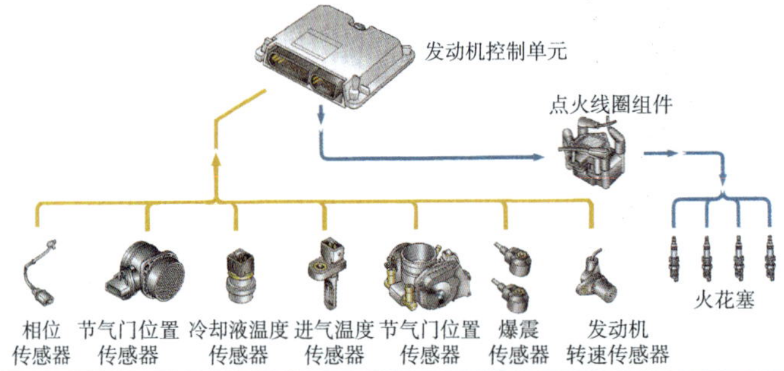	(1)将低压电转变为高压电。 (2)按做功顺序与点火时刻的要求,将高压电输送给火花塞。 (3)点燃混合气。 注:柴油机无此系统
	起动系统	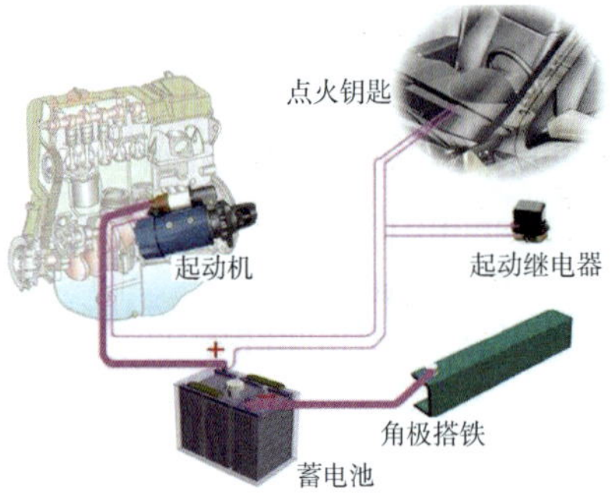	(1)将蓄电池的电能转换为机械能。 (2)使静止的发动机进入自行运转状态

续上表

名称		组成与图例	功用
七大系统	进排气系统	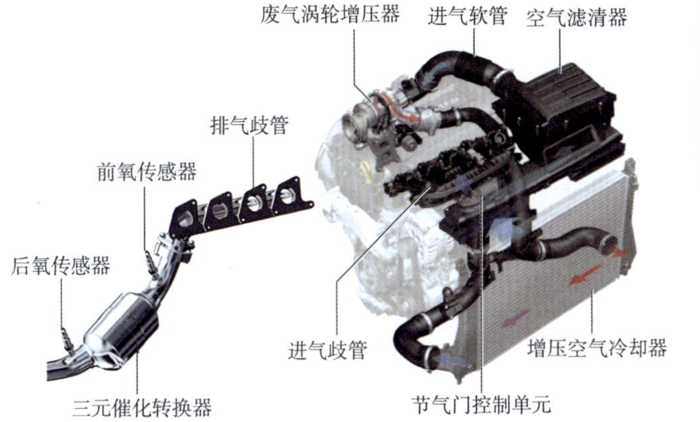	(1)为发动机工作提供充分的空气,以提高发动机的动力性能。 (2)将排气中的有害气体转化为无害气体排到大气中,提高环保性
	发动机管理系统	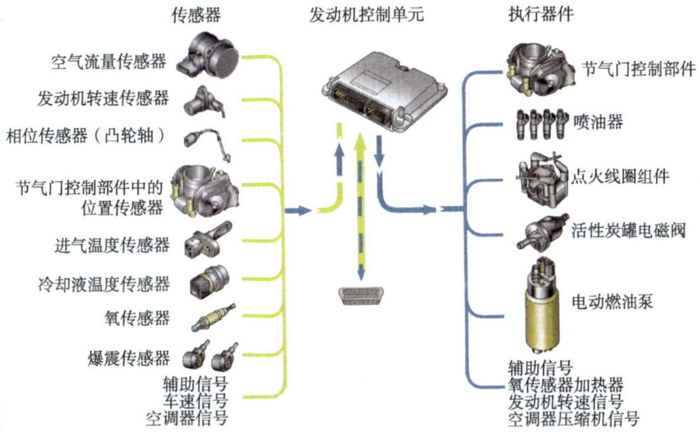	(1)传感器将发动机的运转情况转换成电信号,并传递给 ECU(电子控制单元)。 (2)ECU 对传来的电信号进行计算,并将计算结果以指令的形式传给执行器。 (3)执行器按 ECU 的指令进行动作,完成 ECU 对发动机的控制

2 发动机的编号

2.1 国家标准 GB/T 725—2008 的规定

为了便于内燃机的生产管理和使用,我国于 2008 年对内燃机名称和型号编制方法重新审定,并颁布了国家标准《内燃机产品名称和型号编制规则》(GB/T 725—2008),该标准的主要内容如下:

(1)内燃机产品名称均按所采用的燃料命名,如柴油机、汽油机、天然气机等。

(2)内燃机型号由阿拉伯数字、汉语拼音字母或国际通用的英文缩略字母组成。

内燃机型号由下列四部分组成(图 0-0-3)。

(1)第一部分:由制造商代号或系列符号组成。本部分代号由制造商根据需要选择相应 1~3位字母来表示。

(2)第二部分:由汽缸数、汽缸布置形式符号、冲程形式符号、缸径符号组成。

①汽缸数用 1 位或 2 位数字表示;

②汽缸布置形式符号按表 0-0-2 规定;

③冲程形式为四冲程时符号省略,二冲程用 E 表示;

④缸径符号一般用缸径或缸径/行程数字表示,也可用发动机排量或功率数表示,其单位由制造商自定。

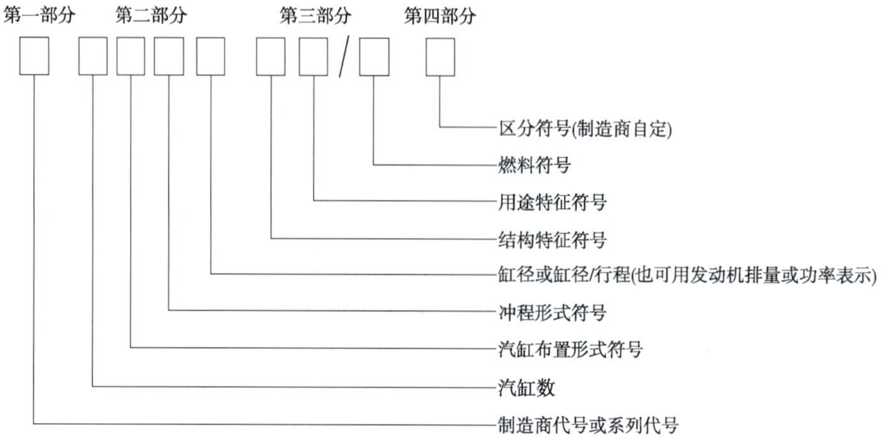

图 0-0-3　内燃机型号表示方法

汽缸布置形式符号　　表 0-0-2

符号	含义	符号	含义
无符号	多缸直列及单缸	H	H 形
V	V 形	X	X 形
P	卧式		

注:其他布置形式符号见 GB/T 1883.1—2005。

(3)第三部分:由结构特征符号和用途特征符号组成。其符号分别按表 0-0-3、表 0-0-4 的规定。

结构特征符号　　表 0-0-3

符号	结构特征	符号	结构特征
无符号	冷却液冷却	Z	增压
F	风冷	ZL	增压中冷
N	凝气冷却	DZ	可倒转
S	十字头式		

用途特征符号　　表 0-0-4

符号	用途特征	符号	用途特征
无符号	通用型及固定动力(或制造商自定)	D	发电机组
T	拖拉机	C	船用主机、右机基本型
M	摩托车	CZ	船用主机、左机基本型
G	工程机械	Y	农用三轮车(或其他农用车)
Q	汽车	L	林业机械
J	铁路机车		

注:内燃机左机和右机的定义按 GB/T 726—1994 的规定。

(4)第四部分:区分符号。同系统产品需要区分时,允许制造商选用适当符号表示。第三部分与第四部分可用"—"分隔。

2.2 型号示例

1)柴油机型号

(1)G12V190ZLD——12缸、V形、四冲程、缸径190mm、冷却液冷却、增压中冷、发电用(G为系列代号);

(2)R175A——单缸、四冲程、缸径75mm、冷却液冷却(R为系列代号、A为区分符号);

(3)YZ6102Q——六缸直列、四冲程、缸径102mm、冷却液冷却、车用(YZ为扬州柴油机厂代号)。

2)汽油机型号

(1)1E65F/P——单缸、二冲程、缸径65mm、风冷、通用型;

(2)492Q/P—A——四缸、直列、四冲程、缸径92mm、冷却液冷却、汽车用(A为区分符号)。

3)燃气机型号

(1)12V190ZL/T——12缸、V形、四冲程、缸径190mm、冷却液冷却、增压中冷、燃气为天然气;

(2)16V190ZLD/MJ——16缸、V形、四冲程、缸径190mm、冷却液冷却、增压中冷、发电用、燃气为焦炉煤气。

4)双燃料发动机型号

(1)G12V190ZLS——12缸、V形、缸径190mm、冷却液冷却、增压中冷、燃料为柴油/天然气双燃料(G为系列代号);

(2)12V26/32ZL/SCZ——12缸、V形、缸径260mm、行程320mm、冷却液冷却、增压中冷、燃料为柴油/沼气双燃料。

发动机基本名词术语

3 发动机的基本名词术语

发动机的基本术语如图0-0-4所示。

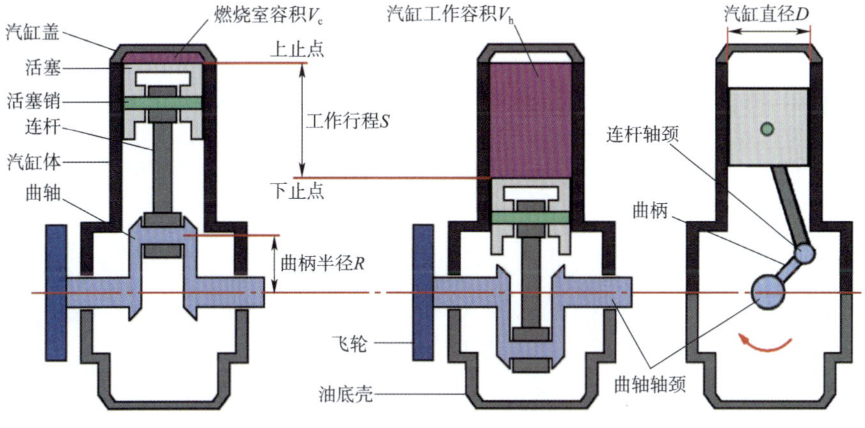

图0-0-4 发动机的基本术语

(1)上止点。活塞在离曲轴回转中心最远处时,活塞顶所处的位置称为上止点。

(2)下止点。活塞在离曲轴回转中心最近处时,活塞顶所处的位置称为下止点。

(3)曲柄半径。曲轴上连杆轴颈轴线与曲轴轴颈轴线(曲轴的回转中心)之间的距离称为曲柄半径,一般用 R 表示。

(4)工作行程。活塞从一个止点运动到另一个止点间所移动的距离称为活塞的工作行程(又称活塞行程),一般用 S 表示,工作行程为曲柄半径的两倍,即:$S=2R$。

(5)汽缸工作容积。活塞从一个止点到另一个止点所扫过的容积称为汽缸工作容积,即:

$$V_h = \frac{\pi D^2 S}{4 \times 10^6}$$

式中:V_h——汽缸工作容积,L;

D——汽缸直径,mm;

S——活塞行程,mm。

(6)发动机工作容积。发动机所有汽缸工作容积的总和称为发动机工作容积(也称为发动机的排量),即:

$$V_L = iV_h$$

式中:V_L——发动机工作容积,L;

i——发动机的汽缸数。

(7)燃烧室容积。活塞在上止点时,活塞顶上部空间的容积称为燃烧室容积,一般用 V_c 表示。

(8)汽缸总容积。活塞在下止点时,活塞顶上部空间的容积称为汽缸总容积,一般用 V_a 表示;它等于汽缸工作容积与燃烧室容积之和,即:

$$V_a = V_c + V_h$$

(9)压缩比。汽缸总容积与燃烧室容积之比称为压缩比,一般用 ε 表示。即:

$$\varepsilon = \frac{V_a}{V_c} = \frac{V_c + V_h}{V_c} = 1 + \frac{V_h}{V_c}$$

压缩比表示活塞从下止点移到上止点时,汽缸内气体被压缩的程度。压缩比越大,压缩终了时汽缸内气体的压力和温度越高。汽油机压缩比一般为6~11,柴油机压缩比一般为16~22。

4 四冲程发动机的基本工作原理

发动机工作时,需要完成进气、压缩、做功、排气四个行程。这四个行程构成了一个工作循环。此循环周而复始地进行,发动机便产生连续的动力。

活塞在汽缸内往复四个行程(相当于曲轴旋转两周)完成一个工作循环的发动机,称为四冲程发动机。四冲程发动机每个工作循环中的四个活塞行程分别为进气行程、压缩行程、做功行程和排气行程。

汽油发动机工作原理(四冲程)

4.1 四冲程汽油机的工作原理

四冲程汽油机的工作原理见表0-0-5。

四冲程汽油机的工作原理　　表 0-0-5

项目名称		进气行程	压缩行程	做功行程	排气行程
示意图		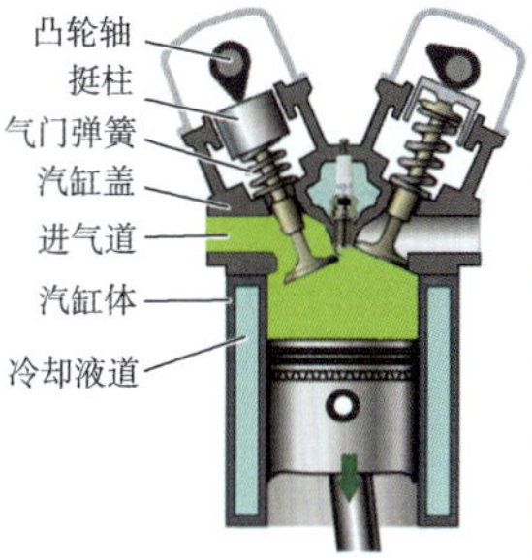	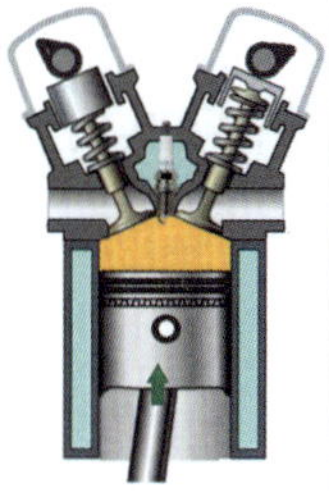	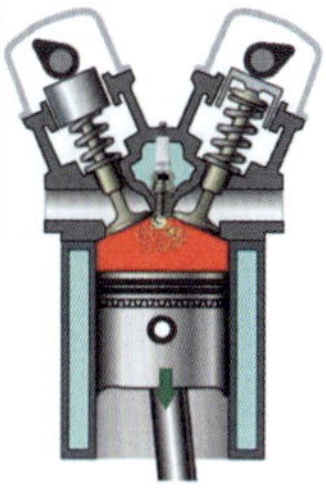	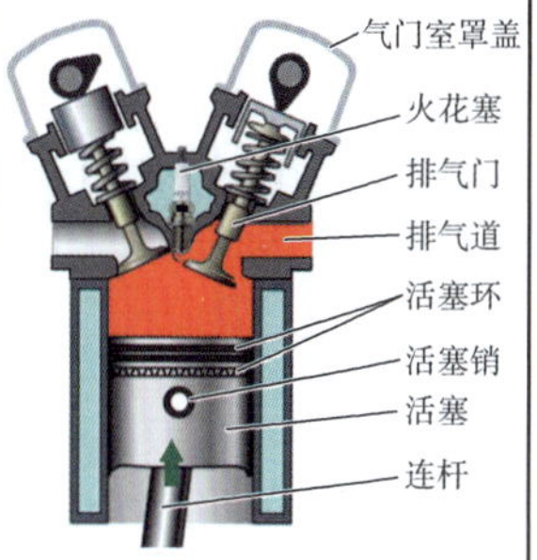
气门状态		进气门打开 排气门关闭	进、排气门均关闭	进、排气门均关闭	进气门关闭 排气门打开
活塞运动方向		上止点 ↓ 下止点	上止点 ↑ 下止点	上止点 ↓ 下止点	上止点 ↑ 下止点
汽缸容积		变大 V_c → V_a	变小 V_c ← V_a	变大 V_c → V_a	变小 V_c ← V_a
汽缸压力		真空	压缩压力	燃烧压力 (5～9MPa)	高于大气压力
行程结束	压力	0.075～0.09MPa	0.6～1.5MPa	0.3～0.5MPa	0.105～0.115MPa
	温度	370～400K	600～700K	1300～1600K	900～1200K

4.2　四冲程柴油机与四冲程汽油机工作原理的区别

四冲程的柴油机和汽油机一样，每个工作循环也经历进气、压缩、做功、排气四个行程。但由于柴油机用的燃料是柴油，其黏度比汽油大，不易蒸发，而其自燃温度却比汽油低，故可燃混合气的形成及点火方式都与汽油机不同(表 0-0-6)。

四冲程柴油机与四行程汽油机工作原理的区别　　表 0-0-6

名称		柴油机	汽油机
进气行程		进入汽缸的是纯空气	进入汽缸的是混合气
压缩行程	压缩介质	压缩的是纯空气	压缩的是混合气
	终了时的压力与温度	3～5MPa 800～1000K	0.6～1.5MPa 600～700K

续上表

名称		柴油机	汽油机
混合气的形成过程		汽缸内,压缩行程末端	进气道末端至汽缸内(压缩行程末端)
发火方式		压燃	火花塞点燃
做功行程	瞬时压力与温度	5～10MPa 1800～2200K	3～5MPa 2200～2800K
	终了时压力与温度	0.2～0.4MPa 1200～1500K	0.3～0.5MPa 1300～1600K
排气行程		0.105～0.125MPa 800～1000K	0.105～0.115MPa 900～1200K

4.3 四冲程发动机的工作特点

(1)每一个发动机工作循环,曲轴转两周(720°),每一个行程曲轴转半周(180°),进气行程是进气门开启,排气行程是排气门开启,其余两个行程进、排气门均关闭。

(2)四个行程中,只有做功行程产生动力,其他三个行程是为做功行程做准备工作的辅助行程,虽然做功行程是主要行程,但其他三个行程也必不可少。

(3)在发动机运转的第一循环时,必须有外力使曲轴旋转完成进气、压缩行程,着火后,完成做功行程,并依靠曲轴和飞轮储存的能量便可自行完成以后的行程,以后的工作循环发动机无须外力就可自行完成。

5 发动机的基本性能指标

评价发动机工作性能的指标有指示指标和有效指标。

以工质在汽缸内对活塞做功为基础的指标称为发动机指示指标。指示指标用来评价发动机实际工作循环进行的好坏以及燃料的热能转变为功的完善程度。指示指标在生产和使用中应用不多。

发动机主要性能指标

以发动机曲轴对外输出功率为基础的指标称为有效指标。有效指标用来评定整个发动机工作性能的好坏,其比指示指标更有实际价值。

两种指标的主要区别在于:有效指标不包括发动机在热功转换过程中为维持实际循环工作过程中所消耗掉的功。有效指标的动力性指标显示了发动机对外输出实际能被利用的功的大小,而其经济性指标则显示了燃料的热能有多少转为能被利用的有效功。在实际生产和使用中,评价发动机性能好坏,以及评价发动机维修质量好坏,都使用有效指标。这里只介绍几个常用的有效指标。

5.1 有效转矩

由发动机曲轴输出的转矩称为有效转矩,一般用 M_e 表示,可由测功器测得。根据所测得的有效转矩 M_e(N·m)和发动机转速 n(r/min),可以计算出有效功率。

5.2 有效功率

发动机曲轴所输出的功率称为有效功率，一般用 P_e 表示。有效功率 P_e 与有效转矩 M_e 和发动机转速 n 之间的关系如下：

$$P_e = \frac{2n\pi}{60} M_e \times 10^{-3} = \frac{n}{9550} M_e \quad (\text{kW})$$

速腾 1.8L 5V BP 发动机的有效转矩和有效功率曲线如图 0-0-5 所示。

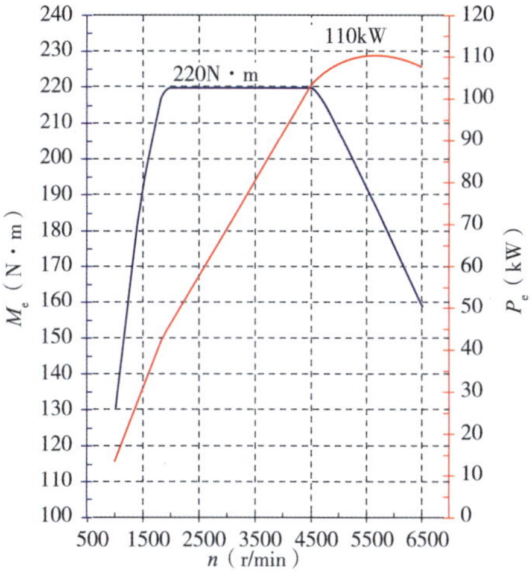

图 0-0-5 速腾发动机的有效功率和有效转矩

5.3 有效热效率

发动机实际循环的有效功 W_e(J)与所消耗热量 Q_1(J)之比称为有效热效率，一般用 η_e 表示。即：

$$\eta_e = \frac{W_e}{Q_1}$$

5.4 有效燃料消耗率

单位有效功所消耗燃油的量称为有效燃油消耗率，一般用 b 表示，通常以每 1 小时产生 1kW 功率的耗油量表示。

$$b = \frac{B}{P_e} \times 10^3 \quad [\text{g/(kW}\cdot\text{h)}]$$

式中：B——发动机在某一稳定工况下测得的燃油消耗量，kg/h；

P_e——有效功率，kW。

有效燃料消耗率越小，发动机的经济性越好。

5.5 升功率

在标定工况下(指标定转速、标定功率)，发动机每升汽缸工作容积所发出的有效功率称为升功率，一般用 P_L 表示。

升功率 P_L 是表示单位汽缸工作容积的利用率。在发动机的功率相同的情况下,升功率越大,发动机就越小,质量也就越小,燃料经济性也就越好。2005 年 12 月,国务院办公厅转发的《关于鼓励发展节能环保型小排量汽车意见的通知》规定,汽油机的升功率应大于 50kW/L,柴油机的升功率应大于 40kW/L。

5.6 比质量

发动机的干质量 G(未加注燃油、机油和冷却液时发动机的质量)与标定工况下有效功率 P_e 之比称为发动机的比质量,一般用 G_e 表示。即:

$$G_e = \frac{G}{P_e} \quad (\text{kg/kW})$$

当发动机干质量 G 一定时,标定功率 P_e 值越大,比质量越小,则发动机强化程度越高。

复习与思考题

1. 发动机由哪几部分组成? 各组成部分的功用是什么?
2. 何谓上止点、下止点、曲柄半径、工作行程?
3. 发动机的汽缸直径为 82.5mm,活塞行程为 84.2mm,压缩比为 9.6:1,求汽缸的工作容积、发动机排量、燃烧室容积和汽缸总容积。
4. 宝马 N55 涡轮增压发动机的汽缸直径为 84mm,活塞行程为 89.6mm,燃烧室容积为 53.945mm,求汽缸工作容积、发动机排量、汽缸总容积和压缩比。
5. 叙述四冲程汽油发动机的工作原理。
6. 何谓有效转矩、有效功率?
7. 本田 1.5T 142kW L4 发动机的有效转矩为 243N·m,有效转矩的转速范围为 2000~5000r/min,求 2500r/min 时的有效功率。
8. 某发动机在 4200r/min 时的有效功率为 54.09kW,求此转速下的有效转矩。

知识点思维导图

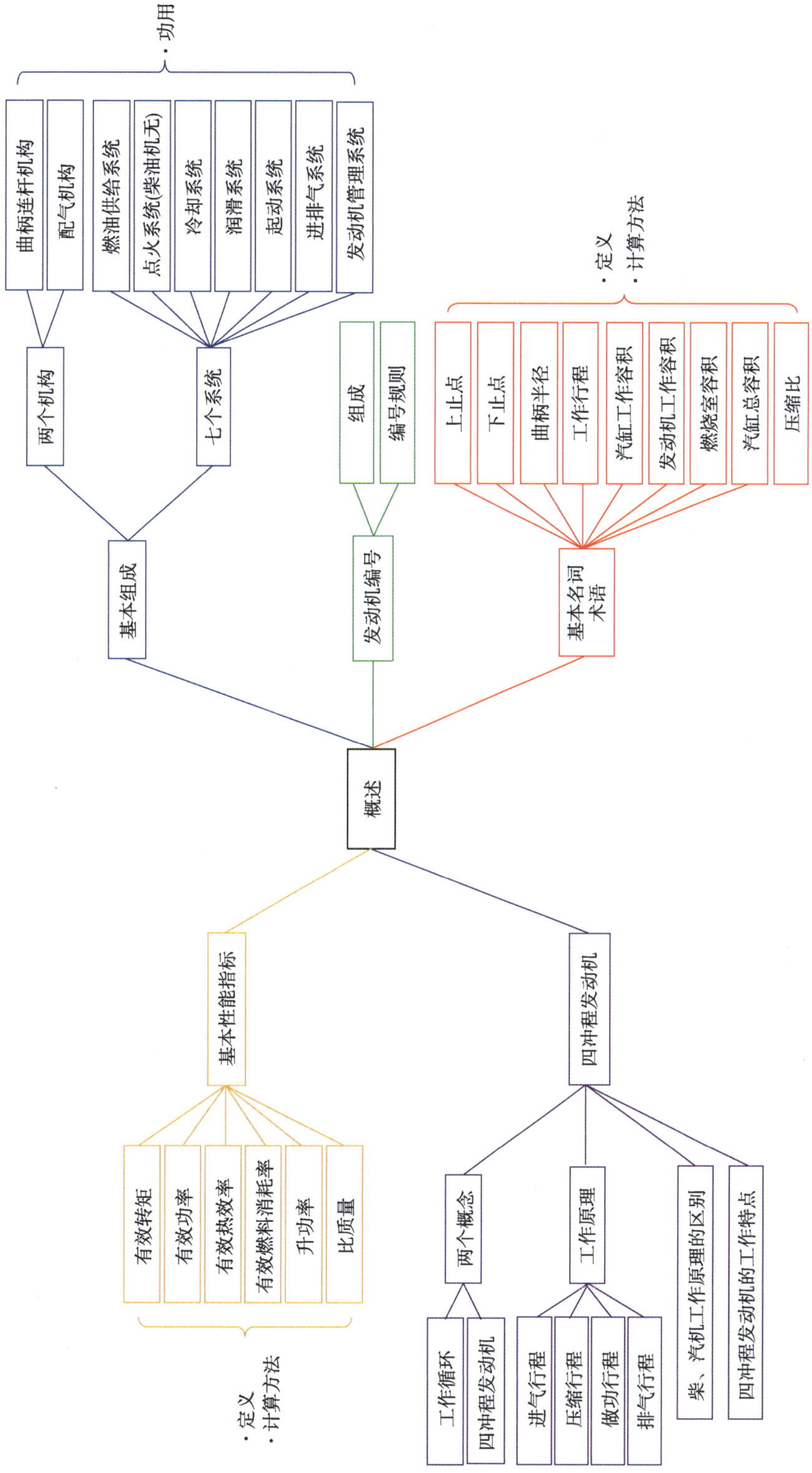
概述
基本组成
两个机构
曲柄连杆机构
配气机构
七个系统
燃油供给系统
点火系统(柴油机无)
冷却系统
润滑系统
起动系统
进排气系统
发动机管理系统
·功用
发动机编号
组成
编号规则
基本名词术语
上止点
下止点
曲柄半径
工作行程
汽缸工作容积
发动机工作容积
燃烧室容积
汽缸总容积
压缩比
·定义
·计算方法
基本性能指标
有效转矩
有效功率
有效热效率
有效燃料消耗率
升功率
比质量
·定义
·计算方法
四冲程发动机
两个概念
工作循环
四冲程发动机
工作原理
进气行程
压缩行程
做功行程
排气行程
柴、汽机工作原理的区别
四冲程发动机的工作特点

项目一

曲柄连杆机构的检修

学习目标

❖ 知识目标

1. 掌握汽缸垫损坏的故障现象与原因。
2. 熟知曲柄连杆机构各部件组成。
3. 了解活塞及活塞环故障对发动机性能的影响。
4. 明晰活塞连杆组结构、运动及原理。
5. 熟悉主轴承磨损故障现象。
6. 掌握曲轴飞轮组结构、受力及原理。

❖ 技能目标

1. 熟练拆装曲柄连杆机构部件。
2. 精准检测活塞、汽缸等部件,并判断其可用性。
3. 依据故障与检测数据,制订维修更换方案。
4. 完成修复或更换后的装配调试,确保其性能达标。

❖ 素质目标

1. 秉持严谨细致的工作态度。
2. 树立质量责任意识,确保维修质量。
3. 遵守安全规程,养成良好操作与卫生习惯。
4. 领悟我国汽车工业先辈们的奋斗精神,激励自己在学习和工作中不怕困难,追求卓越。

曲柄连杆机构是发动机的重要组成部分之一，是发动机工作的主体。发动机上所有的部件都以曲柄连杆机构为基体进行安装。

因此，曲柄连杆机构的维修是发动机维修的重中之重。在维修过程中，我们要严格遵守维修手册上所规定的安全操作注意事项、操作流程和相关的维修技术要领，才能确保维修质量。

任务一　更换汽缸垫

1　任务引入

如发动机不易起动、动力不足或抖动时，经分析确定是汽缸垫的原因，则需要更换汽缸垫。

2　相关理论知识

2.1　曲柄连杆机构概述

曲柄连杆机构由机体组、活塞连杆组和曲轴飞轮组三部分组成。

在发动机工作时，汽缸内最高温度可达 2500K，最高压力为 3～5MPa，最高转速可达 6000r/min，活塞在汽缸内每秒要完成约 200 个工作行程，可见其运动的线速度是非常大的。此外，与可燃混合气和燃烧废气接触的机件还会受到化学腐蚀。因此，曲柄连杆机构工作条件的特点是高温、高压、高速和化学腐蚀。

由于曲柄连杆机构是在高压下作变速运动，因此，它在工作中的受力情况很复杂。其所受的力主要有气体压力、运动质量的惯性力、旋转运动件的离心力和相对运动件接触表面的摩擦力等。在四个行程中，以做功行程和压缩行程受力最大。在压缩行程和做功行程中，活塞的运动状态及曲柄连杆机构的受力情况分析见表 1-1-1。

活塞的运动状态及曲柄连杆机构的受力分析　　表 1-1-1

运动状态与受力描述	压缩行程		做功行程	
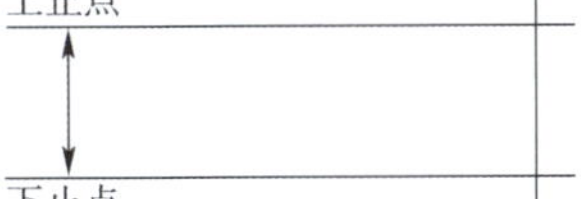	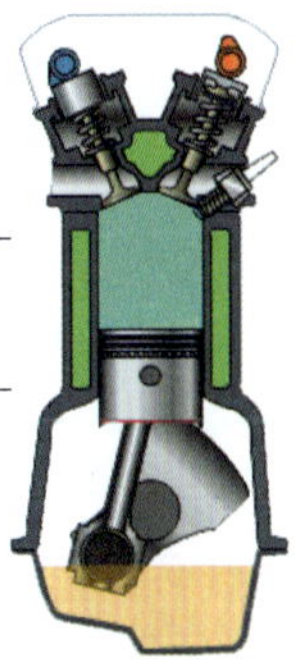	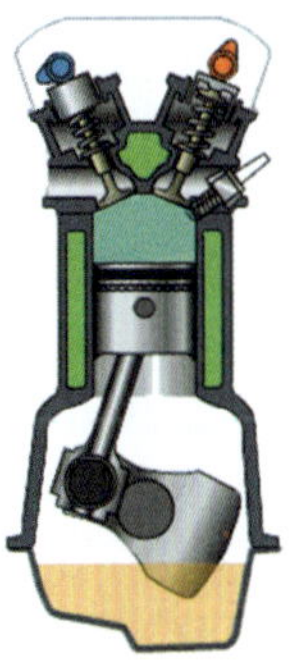	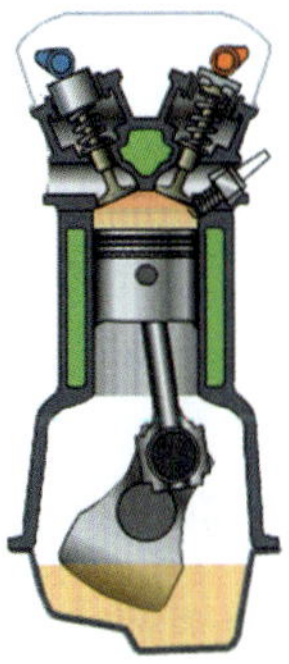	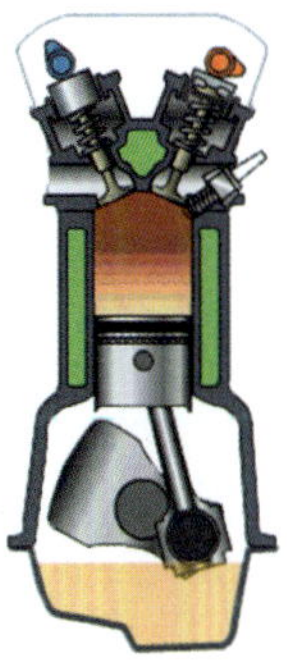
活塞加速度方向				

续上表

运动状态与受力描述		压缩行程		做功行程	
气体压力方向		↓		↓	
运动质量的惯性力方向		↓	↑	↑	↓
旋转运动件的离心力	水平分力方向	←		→	
	垂直分力方向	↓	↑	↑	↓
摩擦力方向		↓		↑	
活塞侧压力方向		→		←	

由表1-1-1可以看出,上述各种力作用在曲柄连杆机构的各有关零件上,使它们承受了拉伸、压缩、弯曲和扭转等不同形式的载荷。了解上述各种力的作用方向,对我们分析其零件异常损耗、理解安装技术要点和诊断发动机故障是非常有帮助的。

2.2 机体组

机体组主要由气门室盖、汽缸盖、汽缸垫、汽缸体、油底壳等组成,如图1-1-1所示。

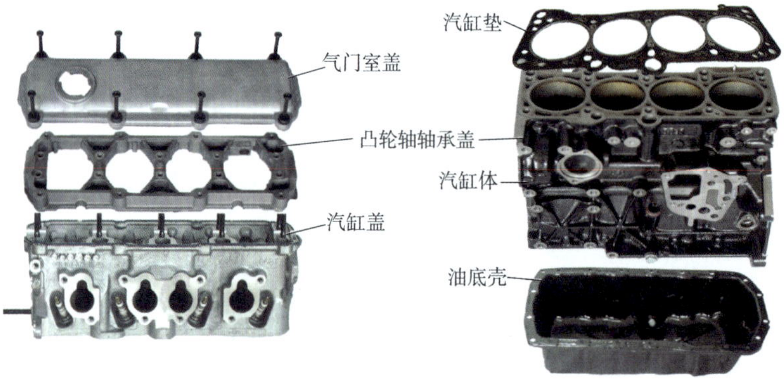

图1-1-1 机体组的组成

2.2.1 汽缸体—曲轴箱

汽缸体和上曲轴箱连为一体,其结构如图1-1-2所示。其上制有汽缸体承孔、冷却液道、机油滤清器安装面、润滑油油道、节温器承孔、水泵承孔、曲轴位置传感器承孔、曲轴主轴承承孔、曲轴主轴承盖等。汽缸体的上、下两个平面用来安装汽缸盖和下曲轴箱(也称油底壳),这两个平面是汽缸修理的加工基准。

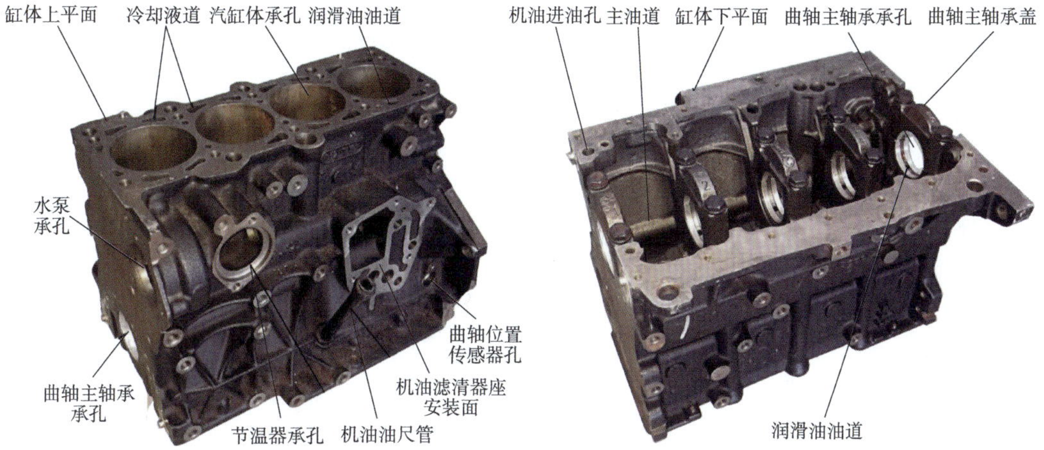

图 1-1-2　汽缸体

汽缸体的主要功能是提供构成燃烧室并使活塞组能在其中做往复运动的空间以及为汽缸进行冷却的空间。对于配气凸轮轴下置的发动机，机体还要提供凸轮轴及其支承的空间等。

汽缸体承受较大的机械负荷和较复杂的热负荷，汽缸体的变形会破坏各运动件间的准确位置关系，导致发动机的技术状况变坏，使用寿命缩短。所以，汽缸体应具有足够的强度、刚度和良好的耐热性及耐腐性等。

汽缸体根据其工作条件及结构特点，一般采用灰铸铁、球墨铸铁或合金铸铁制造。近年来，越来越多的发动机为了减轻质量、加强散热而采用铝合金缸体。

汽缸体根据汽缸在其上的排列形式可分为以下五种结构形式，如图 1-1-3 所示。

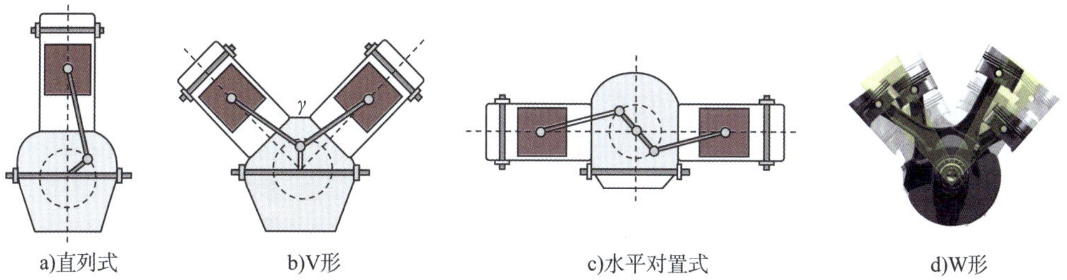

图 1-1-3　汽缸的排列形式

(1)直列式。汽缸排成一列，一般是垂直布置；但为了降低发动机在发动机舱内的布置高度，也可把发动机倾斜布置，甚至可以水平布置。

(2)V 形。V 形排列是把汽缸分成两列排列，两列汽缸轴线的夹角 $\gamma < 180°$。如宝马 760Li 采用的是 V12 发动机，丰田皇冠 3.0L 采用的 V6 发动机。

(3)VR 形。VR 形排列是 V 形排列的一种。其中，两列汽缸轴线的夹角 $\gamma = 15°$。如奥迪 TT 和高尔夫 R36 汽车装用的发动机为 VR 形发动机。

(4)水平对置式。水平对置式排列是把汽缸排成两列，两列汽缸轴线的夹角 $\gamma = 180°$。如斯巴鲁轿车发动机采用的就是水平对置式发动机。

(5)W 形。W 形排列由两台 VR 发动机以 72°夹角组成。如大众辉腾和途锐汽车均装用了 W12 发动机。

上曲轴箱的主要功能是提供连杆摆动和曲轴转动的空间,并通过由主轴承螺栓连接的主轴承座和主轴承盖为曲轴提供支承。对水冷的汽车发动机来说,绝大多数汽缸体和曲轴箱是整体铸造的。

上曲轴箱按曲轴主轴承座孔轴线与缸体下平面的位置关系可分为平分式(一般式)、龙门式和隧道式三种,如图 1-1-4 所示。平分式与龙门式的主轴承座孔为分开式的,主轴承座孔轴线与缸体下平面处于同一平面内的为平分式,主轴承座孔轴线高于缸体下平面的为龙门式;隧道式的主轴承座孔是整体式,且主轴承座孔轴线高于缸体下平面。

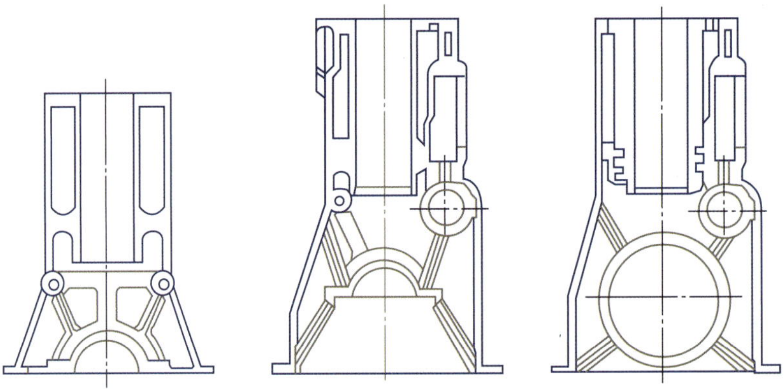

a)平分式　　b)龙门式　　c)隧道式

图 1-1-4　曲轴箱的形式

一般发动机的主轴承座孔的轴线与汽缸的轴线在同一个垂直平面内。近几年来,有些品牌的发动机从整体设计结构与性能角度出发,采用了曲轴偏置设计,即主轴承轴线被设计在汽缸轴线平面的某一侧。

曲轴主轴承盖通过主轴承盖螺栓固定在缸体上,对曲轴进行径向定位。曲轴主轴承盖有单独式和整体式两种,如图 1-1-5 所示。整体式主轴承盖是曲轴箱体的一个组成部分。

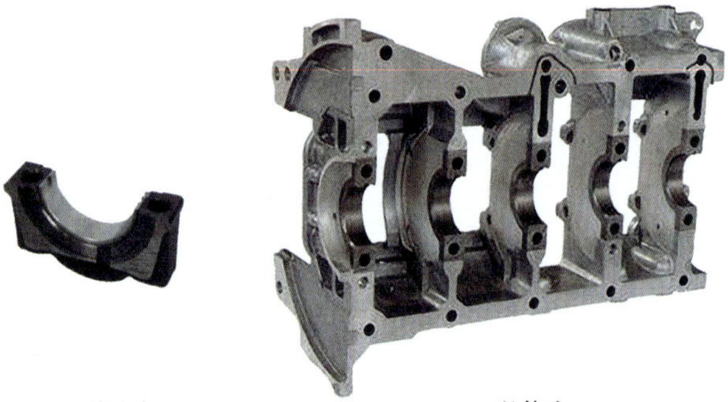

a)单独式　　b)整体式

图 1-1-5　曲轴轴承盖

2.2.2　汽缸与汽缸套

汽缸是活塞运动的空间,为了满足活塞往复运动和混合气燃烧产生的高温、高压的要求,就必须要提高汽缸表面的耐磨性。汽缸套一般用耐磨性较好的合金材料制成。

汽缸套(图 1-1-6)有干式和湿式两种类型。

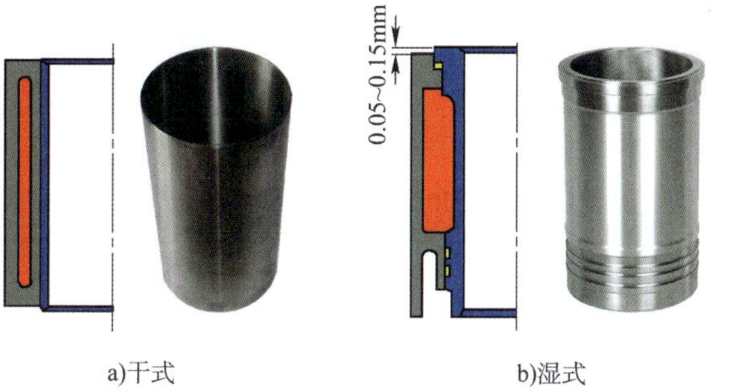

图 1-1-6　汽缸套类型

干式缸套与汽缸体制为一体,且不直接与冷却液接触,壁厚一般为 1 ~ 3mm。其上表面与缸体上表面平齐。

湿式缸套是与缸体分开制造,且与冷却液直接接触,壁厚为 5 ~ 9mm。为了确保缸套在缸体间的定位,在缸套外表面的上、下两端均有保证径向定位的圆带,而缸套的轴向定位则是利用上端的凸缘来保证的。湿式汽缸套装入座孔后,其顶面高出汽缸体上平面 0.05 ~ 0.15mm。这样当紧固汽缸螺栓时,可将汽缸盖衬垫压紧,以保证汽缸更好地密封和汽缸套更好地定位。

安装湿式缸套的缸体上没有封闭的水套,铸造较容易,又便于修理更换,且散热效果较好。但缸体的刚度差,易产生穴蚀,且易漏气漏水。其主要用于高负荷发动机和铝合金缸体发动机。

2.2.3　汽缸盖

汽缸盖的结构如图 1-1-7 所示。其功用主要是封闭汽缸上部,并与活塞顶部和汽缸壁一起形成燃烧室。汽缸盖上制有燃烧室、进气道、排气道、冷却液道、润滑油油道、气门导管承孔、液力挺柱承孔、凸轮轴承孔、火花塞承孔等。汽缸盖的下平面是汽缸盖检验的平面基准。

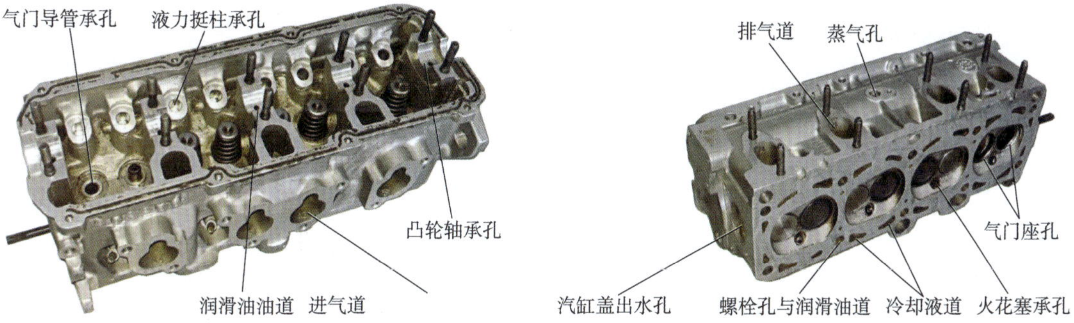

图 1-1-7　汽缸盖

汽缸盖常用灰铸铁、合金铸铁或铝合金等材料制成。

凸轮轴轴承盖有单独式和整体式两种,如图 1-1-8 所示。整体式凸轮轴轴承盖是汽缸盖的一个组成部分,它与汽缸盖一起构成气门室的空间。

a)单独式　　b)整体式

图1-1-8　凸轮轴轴承盖

2.2.4　汽缸垫

汽缸盖与汽缸体之间装有汽缸垫,如图1-1-9所示,以保证在汽缸盖螺栓拧紧后汽缸的密封,即防止燃气、冷却液及润滑油发生窜漏。这就要求汽缸盖衬垫要有足够的强度,不会烧损、腐蚀和变质,具有良好的对冷却液和润滑油的耐受性,在高温高压下仍能保持足够的弹性,以弥补结合面的平面度,并能重复多次使用。

2.2.5　油底壳

油底壳的功用是储存润滑油,并封闭曲轴箱。油底壳有湿式油底壳和干式油底壳两种。

(1)湿式油底壳。湿式油底壳如图1-1-10所示。

图1-1-9　汽缸垫

图1-1-10　湿式油底壳

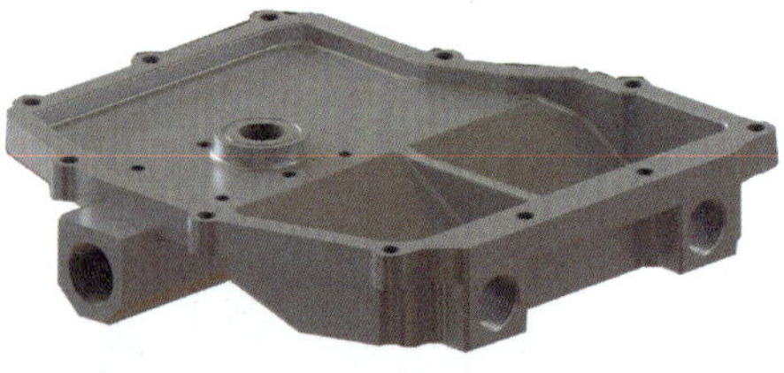

图1-1-11　本田CBR600F4I干式油底壳

(2)干式油底壳。干式油底壳取消了油底壳的储油空间,取而代之的是在外部独立安装一个机油箱,储存机油。干式油底壳上有三个回油孔(图1-1-11),由一个多孔回油泵将机油抽回至机油箱中,再由高压油泵将机油箱中的机油送入发动机主油道中。

3　任务实施

3.1　检测项目

3.1.1　汽缸压力的检测

1)检测条件

(1)机油温度必须在30℃以上。

(2)发动机供电正常。

2)仪器设备

(1)汽缸压力表。

(2)发动机。

(3)火花塞扳手。

3)检测方法

(1)拆下各缸高压线。

(2)用压缩气体清洁各缸火花塞座孔处,然后再拆下各缸火花塞。

(3)将汽缸压力表或汽缸压力测试仪的橡胶锥头压抵在火花塞孔处,起动起动机,直到测试仪上的压力不再增加为止,并将测试结果记录下来。

(4)依次测完各缸压力后,如某缸测试结果低于规定值,可向该缸内注入 20mL 左右的新机油后,再测一次。

(5)测试完毕后,装复火花塞,并按规定力矩将其拧紧。

注意:在装复火花塞时,应先用手将火花塞拧上后再用工具将其拧紧,以防将火花塞座孔处的螺纹拧坏。

(6)清除发动机控制单元故障存储器中的故障码。

提示:在拆卸火花塞后,会有故障码被存储。

4)检测结果分析

当测得的汽缸压缩压力不符合标准要求时,可根据测量结果分析其原因。

如果测量的结果高于原设计规定,不一定是汽缸密封性能好,要结合使用与维修的情况分析。这种情况有可能是燃烧室积炭过多、汽缸垫过薄或缸体经多次修理厚度变薄而使压缩比变大所致。

如果测量结果低于原设计规定,可向该缸火花塞(喷油器)孔内注入 20mL 左右的新机油后再测量。

(1)第二次测出的压力比第一次高,接近标准压力,表明是汽缸、活塞环、活塞磨损过大或活塞环对口、粘环、断裂及汽缸壁拉伤等原因造成汽缸密封不良。

(2)两次测出的压力结果均表现出某相邻两缸压力为零或特别低,说明是相邻两缸之间的汽缸垫烧损造成窜气。

(3)第二次测出的压力与第一次基本相同,仍然比标准压力低,表明是进、排气门关闭不严或汽缸垫密封不良漏气。

3.1.2　汽缸的测量

1)测量前的准备

备好量缸表、千分尺(50 ~ 100mm)、维修手册,并分解完发动机。

2)测量方法

(1)查阅维修手册,获取汽缸直径基本尺寸和修理尺寸。

(2)用千分尺校量缸表。

(3)用量缸表在图 1-1-12 所示①、②、③三个位置上分别按缸体的纵向平面 A 和横向平面 B 两个方向测量汽缸的直径。

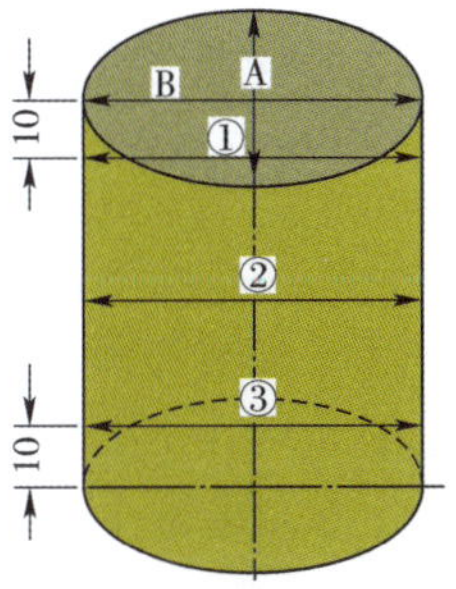

图 1-1-12　圆度与圆柱度测量(单位:mm)

汽缸直径允许偏差最大值不得超过0.01mm。

(4)圆度误差和圆柱度误差的计算。

圆度误差和圆柱度误差的测量应按图1-1-12所示的位置进行测量。

圆度误差 = 同一截面的两个直径差值/2。

圆柱度误差 = (三个截面的最大直径 - 三个截面的最小直径)/2。

3)根据汽缸测量结果确定维修方案

(1)汽缸的圆度误差达到0.050~0.063mm;圆柱度误差达到0.175~0.250mm;有修理尺寸汽缸的最大磨损量达到0.2mm、无修理尺寸汽缸的最大磨损量达到0.4mm;其中一项达到限值时必须修理或更换汽缸(套)。

(2)汽缸的圆度误差和圆柱度误差均小于限值,而磨损量小于0.15mm时,可更换活塞或活塞环。

3.1.3 汽缸体、汽缸盖变形的检测

1)检测前的准备

备好维修手册、刀形直尺、厚薄规、汽缸体、汽缸盖,并清洁被测量缸体或缸盖的测量表面。

2)检测方法

汽缸体和汽缸盖的变形检测,在维修中多采用直尺—厚薄规法来进行检验。如图1-1-13所示,利用大于或等于被检测平面全长的刀形直尺,沿汽缸体或汽缸盖的平面在横向、纵向和对角线方向多处进行测量。方法是先擦拭好直尺的刃口,把被检测的平面也擦拭干净,将直尺按前述的几个方位靠向被检测平面,然后选择厚薄规厚度,将厚薄规塞入直尺与平面之间,读出能塞入厚薄规的最大厚度的读数,该读数即为平面在这个方向上的平面度误差,将几个方位都进行测量后,其最大误差数值即为该平面的平面度误差。汽缸体上平面的平面度误差使用极限为:铸铁汽缸体一般为0.10mm,铝合金汽缸体一般为0.25mm。

图1-1-13 汽缸盖变形检测

3.2 准备工作

阅读维修手册,列出所需的工具,领取备品,制订更换作业方案。

3.3 操作流程

(1)先检查所安装的收音机是否有密码。如有必要,应先获得收音机密码。

(2)在点火开关断开时,脱开蓄电池的搭铁线。

(3)排空冷却液。

(4)拆卸发动机外围相关零部件。

(5)拆卸齿形正时皮带。

(6)拆卸汽缸盖。

(7)拆卸汽缸垫。

(8)更换汽缸垫。

(9)按拆卸的相反顺序安装汽缸垫。

3.4　操作提示

(1)在拆卸汽缸盖前,发动机的温度不得过高,防止烫手。

(2)在拆卸燃油管时,因燃油系统中有压力,所以拆卸时,应在接头周围放置一块布,小心地松开接头释放压力。

(3)在拆卸正时皮带前,必须要转动曲轴使凸轮轴上的正时齿轮位于一缸上止点。正时齿轮上的标记必须与齿形皮带护罩上的标记对齐,如图1-1-14所示。

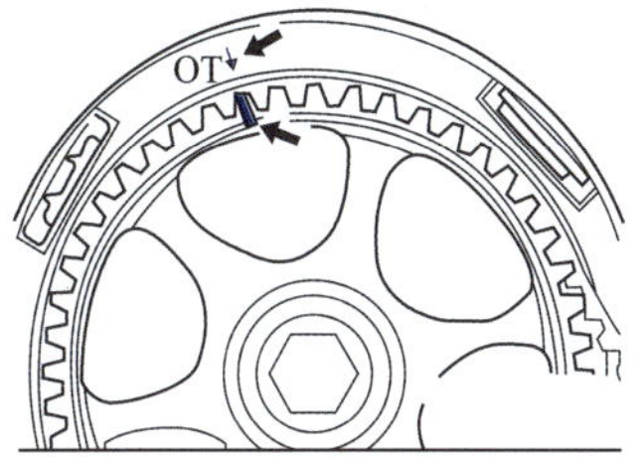

图1-1-14　凸轮轴正时齿轮正时标记

(4)在拆卸汽缸盖时,要按图1-1-15所示的顺序旋松汽缸上的螺栓。

(5)在拆下汽缸盖时,要注意不要碰伤汽缸盖的工作面。

(6)在安装缸垫时,有记号的一面朝向缸盖。若缸垫无安装记号,卷边的一面应向汽缸盖。

(7)在紧固缸盖螺栓时,请先用手将缸盖螺栓旋入,然后再按图1-1-16所示的顺序用工具将螺栓旋紧。先把所有螺栓预拧紧到规定力矩,然后再用扳手把所有螺栓继续转动一定角度(请按维修手册规定的角度进行操作)。

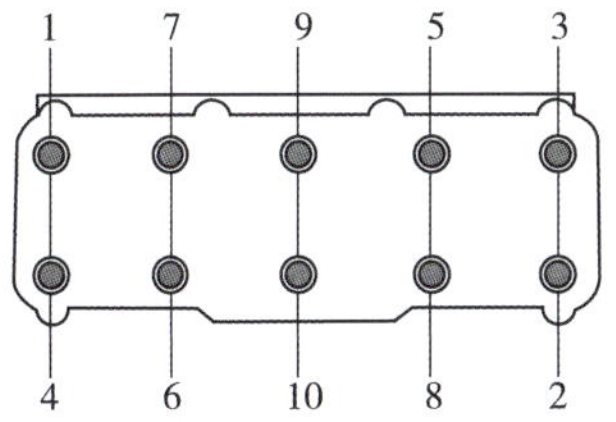

图1-1-15　旋松缸盖螺栓的顺序

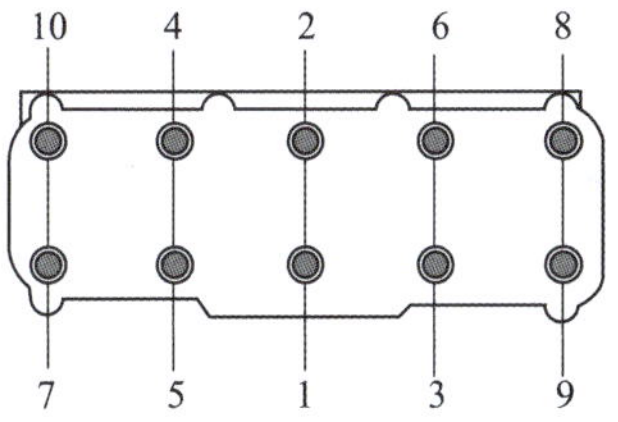

图1-1-16　缸盖螺栓紧固顺序

(8)在安装正时皮带时,要注意正时记号是否对正。

(9)旋转凸轮轴时,活塞不得位于上止点位置,否则有损坏活塞顶部的危险。

复习与思考题

1. 曲柄连杆机构由哪几部分组成?

2. 请查阅相关资料,分别写出五款汽车发动机,使其与五种汽缸排列形式一一对应。

3. 何谓曲轴偏置?它有哪几种形式?

4. 为什么在测量汽缸前,要对量缸表进行校准?校准的依据是什么?

5. 某发动机汽缸标准直径为81.01mm。测量三个截面的直径,A截面:81.20mm和81.15mm,B截面:81.18mm和81.14mm,C截面:81.15mm和81.13mm。求该汽缸的圆柱度,并确定是否达到修理要求。

任务二 更换活塞或活塞环

1 任务引入

如发动机出现下列情况之一:①发动机初期烧机油;②缸筒内进水;③发动机拉缸;④正时皮带断或皮带齿断导致活塞顶气门,经分析确定需要更换活塞或活塞环的,应予以更换。

2 相关理论知识

活塞连杆组通常由活塞、活塞销、活塞环(气环和油环)、连杆、连杆轴承盖、连杆轴承等主要零件组成,如图1-2-1所示。

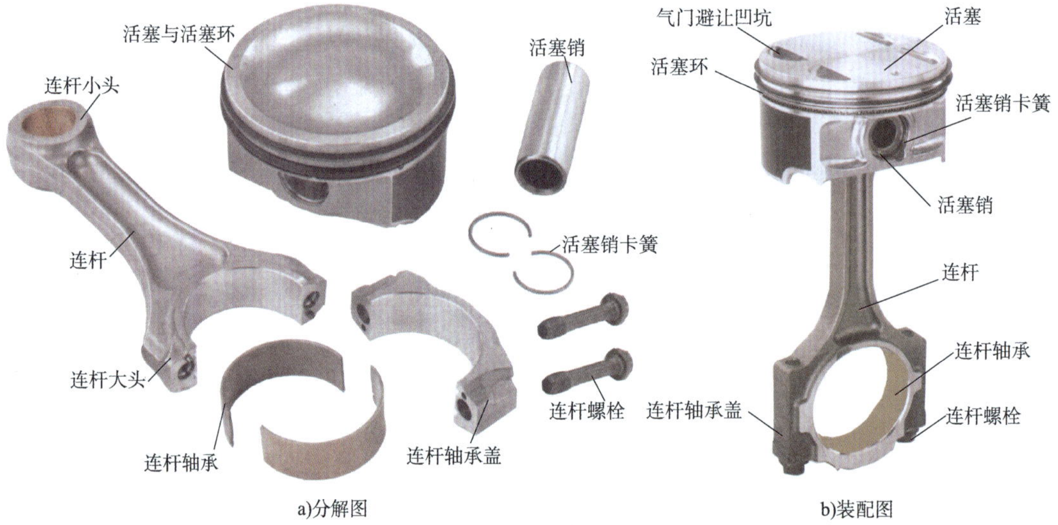

图1-2-1 活塞连杆组的组成

2.1 活塞

2.1.1 概述

活塞的功用是:

(1)与汽缸盖、汽缸等共同组成燃烧室。

(2)承受气体压力。

(3)气体压力通过活塞销传给连杆。

活塞在高温、高压、高速、润滑不良的条件下工作。活塞直接与高温气体接触,瞬时温度可达2500K;因此,其受热严重,而散热条件又很差,所以活塞工作时温度很高,顶部高达600~700K,且温度分布很不均匀;活塞顶部承受气体压力很大,特别是做功行程压力最大,汽油机约 3～5MPa，这就使得活塞产生冲击，并承受侧压力的作用；现代发动机的最高转速可达 6000r/min，如活塞的工作行程为 77.4mm，则活塞的最高平均往复移动速度约为 15.48m/s，且速度在不断地变化，这就产生了很大的惯性力，使活塞受到很大的附加载荷。活塞在这种恶劣的条件下工作，会产生变形并加速磨损，还会产生附加载荷和热应力，同时受到燃气的化学腐蚀作用。

鉴于上述原因，为保证发动机能正常工作，这就要求活塞：

(1)有足够的强度和刚度。

(2)导热性要好。

(3)有足够的耐热性。

(4)质量要尽量小，以保持最小的惯性力。

(5)活塞与汽缸壁间应有较小的摩擦系数。

(6)温度变化时尺寸和形状变化要小。

2.1.2　活塞结构

如图 1-2-2 所示，活塞可分为顶部、头部、裙部三个部分。

1)活塞顶部

活塞的顶部是燃烧室的组成部分，用来承受气体压力，为此活塞顶部的金属要有一定的厚度。根据不同的目的和要求，活塞顶部制成各种不同的形状，如图 1-2-3 所示。

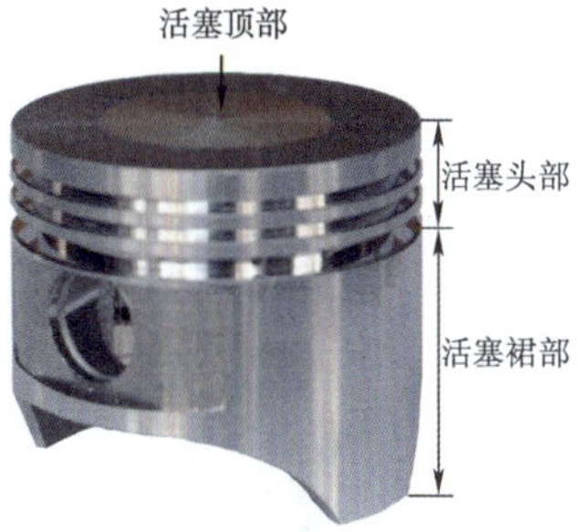

图 1-2-2　活塞的基本结构

为了避免活塞和气门在接近上止点时发生运动干涉现象，常在活塞顶面上加工出气门避让凹坑，如图 1-2-4 所示。有些活塞还在活塞顶部制有安装方向标记。

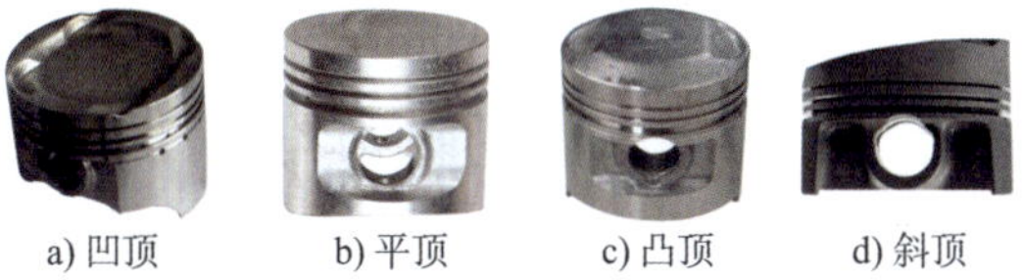

图 1-2-3　活塞顶部形状

图 1-2-4　活塞顶部的气门避让凹坑

2)活塞头部

活塞头部是活塞环槽以上的部分，其主要作用是：

(1)安装活塞环。

(2)承受气体的压力并传给连杆。

(3)与活塞环一起实现对汽缸的密封。

(4)将活塞顶所吸收的热量通过活塞环传给汽缸壁。

活塞头部切有若干道用于安装活塞环的环槽。其中，最下面一道槽用以安装油环，其余环槽用以安装气环。

在油环槽上钻有许多径向小孔(图 1-2-3)。油环从汽缸壁上刮下的多余的机油经过这些小孔流回油底壳。有的发动机活塞在油环槽中切出一道较环槽窄的隔热槽(图 1-2-4)，其作用是迫使热流方向折转,把原来应由第一道环散走的热量,分散给第二、第三道环,以消除第一环过热后产生积炭和卡死在环槽上的可能性。

为了保护环槽,有的发动机在环槽部位镶有用耐热材料制造的环槽护圈,以提高活塞的使用寿命。

3)活塞裙部

自油环槽下平面到活塞底部的部分称为活塞裙部。活塞裙部是用来为活塞导向和承受侧压力的。

裙部的基本形状为一薄壁圆筒;有些发动机为了避免活塞与曲轴平衡重块相碰,有时也为了减少质量,在活塞不受作用力的两侧,即沿销座孔轴线方向的裙部去掉一部分,如图1-2-2所示。

在活塞裙部制有活塞销座孔。活塞销座孔为厚壁圆筒结构,用以安装活塞销。活塞所承受的气体压力、惯性力,都是通过销座经活塞销传给连杆。

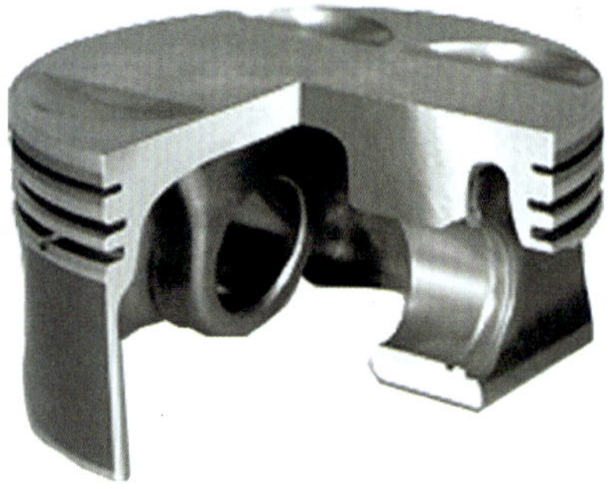

图1-2-5　活塞结构半剖视图

4)对活塞轮廓形状的要求

从图1-2-5中可以看出,活塞顶部、活塞头部和活塞销座孔处的金属质量多。根据金属的热胀冷缩的原理,金属质量多受热后,其膨胀量就大,冷缩量也大;反之,热膨胀量就小,冷缩量也小。在发动机正常工作时,活塞应与其所在的汽缸形状相符;所以,活塞在常温下其外形纵向上应是上小下大的锥形;横向上应是椭圆形,即销轴方向为短轴,垂直销轴方向为长轴,如图1-2-6所示。

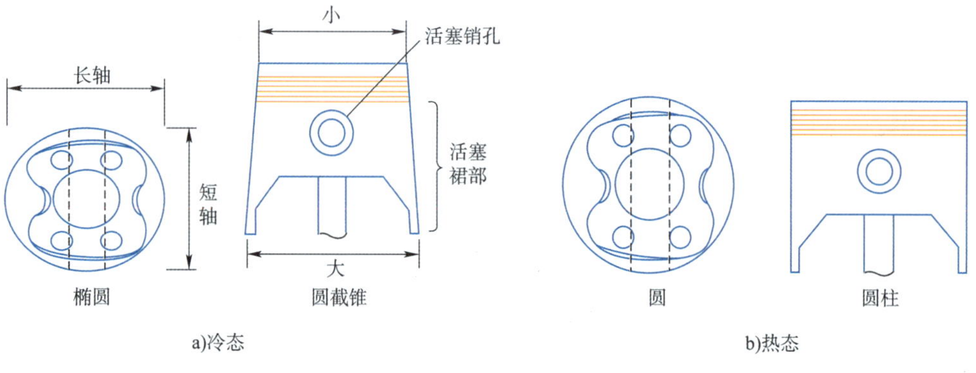

图1-2-6　活塞的轮廓形状

5)预防活塞变形的措施

为防止活塞在工作时出现拉缸、卡死等现象,有的活塞被设计成在裙部或在销座处嵌铸热膨胀量小的铸钢筒或铸钢片,以限制活塞裙部的热膨胀量,即双金属活塞,如图1-2-7所示。

6)活塞销偏置

从表面看,活塞销恰好处在活塞的中心位置。在压缩行程时,活塞在连杆的推动下上移,此时活塞的右侧紧贴汽缸壁且受到的压力最大;在做功行程时,活塞下移,此时活塞左侧紧贴汽缸壁且受到的压力最大，如图 1-2-8a）所示。由于做功行程时汽缸内的压力相比压缩行程更大，所以，活塞的左侧称为主推面，活塞的右侧称为次推面。

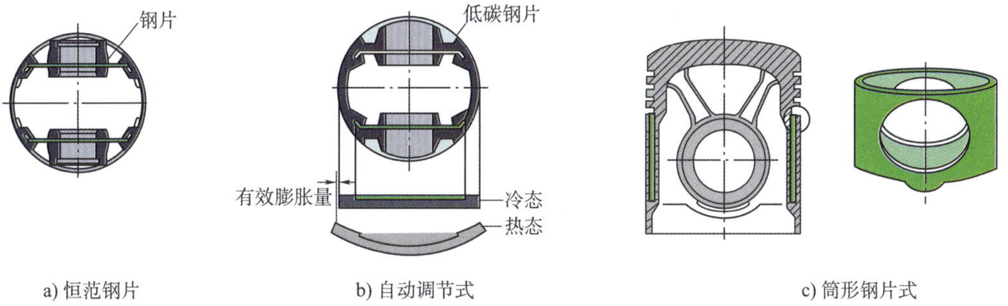

图 1-2-7　双金属活塞

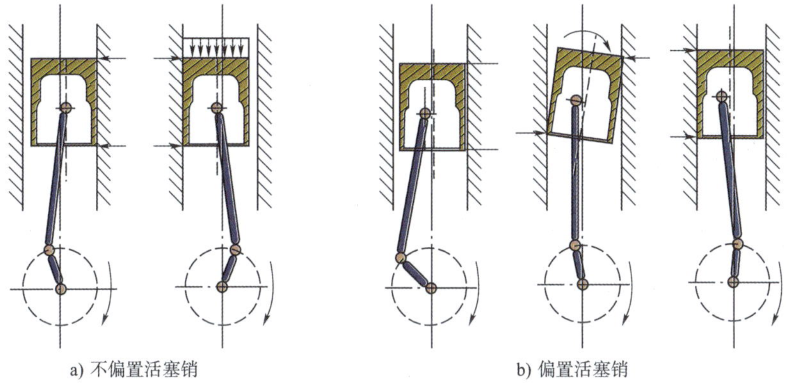

图 1-2-8　活塞销的布置形式

对于曲轴处在汽缸中心线位置的发动机来说，当活塞到达上止点的位置并开始向下移动时，由于活塞与汽缸壁之间存在间隙，所以，活塞会从右侧向左侧移动，并产生一定的冲击声，此种现象被称为“敲缸”。为了防止敲缸的产生，通常在设计活塞销的位置时将其向活塞的主推面一侧偏离 1 ~ 2mm。当活塞换向时，活塞在缸筒内则会发生倾斜，使活塞裙部下端起到提前换向的作用，以此减轻敲缸声，如图 1-2-8b）所示。多数发动机的活塞销都采用正偏置的设计，但有些发动机为了进一步减小活塞在止点处换向时产生的敲击声，采用了活塞销负偏置设计，并配合曲轴正偏置设计。如宝马 N20 发动机的活塞销采用了负偏置的设计（负偏置量 0.3mm），曲轴正偏置的设计。由于活塞销偏置肉眼几乎看不了出来，所以在活塞顶部都制有安装记号，以防活塞安装时出现方向错误。

曲轴偏置的设计还有一个好处就是在做功行程时，连杆更接近于垂直状态，这样可以更多地将燃烧产生的压力作用于曲轴，同时也减小了活塞在汽缸壁上的压紧力和摩擦，从而提高活塞运动时的效率。

2.2　活塞环

2.2.1　概述

活塞环 3D 结构

活塞环是一个中间断开的弹性金属环。在自由状态下，它的外径略大于汽缸的直径，如图 1-2-9 所示。活塞环按功用可分为气环和油环两类。

活塞环在工作时既与缸壁存在着滑动摩擦,又与活塞环槽的侧面产生撞击;另外,由于高温、高压、高速、润滑困难以及积炭的存在,使活塞环的弹力下降或失去弹性,而导致活塞环的工作寿命比较短。

2.2.2 活塞环的三隙

发动机工作时,活塞、活塞环等都会发生热膨胀。活塞环既要相对于汽缸上下运动,又要相对于活塞作横向移动。因此,活塞环在环槽内应留有三个间隙,即端隙、侧隙、背隙(图1-2-10),以防止活塞环胀死于槽内,甚至卡死在汽缸内。

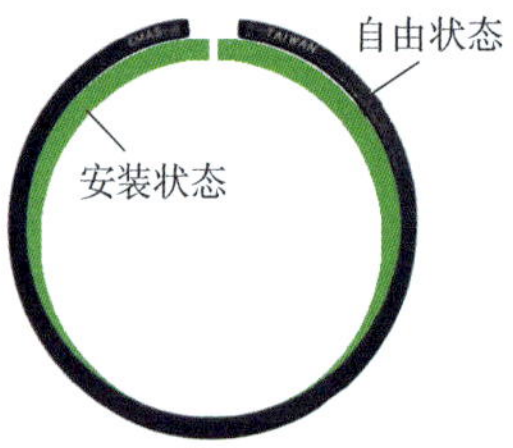

图1-2-9 活塞环的状态

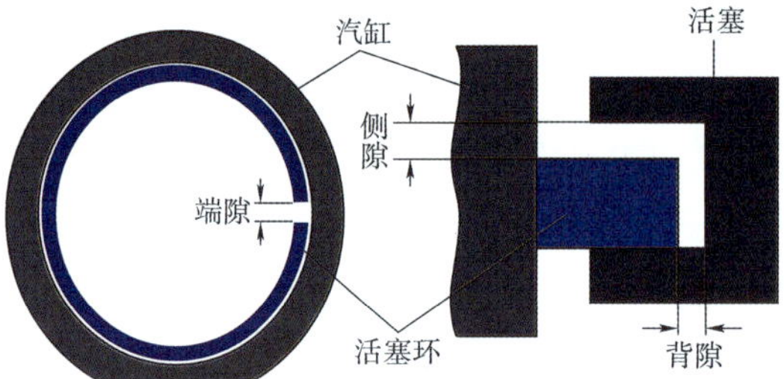

图1-2-10 活塞环的三隙

1)端隙

端隙是活塞环装入汽缸后环开口处的间隙,多在0.25～0.50mm之间,此数值随缸径增大而增大,柴油机略大于汽油机。如果活塞环开口间隙过大,则会使漏气量增加;如果环开口间隙过小,则活塞环受热后膨胀可使活塞环的两端顶住,造成汽缸壁擦伤或活塞环本身断裂。

2)侧隙

侧隙又称边隙,是环高方向上与环槽之间的间隙。第一道环因工作温度高,一般为0.04～0.10mm;其他气环一般为0.03～0.07mm。油环的侧隙较小,一般为0.025～0.07mm。

3)背隙

背隙是活塞及活塞环装入汽缸后,活塞环背面与环槽底部间的间隙,一般为0.5～1mm,油环的背隙较气环大,目的是增大存油间隙,以利于减压泄油。为了测量方便,维修中以环的厚度与环槽的深度差来表示背隙,此值比实际背隙要小。

2.2.3 气环

1)气环的功用

(1)密封活塞与缸壁之间的间隙,防止汽缸内的气体窜入油底壳。

(2)将活塞头部的热量传给汽缸壁。

(3)活塞下行时辅助刮油。

2)气环的密封原理

如图1-2-11所示,当气环装入汽缸后,弹力使气环紧紧压靠在汽缸壁上,并形成第一密封面,气体便不能从气环的外圆与缸壁之间通过,只能窜入气环的侧隙和背隙处。另外,活塞环在运动时产生惯性力,并与缸壁间产生摩擦力。因此,活塞上下往复运动时,在气体压力、惯性力和摩擦力三个沿汽缸轴线方向合力的作用下,使活塞环被压紧在环槽侧面形成第二密封面。活塞上行时，其第二密封面在环槽的下侧，而活塞下行则在环槽的上侧。

此外，窜入活塞环背隙的气体，将产生背压力，使环进一步被压靠在汽缸壁上，加强了第一和第二密封面的密封性，称为第二次密封。做功行程时，环的背压力远远大于环的弹力，所以，此时第一、第二密封面的密封性好坏，主要靠第二次密封。

3）活塞环的泵油作用

如图 1-2-12 所示，由于侧隙和背隙的存在，当发动机工作时，活塞环在气体压力、惯性力和摩擦力的作用下，反复地靠在环槽的上、下沿上。其过程是：当活塞带着活塞环下行（进气行程）时，环靠在环槽的上方，环从缸壁上刮下来的润滑油充入环槽下方；当活塞又带动活塞环上行（压缩行程）时，环又靠在环槽的下方，同时将油挤压到环槽的上方，如此反复运动，就将润滑油泵到活塞顶部。

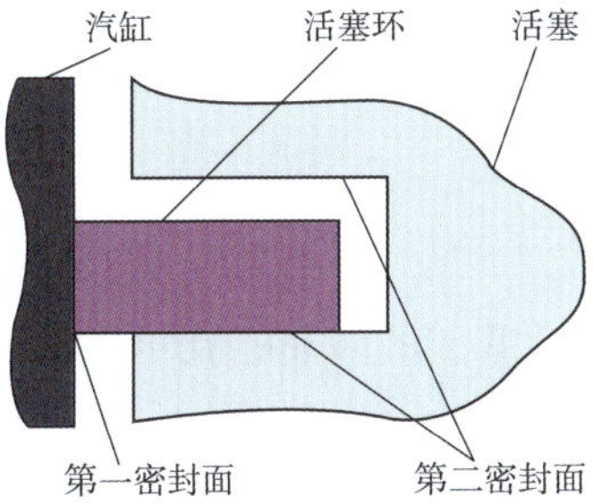

图 1-2-11　活塞环的密封原理

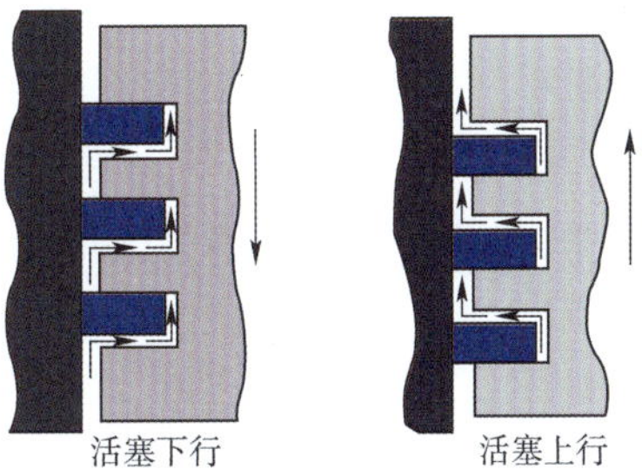

图 1-2-12　活塞环的泵油作用

活塞环的泵油作用，一方面对润滑困难的汽缸壁是有利的；另一方面会导致润滑油窜入汽缸参加燃烧，不仅增加了润滑油的消耗，而且使燃烧室内积炭增多，甚至在环槽中形成积炭，挤压活塞环，使活塞环卡死或折断。

4）气环的断面形状

气环的断面形状及性能特点，见表 1-2-1。

气环断面形状及性能特点　　表 1-2-1

气环断面名称	气环的断面形状	性能特点
矩形环	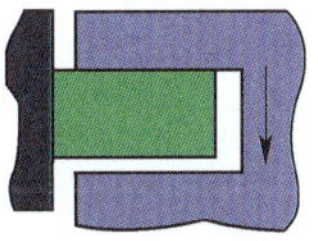	优点：结构简单、导热性好。 缺点：磨合性差，泵油严重
锥形环	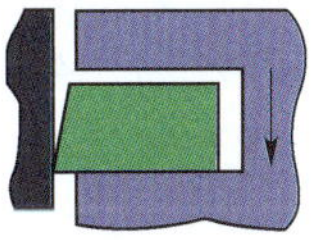	优点：利于磨合、密封，上行布油、下行刮油，磨损小。 缺点：导热性差、磨损后与矩形环性能一样。 注意：有安装方向
扭曲环	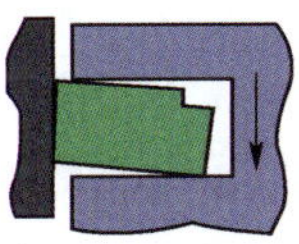 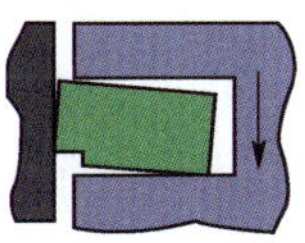 （内切口）　（外切口）	优点：兼顾矩形环和锥面环的优点；能减轻环的上下窜动对环槽的冲击及磨损。 注意：安装时，内切口朝上、外切口朝下

续上表

气环断面名称	气环的断面形状	性能特点
梯形环	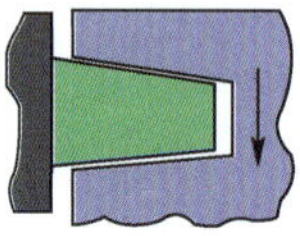	优点:抗结胶性好、不易卡环、断环。 缺点:不能用于第一道环
桶形环	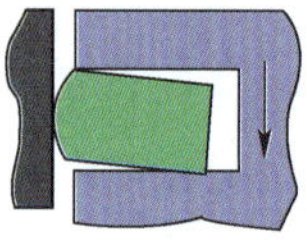	优点:易磨合、密封性好、润滑性好、适应强

2.2.4 油环

1)油环的功用

(1)活塞上行时,将润滑油均匀分布在汽缸壁上。

(2)活塞下行时,刮去汽缸壁上多余的润滑油,经活塞上的回油孔流回油底壳。

(3)起辅助密封的作用。

汽车发动机采用的油环有整体式和组合式两种,如图1-2-13所示。

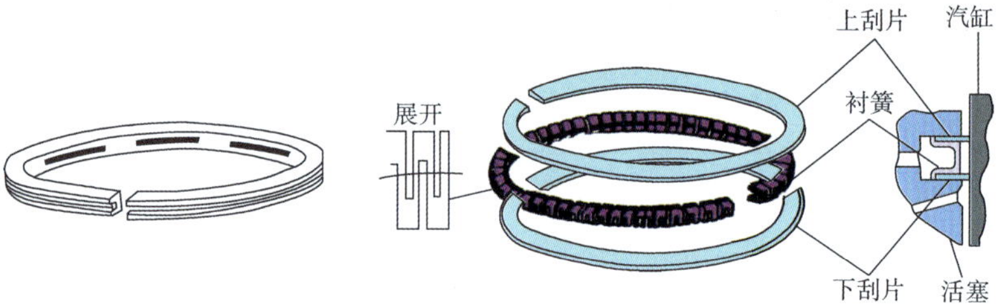

a)整体式　　b)组合式

图1-2-13　油环

油环的类型

2)油环的结构

目前,轿车发动机活塞所使用的油环均为组合式活塞环。组合式油环由起刮油作用的上、下两个钢片(也叫刮片)和产生径向、轴向弹力作用的衬簧组成。这种衬簧之所以能产生轴向弹力,是因为自由状态时衬簧和两个钢片的总厚度大于环槽的高度。径向弹力使钢片的第一密封面密封,轴向弹力使两钢片分别贴合在环槽的上、下侧面上,使第二密封面密封,并消除了间隙。组合式油环的钢片表面都是镀铬的,否则易产生黏附磨损。

2.3 活塞销

2.3.1 概述

活塞销(图1-2-14)用来连接活塞和连杆,并把活塞所受的力传给连杆。

活塞销在高温下承受着很大的周期性冲击载荷,且其润滑是靠飞溅润滑,故润滑条件较差。因此,为了满足有足够的刚度、强度和表面耐磨性的要求,质量要尽可能小。为此,活塞销通常制成空心圆柱体。

活塞销一般用低碳钢或低碳合金钢制造。先经表面渗碳处理,以提高表面硬度,并保证心部具有一定的冲击韧性,然后进行精磨和抛光。

图 1-2-14　活塞销

2.3.2　活塞销的结构

活塞销一般为空心管状结构,如图 1-2-15 所示。其外表面为圆柱形,内孔形状有圆柱形、两段截锥形以及两段截锥和一段圆柱的组合形。

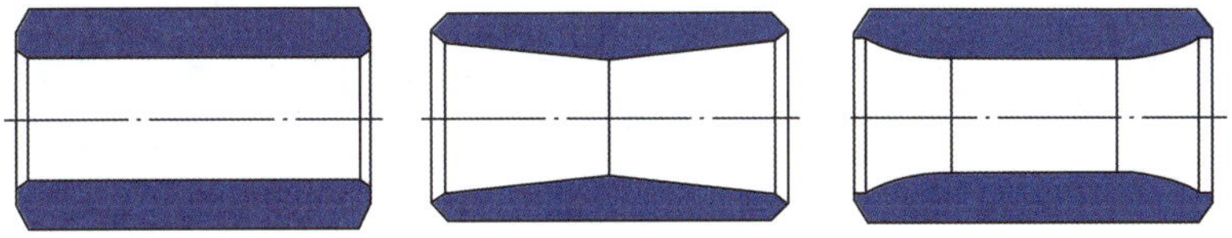

a) 圆柱形内孔　　b) 截锥形内孔　　c) 组合形内孔

图 1-2-15　活塞销的内孔形状

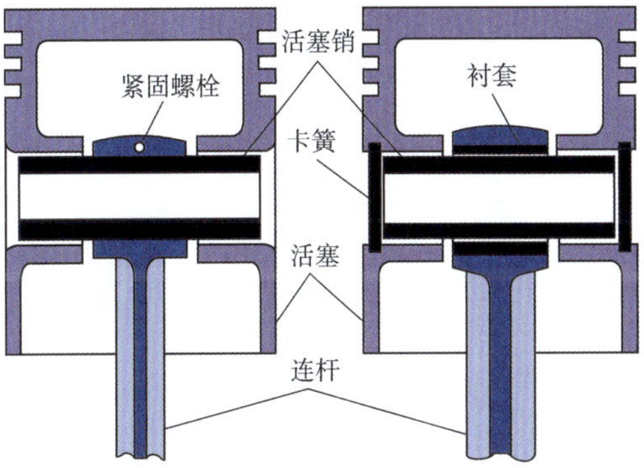

a) 半浮式　　b) 全浮式

图 1-2-16　活塞销的连接方式

2.3.3　活塞销的连接方式

活塞销与活塞销座孔及连杆小端的连接方式有两种,如图 1-2-16 所示,即全浮式和半浮式。

1) 全浮式

全浮式连接是指发动机在正常工作温度时,活塞销在连杆小端的衬套孔和活塞销座孔均为间隙配合,活塞销可在活塞销座孔和连杆小端的衬套孔内自由转动和窜动。为了防止活塞销轴向窜动而刮伤汽缸壁,在活塞销两端用卡簧嵌在靠近销座孔边部的凹槽中,对活塞销进行轴向定位。

2) 半浮式

半浮式连接是指活塞销与活塞销座孔或连杆小端两处,一处固定,一处浮动(即间隙配合),其大多采用活塞销与连杆小头固定的方式。这种连接方式是销座孔内无卡簧,连杆小头处无衬套,省去了衬套的修理作业内容。

2.4　连杆

2.4.1　概述

连杆的功能是将活塞承受的气体压力传给曲轴,使活塞的往复直线运动转变为曲轴的旋转运动。

连杆承受活塞销传来的气体作用力及其本身摆动和活塞往复运动时的惯性力。这些力的大小和方向都是周期性变化的。因此,连杆受到的是压缩、拉伸和弯曲等交变载荷。这就要求连杆在质量尽可能小的条件下有足够的刚度和强度。

连杆一般采用中碳钢或中碳合金钢经模锻或辊锻而成,然后进行机加工和热处理,也有一些采用球墨铸铁制造的。为了提高连杆的疲劳强度,通常还采用表面喷丸处理。

2.4.2 连杆的结构

如图1-2-17所示,连杆由小端、杆身和大端(包括轴承盖)三部分组成。

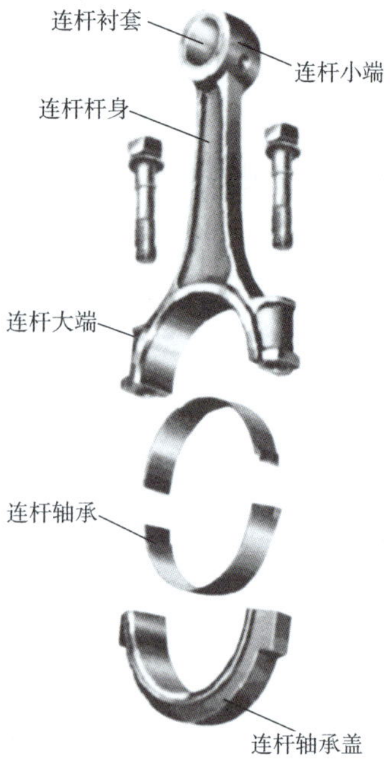

图1-2-17 连杆的组成

连杆小端与活塞销相连,采用全浮式连接的活塞销时,小端承孔中一般压有减磨的青铜衬套或铁基粉末冶金衬套。在发动机正常工作时,活塞销相对于活塞销承孔和连杆小端之间存在着相对转动或窜动,必须进行润滑。润滑的方式有两种:一种是在小端和衬套上设有集油孔或铣出集油槽用来收集发动机运转时飞溅上来的机油,以便润滑。这种润滑方式一般在连杆大端与杆身连接处面对汽缸主承压面(面对发动机的左侧)的一侧,钻有一个直径1~1.5mm的喷油孔(图1-2-18)。另一种是在连杆杆身内钻有纵向的压力油道,利用润滑油的压力进行压力润滑。

杆身通常做成"工"字形断面,以求在强度和刚度足够的前提下减小质量。

连杆大端是与曲轴的连杆轴颈相连的。为了便于安装,大端一般做成分开式的,二者一般用螺栓装配。连杆盖与连杆大端是组合后镗孔,为防止装配错误,在同侧制有记号。

连杆大端剖分面的方向有平切口和斜切口(图1-2-19)两种。平切口连杆,其剖切面垂直于连杆轴线。一般汽油机连杆大头尺寸都小于汽缸直径,故多采用平切口。斜切口连杆,一般用于柴油机,因为发动机连杆大头直径较大,为了拆装时能从汽缸内通过,采用了这种形式。剖分面与杆身中心线一般呈30°~60°(常用45°)夹角。另外,斜切口再配以较好的切口定位,还减轻了连杆螺栓的受力。

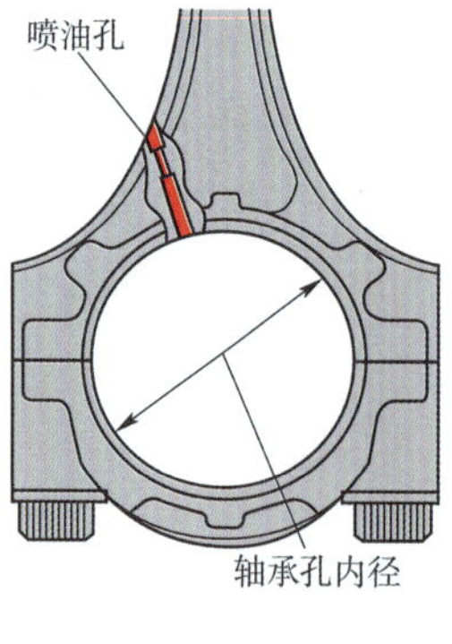

图1-2-18 连杆大端喷油孔

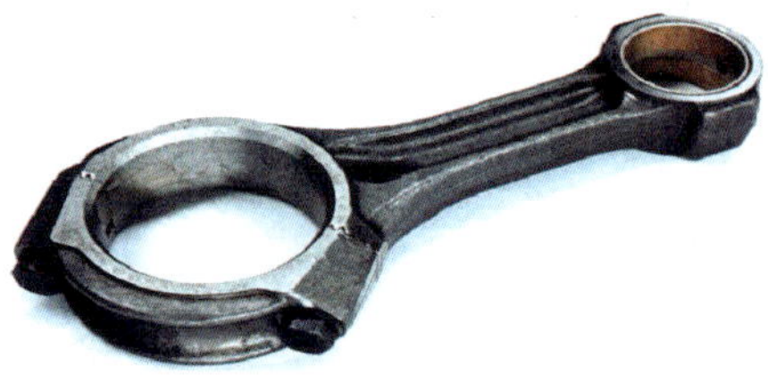

图1-2-19 斜切口连杆

连杆大端的装合,必须严格定位,以保证连杆轴承孔的正确形状。连杆大端剖分面的定位方式有锯齿定位、定位套定位、定位销定位和止口定位四种,如图1-2-20所示。

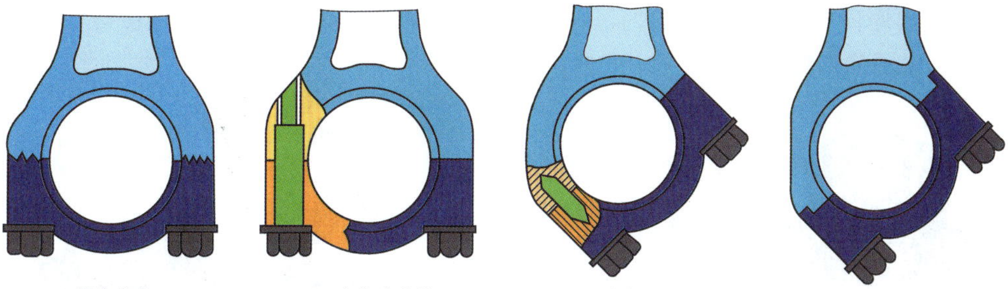

图 1-2-20　连杆大端剖分面的定位方式

3　任务实施

3.1　检测

3.1.1　活塞的检测

如图 1-2-21 所示,在距活塞裙部下边缘约 10mm 处,且与活塞销的轴线成 90°的位置测量活塞的直径。

3.1.2　活塞环的检测

(1)用活塞垂直地从上向下将活塞环推到距汽缸底部约 15mm 处。

(2)按图 1-2-22 所示方法,用厚薄规测量活塞环的开口间隙,其间隙应符合规定的标准值。测量完后,按缸号将活塞环摆放好。

(3)清洁活塞环槽,按图 1-2-23 所示方法检测活塞的侧隙。其间隙应符合规定的标准值。

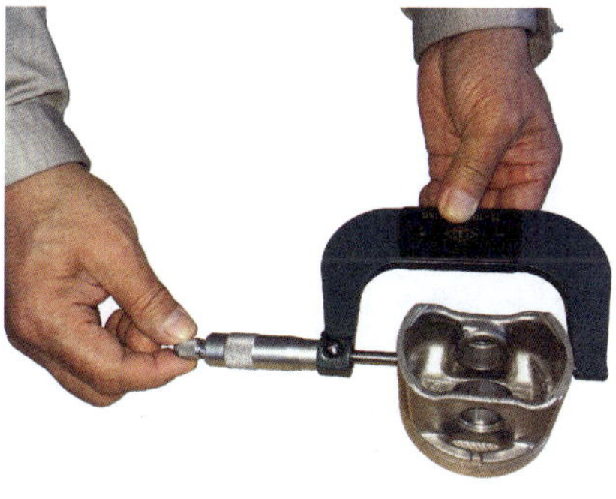

图 1-2-21　活塞直径的测量

图 1-2-22　测量活塞环开口间隙

3.1.3　活塞配缸间隙的检测

(1)查阅所测发动机的活塞配缸标准间隙值或镗缸维修时留的配缸间隙。

(2)按活塞配缸标准间隙值,选取厚薄规的尺寸,并放入汽缸中。

(3)将活塞倒置放入汽缸中,如图 1-2-24 所示。

(4)拔出厚薄规,拔出时应有摩擦感。如摩擦阻力感大,说明活塞配缸间隙过小;如无摩擦阻力感,说明活塞配缸间隙过大。

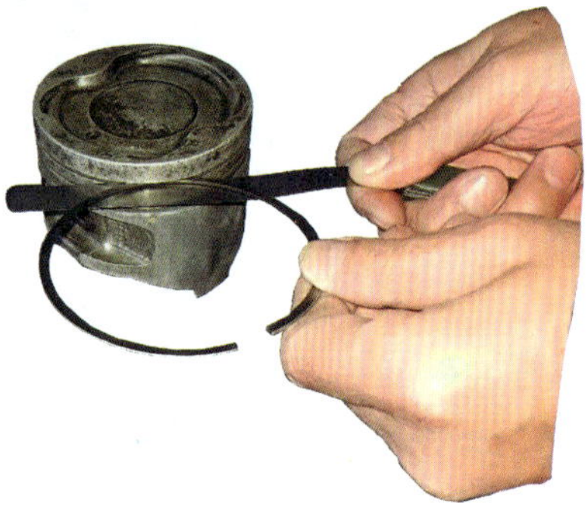

图1-2-23　活塞环侧隙的测量

图1-2-24　活塞配缸间隙的测量

图1-2-25　连杆的检测

3.1.4　连杆的检测

1)连杆的弯曲检测

连杆变形检验在连杆校验仪上进行。检验步骤如下:

(1)将被检验的连杆盖装在连杆上(但不带轴承),并按规定力矩拧紧,同时装上修配好的活塞销。

(2)将连杆轴承承孔套装在检验仪的菱形支承轴上,调整轴端的调整螺钉,使菱形支承轴上的定心块外张,将连杆固定在检验仪上,如图1-2-25所示。

(3)将检验仪的三点规V形面靠合在活塞销顶面上,观察三点规的三个测点与检验仪三个平面的接触情况。

检验结果见表1-2-2。

连杆检验结果　　表1-2-2

连杆状态	无弯扭	弯曲		扭曲	弯扭	
三个测点位置	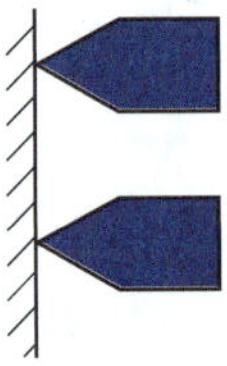	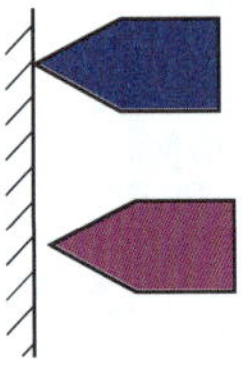	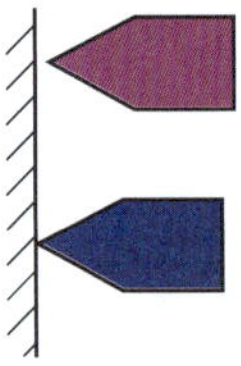	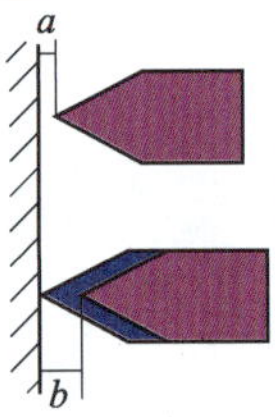	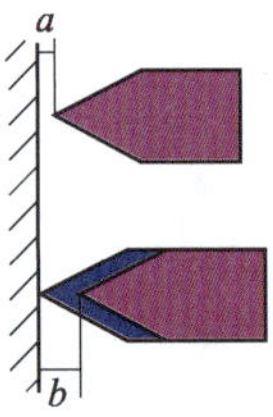	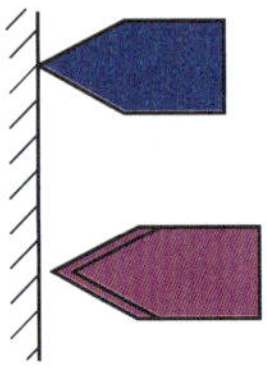
测点说明	三点接触	上一点接触	下两点接触	下一点接触 且 $b=2a$	下一点接触 且 $b\neq 2a$	下两点不接触 且不等距

2)连杆轴向间隙的检测

(1)将连杆装到曲轴连杆轴颈上。

(2)用厚薄规检测连杆与曲轴的轴向间隙(图1-2-26)。

(3)检测其余各缸连杆与曲轴的轴向间隙。

3）连杆径向间隙的检测

（1）把塑料间隙规放在被测的连杆轴颈（或连杆轴承盖）上，如图1-2-27所示。

图1-2-26　连杆轴向间隙的检测

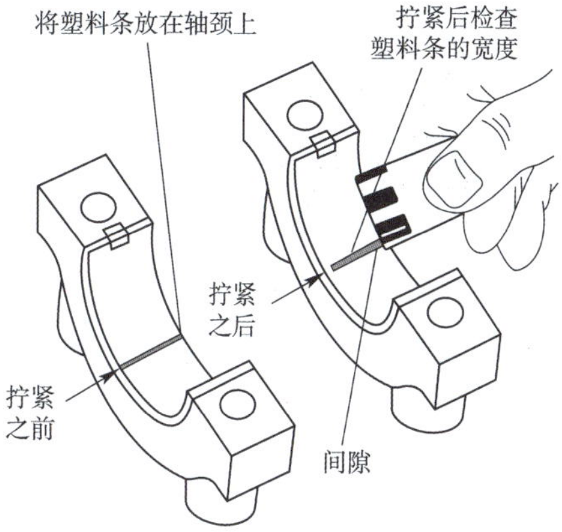

图1-2-27　连杆径向间隙的检测

（2）将连杆及轴承装到曲轴连杆轴颈上，并用规定力矩将连杆螺栓拧紧。

注意：切勿转动曲轴，以防轴颈和轴承工作面被划伤。

（3）松开连杆螺栓，拆下连杆。

（4）用量尺与压扁的塑料间隙规的宽度比较（图1-2-27），量尺条纹上的数值印为连杆径向间隙值。

3.2　准备工作

阅读维修手册，编制作业方案，列出作业所需要的设备、仪器和工具，领取备品。

3.3　操作流程

（1）在发动机台架上将缸体及缸盖上的外围部件拆下。

（2）拆卸汽缸盖。

（3）拆卸油底壳。

（4）拆卸机油泵。

（5）拆卸连杆盖。

（6）拆卸活塞及连杆。

（7）拆卸活塞环。

（8）拆卸活塞销。

（9）按拆卸的相反顺序装配活塞连杆组。

3.4　操作提示

1）活塞选配的提示

（1）应选用与汽缸标准尺寸或修理尺寸等级相同的活塞，同一台发动机应选用同一型号的同组活塞。同组活塞直径差应不大于0.02～0.05mm。

（2）活塞成套选配，同一台发动机要选用同一厂牌的活塞。因不同厂家生产的活塞存在材料成分比例上的差异，其热膨胀量也就不一样，所以，在预留配缸间隙时，所留的间隙值也就不一样。

(3)同组活塞中,各活塞的质量应基本一致。中低转速发动机活塞之间的质量误差应不大于8g,高转速发动机应不大于5g,否则会导致发动机出现抖动现象。

(4)活塞裙部的圆度和圆柱度应符合规定的要求。

(5)在活塞选配时,要参照维修手册进行。

2)活塞与连杆组装的提示

(1)活塞与连杆杆身、连杆轴承盖上的安装记号要在同一方向面上。连杆轴承盖不能与连杆随意换装。如更换连杆,连杆与连杆轴承盖应一同更换。

(2)活塞销头上涂的颜色与活塞销座孔上涂的颜色应一致。

(3)要把活塞加热至60℃以上后再装入活塞销。

(4)活塞与连杆组装完后,应重测一下活塞的尺寸。如出现偏差应对活塞进行校正。

(5)安装活塞销卡簧时,卡簧应嵌入卡簧槽中的深度应不少于卡簧丝径的2/3。否则活塞销受热膨胀时,易把卡簧顶出,造成拉缸事故。

3)活塞环的安装提示

(1)在装配前应检查活塞环的"三隙"。

(2)应注意活塞环的安装方向。

(3)活塞环的开口应按维修手册中规定的角度错开布置。

4)安装活塞连杆组的提示

(1)安装记号要朝向皮带轮一侧。

(2)活塞在配缸后不应互换。

(3)活塞环在装入汽缸前,应将各道活塞环开口间隙错开一定角度,并避开活塞承压面。如有三道活塞环,其开口间隙应错开120°;如有四道活塞环,第一、二道环应互错180°,第二、三道环应互错90°,第三、四道环应互错180°。

复习与思考题

1. 叙述活塞连杆组的组成。
2. 活塞的功用是什么?
3. 活塞环的"三隙"分别是什么?如何进行测量?
4. 叙述活塞环的泵油原理。
5. 为什么活塞销要采用偏置设置?
6. 活塞连杆组在组装时,哪些零部件的安装是有方向要求的?

任务三 更换主轴承

1 任务引入

当发动机出现主轴承响或机油压力过低情况时,经诊断是由于主轴承原因引起的,应更换曲轴主轴承。

2　相关理论知识

曲轴飞轮组主要由曲轴、飞轮、扭转减振器、皮带轮、正时皮带轮、主轴承、推力轴承等组成。

2.1　曲轴

2.1.1　概述

曲轴是发动机的主要部件，它的功用是承受连杆传来的力，并将此转变为转矩向外输出，驱动汽车行驶。曲轴还用来驱动发动机的配气机构、水泵、发电机、空调压缩机、转向助力泵等附件。

曲轴在工作时，要承受周期性变化的气体压力、往复惯性力和离心力，以及在它们产生的转矩和弯矩的共同作用下，所产生的扭转振动和弯曲振动。在汽车紧急制动时，曲轴还会产生轴向窜动。

为了保证工作可靠，曲轴应具有足够的刚度、强度和一定的耐磨性，并需要很好的平衡性。曲轴一般采用中碳钢（如 45 号钢）、中碳合金钢（如 45Mn2、40Gr 等）模锻或球墨铸铁铸造。

2.1.2　曲轴的结构与平衡

如图 1-3-1 所示，曲轴主要由曲轴前端的皮带轮、正时齿形带轮、机油泵驱动链轮（皮带轮）、曲轴主轴颈、连杆轴颈（曲柄销）、曲柄、平衡重、曲轴后端凸缘等组成。有些电控发动机的转速传感器的信号轮安装在曲轴上。

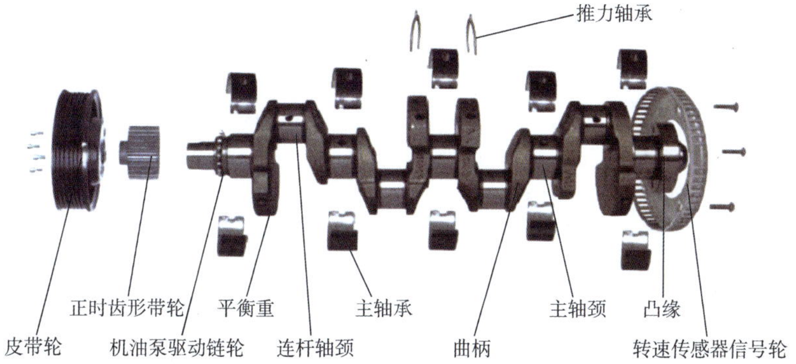

图 1-3-1　曲轴的组成

曲轴上磨光的表面为轴颈。支承在曲轴箱轴承孔内旋转的轴颈为主轴颈。偏离主轴颈轴线用以安装连杆的轴颈为连杆轴颈（或称为曲柄销），通常两个连杆轴颈在同一条轴线上，其轴线均匀分布在以主轴颈轴线为圆心的同一半径的圆周上。连杆轴颈与主轴颈之间加工有贯通的润滑油道，使主轴承内的润滑油经此油道去润滑连杆轴承。连接主轴颈与连杆轴颈的部分称为曲柄，曲柄与连杆轴颈共同把连杆传来的力转变成曲轴的旋转力矩。在轴颈与曲柄连接处加工有过渡圆角，以防在此出现应力集中，而导致曲轴出现裂纹或断裂。在曲柄远离连杆轴颈一端的相对位置上设有平衡重，用以平衡连杆轴颈、曲柄和活塞等产生的离心力、离心力矩和往复惯性力，使发动机运转更平衡。曲轴前端用以安装皮带轮、曲轴正时齿轮（或正时链轮）。曲轴后端凸缘用以安装飞轮。

由于连杆轴颈和曲柄对称布置，其工作时产生的离心力（图 1-3-2）F_1、F_4 与 F_2、F_3 大小相等、方向相反,故可以相互抵消。F_1 和 F_2 形成的力矩 M_{1-2} 与 F_3 和 F_4 形成的 M_{3-4} 方向相反,故也互相抵消。但两个力矩作用的结果会给曲轴造成向上的弯曲变形,而引起主轴颈和轴承的偏磨。为了减轻主轴颈的负荷,改善其工作条件,一般都在曲柄的相反方向设置平衡重。

主轴颈是曲轴的支承部分。在直列发动机中,每个连杆轴颈的两端都有一个主轴颈支承,称为全支承曲轴(图1-3-3a)。相邻两个连杆轴颈由两个主轴颈支承,称为非全支承曲轴(图1-3-3b)。

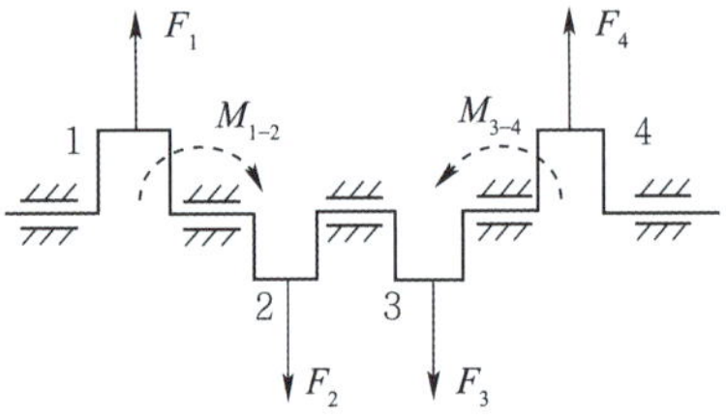

a) 曲轴受力分析

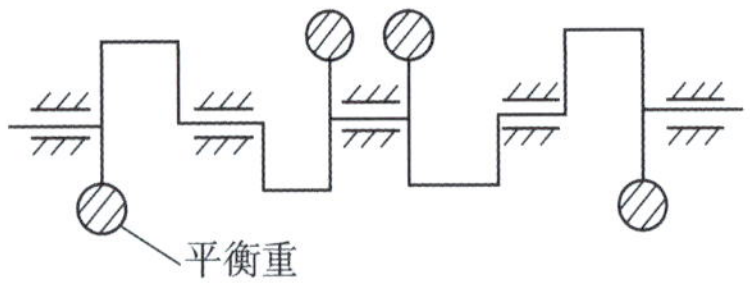

b) 平衡重的设置

图1-3-2　曲轴的平衡

a) 全支承曲轴

b) 非全支承曲轴

图1-3-3　曲轴的支承形式

2.1.3　曲拐的布置形式

曲轴的一个连杆轴颈和其左右两端的曲柄及两端的主轴颈组成一个曲拐,曲拐数取决于汽缸的数目、排列方式和点火顺序(即各缸的做功行程交替顺序)。当汽缸数和汽缸排列形式确定后,曲拐布置就只取决于发动机工作顺序。在确定发动机工作顺序时有以下原则:

曲拐布置
与发动机工作循环

(1)曲拐布置尽可能对称、均匀。

(2)各缸发火间隔时间(即发火间隔角)应相同。

(3)连续做功的两个缸相隔尽量远些。

发火间隔时间若以曲轴转角计算,则称发火间隔角。对于汽缸数为 i 的四冲程发动机,其发火间隔角应为 $720°/i$。

直列四缸、直列六缸和V形八缸发动机的工作顺序及曲拐布置形式见表1-3-1。

发动机工作顺序及曲拐布置形式　　表1-3-1

曲拐布置形式及工作顺序	工作循环表				
	曲轴转角(°)	汽缸号			
		1	2	3	4
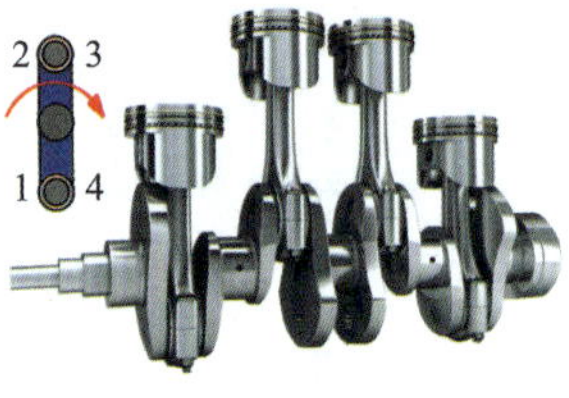 直列四缸 点火顺序:1-3-4-2	0~180	做功	排气	压缩	进气
	180~360	排气	进气	做功	压缩
	360~540	进气	压缩	排气	做功
	540~720	压缩	做功	进气	排气

续上表

<table>
<tr><th>曲拐布置形式及工作顺序</th><th>工作循环表</th></tr>
<tr><td>
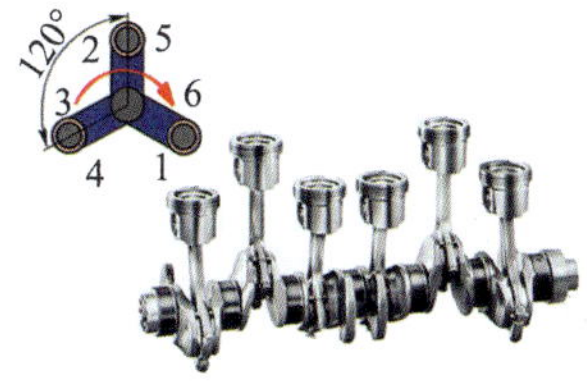

直列六缸
点火顺序:1-5-3-6-2-4
</td><td>
<table>
<tr><th rowspan="2">曲轴转角(°)</th><th colspan="6">汽缸号</th></tr>
<tr><th>1</th><th>2</th><th>3</th><th>4</th><th>5</th><th>6</th></tr>
<tr><td>0~60</td><td rowspan="3">做功</td><td rowspan="2">排气</td><td>进气</td><td>做功</td><td rowspan="2">压缩</td><td rowspan="3">进气</td></tr>
<tr><td>60~120</td><td rowspan="3">压缩</td><td rowspan="3">排气</td></tr>
<tr><td>120~180</td><td rowspan="3">进气</td><td rowspan="3">做功</td></tr>
<tr><td>180~240</td><td rowspan="3">排气</td><td rowspan="3">压缩</td></tr>
<tr><td>240~300</td><td rowspan="3">做功</td><td rowspan="3">进气</td></tr>
<tr><td>300~360</td><td rowspan="3">压缩</td><td rowspan="3">排气</td></tr>
<tr><td>360~420</td><td rowspan="3">进气</td><td rowspan="3">做功</td></tr>
<tr><td>420~480</td><td rowspan="3">排气</td><td rowspan="3">压缩</td></tr>
<tr><td>480~540</td><td rowspan="3">做功</td><td rowspan="3">进气</td></tr>
<tr><td>540~600</td><td rowspan="3">压缩</td><td rowspan="3">排气</td></tr>
<tr><td>600~660</td><td rowspan="2">进气</td><td rowspan="2">做功</td></tr>
<tr><td>660~720</td><td>排气</td><td>压缩</td></tr>
</table>
</td></tr>
<tr><td>
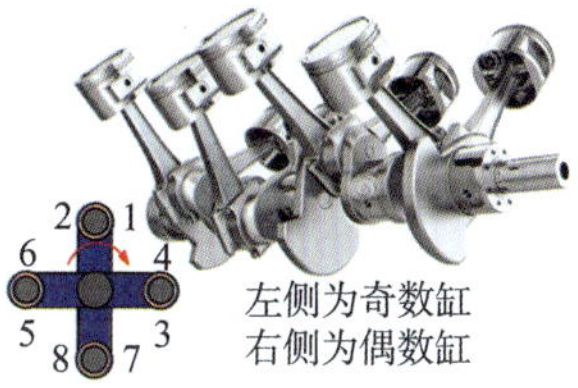

V形八缸(V8)
点火顺序:1-8-4-3-6-5-7-2
</td><td>
<table>
<tr><th rowspan="2">曲轴转角(°)</th><th colspan="8">汽缸号</th></tr>
<tr><th>1</th><th>2</th><th>3</th><th>4</th><th>5</th><th>6</th><th>7</th><th>8</th></tr>
<tr><td>0~90</td><td rowspan="2">做功</td><td>做功</td><td>进气</td><td rowspan="2">压缩</td><td>排气</td><td rowspan="2">进气</td><td rowspan="2">排气</td><td>压缩</td></tr>
<tr><td>90~180</td><td rowspan="2">排气</td><td rowspan="2">压缩</td><td rowspan="2">进气</td><td rowspan="2">做功</td></tr>
<tr><td>180~270</td><td rowspan="2">排气</td><td rowspan="2">做功</td><td rowspan="2">压缩</td><td rowspan="2">进气</td></tr>
<tr><td>270~360</td><td rowspan="2">进气</td><td rowspan="2">做功</td><td rowspan="2">压缩</td><td rowspan="2">排气</td></tr>
<tr><td>360~450</td><td rowspan="2">进气</td><td rowspan="2">排气</td><td rowspan="2">做功</td><td rowspan="2">压缩</td></tr>
<tr><td>450~540</td><td rowspan="2">压缩</td><td rowspan="2">排气</td><td rowspan="2">做功</td><td rowspan="2">进气</td></tr>
<tr><td>540~630</td><td rowspan="2">压缩</td><td rowspan="2">进气</td><td rowspan="2">排气</td><td rowspan="2">做功</td></tr>
<tr><td>630~720</td><td>做功</td><td>进气</td><td>排气</td><td>压缩</td></tr>
</table>
</td></tr>
</table>

V形发动机的点火间隙角与V形发动机汽缸夹角成倍数关系,除像表1-3-1中V形八缸(V8)发动机曲轴的布置形式外,有的被布置成在平面内连杆轴颈的夹角与汽缸夹角一致。如丰田V6发动机,其汽缸夹角为60°,点火顺序为1-2-3-4-5-6,曲轴连杆轴颈在平面圆周上的夹角被布置成60°,如图1-3-4所示。

奥迪V形发动机的汽缸布置为90°,左右对应缸的连杆轴颈采用了错位布置形式,以便与汽缸夹角对应。如果发动机的点火间隔角>90°,计算时取“-”号;如果发动机的点火间隔角<90°,计算时取“+”号。即:

$$汽缸夹角 = 点火间隔角 \pm 连杆轴颈错位角$$

奥迪V6发动机的左右对应缸的连杆轴颈错位角度为30°布置,点火间隔角为120°,点火顺序为1-4-3-6-2-5。其曲轴及汽缸排序如图1-3-5所示。

a) 曲轴　　b) 汽缸排序

图1-3-4　丰田V6发动机曲轴及汽缸排序

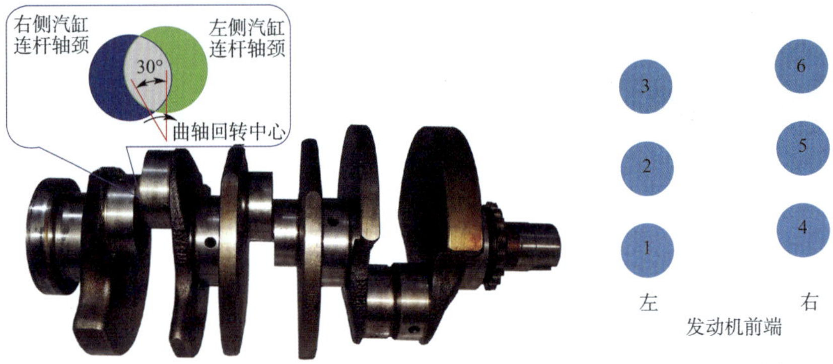

a) 连杆轴颈错位布置　　b) 汽缸排序

图1-3-5　奥迪V6发动机连杆轴颈布置及汽缸排序

奥迪V10发动机左右对应缸的连杆轴颈错位角度为18°布置，点火间隔角为72°，点火顺序为1-6-5-10-2-7-3-8-4-9。汽缸排序为：左：1-2-3-4-5，右：6-7-8-9-10。

2.1.4　曲轴的定向定位

发动机在工作时，曲轴在轴向力的作用下会出现轴向窜动。为了防止曲轴出现较大的轴向窜动而导致曲柄连杆机构的机件出现损伤现象，需要对曲轴的轴向窜动量进行一定的限制，所以，发动机上都设有曲轴轴向定位装置。

曲轴轴向定位装置有推力片和翻边瓦两种。如果曲轴轴向定位装置安装在第一道轴颈处，为圆环式推力片。如果曲轴轴向定位装置安装在中间主轴颈处，多为翻边瓦或半圆形推力片。

轿车的曲轴轴向定位装置一般是在中间一道主轴承座的两侧各设有一个半圆形的推力片，对其窜动量进行限制，如图1-3-6所示。

2.2　曲轴扭转减振器

发动机在运转时，由于飞轮的惯性很大，可以看作是等速转动。而各个汽缸气体压力和往复运动件的惯性力是周期性地作用在曲轴连杆轴颈上，给曲轴一个周期性变化的扭转外力，使曲轴发生忽快忽慢的转动，从而形成曲轴对于飞轮的扭转摆动，即曲轴的扭转振动。为了消减曲轴的扭转振动，有的发动机在曲轴前端装有扭转减振器。

常用的扭转减振器有橡胶式、摩擦式和硅油式等。

橡胶式扭转减振器(图1-3-7)将减振器圆盘用螺栓与曲轴带轮及轮毂紧固在一起，橡胶层与圆盘及惯性盘硫化在一起。当曲轴发生扭转振动时,力图保持等速转动的惯性盘便使橡胶层发生内摩擦,从而消除了扭转振动的能量,避免扭振。

图 1-3-6　曲轴推力片及安装位置

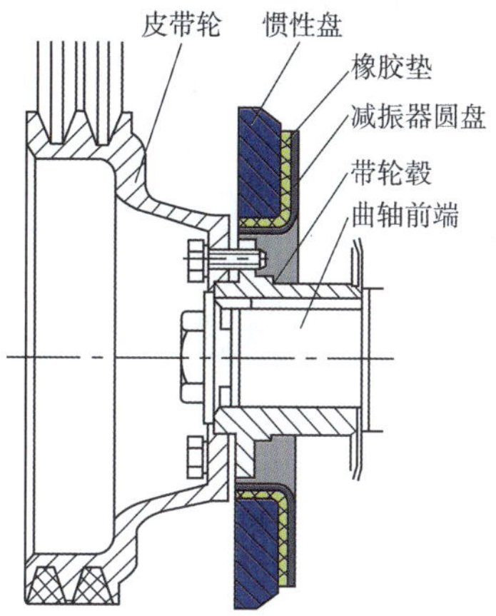

图 1-3-7　橡胶式曲轴扭转减振器

2.3　飞轮

飞轮是一个转动惯量很大的圆盘,它的功用是:

(1)储存做功的能量,用于克服各种阻力,使曲轴均匀地旋转。

(2)用于起动发动机。

(3)以转矩的形式向传动系统输出动力。

飞轮的功用

2.3.1　普通飞轮

飞轮是一个外缘有齿圈的铸铁式铸钢的圆盘(图 1-3-8)。为了保证飞轮有足够的转动惯量,尽可能减小飞轮的质量,则飞轮大部分质量都集中在轮缘上,因而轮缘通常做得又宽又厚。在飞轮的轮缘上一般制有 1 缸上止点标记和点火刻线。飞轮和曲轴的装配一般采用固定螺孔不对称布置方式。

图 1-3-8　飞轮

2.3.2　双质量飞轮

目前,轿车越来越多地采用双质量飞轮。双质量飞轮就是将原来的一个飞轮分成两个部分,一部分保留在原来发动机一侧的位置上,起到原来飞轮的作用,用于起动和传递发动机的转矩,这一部分称为初级质量飞轮。另一部分则放置在传动系统变速器一侧,用于提高变速器的转动惯量,这一部分称为次级质量飞轮。两个质量飞轮通过弹簧阻尼连接,并相向运转,吸收发动机和传动系统产生的振动,并使共振转速下降到怠速转速以下。

双质量飞轮的种类比较多,我们这里只介绍摆式双质量飞轮,其组成与结构如图 1-3-9 所示。

摆式双质量飞轮由初级质量飞轮、次级质量飞轮、摆锤、内外组合式长弧形螺旋弹簧摆等组成。摆锤与次级质量飞轮固定连接,螺旋弹簧安装在初级质量飞轮弹簧止块与摆锤之间。

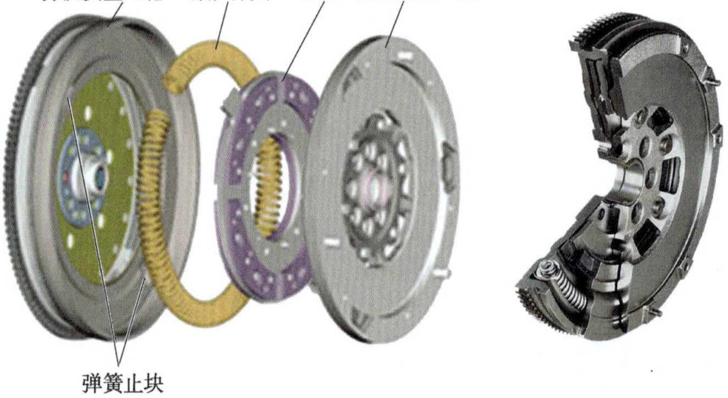

图 1-3-9　摆式双质量飞轮的组成与结构

工作时,初级质量飞轮通过弹簧止块压缩螺旋弹簧,使其另一端抵靠在摆锤端面上,初级质量飞轮相对次级质量飞轮转过一个角度。双质量飞轮在各工况下的相对位置如图 1-3-10 所示。

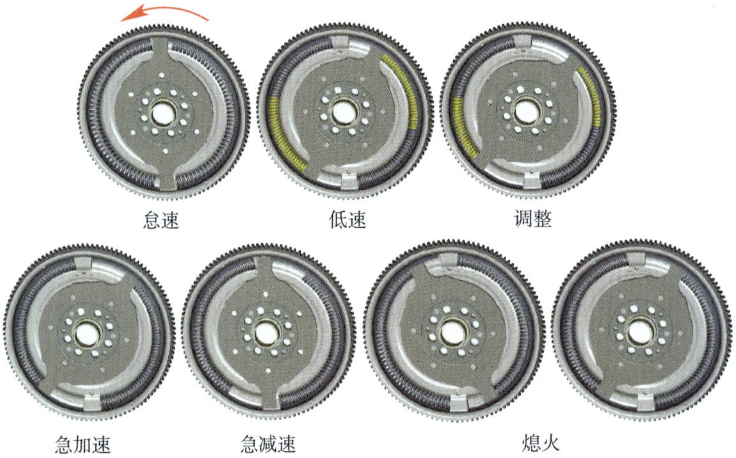

图 1-3-10　双质量飞轮各工况下的位置

当发动机或传动系统产生振动时,初级质量飞轮或次级质量飞轮相对另一个质量飞轮进行振摆,振摆的能量被弹簧吸收,而使振动被消除。

双质量飞轮的次级质量与变速器的分离和接合由一个不带减振器的刚性离合器盘来完成,由于离合器没有减振器机构,质量明显减小。减振器组装在双质量飞轮系统中,并能在盘中滑动,明显改善同步性并使换挡容易。

2.4　曲轴轴承

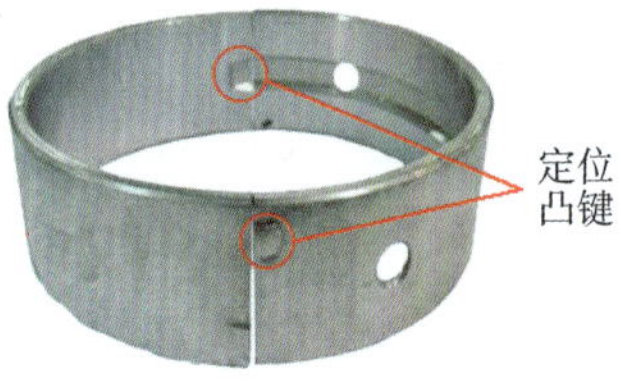

图 1-3-11　曲轴轴承

曲轴轴承也称为主轴承(俗称大瓦),装在缸体的主轴承孔内。其功用是保护主轴颈及主轴承孔。

曲轴轴承是由钢背和减磨层组成的分开式薄壁轴瓦,如图 1-3-11 所示。钢背由 1 ~3mm 厚的低碳钢制成,是轴承的基体。在轴承的剖分面上,分别冲压出一个高于钢背面的定位凸键。在轴承内表面上有的还加工有油槽。减磨层是由浇注在钢背内圆上厚度为 0.3 ~ 0.7mm 的薄层减磨合金制成。减磨合金具有保持油膜、减少摩擦阻力和易于磨合的作用。减磨合金的材料有白合金、铜铅合金和铝基合金等。

2.5　平衡轴系统

现在有些轿车发动机上装有平衡轴系统。平衡轴简单地说是一个装有偏心重块并随曲轴同步旋转的轴。其功用是利用偏心重块所产生的反向振动力,平衡曲轴连杆机构所产生的惯性力,以减轻发动机的振动。

2.5.1　发动机的振动原理

在发动机的工作循环中,活塞的运动速度非常快,而且速度很不均匀。在上、下止点位置,活塞的速度为零,而在上、下止点中间的位置速度达到最高。由于活塞在汽缸内做反复的高速直线运动,必然在活塞、活塞销和连杆上产生很大的惯性力。在连杆上配置的配重可以有效地平衡这些惯性力。但连杆上的配重只有一部分运动质量参与直线运动,另一部分参与旋转。除了上、下止点位置外,各种惯性力不能被完全平衡,进而使发动机产生了振动。

当活塞每上下运动一次,将使发动机产生一上一下两次振动,所以,发动机的振动频率和发动机的转速有关。在振动理论上,常使用多个谐波振动来描述发动机的振动。其中,振动频率和发动机转速相同的叫一阶振动,频率是发动机转速 2 倍的叫二阶振动,以此类推,还存在三阶、四阶振动。但振动频率越高,振幅就越小,二阶以上可以忽略不计。一阶振动占整个振动的 70% 以上,是振动的主要来源。

2.5.2　平衡轴的分类

发动机的平衡轴有两种:单平衡轴和双平衡轴。

1)单平衡轴方式

单平衡轴机构如图 1-3-12 所示。平衡轴安装在汽缸体上,前端由球轴承支承,后端由滚针轴承支承。平衡轴由凸轮轴齿轮或曲轴正时链驱动。平衡轴的转速与曲轴相同,而旋转方向与曲轴相反。单平衡轴可以平衡占整个振动比例相当大的一阶振动,可以使发动机的振动得到明显改善。由于单平衡轴方式结构简单,占用的空间小,在单缸和小排量的发动机中应用较广。

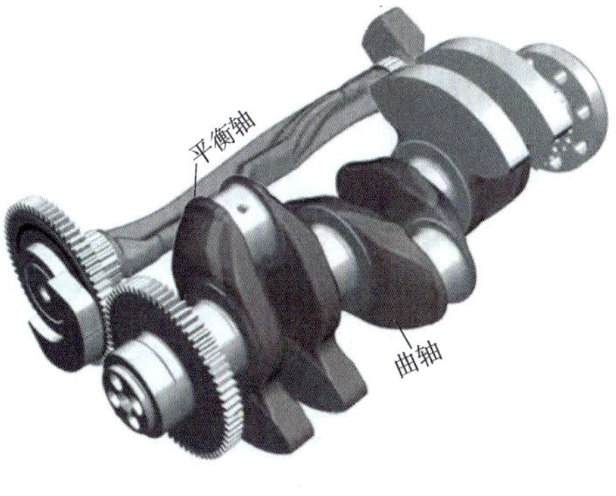

图 1-3-12　单平衡轴机构

2)双平衡轴方式

双平衡轴机构如图 1-3-13 所示,由两根平衡轴组成。平衡轴通过传动链由曲轴驱动。其中,一根平衡轴与发动机的转速相同,可以消除发动机的一阶振动;另一根平衡轴的转速是发动机转速的 2 倍,可以消除发动机的二阶振动,可达到理想减振效果。双平衡轴方式较为复杂,成本高,占用发动机的空间大,一般在大排量发动机上使用。

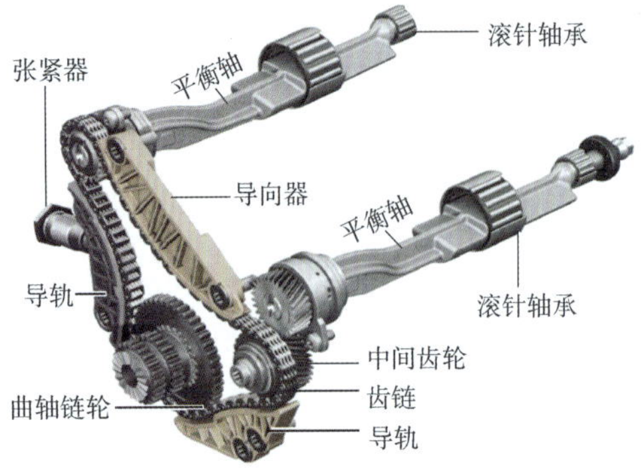

a) 大众EA888发动机平衡轴机构

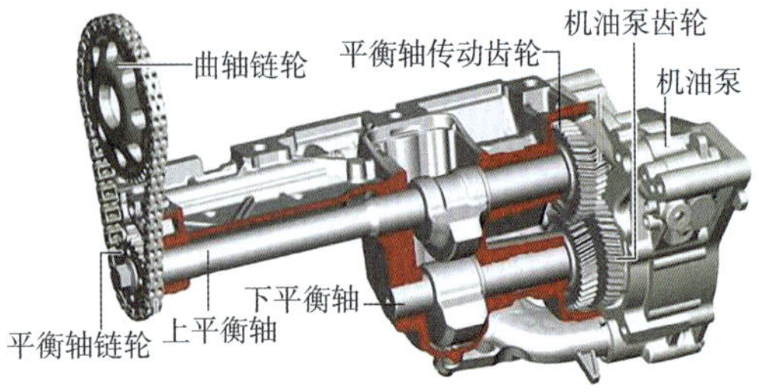

b) 宝马N20发动机平衡轴机构

图 1-3-13　双平衡轴机构

3　任务实施

3.1　检验与选配

3.1.1　轴颈磨损的检验

曲轴的轴颈磨损检验主要是用外径千分尺测量轴颈的直径,并计算圆度误差和圆柱度误差。其计算方法与汽缸的圆度误差和圆柱度误差相同。轴颈的直径、圆度误差和圆柱度误差应符合规定标准。

3.1.2　曲轴弯曲变形的检验

检验曲轴弯曲变形应以两端主轴颈的公共轴线为基准,检查中间主轴颈的径向圆跳动误差,如图 1-3-14 所示。检验时,将 V 形块放在检验平台上;把曲轴的两端支承在 V 形块上,使中间主轴颈置于最高处;将磁力百分表固定在检验平台上;用百分表的触头垂直抵触在中间的主轴颈上,慢慢来回转动曲轴,通过百分表确定最高点;将百分表调零;慢慢转动曲轴一圈,百分表指针所指示的最大摆动数值即为中间主轴颈的径向圆跳动误差值,如果该值大于 0.15mm,则应进行校正或更换。

3.1.3　曲轴扭曲变形的检验

检验曲轴扭曲变形时,其支承方式与曲轴弯曲变形检验相同。用百分表分别检验同一方位上的两个连杆轴的高度差,这个差值即是曲轴扭曲变形量,如图 1-3-15 所示。若曲轴发生扭曲变形,可通过在曲轴磨床上对曲轴进行磨削来修正或更换曲轴。

图 1-3-14　曲轴弯曲变形的检验

图 1-3-15　曲轴扭曲变形的检验

3.1.4　曲轴裂纹的检验

裂纹的检验方法有磁力探伤法、超声波探伤、荧光探伤和浸油敲击法四种。

浸油敲击法是将曲轴置于煤油中浸一会儿,取出后擦净表面上的煤油并撒上白粉,然后分段用小锤轻轻敲击,如有白粉中出现油迹,即为该处有裂纹。

曲轴出现裂纹必须更换曲轴。

3.1.5　曲轴轴向间隙和径向间隙的检测

曲轴轴向间隙的检查

1)轴向间隙的检测

曲轴轴向间隙的检测(图1-3-16)可采用百分表或厚薄规进行。

用撬棒将曲轴撬向一端,用厚薄规检查推力轴承和曲轴推力面之间的间隙,即为曲轴的轴向间隙。

2)径向间隙的检测

曲轴径向间隙的检测方法参见连杆径向间隙的检测方法。

3.1.6　曲轴轴承的选配

根据曲轴轴颈的直径和规定的径向间隙选择合适内径的轴承。发动机曲轴轴承在制造时,根据选配的需要,其内径已形成一个尺寸系列。轴承定位凸键要完整,轴承钢背光滑、完整无损。轴承在自由状态下的曲率半径应大于座孔的曲率半径(图1-3-17),保证轴承压入座孔后,可借轴承自身的弹力作用与轴承座贴合紧密。轴承装入座孔后,其上、下两片的每端均应高出轴承座平面0.03~0.05mm,以保证轴承与座孔紧密贴合,提高散热效果。

图1-3-16　曲轴轴向间隙的检测

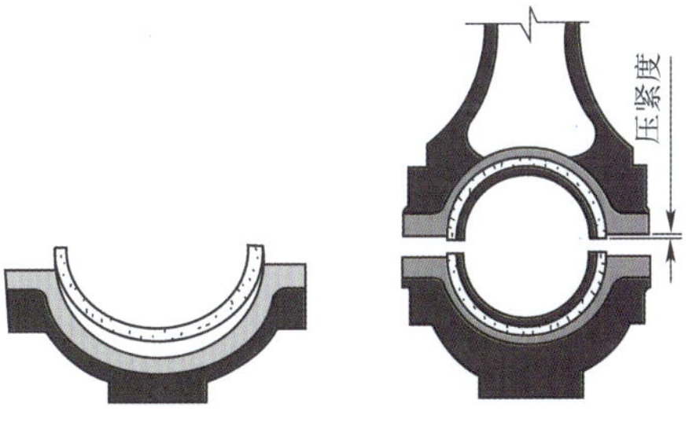

a)自由弹势　　b)压紧量

图1-3-17　曲轴主轴承的自由弹势和压紧量

有些发动机的轴承、轴承座孔和轴颈均按尺寸公差分组作了标记,有选配标记的轴承,选配时必须与汽缸体和曲轴上的标记对应。如广州本田轿车发动机,曲轴主轴承的色标在曲轴主轴承边缘,曲轴主轴颈标记压印在相邻的曲柄上,轴承座孔标记压印在汽缸体上一侧,如图1-3-18所示。在选配时应分别按表1-3-2进行选配。

3.2　准备工作

阅读维修手册,列出拆装所需工具,制订拆装方案,领取备品。

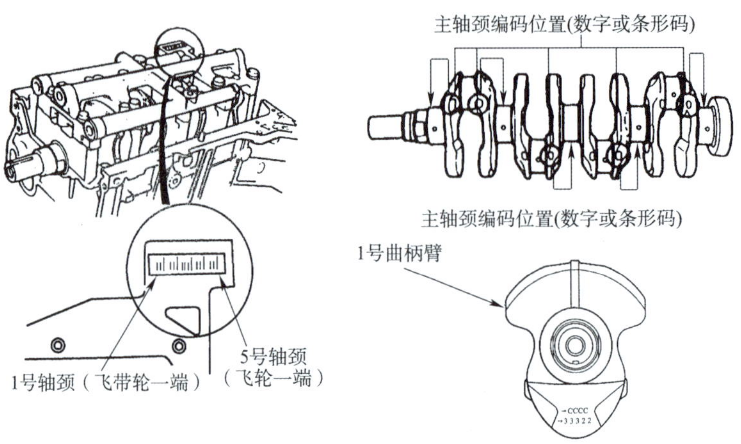

图 1-3-18　广州本田轿车发动机曲轴轴承的选配

广州本田轿车发动机曲轴主轴承的选配　　表 1-3-2

识别标记			主轴承座孔由左至右逐渐增大			
			1(或 A 或Ⅰ)	2(或 B 或Ⅱ)	3(或 C 或Ⅲ)	4(或 D 或Ⅳ)
			主轴承内径由左至右逐渐缩小			
主轴颈直径由上至下逐渐缩小	1(或Ⅰ)	主轴承内径由上至下逐渐缩小	粉	粉/黄	黄	黄/绿
	2(或Ⅱ)		粉/黄	黄	黄/绿	绿
	3(或Ⅲ)		黄	黄/绿	绿	绿/棕
	4(或Ⅳ)		黄/绿	绿	绿/棕	绿
	5(或Ⅴ)		绿	绿/棕	棕	棕/黑
	6(或Ⅵ)		绿/棕	棕	棕/黑	黑

3.3　操作过程

(1)拆卸缸体及缸盖上的外围部件。

(2)拆卸楔形皮带。

(3)拆卸缸盖。

(4)拆卸油底壳。

(5)拆卸活塞连杆组。

(6)拆卸曲轴及飞轮。

(7)更换曲轴轴承。

(8)安装顺序与拆卸顺序相反。

3.4　操作提示

(1)在拆卸曲轴主轴承盖时,应按从两边到中间交叉旋松的方式旋松曲轴主轴承螺栓。

(2)在拆卸曲轴时,要注意曲轴转速传感器的信号轮不要与其他物体相碰,以免损坏,导致发动机工作时检测到的信号失常。

(3)在拆卸曲轴轴承盖时,不要乱放,应按顺序将轴承盖摆放好,否则在安装时容易装串。如果装串,会导致曲轴主轴承孔失圆,而引起曲轴轴颈拉伤,甚至出现抱轴现象。

(4)在安装曲轴推力垫片时,有字的面应朝向轴瓦,不可装反,否则会导致推力轴承过度磨损，而造成曲轴的轴向窜动。

(5)注意曲轴轴承盖的安装方向，记号需朝前。

(6)在安装曲轴主轴承盖时，应按从中间到两边交叉预紧曲轴主轴承螺栓的方式预紧曲轴主轴承盖螺栓，然后，按维修手册上规定的力矩拧紧。这样做是为了防止曲轴在拆装过程中出现弯曲变形。

(7)注意对正各正时标记。

复习与思考题

1. 叙述曲轴的组成与功用。
2. 何谓曲拐？请分析图 1-3-3b)曲轴的曲拐。
3. 曲拐布置的原则是什么？
4. 叙述摆式双质量飞轮的工作原理。

知识点思维导图

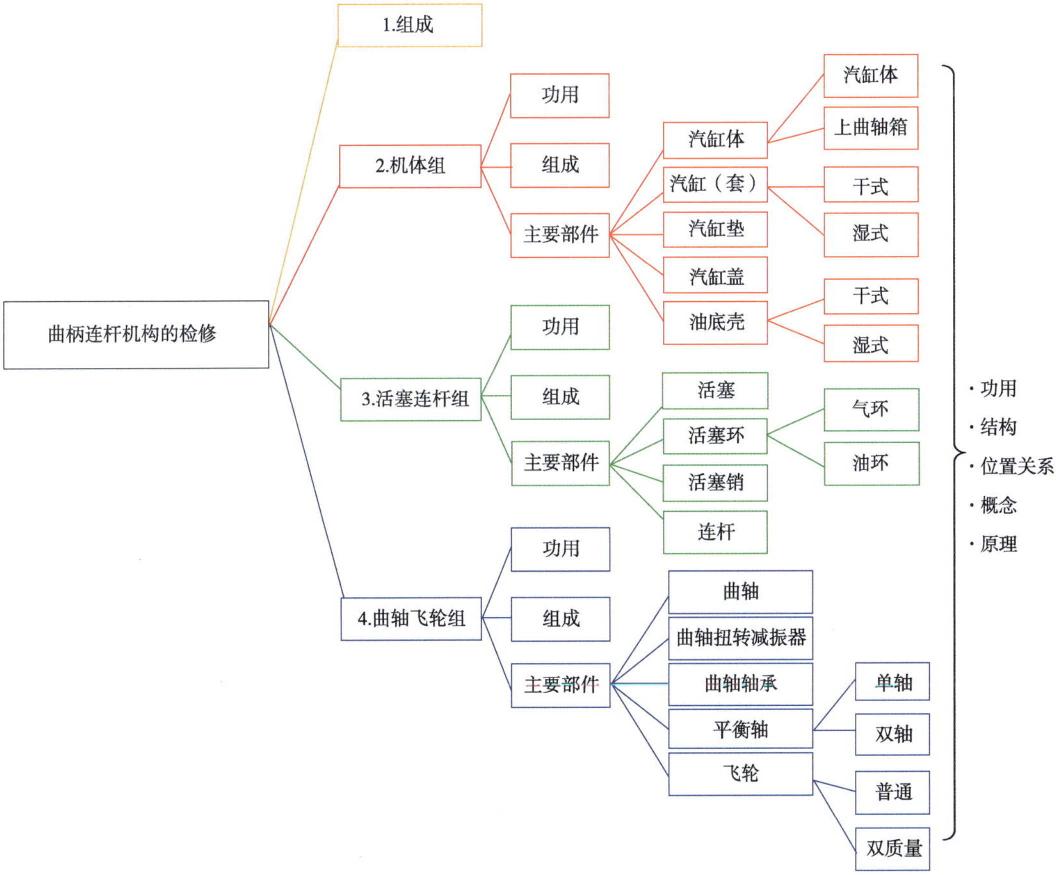

项目二

配气机构的检修

学习目标

❖ 知识目标

1. 理解配气机构的工作原理。
2. 掌握配气机构各部件的构造。
3. 了解气门间隙异常的故障现象及原因。
4. 熟悉配气相位的概念及调整原理。

❖ 技能目标

1. 能够正确拆卸和安装配气机构的零部件。
2. 可以使用专业工具检测气门间隙并进行维修。
3. 能够判断配气机构常见故障并制订维修方案。

❖ 素质目标

1. 培养严谨细致的工作态度。
2. 增强对工作质量的责任感。
3. 树立安全操作设备的意识。
4. 关注我国汽车产业在配气机构技术研发上的突破,激发爱国情怀和民族自豪感。

配气机构的技术状况好坏直接影响发动机汽缸的密封性能和进、排气效率，从而导致发动机动力不足、运转不平稳、油耗增加，甚至容易产生进气道回火、排气管放炮等故障现象。因此，配气机构的维修也是发动机机械维修的重点。维修质量的好坏，将直接影响发动机性能的发挥。

任务一　更换正时皮带

1　任务引入

在汽车出现以下三种情况之一时，需要更换发动机的正时皮带：①行驶 6 万 ~8 万 km；②正时皮带齿断了；③正时皮带断了。

2　相关理论知识

2.1　配气机构的工作原理

配气机构由气门传动组和气门组两部分组成。由于不同发动机配气机构的结构差异，其气门传动组所包含的零部件也不尽相同。其基本组成部件包括：正时皮带（或正时链条）、凸轮轴正时齿轮、凸轮轴、挺柱等，如图 2-1-1 所示。

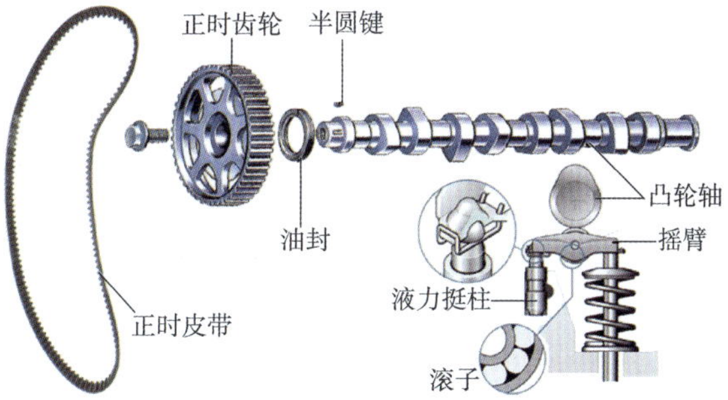

图 2-1-1　气门传动组的组成

2.2　凸轮轴

2.2.1　凸轮轴的结构

凸轮轴是气门传动组中的一个主要零件，它的功用是按发动机的工作顺序，利用凸轮的轮廓控制气门的开启和关闭时刻，并确保气门有足够的升程量。

凸轮轴的构造如图 2-1-2 所示，主要由凸轮、轴颈、凸轮轴位置传感器信号轮和凸轮轴定位凸肩组成。凸轮分为进气凸轮和排气凸轮两种，用来驱动与控制进、排气门的开启和关闭。轴颈对凸轮轴起支承作用。凸轮轴位置传感器信号轮与凸轮轴位置传感器一起用来检测凸轮轴的工作位置。凸轮轴定位凸肩用来对凸轮轴起轴向定位作用。凸轮轴的前端制有半圆键槽，通过半圆键与正时齿形带轮连接。

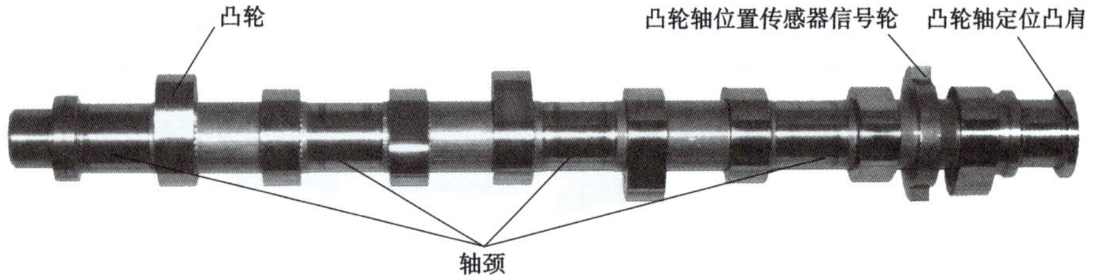

图 2-1-2 凸轮轴

凸轮轴的转动方向取决于凸轮轴的布置位置,下置式凸轮轴采用一对正时齿轮传动,凸轮轴逆时针转动;顶置凸轮轴采用链传动或同步齿形带传动,凸轮轴顺时针转动。

凸轮一般采用优质钢模锻而成,也有用合金铸铁或球墨铸铁铸造而成。凸轮与轴颈表面经过热处理,使之具有足够的硬度和耐磨性。

2.2.2 凸轮的轮廓

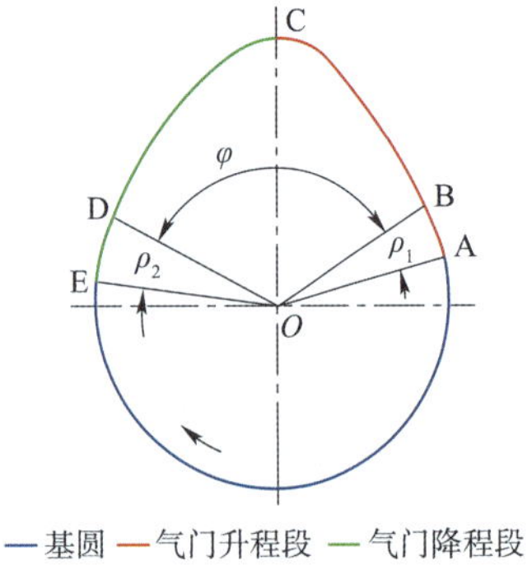

图 2-1-3 凸轮的轮廓曲线

凸轮是凸轮轴最重要的组成部分,凸轮的轮廓形状决定着气门开启、关闭过程的运动规律和气门升程的变化规律。凸轮轮廓曲线由基圆、气门升程段和气门降程段三段弧线组成,图 2-1-3所示。

对于带有液压挺柱的配气机构来讲,在发动机运行期间,当液压挺柱(或摇臂滚子)与凸轮接触点处于基圆范围内时,气门处于关闭状态;当接触点处于气门升程段接触时,气门逐渐开启;当接触点处于气门降程段时,气门逐渐关闭。其中,A 点为气门开启点,C 点为气门开启最高点,E 点为气门开关闭点。气门开启的持续角为 $\rho_1 + \varphi + \rho_2$。

对于没有液压挺柱的配气机构来讲,A 点为开始上升点,D 点为开启点,AD 段为挺柱消除气门间隙段;D 点为气门关闭点,E 点为挺柱下移停止点,DE 段为挺柱恢复气门间隙段,气门开启的持续角为 φ。

2.2.3 凸轮的相对位置

大多数发动机采用一个凸轮驱动一个气门的布置方式。同一缸的进、排气凸轮称为异名凸轮。四冲程发动机的排气行程和进气行程是相连的两个行程,如果气门不早开晚关,从排气门开启到进气门开启,曲轴正好转过 180°,反映到凸轮轴是两异名凸轮之间的夹角为 90°。为了提高发动机的充气效率,气门被设计成早开晚关,所以两异名凸轮间的夹角大于 90°。

凸轮轴上各缸的进气凸轮(或者排气凸轮)称为同名凸轮。从凸轮轴的前端来看,各缸同名凸轮的相对位置按发动机做功顺序逆凸轮轴转动方向排列,如图 2-1-4 所示,夹角为做功间隔角的 1/2。如四缸发动机同名凸轮间夹角为 180°/2 = 90°,六缸发动机同名凸轮间夹角为 120°/2 = 60°。

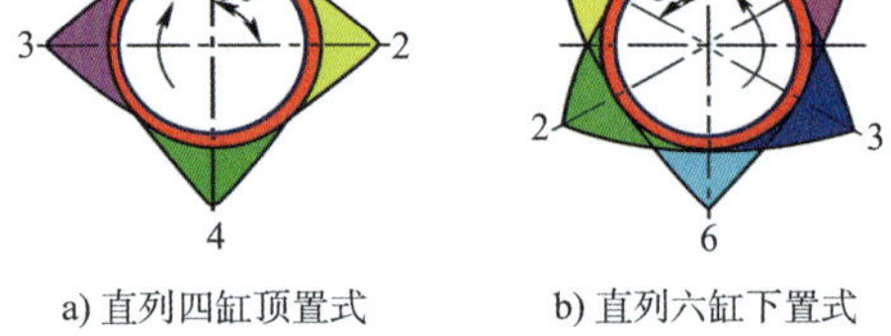

图 2-1-4 同名凸轮相对位置

2.2.4　凸轮轴的支承与定位

凸轮轴通过轴颈支承在凸轮轴轴承孔内。下置式凸轮轴的轴承大多数采用整体衬套式轴承，其与座孔的配合方式为过盈配合。衬套的材料多用低碳合金钢，也有采用粉末冶金衬套或铜套的。有些顶置凸轮轴式发动机，不采用衬套，轴颈直接与缸盖上镗出的座孔配合，座孔采用分开式结构。

为了防止凸轮轴发生轴向窜动，凸轮轴都设有轴向定位装置。顶置式凸轮轴一般在凸轮轴上直接设置定位凸肩(图2-1-2)。

2.2.5　正时传动装置

凸轮轴靠曲轴来驱动，其动力的传动方式有齿轮传动、链传动和带传动三种。这里只介绍带传动方式。

正时带传动装置主要由曲轴正时齿形带轮、凸轮轴正时齿形带轮、正时齿形带、张紧轮、水泵齿形带轮等组成，参见表0-0-1。张紧轮通过弹簧紧压在齿形皮带上，使齿形皮带处于被张紧状态，以保持皮带传动功能的正常。

为了保证传动的正确性，曲轴的转角位置与凸轮轴的转角位置要相互对应。一般都是通过安装记号来确保其对应关系的，安装记号一般被称为正时记号。凸轮轴下置式的布置形式的正时记号只有一对，因为曲轴的正时齿轮与凸轮轴的正时齿轮直接啮合进行传动；凸轮轴顶置式的布置形式(一根凸轮轴)的正时记号有两对，一对是曲轴带轮与壳体之间的记号，另一对是凸轮轴带轮与壳体之间的记号；发动机每多一个凸轮轴就增加一对正时记号，其记号位置视其结构而定。

在曲轴正时齿形带轮(或链轮)与汽缸体前端之间、凸轮轴正时齿形带轮(或链轮)与汽缸盖前端之间设有两对正时记号，如图2-1-5所示。在安装正时齿形带时，应保证这两个记号要对正。

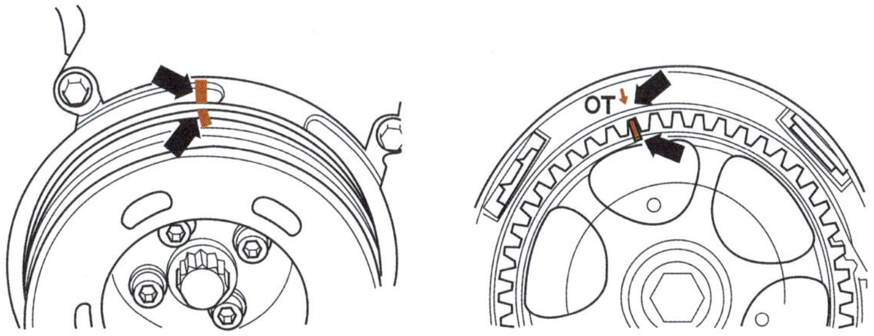

a) 曲轴正时齿形带轮正时记号　　b) 凸轮轴正时齿轮带轮正时记号

图2-1-5　正时记号

2.3　配气相位

配气相位

用曲轴转角表示进、排气门的开闭时刻和开启持续时间称为配气相位。

发动机在换气过程中，若能够做到排气彻底、进气充分，则可以提高充气系数，增大发动机输出的功率。

由于发动机转速很高，一个行程经历的时间是很短的。如发动机以5600r/min的转速运转，则一个行程的时间只有0.0054s。在这样短时间内往往会使发动机充气不足或排气不净,使发动机的功率下降。因此,延长进、排气时间(即气门的开启和关闭的时刻并不正好是活塞处于上止点和下止点的时刻,而是分别提前或延迟一定曲轴转角),以改善进、排气状况,从而提高发动机的动力性。

知识链接

所谓充气系数是指在进气行程中,实际进入汽缸的混合气或新鲜空气的质量 ΔG,与在标准大气压和温度状态充满汽缸的混合气或新鲜空气的质量 ΔG_0 之比,常用 η_v 来表示,即:

$$\eta_v = \frac{\Delta G}{\Delta G_0}$$

充气系数是衡量发动机进气过程完善程度的重要参数。充气系数越大,表明进入汽缸内的混合气或新鲜空气的量越多,发动机发出的功率越大。

2.3.1 进气门的配气相位

1)进气提前角

如图2-1-6所示,在上一循环排气行程接近终了,活塞到达上止点之前,进气门便开始开启。从进气门开始开启到活塞到达上止点时所对应的曲轴转角称为进气提前角,用 α 表示,一般为 $10° \sim 30°$。

2)进气迟后角

在进气行程下止点过后,压缩行程中进气门才关闭。从活塞在下止点到进气门关闭时所对应的曲轴转角称为进气迟后角,用 β 表示,一般为 $40° \sim 80°$。

进气门开启持续时间内的曲轴转角,即进气持续角为 $\alpha + 180° + \beta$。

进气门提前开启和迟后关闭的目的是让汽缸进气更加充分。

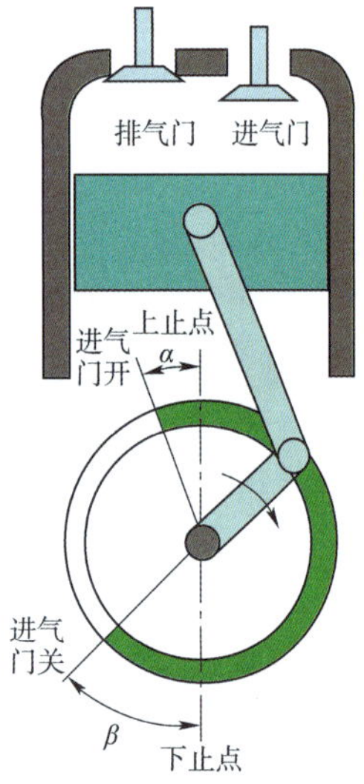

图2-1-6 进气门配气相位

2.3.2 排气门的配气相位

1)排气提前角

如图2-1-7所示,在做功行程的后期,活塞到达下止点前,排气门便开始开启。从排气门开始开启到活塞到达下止点时所对应的曲轴转角称为排气提前角,用 γ 表示,一般为 $40° \sim 80°$。

2)排气迟后角

在活塞越过上止点后,在下一循环的进气行程中,排气门才关闭。从活塞上止点到排气门关闭时所对应的曲轴转角称为排气迟后角,用 δ 表示,一般为 $10° \sim 30°$。

由于活塞到达上止点时,汽缸内的压力仍高于大气压,且废气流有一定的惯性,所以,排气门适当晚关可使废气排得较干净。排气门开启持续时间内的曲轴转角,即排气持续角为 $\gamma + 180° + \delta$。

排气门提前开启和迟后关闭的目的是:①减少活塞上行时的排气阻力;②防止发动机过

热；③排气更加彻底。

2.3.3　气门重叠与气门重叠角

由于进气门早开和排气门晚关，在排气终了和进气刚开始、活塞处于上止点附近时，存在着进排气门同时开启的现象，这种现象称为气门重叠。进排气门同时开启过程对应的曲轴转角，称为气门重叠角。气门重叠角的大小为 $\alpha+\delta$。

由于进气门早开和排气门晚关，所以气门重叠现象是不可避免的。因新鲜气流和废气气流都有各自的流动惯性，在短时间内不会改变流向。只要角度选择合适，就不会出现废气倒流进气道以及新鲜气体随废气一起排出的现象。相反，进入汽缸内部的新鲜气体可增加汽缸内的气体压力，有利于废气的排出。但气门重叠角必须选择适当，否则会出现气体倒流现象。

2.3.4　配气相位图

通常将进排气门的实际开闭时刻和开启过程，用曲轴转角的环形图来表示，这种图形称为配气相位图。

实际上，配气相位图就是把图 2-1-6 和图 2-1-7 中的气门开启持续角叠加在一起，如图 2-1-8 所示。配气相位图直观地表示出了气门开闭时刻相对于活塞上、下止点的曲拐位置、气门开启的提前角和关闭的迟后角、气门的实际开启时间所对应的曲轴转角以及气门重叠角等。

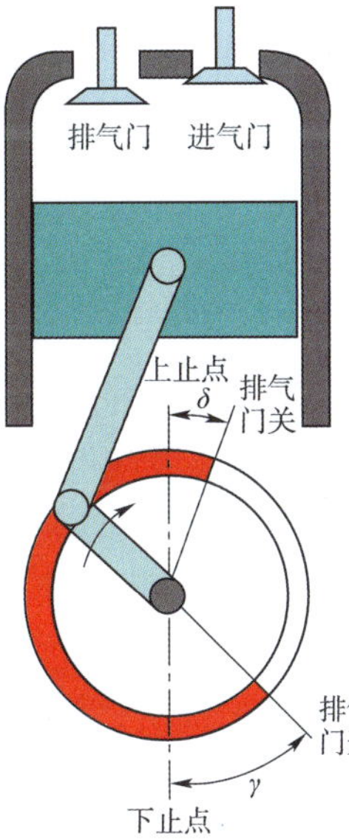

图 2-1-7　排气门配气相位

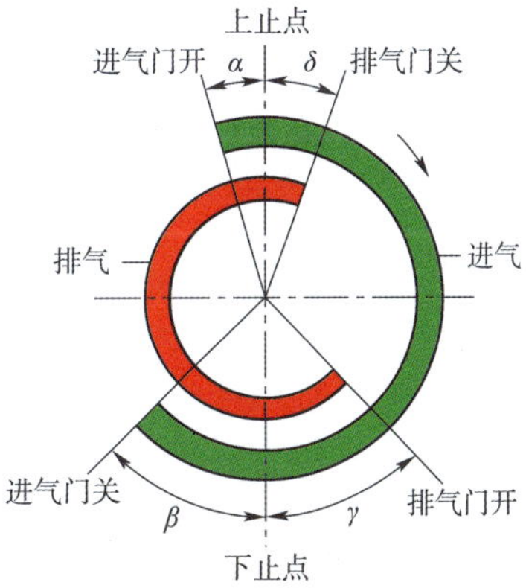

图 2-1-8　配气相位图

3　任务实施

3.1　准备工作

阅读维修手册，列出拆装所需工具，制订正时皮带的更换方案，领取备品。

3.2　操作流程

（1）拆卸相关部件。

(2)拆卸齿形皮带护罩上体。

(3)转动曲轴,对正正时记号。

(4)拆卸曲轴多楔皮带。

(5)拆下齿形皮带护罩中间体和下体。

(6)拆下齿形正时皮带。

(7)换上新齿形正时皮带。

(8)安装时,按拆卸相反的顺序进行。

3.3 操作提示

(1)安装正时皮带时,要对齐正时记号。

(2)转动凸轮轴时,各缸活塞不得位于上止点,否则,可能会导致活塞顶气门的现象,可能会造成气门或活塞顶损坏。

(3)调整张紧轮,使皮带的松紧度符合规定要求。

(4)注意正时皮带的更换周期。

复习与思考题

1. 叙述凸轮轴的功用。

2. 解释凸轮的轮廓曲线的含义。

3. 叙述正时记号的作用。举例说明单顶置凸轮轴和双顶置凸轮轴的发动机各有几对正时记号。

4. 何谓配气相位?何谓配气相位图?

任务二 更换气门

1 任务引入

当出现气门折断或其他气门故障而导致汽缸压力低的情况时,需对气门进行更换。

2 相关理论知识

气门组包含的零部件有:气门、气门座圈、气门导管、气门弹簧、气门油封和气门弹簧座等。

2.1 气门

气门(图2-2-1)是配气机构的主要组成部件。气门由头部和杆身两部分组成。头部用来封闭进排气道,杆身用来在气门开闭过程中起导向作用。

由于气门的工作条件很差,要求气门材料必须有足够的强度和刚度,且耐高温和耐磨损。进气门一般采用中碳合金钢(如镍钢、镍铬钢和铬钼钢等),排气门多采用耐热合金钢

（如硅铬钢、硅铬钼钢）。为节约耐热合金钢，降低材料成本，有些发动机排气门头部采用耐热合金钢，杆身采用中碳合金钢，然后将两者焊在一起。还有一些排气门，在头部锥面喷涂一层特种合金材料，以提高其耐高温、耐腐蚀性。

2.1.1　气门头部

1）气门顶部的形状

气门顶部形状主要分成平顶、喇叭顶和球面顶三种结构形式，如图2-2-2所示。

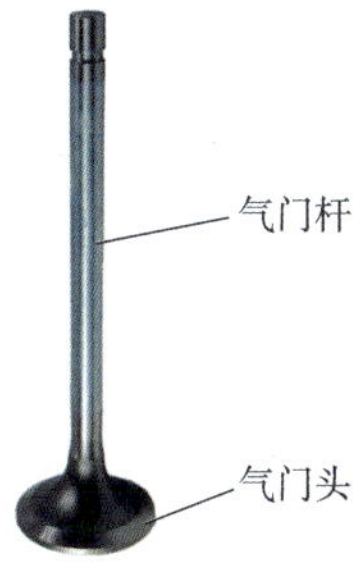

图2-2-1　气门

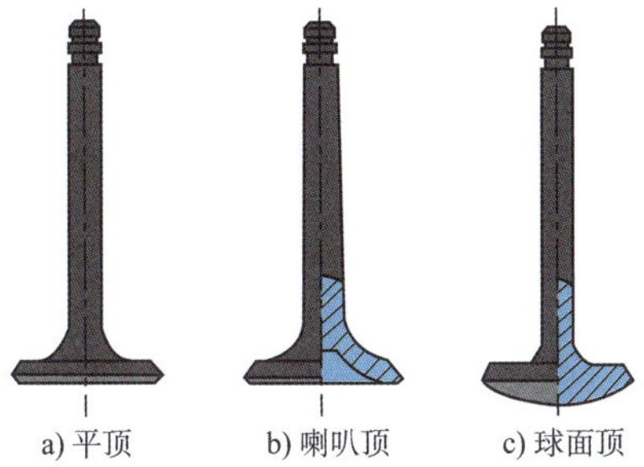

图2-2-2　气门顶部的形状

气门顶部形状

2）气门密封锥面

气门密封锥面是与杆身同心的圆锥面，用来与气门座接触，起到密封气道的作用。采用密封锥面有以下好处：

（1）能提高密封性和导热性。

（2）气门落座时，有自定位作用。

（3）避免气流拐弯过大而降低流速。

（4）能挤掉接触面的沉淀物，起自洁作用。

气门密封锥面与顶平面之间的夹角，称为气门锥角，一般做成45°或30°，如图2-2-3所示，这是因为在气门升程相同的情况下，气门锥角小，可获得较大的气流通过截面，进气阻力较小。但锥角较小的头部边缘较薄，刚度较小，致使气门头部与气门座的密封性和导热性均较差，易在热态时变形，影响贴合。排气门的锥角大多为45°，虽然这会增加气流阻力增大，但由于排气压力高，对排气影响不大。

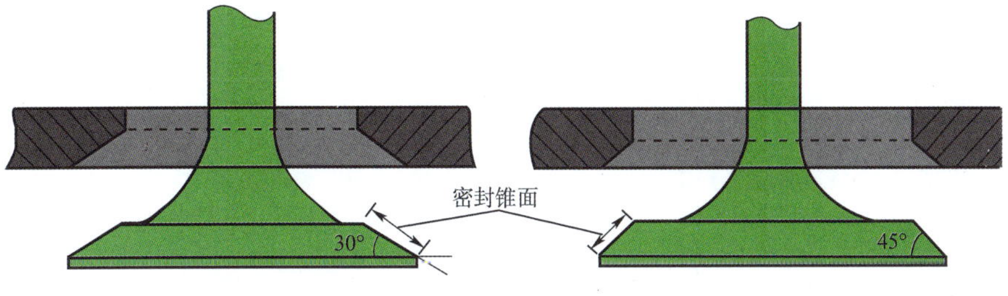

图2-2-3　气门密封锥面与锥角

气门顶边缘与气门密封锥面之间应有一定的厚度，一般为1～3mm，以防止在工作中受冲击损坏或被高温气体烧坏。为了减少进气阻力，提高汽缸的充气效率，多数发动机进气门的头部直径比排气门的大。为保证良好密合，装配前应将气门头与气门座二者的密封锥面互相研磨。研磨好的零件不能互换。

2.1.2 气门杆身

气门杆身与气门导管配合,为气门在开启和关闭过程中起上下运动的导向作用。

发动机工作时,气门杆身在气门导管中上下往复运动,润滑条件极为恶劣。因此,气门杆身表面都经过热处理和磨光,以保证同气门导管的配合精度和耐磨性,并起到良好的导向和散热作用。气门杆身与头部之间的过渡应尽量圆滑,不但可以减小应力集中,还可以减少气流阻力。

在气门杆的尾部制有环槽或销孔,与锁环或锁销配合,起着固定气门弹簧座的作用(图2-2-4)。

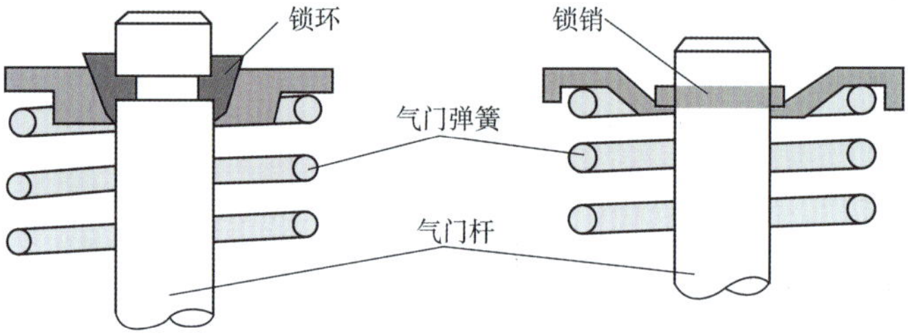

图2-2-4 气门弹簧座的固定方式

锁环由被剖分成两半的锥形环组成,合在一起形成一个完整的圆锥结构,其内环面制有一环形凸台。与锁环外表面配合,气门弹簧座的承孔也为锥形孔。

为了改善排气门的导热性能,有些发动机采用了如图2-2-5所示的充钠排气门。金属钠的熔点为97.81℃,其在发动机的工作温度下变为液态。通过液态钠的来回运动,热量很快从气门头部传到根部,从而可使温度降低约100℃,排气门的这种内部冷却方式同时也降低了混合气自燃的危险,从而提高了气门的使用寿命。

2.2 气门座

气门座(图2-2-6)是在汽缸盖的气道孔处加工出的一些圆形表面,气门锥面落座在气门座上。其作用是为进、排气门提供密封表面,防止气体渗漏,同时还可以帮助散去气门上聚积的热量。

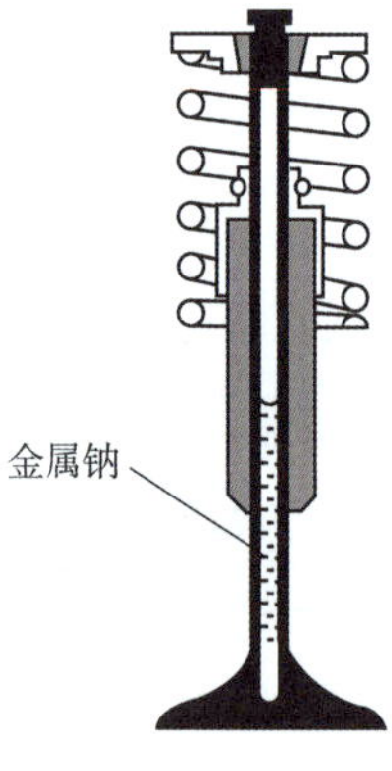

图2-2-5 充钠排气门

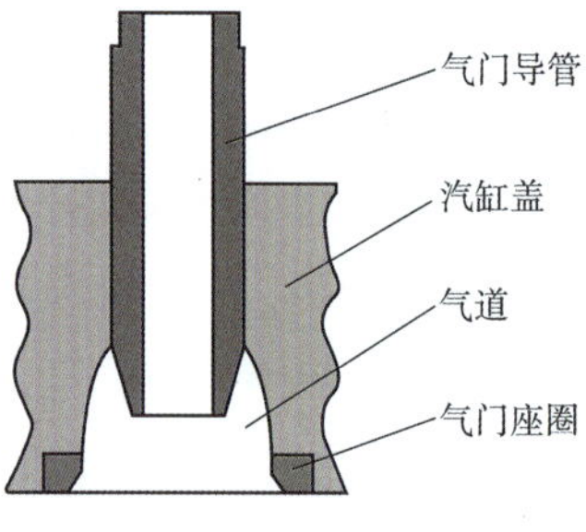

图2-2-6 气门座与气门导管

气门座的有一体式和镶嵌式两种类型。气门座一般用耐热合金钢或耐热合金铸铁材料制成。

一体式的气门座作为汽缸盖的一部分直接在汽缸盖上铸造而成。这种气门座散热效果好,使用中不存在脱落造成事故的可能性,但存在不耐高温、不耐磨损、不便于修理更换、制造成本高等缺点。

镶嵌式气门座是用一个金属环加工而成。这种气门座耐高温、耐磨损、耐冲击、易于维修更换,但存在导热性差、加工精度高等缺点。如果与缸盖上的座孔公差配合选择不当,还可能发生脱落而造成事故。因为气门座热负荷大,温差变化大,又受气门落座时的冲击,为了保证散热和防止脱落,气门座与座孔之间应有较高的加工精度、较低的粗糙度和较大的配合过盈,因而在压入时应将气门座冷缩或将气门座孔部位加热。

气门座的工作面由三个锥角不同的环面组成(图 2-2-7)。其中,45°(或 30°)的锥面与气门密封锥面贴合。为保证有一定的贴合压力,使其密封可靠,同时又有一定的散热面积,要求结合面的宽度为 1 ~ 3mm。30°和 60°锥角是用来修正工作锥面的宽度和上、下位置的(有些发动机是 15°和 75°),以使其达到规定的要求。在安装气门前,还应采用与气门配对研磨的方法,以保证贴合得更紧密、可靠。

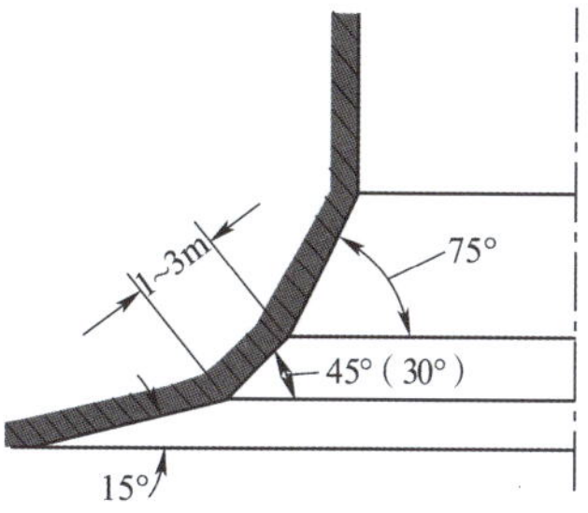

图 2-2-7　气门座锥角

2.3　气门导管

气门导管(图 2-2-6)是汽缸盖内支承气门的承孔,其相当于一个衬套,气门杆在里面滑动,它帮助支承和定位气门,使气门能够正确地落座。同时,气门导管也能把气门的热量传给汽缸盖,对气门进行散热。

气门导管一般用含石墨较多的铸铁或粉末冶金制成,以提高自润滑性能。

气门导管的外表面与缸盖的配合有一定的过盈量,以保证良好的传热和防止松脱。气门导管的下端伸入到进、排气道内。为防止对气流造成阻力,伸入端的外圆做成圆锥状。气门导管与气门杆之间留有 0.05 ~ 0.12mm 的间隙,使气门杆能在导管内自由运动。有些发动机为防止气门导管松脱,采用卡环对导管进行定位。

2.4　气门弹簧

气门弹簧(图 2-2-8)是圆柱形的螺旋弹簧,位于缸盖与气门尾端弹簧座之间。其作用是使气门自动复位关闭,并保证气门与气门座的贴合压力;还用于吸收气门在关闭过程中各传动零件所产生的惯性力,以防止各个传动件彼此分离而破坏配气机构正常工作。为保证上述作用的发挥,气门弹簧的刚度一般都很大,而且在安装时进行了预紧压缩,因此预紧力很大。

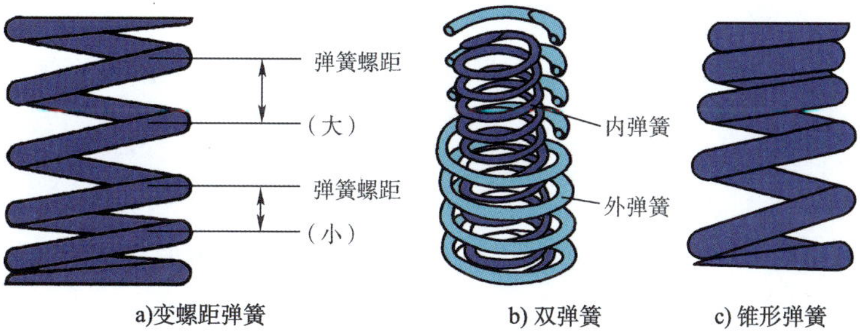

图 2-2-8　气门弹簧

气门弹簧多采用优质合金钢丝卷绕成螺旋状,弹簧两端磨平,以防止弹簧在工作中产生歪斜。

工作时,气门弹簧可能会产生谐振。当气门弹簧的工作频率与其谐振的频率相等或为其倍数时,将会发生共振,使弹簧折断。

2.5 气门油封

气门油封(图2-2-9)一般由外骨架和橡胶共同硫化而成,颈口部装有自紧弹簧或钢丝,用于发动机气门导杆的密封。

气门油封装在气门导管上端(图2-2-10),用以防止机油进入进、排气管,造成机油流失,防止汽油与空气的混合气体以及排放废气泄漏,防止发动机机油进入燃烧室。气门油封常采用耐热性和耐油性优良的材料,一般为氟橡胶制作。

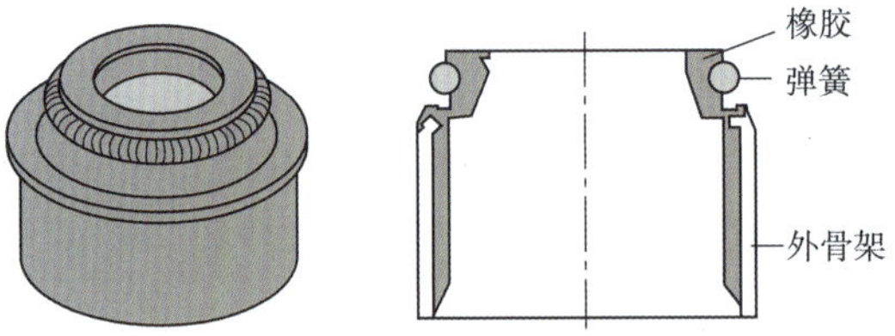

图2-2-9　气门油封

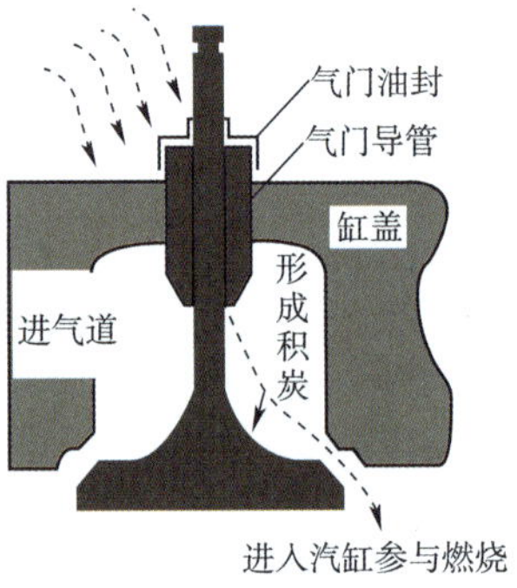

图2-2-10　气门油封安装位置及作用

3 任务实施

3.1 气门与气门导管配合情况的检查

将气门插入气门导管中,使气门杆端部必须与气门导管下平面平齐。如图2-2-11所示,用百分表触头抵在气门头部的边缘处,将百分表调零,按图中箭头方向晃动气门头部,测量气门的摆动量,其摆动量不得超过该车型的规定值,否则应更换气门导管或汽缸盖。

图2-2-11　检查气门与气门导管的配合情况

3.2 准备工作

阅读维修手册,列出更换气门所需的工具和设备,制订更换方案,领取备品。

3.3 操作流程

(1)拆卸正时齿形皮带。

(2)拆卸凸轮轴。

(3)拆卸汽缸盖。

(4)拆下气门弹簧。
(5)拔出气门杆油封。
(6)拆下气门。
(7)检查气门导管。
(8)检查气门与气门导管的配合情况。
(9)安装气门的顺序与拆卸顺序相反。

3.4　操作提示

(1)在安装过程中,要遵循安装汽缸盖、凸轮轴和正时齿形皮带的注意事项。
(2)安装气门油封时,要在气门油封唇上涂机油,然后小心地压入气门油封。

知识拓展

气门导管和气门杆磨损后,气门杆和导管的配合间隙增大,气门落座不同心,使气门和气门座的工作锥面出现偏磨,即气门座工作锥面各处的宽度不相同。导致气门的密封性能下降,发动机工作不良,同时加速了气门油封的损坏。

气门油封密封性能下降后,缸盖的机油由气门与导管的间隙进入进气道,导致发动机烧机油。因为在发动机工作时,进气道的气压低于大气压,缸盖的机油在压力差下被吸入进气道,在气门头部形成积炭,阻碍发动机的进气,使发动机的动力性能下降。

复习与思考题

1. 气门组由哪些部件组成?
2. 气门导管有何作用?

任务三　更换凸轮轴正时调整器

1　任务引入

当车辆高速行驶时,发动机动力不足,经诊断为凸轮轴正时调整器有故障,需对凸轮轴正时调整器进行更换。

2　相关理论知识

2.1　对配气相位的要求

配气相位对发动机性能影响很大,即使同一台发动机,随转速的不同,对配气相位的要求也不同。目前,汽车发动机一般都是根据性能的要求,通过试验来确定某一常用转速下较合适的配气相位。在装配时,对正凸轮轴驱动装置中的正时标记,即可保证已确定的配气相位。在发动机使用中,已确定的配气相位是不能改变的。发动机性能只有在某一常用转速下为最好,而在其他转速下工作时,发动机的性能较差。

发动机在不同工况下工作时,如何获得最佳的配气相位、提高发动机的充气效率是改善发动机性能极为重要的技术问题。在进、排气门开闭的四个角中,进气门的提前开启角和进气门的迟后角的改变对充气效率影响最大。

当发动机在中、低转速运转时,活塞运动慢,进气管内混合气随活塞运动慢,气体的动能小。为防止在进气迟闭角范围内、活塞向上压缩气体时,导致混合气回流进气管,进气门应提前关闭(减小 β 角)、提前开启(增大 α 角,气门重叠角变大)。所以,进气凸轮轴相位应向旋转方向转一个角度。

当发动机转速高时,进气管内气流流速快,气体的动能大,在活塞向上运动过程中,气流仍可继续涌入汽缸,如果进气门晚关就能够增加进气量,所以进气门应延迟关闭(增大 β 角)、延迟开启(减小 α 角,气门重叠角变小)。

所以,目前汽车发动机采用的可变配气相位控制机构一般只控制进气门配气相位,以免使配气机构过于复杂。

2.2 可变气门正时(VVT)系统

VVT 系统的功用是系统通过配备的控制及执行系统,对发动机凸轮的相位或者气门升程根据发动机的转速进行调节,从而达到优化发动机配气过程的目的。

VVT 系统主要由相位调节器、机油控制阀(OCV)、凸轮轴位置传感器、曲轴位置传感器和发动机管理系统组成。相位调节器为该系统的执行器,而机油控制阀为该系统的控制器。其电液原理图如图 2-3-1 所示。

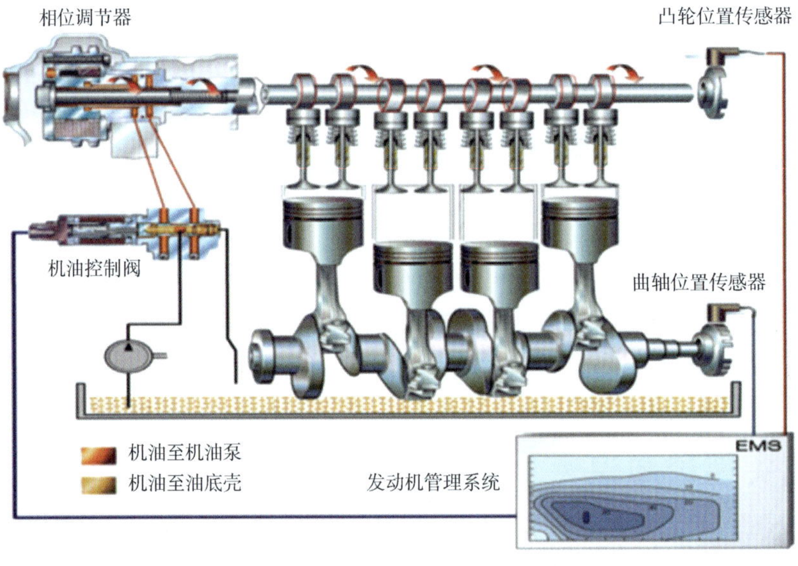

图 2-3-1 VVT 系统电液原理图

2.2.1　相位调节器的结构

相位调节器的结构如图 2-3-2 所示，定子、转子和盖板共同组成液压空腔，并被带有油封的星形转子分割为两个油腔。油腔分别于与凸轮轴和 OCV 进出油孔对应相连。其中，转子与凸轮轴通过中央螺栓固定在一起，转子与凸轮轴的转动永远是同步的；而定子与链轮或带轮通过定子螺栓固定在一起，链轮或带轮以及定子与曲轴的转动是同步的。转子相对于定子有相对转动时，也就意味着凸轮轴就相对于曲轴有正时提前或滞后。

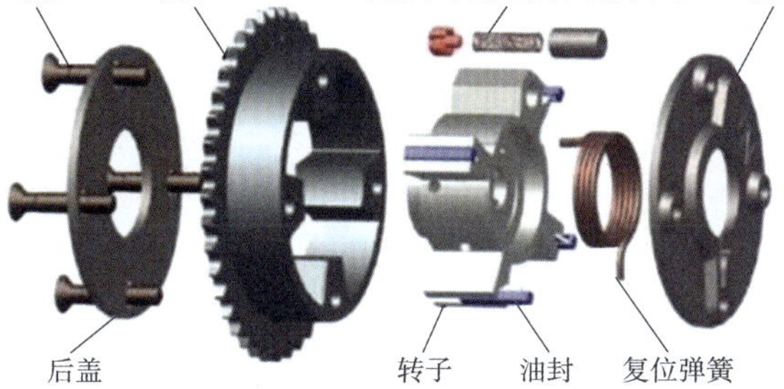

图 2-3-2　相位调节器的结构

2.2.2　机油控制阀（OCV）的结构

VVT 系统的 OCV 为比例阀（图 2-3-3），即柱塞的移动位置与发动机 ECU 向 OCV 线圈提供的脉冲宽度调制（PWM）占空比大小是成正比的。占空比逐渐加大时，线圈电磁力也逐渐加大，柱塞总成在螺线管中移动，并克服弹簧力推动柱塞向左移动。当占空经信号逐渐减小时，电磁力也逐渐减小，柱塞在弹簧力的作用下逐渐复位（向右移动）。柱塞在移动过程中，通过滑阀实现油路的切换，从而控制了流入/流出相位调节器油腔的机油流量和油压。

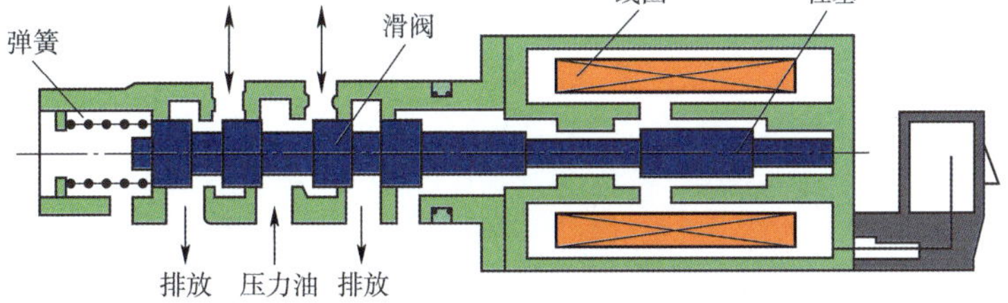

图 2-3-3　机油控制阀（OCV）的结构

2.2.3　VVT 油路

VVT 系统的所有工作均需通过机油完成。为了保证 VVT 及时、准确的工作，必须保证油压在工作范围内。为此，一般 VVT 发动机设有单独的 VVT 油路。机油从油底壳被机油泵输送到凸轮轴，经 OCV 进入相位调节器，OCV 控制进入相位调节器的机油量和机油流入/流出方向，如图 2-3-4 所示。OCV 按照 ECU 的指令，通过阀芯的轴向位置来调节机油的流向，使叶片相对壳体转动，从而实现对配气相位的调节及控制。

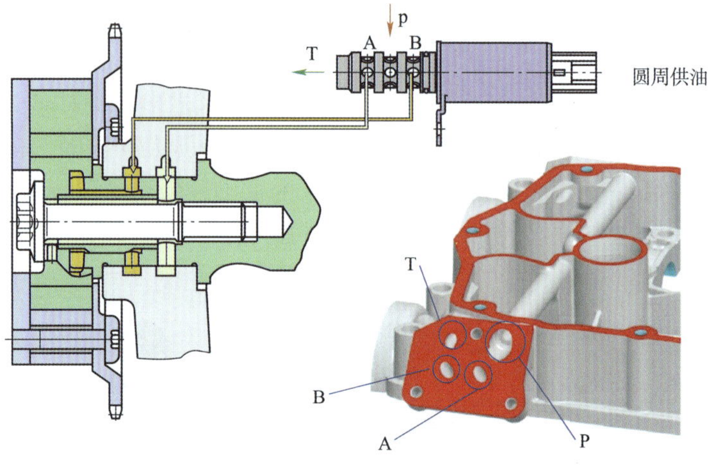

图 2-3-4　VVT 油路

2.2.4　VVT 的工作原理

发动机 ECU 根据节气门位置传感器、发动机冷却液温度传感器、发动机转速传感器、进气压力传感器等传来的信号,查找对应的气门正时角(即目标位置)。同时,发动机 ECU 根据曲轴位置传感器和凸轮位置传感器传来的反馈信号计算得出凸轮轴的实际位置。ECU 将目标位置和实际位置进行比较,并根据 ECU 的控制策略,向 OCV 发出动作信号,改变控制阀中柱塞的位置,从而改变油路中机油流向和流量大小,把提前、滞后、保持不变等信号以油压方式反馈至 VVT 相位调节器空腔内,实现相位调节器定子和转子之间的相对转动,来调节凸轮轴的正时角度,从而调整进气(排气)量和气门开闭时间。

(1)初始位置。输入 OCV 的 PWM 信号,占空比通常为 0,柱塞不移动。相位调节器右侧油腔的油压大于左侧油腔的油压,叶片左侧紧靠在定子台肩上,转子与定子之间没有发生相对转动,凸轮轴相对于曲轴正时没有调节。通常进气 VVT 基准位置为进气配气相位滞后位置,即进气门滞后打开和关闭,如图 2-3-5 所示。

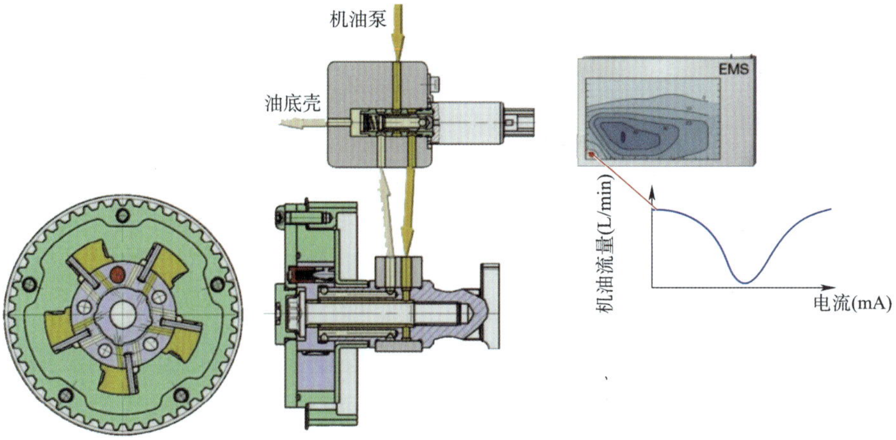

图 2-3-5　VVT 的初始位置

(2)工作位置。输入 OCV 的 PWM 信号,占空比逐渐变大,柱塞向左移动到最远的位置,相位调节器中左侧油腔压力逐渐加大。解锁后，当左侧油腔中压力大于右侧油腔压力时，并克服凸轮轴摩擦转矩以及相位调节器内摩擦转矩后，转子相对于定子有顺时针转动，凸轮轴向正时提前方向调节，即进气门将提前打开和关闭，如图 2-3-6 所示。

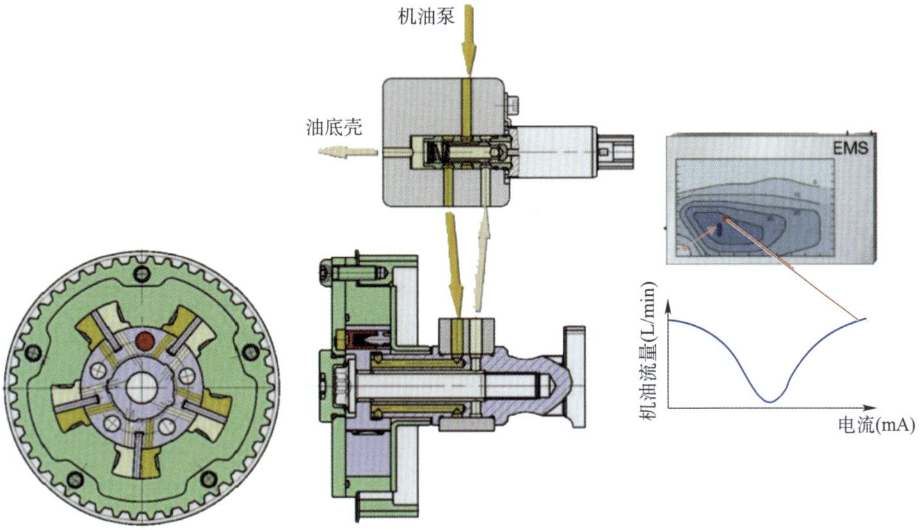

图 2-3-6　VVT 的工作位置

(3)稳定位置。当转子相对于定子顺时针转动一定角度后，输入 OCV 的 PWM 信号，占空比大约为 50%，相位调节器左右两侧油腔同时供油，转子和定子保持在该相对位置。VVT 介入后，大部分时间工作在某一角度的动态稳定位置，如图 2-3-7 所示。

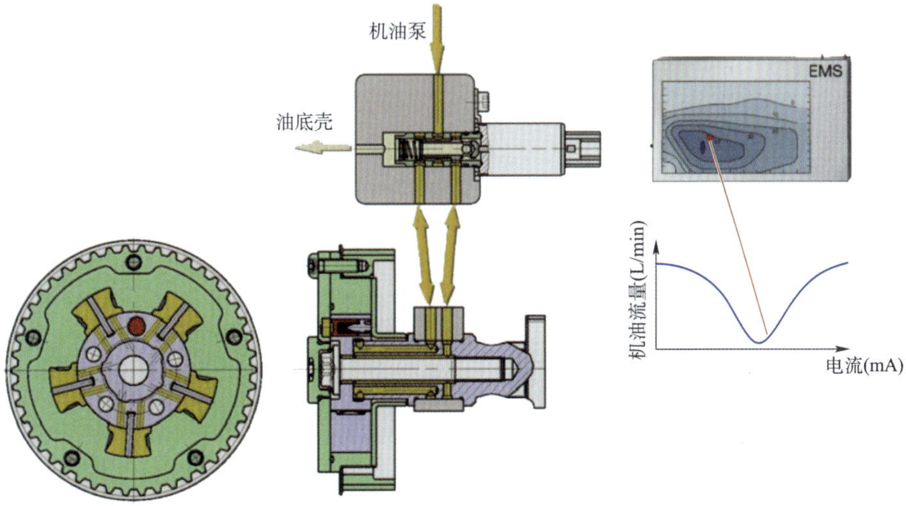

图 2-3-7　VVT 的稳定位置

2.2.5　VVT 的控制策略

在初始位置时，使进气门提前开启角尽可能最小，排气迟后关闭角尽可能最大，如图 2-3-8 所示。

当怠速、低负荷或低温起动时，主要考虑发动机的燃油经济性和运转平顺性。因此，往往要尽可能地推迟打开进气门,提前关闭排气门,采用小的气门叠开角,如图2-3-9所示。

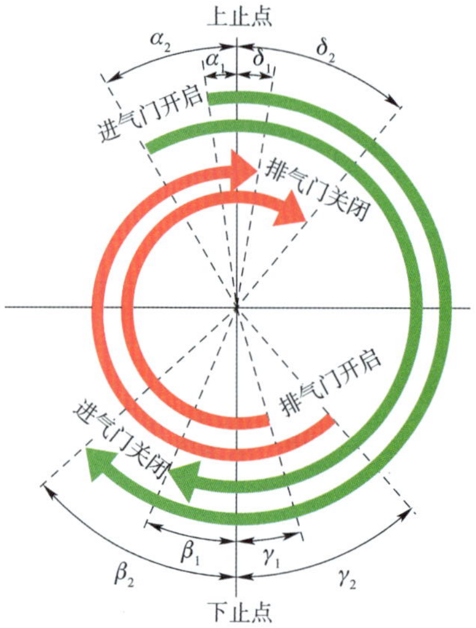

图2-3-8 初始位置时VVT控制策略

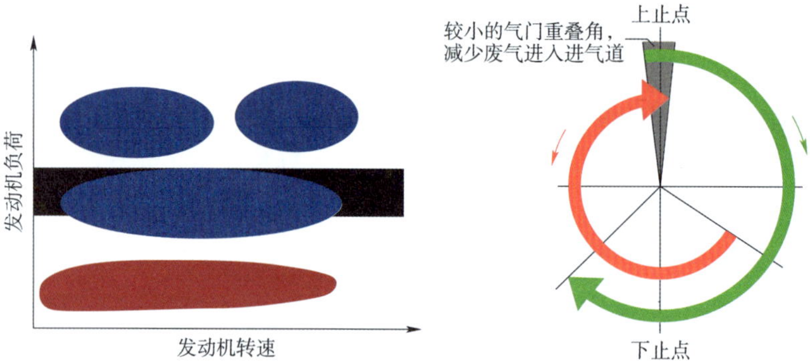

图2-3-9 当怠速、低负荷或低温起动时VVT的控制策略

当中等负荷时,不仅要考虑发动机的动力性,还要兼顾燃油经济性。因此,进气门应早开,排气门应晚关,采用大的气门叠开角,如图2-3-10所示。

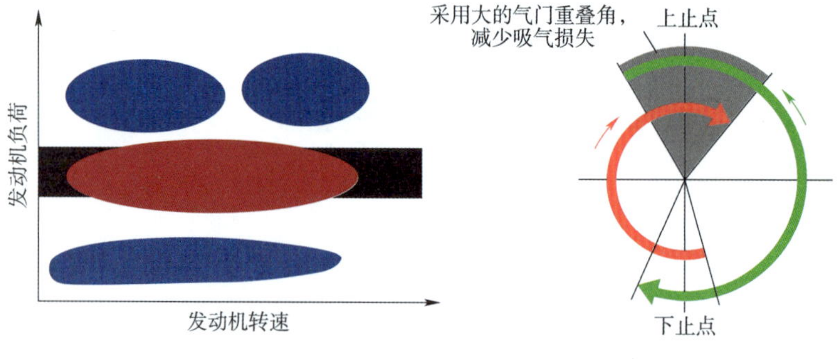

图2-3-10 当中等负荷时VVT的控制策略

当中低转速高负荷时,动力性需求明显,因此,进气门应早关,排气门应适当地晚开,以获得更大的转矩和功率输出,如图2-3-11所示。

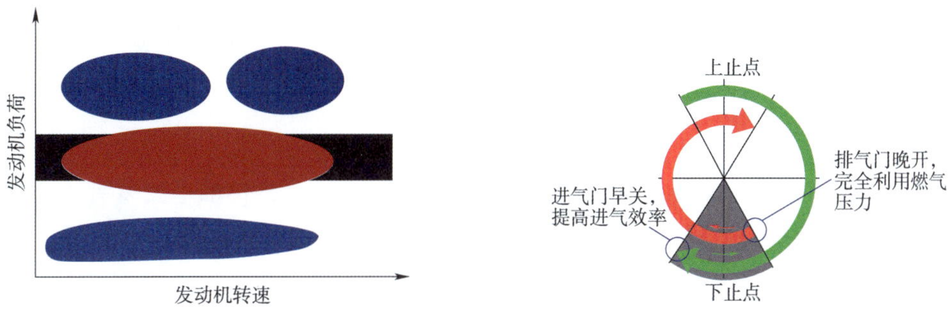

图 2-3-11　当中低转速高负荷时 VVT 的控制策略

当高速高负荷时，气流流速高，为尽可能地提高进气效率，进气门应晚关，排气门应早开，此时功率输出最大，如图 2-3-12 所示。

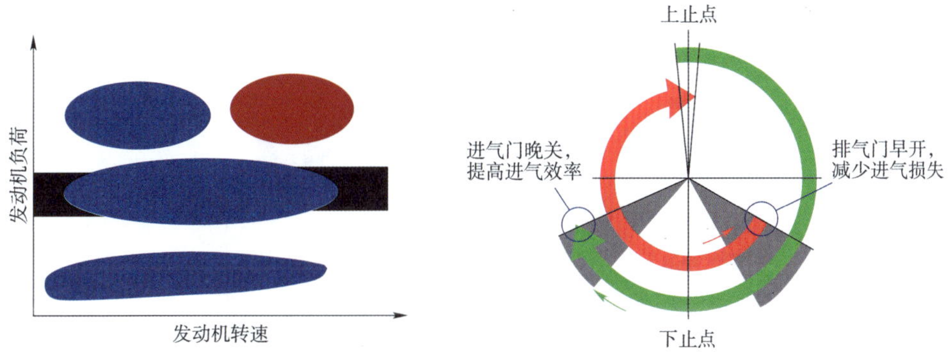

图 2-3-12　当高速高负荷时 VVT 的控制策略

2.2.6　VVT 系统的工作条件

(1)主继电器工作正常。

(2)机油压力满足工作要求。

(3)进气温度、冷却液温度、油温在系统设定的限值范围内。

(4)发动机转速在系统设定的限制范围内。

(5)发动机起动一段时间后。

(6)凸轮轴相位自学习成功。

(7)凸轮轴和曲轴的同步关系正确。

2.3　大众可变气门升程机构

大众可变气门升程主要通过排气凸轮轴上的电子气门升程切换，以及进、排气门凸轮轴上的可变正时实现汽缸气体交换的优化控制。发动机电子控制单元根据当前发动机负荷情况决定使用哪个凸轮，较小的凸轮仅用于低转速，如图 2-3-13 所示。

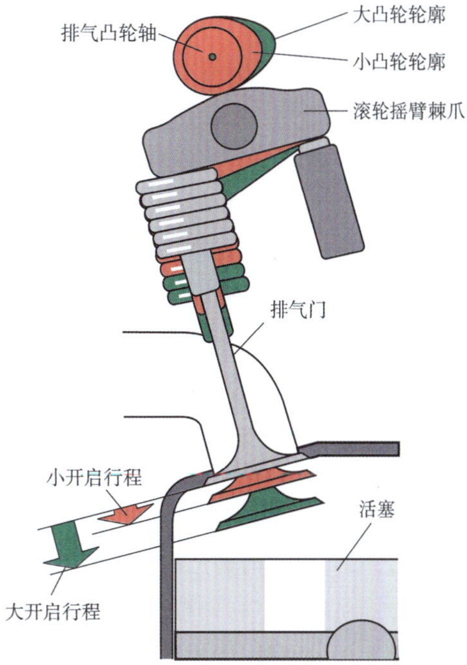

图 2-3-13　大众可变气门升程

可变气门升程有以下好处:①优化气体交换;②防止废气回流到之前的180°排汽缸;③进气门打开的时间更早,气体填充程度更充分;④通过燃烧室内的正压差减少余气;⑤提升响应性;⑥在较低的转速和较高增压压力下达到更高的转矩。

2.3.1 凸轮轴构造

为了在排气凸轮轴上两个不同的气门升程之间相互切换,凸轮轴上安装有4个可移动的凸轮件(带有内花键)。每个凸轮件上都装有两对升程不同的凸轮。

凸轮轴中的弹簧加载式球体将凸轮件锁定在其各自的端部位置。凸轮轴的滑动槽和轴向推力轴承会限制凸轮件的移动,如图2-3-14所示。

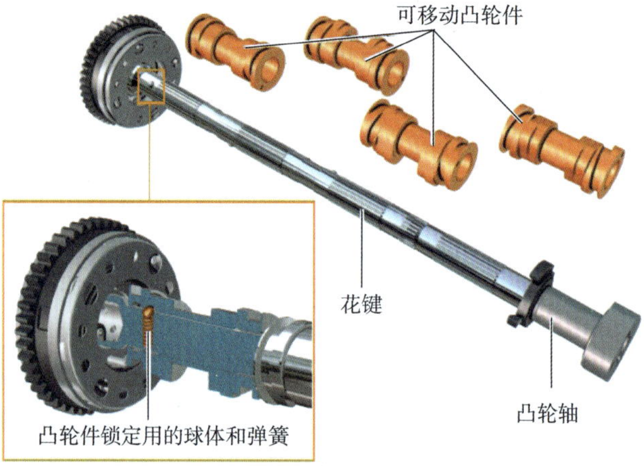

图2-3-14 大众可变气门升程凸轮轴

2.3.2 执行器

每个凸轮件上装有两个执行器,执行器的安装位置及结构原理如图2-3-15所示。在两个执行器[汽缸1~4的排气凸轮轴执行器(电磁阀)A/B]的辅助下,排气凸轮轴上的每个凸轮件在两个切换位置之间被来回推动。每个汽缸的一个执行器切换到更大的气门升程,另一个执行器切换到更小的气门升程。

当电流通过执行器电磁线圈时,金属销在18~22ms内被移动。伸展的金属销接合到排气凸轮轴上凸轮件的相关滑动槽中,并通过凸轮轴旋转推动滑动槽到相应的切换位置。销通过机械方式在滑动槽(相当于一个复位斜面)的作用下缩进去。

凸轮件的两个执行器被启动时,总是只有一个执行器上的金属销移动。

发动机控制单元根据复位信号得知金属销的当前位置。当复位斜面推动执行器的金属销回到元件的导管中时,生成一个复位信号,如图2-3-16所示。发动机管理系统可根据哪个执行器发出复位信号来确定相关滑动装置的当前位置。

2.3.3 低速时的凸轮轴位置

发动机在较低转速负荷下的凸轮轴位置如图2-3-17a)所示。为了使这个负载范围内的气体交换性能更佳,发动机管理系统通过凸轮轴调节器将送气凸轮轴提前、排气凸轮轴延迟。气门升程切换至更小的排气凸轮轮廓,而且右侧执行器移动金属销。它接合滑动槽,并将凸轮件移至小凸轮轮廓。此时,气门沿着较小的气门轮廓上下移动,如图 2-3-17b)所示。两个小凸轮的位置在某种程度上是交错的,确保汽缸两个排气门的开启时间是错开的。这两项措施会导致在废气从活塞中被排到涡轮增压器中时,废气气流的脉动减小,从而可在低转速范围达到较高的增压压力。

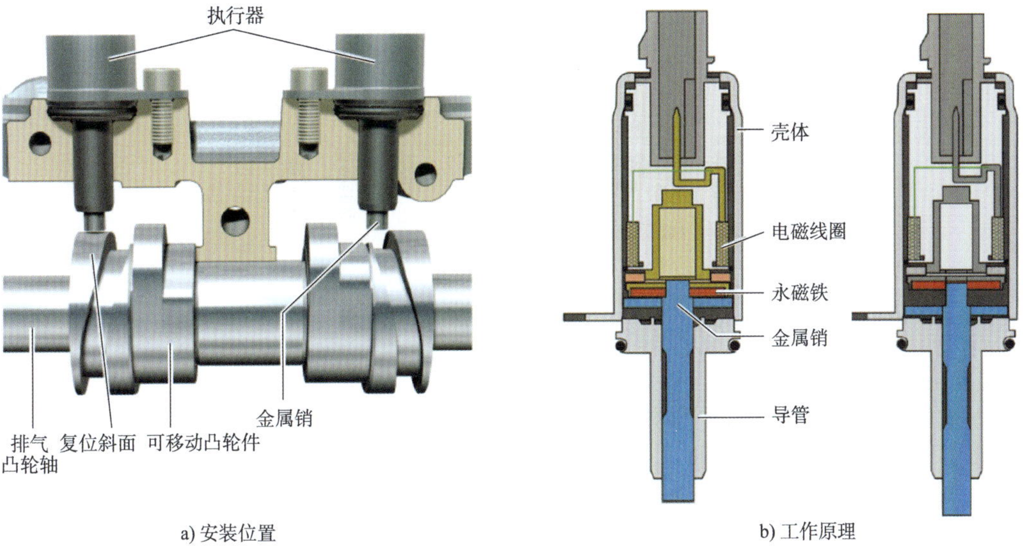

图 2-3-15 执行器的安装位置及工作原理

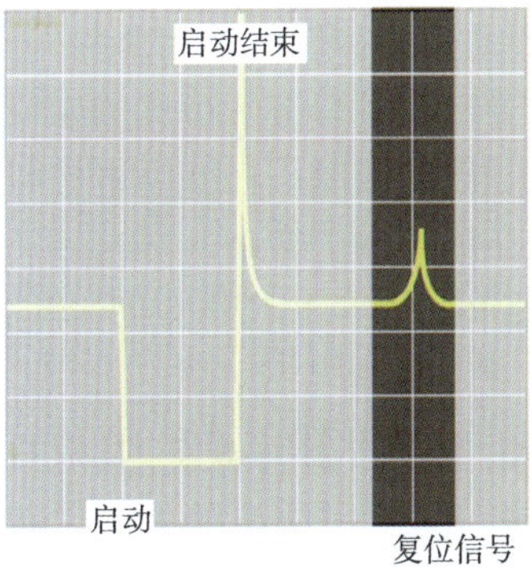

图 2-3-16 复位信号

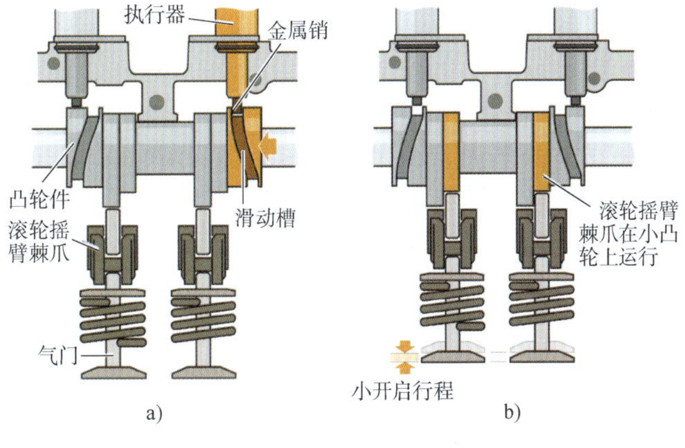

图 2-3-17 低速时凸轮轴及执行器的位置

2.3.4 部分负荷及全负荷下的凸轮轴位置

踩加速踏板,使发动机从部分负荷变为全负荷时,汽缸内的气体交换必须适应更高的性能需求,如图 2-3-18a)所示。发动机管理系统通过凸轮轴调节器将进气凸轮轴提前、排气凸轮轴延迟。为达到最佳的汽缸填充性能,排气门需要最大的气门升程。为了达到此目的,左执行器被启动,由左执行器移动其金属销。

金属销通过滑动槽将凸轮件移向大凸轮,如图 2-3-18b)所示。排气门现在以最小的升程打开和关闭。凸轮件也通过凸轮轴中的弹簧加载式球体被固定在此位置。

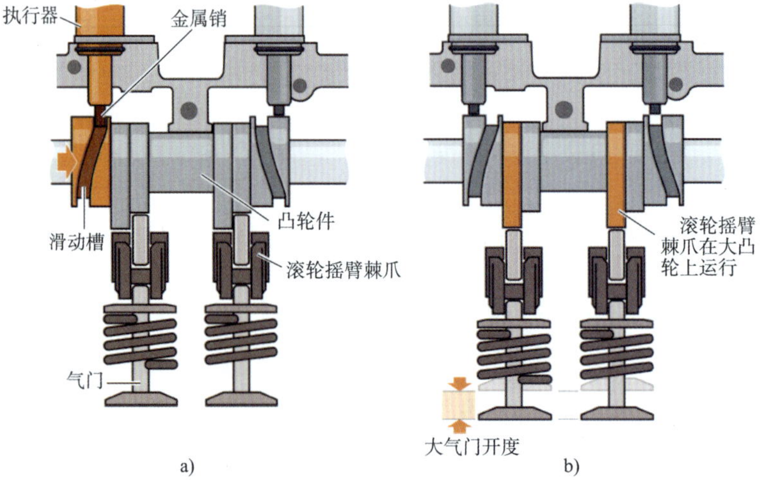

图 2-3-18 部分负荷及全负荷下的凸轮轴及执行器位置

2.4 本田雅阁可变气门控制机构

2.4.1 结构

本田雅阁可变气门控制机构(VTEC)的发动机与其他高速发动机一样,每个汽缸也配置了两个进气门和排气门。但它的两个进气门有主次之分,即主进气门和次进气门。每个气门均由单独的凸轮通过摇臂来驱动,如图 2-3-19 所示。驱动主、次进气门的凸轮分别叫作主、次凸轮。与主、次进气门接触的摇臂分别叫作主、次摇臂。主、次摇臂之间设有一个特殊的中间摇臂,它不与任何气门直接接触。三个摇臂并排安装在一起,且均可在摇臂轴上转动。在这三个摇臂相对应的凸轮轴上铸有三个不同升程的凸轮,分别称为主凸轮、次凸轮和中间凸轮。其中,中间凸轮的升程最大,它是按发动机双进、双排气门工作最佳输出功率的要求而设计的。主凸轮升程小于中间凸轮,它是按发动机低速工作时单气门开闭要求设计的。次凸轮的升程最小,最高处只是稍微高于基圆,其作用只是在发动机怠速运行时,通过次摇臂稍微打开次进气门,以免燃油集聚在次进气门口。中间摇臂的一端和中间凸轮接触,另一端在低速时可自由活动。三个摇臂在靠近气门一端均有一个油缸孔。油缸孔中都安置有靠油压控制的活塞,它们依次为正时活塞、同步活塞 A、同步活塞 B 和阻挡活塞。

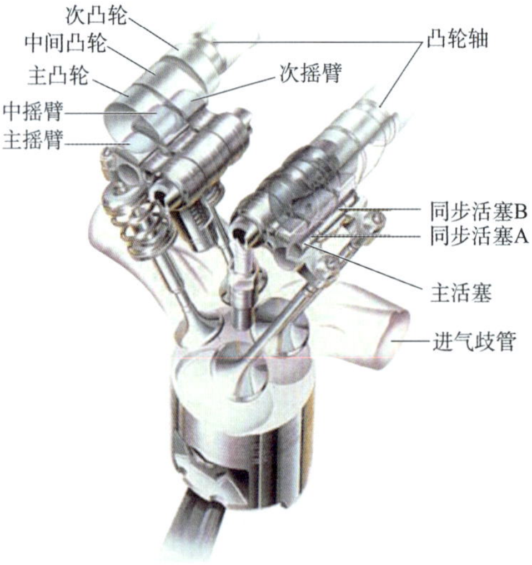

图 2-3-19 本田 VTEC 结构

2.4.2 工作原理

VTEC 是在同一根凸轮轴上设计了两种(高速型和低速型)不同配气正时和气门升程的

凸轮，利用液压进行切换的装置。高、低速的切换是根据发动机转速、负荷、水温及车速进行确定的，由 ECU 进行计算处理后将信号输出给电磁阀来控制油压进行切换。

VTEC 不工作时，正时活塞和同步活塞 A 位于主摇臂的油缸内，与中间摇臂等宽的同步活塞 B 位于中间摇臂的油缸内，阻挡活塞和复位弹簧一起则位于次摇臂的油缸内。正时活塞的一端和液压油道相通，液压油来自工作油泵，油道的开启由 ECU 通过 VTEC 电磁阀控制，VTEC 电磁阀控制原理如图 2-3-20 所示。

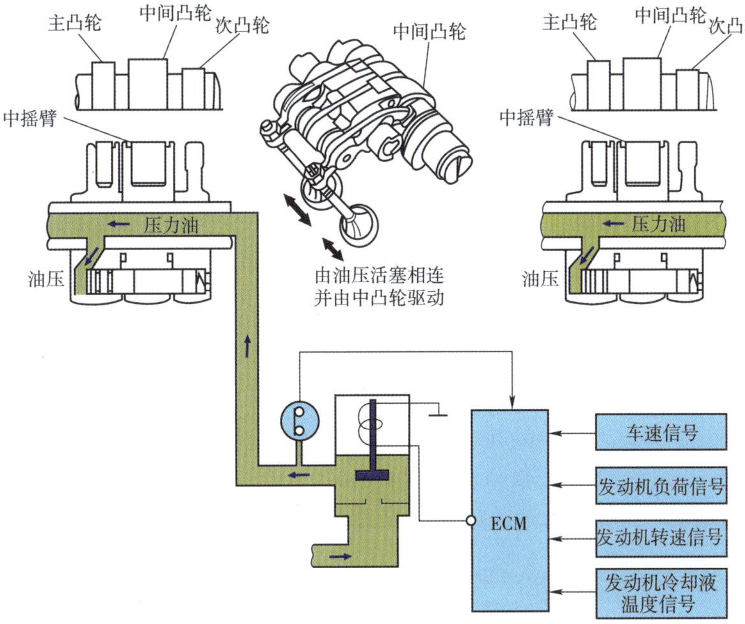

图 2-3-20　VTEC 电磁阀控制原理

在发动机低速运行时（图 2-3-21），ECU 无指令，油道内无油压，活塞位于各自的油缸内，各个摇臂均独自上下运动。于是主摇臂紧随主凸轮开闭主进气门，以供给低速运行时发动机所需的混合气，次凸轮则迫使次摇臂微微起伏，微开闭次进气门，中间摇臂虽然随着中间凸轮大幅度运动，但是其对任何气门不起作用。此时，发动机处于单进、双排工作状态。

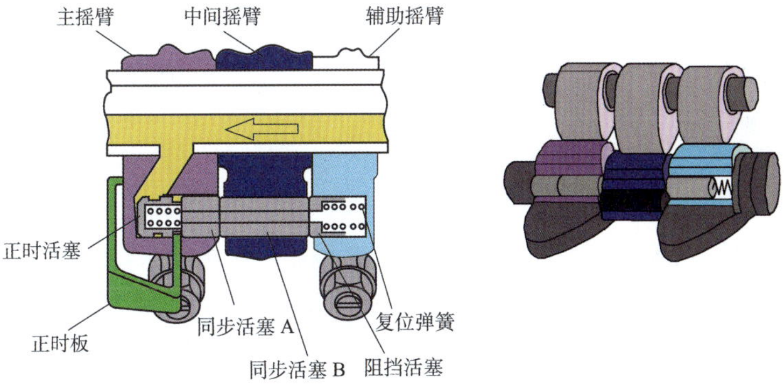

图 2-3-21　VTEC 低速工作

当发动机高速运行时（图 2-3-22），即发动机转速在 2300 ~ 3200r/min、车速在 10km/h 以上、冷却液温度在 10℃以上、发动机负荷到达一定程度时，发动机控制 ECU 向 VTEC 电磁阀供电以开启工作油道,于是工作油道中的压力油就推动活塞移动,并将弹簧压缩,这样主摇臂、中间摇臂和次摇臂就被同步活塞A、同步活塞B和阻挡活塞串联为一体,成为一个同步活动的组合摇臂。由于中间凸轮的升程大于另外两个凸轮,而且凸轮角度提前,故组合摇臂随中间摇臂一起受中间凸轮驱动,主、次气门都大幅度地同步开闭,此时,配气机构处于双进、双排工作状态。

从低速切换到高速的过程是依靠油压来实现的,而由高速切换到低速是靠复位弹簧来实现的。高低速的切换是由ECU根据发动机转速、负荷、冷却液温度和车速信号来确定的。当系统出现故障时,VTEC系统将被锁定在低速状态。

2.5 宝马可变气门正时系统(Valvetronic)

Valvetronic系统能改变进气门的正时与升程,气门升程是连续可变的。可变升程机构安装位置如图2-3-23所示,其结构如图2-3-24所示。该机构在进气凸轮轴和摇臂之间增加了中间推杆,并且在缸盖上增加了一根偏心轴,在偏心轴上有与中间推杆对应数目的偏心凸轮。中间推杆通过其顶部的滚轮依靠在偏心凸轮上,其中部通过滚轮支承在进气凸轮上,其足部的弧线工作区域与摇臂的滚轮接触。扭转弹簧上端固定在缸盖上,下端则固定在中间推杆的足部,因此,中间摇杆的运动由偏心凸轮和进气凸轮共同控制。气门液压挺柱将中间推杆足部的弧线区域与摇臂滚轮的接触保持在零间隙。在偏心轴中部装有扇形齿轮,该齿轮与伺服电动机的齿杆组成一对蜗轮蜗杆机构。伺服电动机是步进电动机,通过驱动扇形齿轮,可使偏心轴在0°~170°的范围内连续地转动。

图2-3-22　VTEC高速工作

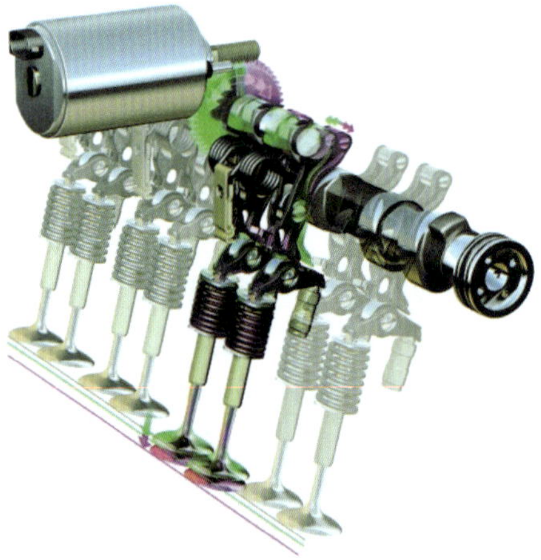

图2-3-23　宝马可变升程机构安装位置

当偏心轴不动时,中间摇杆的顶部滚轮支承在偏心凸轮上,中部滚轮在进气凸轮的驱动下,使中间推杆围绕某个中心旋转,则中间推杆的足部驱动滚轮,完成进气门的开启与关闭。当进气凸轮轴固定不动时,中间推杆支承在进气凸轮上,偏心轴旋转一定的角度,则中间推杆的足部跟滚轮接触弧线工作区域发生变化。偏心轴旋转的角度不同,则中间摇杆的旋转中心也不同,导致工作区域不同,气门的升程也就不同。如果偏心轴旋转角度越大,则中间推杆旋转的幅度越大,进气门的升程也就越大。当偏心轴旋转到初始位置(0°)时,进气凸轮转动到凸顶与中间推杆接触,此时,气门升程达到最小(0.2mm);当偏心轴旋转到极端位置

(170°)时,进气凸轮转动到凸顶与中间推杆接触,此时,进气门升程达到最大(9.7mm),如图 2-3-25 所示。

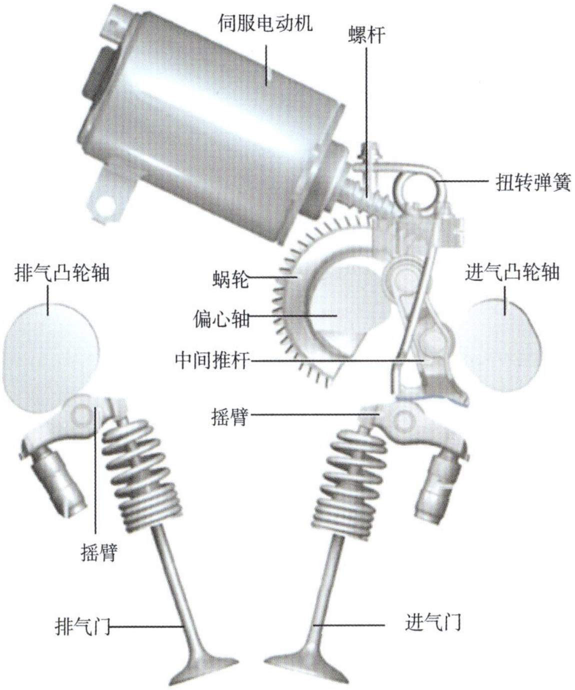

图 2-3-24　宝马可变气门升程机构的组成

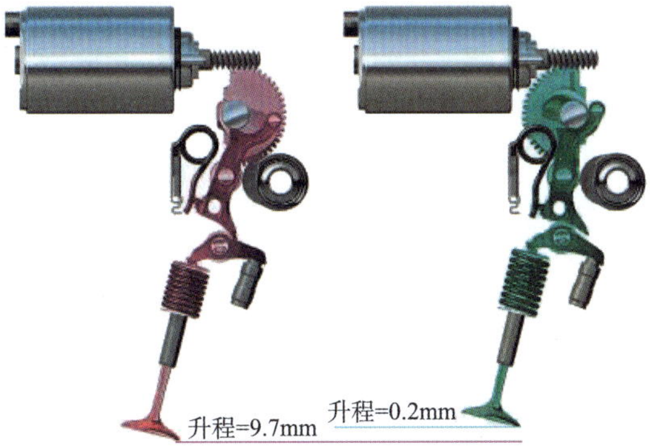

图 2-3-25　宝马可变气门升程机构的调节范围

Valvetronic 系统有一个单独的电子控制单元,电子控制单元通过接收来自加速踏板位置的信号,控制伺服电动机旋转,它能在很短的时间(0.3s)内无级地改变进气门的升程,从而可以取消节气门(但是在车上还保留有节气门,目的是为了真空度的需要)。

3　任务实施

3.1　准备工作

阅读维修手册,列出所需工具和仪器和设备,制订检查与更换方案。

3.2 操作流程

3.2.1 拆卸流程

(1)拆卸齿形皮带。

(2)拆卸凸轮轴正时齿轮。

(3)拆气门室罩盖。

(4)拆下霍尔传感器。

(5)在凸轮轴的驱动链和链轮、轴承盖上做顺序及安装标记。

(6)拆卸凸轮轴和凸轮轴调节器。

3.2.2 安装流程

(1)去除汽缸盖上及轴承盖上的所有密封剂残留物。

(2)按标记将驱动链装于凸轮轴的链轮上。

(3)将凸轮轴调节器推入驱动链之间。

(4)将凸轮轴与驱动链和凸轮轴调节器装入汽缸盖中。

(5)检测凸轮轴的调整是否正确。

(6)安装轴承盖。

(7)其余安装以拆卸的相反顺序进行。

3.3 操作提示

(1)正时链上有正时标记的,安装时要对正正时标记。

(2)正时链上无正时标记的,在拆卸正时链时,应先清洁轴承盖上箭头相对的凸轮轴的正时链和链轮,并用色标标记位置。不要通过冲窝、切口或类似的做法标记链条。

(3)安装凸轮轴后约30min内不允许起动发动机,液压平衡补偿元件必须落位,否则气门会卡在活塞上。

(4)对于V形发动机,左、右侧的正时调节器的拆装过程不完全一样。

复习与思考题

1. 叙述大众可变气门升程机构的工作原理。

2. 叙述本田可变气门升程机构的工作原理。

知识点思维导图

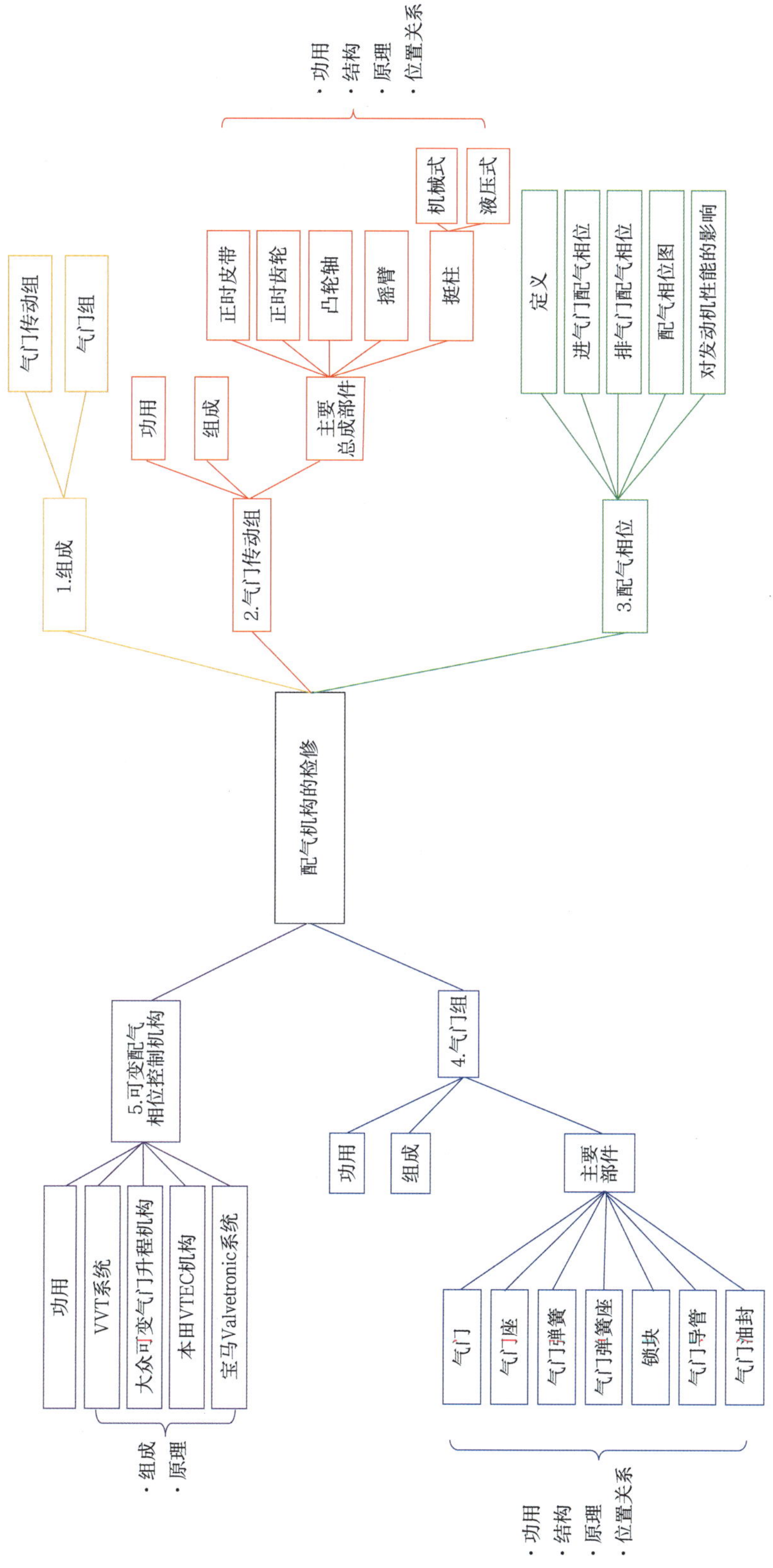
配气机构的检修
1.组成
气门传动组
气门组
2.气门传动组
功用
组成
主要总成部件
正时皮带
正时齿轮
凸轮轴
摇臂
挺柱
机械式
液压式
· 功用
· 结构
· 原理
· 位置关系
3.配气相位
定义
进气门配气相位
排气门配气相位
配气相位图
对发动机性能的影响
4.气门组
功用
组成
主要部件
气门
气门座
气门弹簧
气门弹簧座
锁块
气门导管
气门油封
· 功用
· 结构
· 原理
· 位置关系
5.可变配气相位控制机构
功用
VVT系统
大众可变气门升程机构
本田VTEC机构
宝马Valvetronic系统
· 组成
· 原理

项目三

燃油供给系统的检修

学习目标

❖ 知识目标

1. 熟知汽油、柴油发动机燃油供给系统的类型与组成,明确两者的差异。

2. 掌握喷油器的工作原理及喷射特性,理解其对燃烧过程的影响。

3. 了解燃油压力调节器、输油泵(针对柴油发动机)等部件的工作原理和作用。

4. 明晰燃油滤清器堵塞、喷油嘴积炭(针对汽油发动机)、喷油器卡死(针对柴油发动机)等故障现象及原因。

❖ 技能目标

1. 能够检测燃油系统压力。

2. 熟练拆卸和更换喷油器、燃油滤清器、汽油泵、输油泵(针对柴油发动机)等部件。

3. 运用诊断设备读取和分析燃油喷射系统故障码。

4. 能够对柴油发动机喷油正时进行检查,确保发动机正常运行。

❖ 素质目标

1. 养成节约资源、避免浪费燃油的习惯。

2. 强化团队协作完成维修复杂燃油系统故障的能力。

3. 加强安全防火意识。

4. 树立严谨的工作态度,注重细节,严格按照操作规程进行维修,确保维修质量。

5. 学习我国科研人员在燃油供给系统技术研发中的创新精神,激发学生的创新意识与爱国情怀。

燃油供给系统的功能是：根据发动机不同工况的要求，配制出一定数量和浓度的可燃混合气在汽缸内燃烧，并把燃烧做功后产生的废气排到大气中。发动机在工作时，燃油在汽缸中燃烧之前，都要经过雾化和蒸发，并与空气混合形成可燃混合气。可燃混合气的浓度对发动机的动力性、经济性和排放性有很大影响。汽油机内的可燃混合气是由火花塞产生电火花点燃的。对于柴油发动机而言，柴油喷入汽缸后遇到高温的压缩空气后无需点火而直接燃烧做功，所以，喷油正时和喷油量对于柴油发动机动力性、振动和噪声都会产生很大的影响。

任务一　检测、清洗与更换汽油机喷油器

1　任务引入

发动机出现下列情况之一者，经分析怀疑是由喷油器引起的，需对喷油器进行检测、清洗或更换：

(1)发动机运转不稳定。

(2)发动机不易起动。

(3)排气管排黑烟。

(4)加速不灵敏。

(5)费油。

2　相关理论知识

2.1　电控燃油喷射系统概述

电控燃油喷射系统有多种形式，但其组成基本相同，都是由空气供给系统、燃油供给系统和控制系统组成，如图 3-1-1 所示。有关空气供给系统和控制系统的详细内容将在后面的项目中分别介绍。

空气供给系统的功能是提供、测量和控制燃油燃烧时所需要的空气量。

燃油供给系统的功能是向发动机精确地提供各种工况下所需要的燃油量。

控制系统的功用是根据发动机运转状况和车辆运行状况确定燃油的最佳喷射量。

2.2　电控燃油喷射系统的喷射方式

电控燃油喷射发动机的燃油喷射方式可分为单点喷射和多点喷射，其中，多点喷射又分为同时喷射(即各缸喷油时刻相同)、分组喷射(即多缸发动机分为若干组进行喷射，同一组各缸同时喷油，不同组间为顺序喷油)和顺序喷射(即按点火顺序要求逐缸喷油)。

1)同时喷射

同时喷射是所有的喷油器与同一个 ECU 的控制电路为并联连接。ECU 根据曲轴位置传感器输入的基准信号，发出喷油器控制信号，控制各缸喷油器同步喷油。通常曲轴每转一

圈,各缸喷油器同时喷射一次,同时喷射的控制电路与喷射正时图如图3-1-2所示。

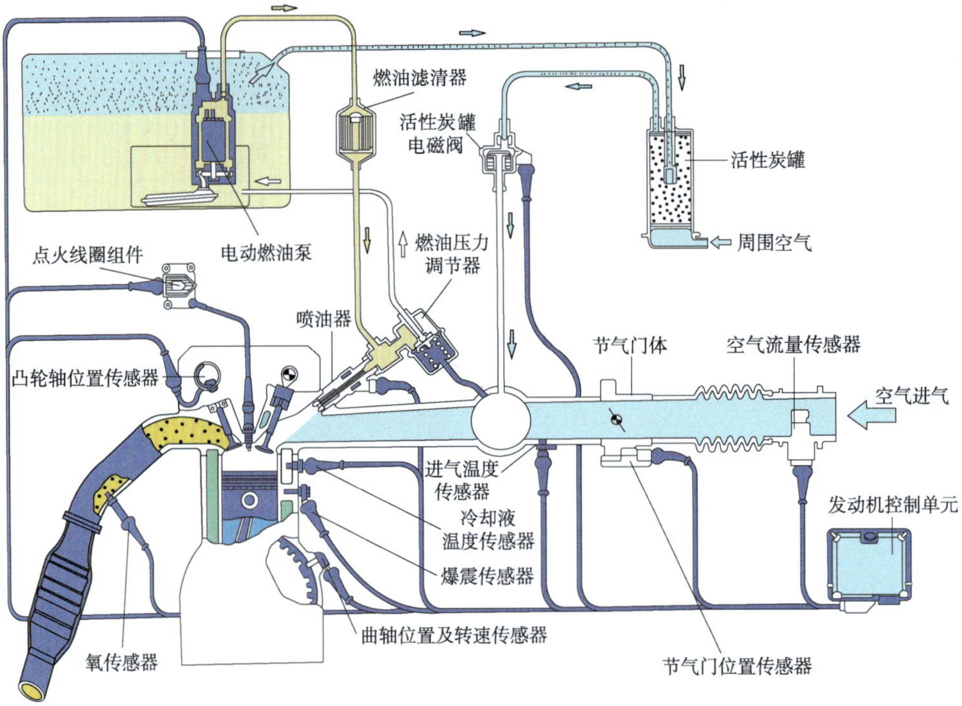

图3-1-1　Motronic M3.8.2 电控燃油喷射系统

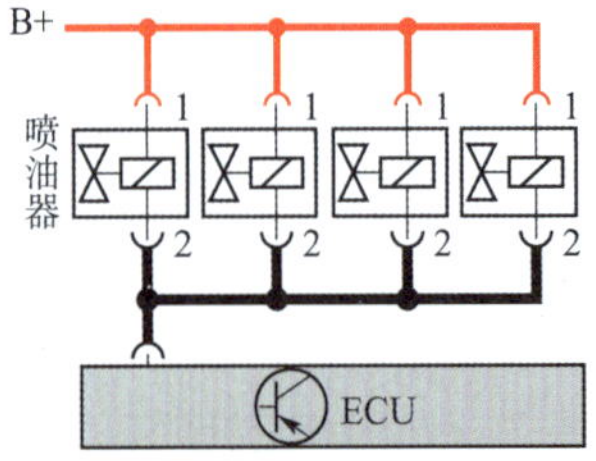

a) 控制电路

1缸	进气	压缩	做功	排气
2缸	压缩	做功	排气	进气
3缸	排气	进气	压缩	做功
4缸	做功	排气	进气	压缩

720°

b) 喷射正时图

图3-1-2　同时喷射的控制电路与喷射正时图

同时喷射的喷油正时与发动机的工作循环无关。因此,它不需要判缸信号,这就会使各缸对应的喷射时间不可能是最佳,导致各缸的混合气所形成的质量不一样。

2)分组喷射

分组喷射一般是把所有汽缸的喷油器分成2~4组,在ECU中也对应着2~4个控制电路与每组喷油器分别连接。每组喷油器轮流交替喷射,一般情况下发动机每转一圈,只有一组喷油器喷射。分组喷射的控制电路与喷射正时图如图3-1-3所示。

3)顺序喷射

顺序喷射是每个喷油器各由一个控制电路来控制,曲轴每转两圈,各缸喷油器按发动机各缸的工作顺序轮流喷射一次。由于这种喷射方式要知道向哪一个汽缸喷射,因此,应具备判缸信号。顺序喷射的控制电路与喷射正时图如图3-1-4所示。

顺序喷射可以设定在最佳时间喷油,它对混合气的形成十分有利,对提高燃油经济性和降低有害物的排放等有一定好处。顺序喷射方式既适合进气歧管喷射,也适用于汽缸内喷射,但控制系统的电路结构及软件相对比较复杂。

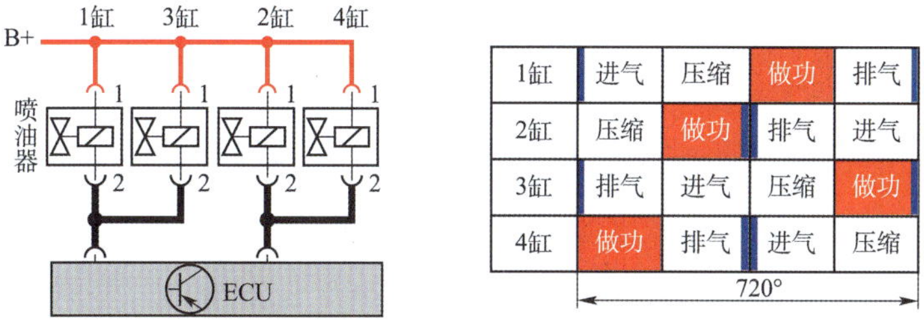

a) 控制电路　　b) 喷射正时图

图 3-1-3　分组喷射的控制电路与喷射正时图

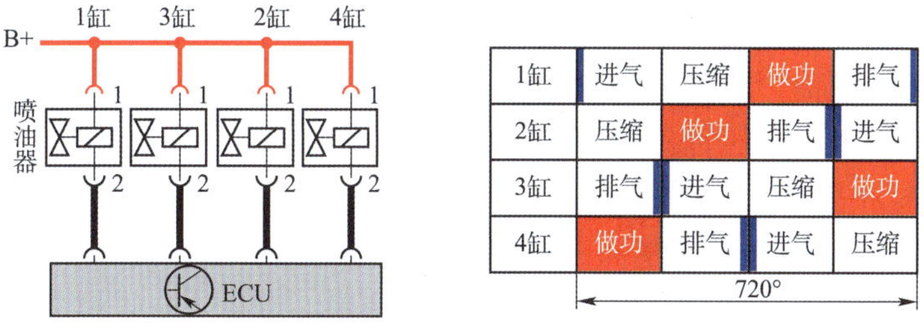

a) 控制电路　　b) 喷射正时图

图 3-1-4　顺序喷射的控制电路与喷射正时图

2.3　发动机电控燃油喷射系统的功能

汽油发动机电控燃油喷射系统的主要功能是喷油正时和喷油量的控制。

2.3.1　喷油正时

喷油正时指喷油器喷油的开始时刻。对于多点间歇喷射发动机,喷油正时分为同步喷射和异步喷射。同步喷射是根据发动机各缸工作循环,在既定的曲轴转角设定的位置进行喷射,在发动机稳定工况的大部分运转时间里,喷油系统以同步方式工作。异步喷射是根据传感器的输入信号控制喷油时间的,与曲轴的旋转角度无关。异步喷射是在同步喷油的基础上,为改善发动机的性能额外增加的喷油。在起动和加速等过渡工况,喷油系统以异步方式喷油。

2.3.2　喷油量的控制

喷油量的控制亦即喷油器喷油时间的控制。要使发动机在各种工况下都处于良好的工作状态,必须精确计算基本喷油持续时间和各种参数的修正值,使发动机燃油混合气的空燃比符合要求。

喷油量的控制大致可分为两类,一类是喷油持续时间控制,另一类是断油控制。

1)喷油持续时间控制

(1)起动时喷油量的控制。

发动机起动时,基本喷油时间不是根据进气量和发动机转速计算确定的,而是 ECU 根据起动信号和当时的冷却液温度,由内存的冷却液温度—喷油时间图(图 3-1-5)找出相应的基本喷油时间,然后加上进气修正时间和蓄电池电压修正时间,计算出起动时的喷油持续时间,如图 3-1-6 所示。

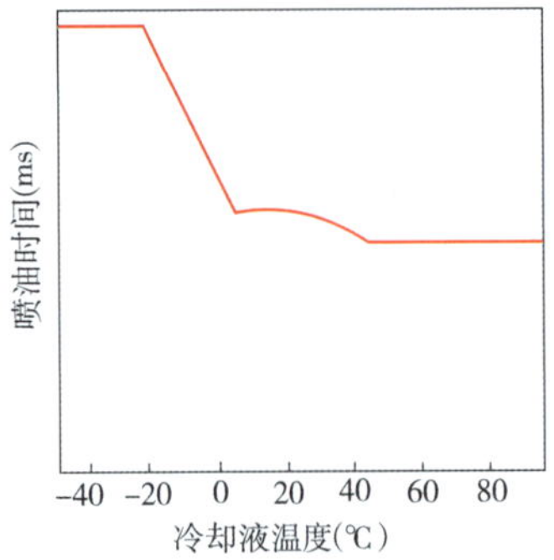

图 3-1-5　冷却液温度—喷油时间图

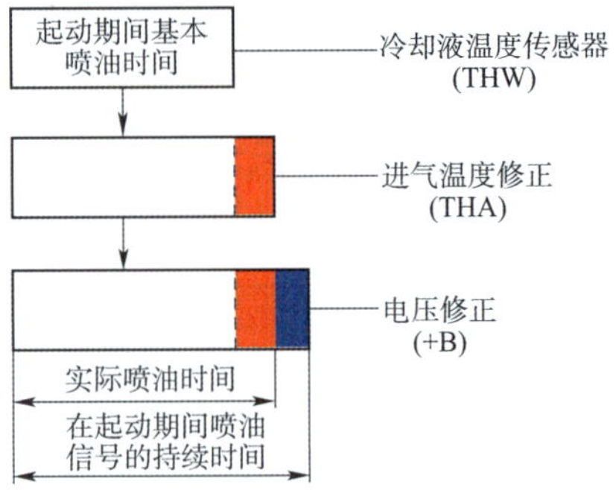

图 3-1-6　喷油时间的确定

由于喷油器的实际打开时刻较 ECU 控制其打开时刻存在一段滞后,如图 3-1-7 所示,造成喷油量不足,且蓄电池电压越低,滞后时间越长,故需对电压进行修正。

(2)运行时喷油量的控制。

发动机起动后转速超过预定值时,ECU 确定的喷油持续时间为:

喷油持续时间 = 基本喷油时间 × 喷油修正系数 + 电压修正值

①基本喷油时间。基本喷油时间是实现既定空燃比(即理论空燃比 14.7∶1)的喷射时间。ECU 根据发动机转速信号和进气量信号,由内存的三维图确定基本喷油时间,如图 3-1-8 所示。

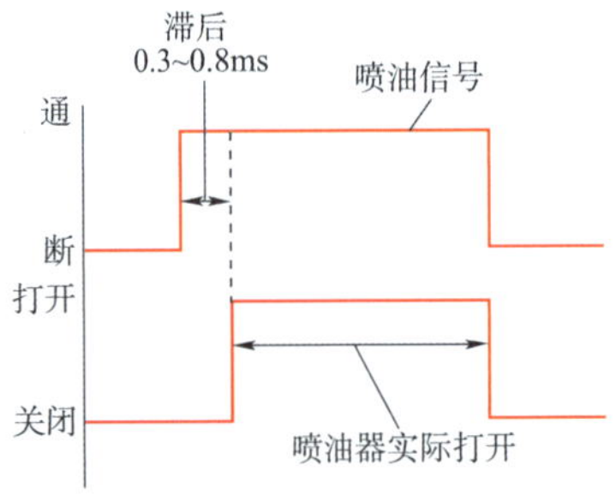

图 3-1-7　喷油滞后

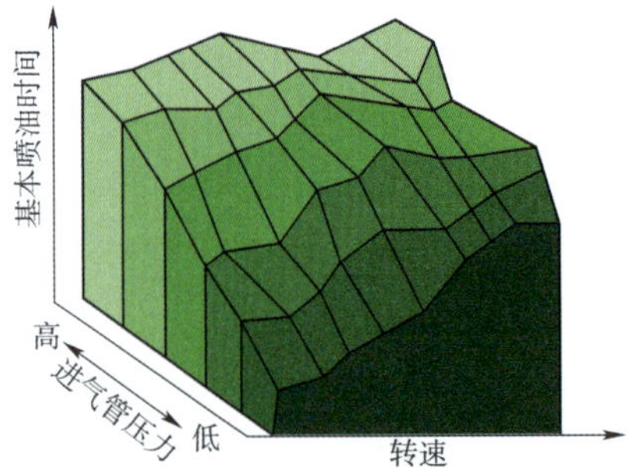

图 3-1-8　基本喷油时间三维图

②喷油量的修正。发动机起动后的各工况下,ECU 在确定基本喷油时间的同时,还必须根据各种传感器输送来的发动机运行工况信号,对基本喷油时间进行修正。主要的修正有:起动后加浓修正、暖机加浓修正、进气温度修正、大负荷工况修正等。

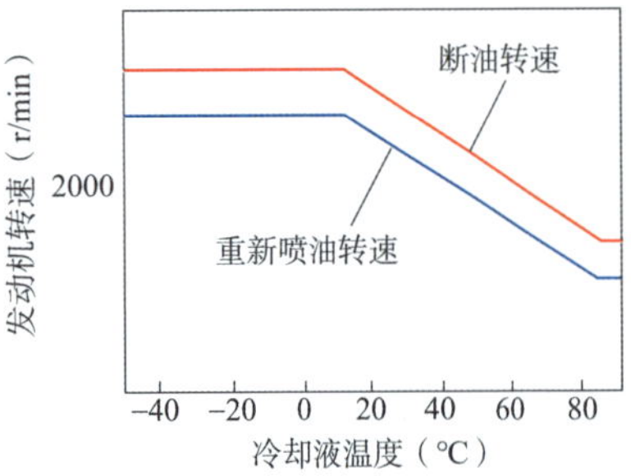

图 3-1-9　减速断油控制

2)断油控制

(1)减速断油。发动机在高速运行状态下急减速时,节气门完全关闭,为避免混合气过浓、燃油经济性和排放性能变坏,ECU 控制喷油器停止喷油。当发动机转速降到某预定转速之下或节气门重新打开时,ECU 控制喷油器重新恢复喷油,如图 3-1-9 所示。当冷却液温度低或空调压缩机工作需要增加输出功率时,断油和重新恢复喷油的转速较高。

(2)发动机超速断油。为避免发动机超速运行,当发动机转速超过额定转速时,ECU控制喷油器停止喷油。

(3)汽车超速行驶断油。某些汽车在汽车运行速度超过限定值时,ECU根据节气门位置、发动机转速、冷却液温度、空调开关、停车灯开关及车速信号控制喷油器停止喷油。

2.4　可燃混合气的相关理论知识

2.4.1　概念

1)可燃混合气

汽油通过蒸发、雾化与空气均匀混合而形成的油气混合气体称为可燃混合气。

2)可燃混合气浓度

可燃混合气中燃料含量的多少称为可燃混合气浓度。可燃混合气浓度常用空燃比(A/F)或过量空气系数(α)来表示。

3)空燃比

空燃比(A/F)是指混合气中所含空气质量(kg)与燃料质量(kg)的比值,即:

$$A/F=\frac{\text{空气质量(kg)}}{\text{燃料质量(kg)}}$$

理论上,1kg汽油完全燃料需要空气14.7kg,即空燃比为14.7(也称理论空燃比)。这种空燃比混合气称为理论混合气(或标准混合气)。不同燃料的理论空燃比是不同的。在发动机工作过程中,若可燃混合气的空燃比小于14.7,称为浓混合气;若可燃混合气的空燃比大于14.7,称为稀混合气。在电控发动机中,常用空燃比来表述可燃混合气的浓度。

4)过量空气系数

过量空气系数(α)是指在燃烧过程中实际供给的空气质量与理论上完全燃烧过程中所需的空气质量之比,即:

$$\alpha=\frac{\text{燃烧过程中实际供给的空气质量(kg)}}{\text{理论上完全燃烧过程中所需的空气质量(kg)}}$$

由此可知,无论何种燃料,若$\alpha=1$,可燃混合气即为理论混合气;若$\alpha<1$,为浓混合气;若$\alpha>1$,为稀混合气。

过量空气系数与空燃比的关系为:

$$\alpha=\frac{\text{实际空燃比}}{\text{理论空燃比}}=\frac{\text{实际空燃比}}{14.7}$$

或:

$$\text{实际空燃比}=14.7\alpha$$

2.4.2　混合气的形成过程

电控燃油喷射系统混合气的形成是在进气歧管和汽缸中进行的。喷油器将具有一定压力的汽油喷射到进气歧管内的进气门附近,与空气混合成可燃混合气,在进气门打开后,可燃混合气进入汽缸,在汽缸内进一步混合,直至火花塞跳火点燃可燃混合气为止。由于汽油是从细小的喷嘴喷出,可以充分地雾化,因此能够与空气均匀的混合,形成良好

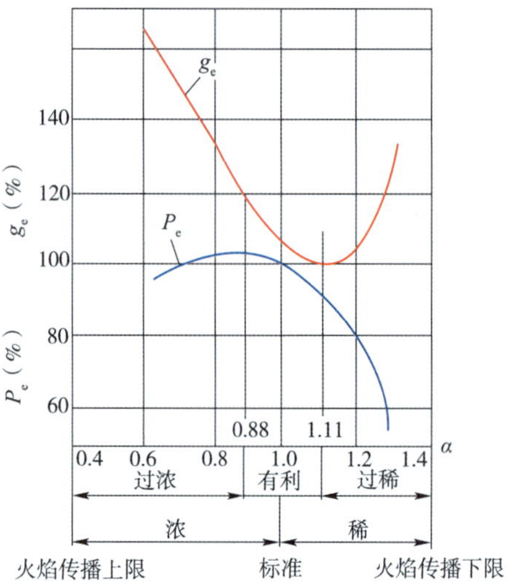

图3-1-10 发动机功率和油耗率曲线

的可燃混合气;而且由于喷油量是由计算机控制,所以混合气的浓度是最佳的。

2.4.3 可燃混合气浓度对发动机工作的影响

可燃混合气浓度对发动机的动力性和经济性有很大的影响,具体可以通过试验方法测试。在发动机转速一定和节气门全开的条件,通过改变喷油量来改变α值,得出相应的发动机功率和油耗曲线,如图3-1-10所示。可燃混合气浓度对发动机工作的影响,见表3-1-1。

2.4.4 发动机各种工况对混合气浓度的要求

发动机的工况包括发动机的转速和负荷。发动机的负荷是指汽车施加给发动机的阻力矩,汽车在行驶过程中,工作条件时刻都在变化,该阻力矩随汽车行驶道路状况、车速、装载量等的变化而变化。发动机要保持正常工作状态就必须随时输出与其等量的转矩,来克服阻力矩,而发动机输出的转矩是随节气门开度的变化而变化,所以节气门开度就代表了发动机负荷的大小。负荷多用百分数来表示,怠速时,节气门全关,负荷为0;满载爬坡时,节气门全开,负荷为100%。

可燃混合气浓度对发动机工作的影响　　表3-1-1

混合气	过量空气系数α	空燃比A/F	发动机功率	油耗率	原因	发动机工作情况
火焰传播上限	0.4	5.88	—	—	太浓,火焰无法传播	混合气不燃烧,发动机不工作
过浓混合气	0.43~0.88	6.321~12.936	减小	显著增加	燃烧不完全	排气管冒黑烟,放炮,燃烧室积炭,排气污染严重
稍浓混合气(功率混合气)	0.85~0.95	12.495~13.965	最大	增加18%	燃烧速度最快,压力大、热损失小	—
理论混合气	1	14.7	减小2%	增大4%	—	—
稍稀混合气(经济混合气)	1.05~1.15	15.435~16.905	减小18%	最小	燃烧完全	加速性能变差,经济性好
过稀混合气	1.13~1.33	16.611~19.551	显著减小	显著增大	燃烧速度慢、压力小、热损失大	发动机过热,加速性能变坏
火焰传播下限	1.4	20.58	—	—	油太少,火焰无法传播	混合气不燃烧,发动机不工作

发动机不同工况对混合气浓度的要求见表3-1-2。

发动机不同工况对混合气浓度的要求 表 3-1-2

工况	混合气性质	工作环境	对浓度的要求
起动	极浓	冷车起动，曲轴转速慢（50～150r/min），发动机温度低，汽油雾化、蒸发不良，部分汽油在进气歧管内形成油膜，进入汽缸的燃油量少	$\alpha=0.4\sim0.6$（或 $A/F=5.88\sim8.82$）
暖机	极浓→过浓	发动机温度逐渐升高，雾化条件稍有改善	$\alpha=0.4\sim0.6$ 至 $\alpha=0.6\sim0.8$（或 $A/F=5.88\sim8.82$ 至 $A/F=8.82\sim11.76$）
怠速	过浓	节气门开度小，进气量小，发动机转速低，蒸发条件仍然很差	$\alpha=0.6\sim0.8$（或 $A/F=8.82\sim11.76$）
小负荷	稍浓	发动机输出功率小（25%以下负荷），节气门稍开，混合气量小；汽缸残留废气比例高，对混合气有稀释的作用	$\alpha=0.7\sim0.9$（或 $A/F=10.29\sim13.23$）
中等负荷	经济	发动机负荷中等，工作范围大，时间长，节气门开度适中，转速高，汽油蒸发好	$\alpha=1.05\sim1.15$（或 $A/F=15.435\sim16.905$）
大、全负荷	浓	需要克服很大的阻力，节气门开度在85%以上，进气量很多	$\alpha=0.85\sim0.95$（或 $A/F=12.495\sim13.965$）
加速	过浓	节气门突然加大，发动机转速迅速提高，由于空气流量比汽油喷出量增加快得多，致使混合气瞬间过稀，会导致熄火	$\alpha=0.7\sim0.9$（或 $A/F=10.29\sim13.23$）

表中的起动、暖机和加速三种工况又称为过渡工况。

在冷车状态下发动机起动后，暖机过程（即快怠速过程）一般为1500r/min，达到正常工作温度后怠速达到正常转速，一般为750r/min。

怠速时节气门接近关闭，吸入的新鲜空气少，废气含量相对较多。为保证发动机正常运转，必须提供较浓的可燃混合气，一般为 $\alpha=0.6\sim0.8$（或 $A/F=8.82\sim11.76$）。

由表 3-1-2 可以看出，发动机在正常运转时，在小负荷和中等负荷工况下，要求随负荷的增加，供给由较浓逐渐变稀的混合气。当进入大负荷直到全负荷工况下，又要求混合气由稀变浓，最后加浓到保证发动机发出最大动力。

2.5 喷油器

1）喷油器的功用

喷油器是电控汽油喷射系统中一个非常重要的执行元件，它根据 ECU 的指令，将高压、适量的汽油喷入进气管或进气歧管内，与那里的空气混合形成混合气。电控汽油喷射系统中使用的喷油器均为电磁式喷油器。

2）喷油器的结构

喷油器按喷口的结构不同分为孔式和轴针式两种。图 3-1-11 为孔式喷油器，它由滤网、线束插口、电磁线圈、复位弹簧、衔铁和针阀等组成。衔铁与针阀制成一体。轴针式喷油器的针阀下部有轴针伸入喷口，轴针在喷口中不断运动，使喷口不易阻塞，如图 3-1-12 所示。

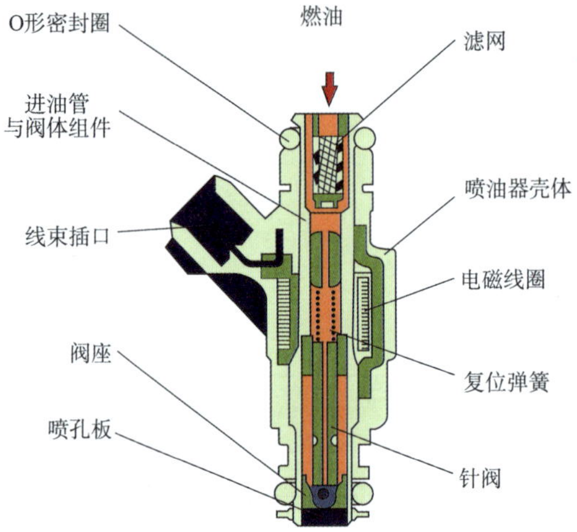

图3-1-11　孔式喷油器

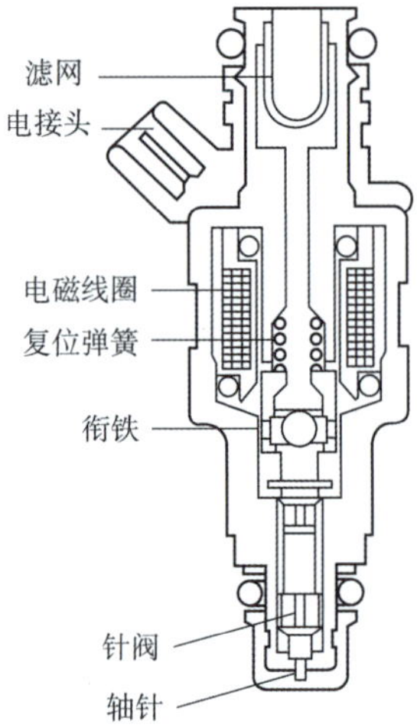

图3-1-12　轴针式喷油器

喷油器按电磁线圈的阻值可分为低阻式和高阻式。

3)喷油器的工作原理

当电磁线圈通电时,产生电磁吸力,将衔铁吸起并带动针阀离开阀座,同时复位弹簧被压缩,燃油经喷孔喷出;当电磁线圈断电时,电磁吸力消失,复位弹簧迅速使针阀关闭,喷油器停止喷油。

4)喷油器的驱动方式

喷油器的驱动方式有电压驱动与电流驱动两种。

(1)喷油器的电压驱动方式。

喷油器的电压驱动方式的控制电路如图3-1-13a)所示。它既适用于低阻喷油器(2～3Ω),也适用于高阻喷油器(3～17Ω)。使用低阻喷油器时,必须在回路中串入附加电阻。

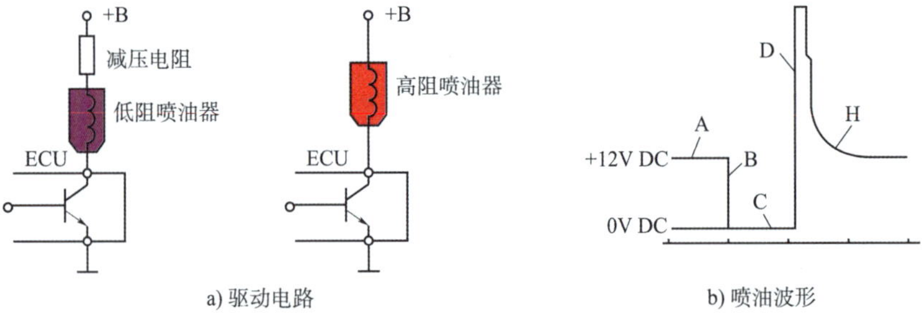

图3-1-13　电压驱动式喷油器控制电路与喷油波形

电压驱动方式喷油器的电控系统ECU对驱动喷油器的喷油脉冲电压进行恒定控制。在喷油器控制电路中,ECU控制功率晶体管导通与截止。导通时,蓄电池电压加到喷油器电磁线圈上,喷油器喷油;截止时,喷油器停止喷油。

电压驱动方式喷油器的标准喷油信号波形如图3-1-13b)所示。其各段线的含义如下:

A线:喷油器关闭时的系统电压信号,通常为12V。

B线:ECU给出喷油器信号,喷油器控制回路搭铁,喷油器开始喷油。此时,功率晶体管完全导通，电压迅速下降接近0。

C线：喷油器喷油。此时，喷油器驱动电路处于饱和导通阶段，由于喷油器控制回路搭铁，波形电压接近0，喷油器电磁线圈电流由0迅速上升至4A（最大），产生最大磁力使喷油器针阀迅速全开喷油。

D线：喷油信号终止时刻。此时喷油器控制电路断开，喷油结束，喷油器线圈因电流突变而产生不低于35V的感应脉冲电压。

H线：喷油器针阀关闭，电压从峰值逐渐衰减到电源电压。

（2）喷油器的电流驱动方式。

喷油器的电流驱动方式的控制电路如图3-1-14a）所示，它只适用于低阻喷油器。

电流驱动方式喷油器的电控系统ECU对驱动喷油器的电磁线圈电流进行调节控制。在喷油器控制电路中，功率晶体管除起基本的开关作用外，还具有限流功能。在基本喷油时间内，功率晶体管导通驱动电流不受限制；在加浓补偿喷油时间内，控制其电流迅速下降到能维持喷油器处于全开状态的较小值，以免喷油器电磁线圈过热损坏。

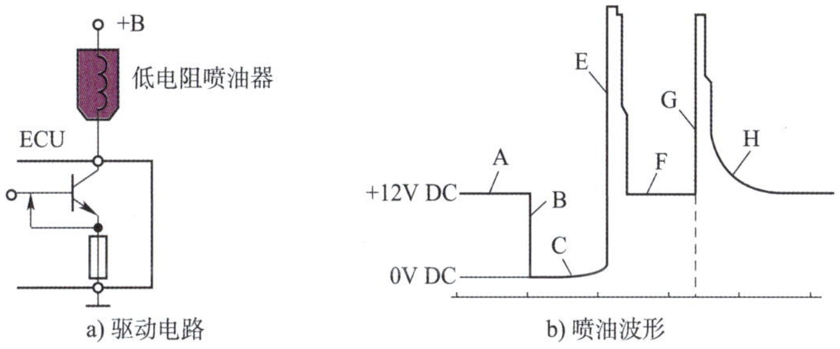

图3-1-14　电流驱动式喷油器控制电路与喷油波形

电流驱动方式喷油器的标准喷油信号波形如图3-1-14b）所示。其各段线的含义如下：

A线、B线、C线、H线与电压驱动方式相同。

E线：基本喷油时间结束线，同时也是电流限制起始线。此时，ECU起动电流限制，减小驱动电路电流。喷油器控制回路的电流强度由4A（最大）立即转换到一个带限流电阻的电路，使电流强度降低到1A，但仍维持喷油器针阀开启，以便转入加浓补偿喷油。由于电流强度骤减，导致喷油器电磁线圈感应出较大的电压脉冲。其电压脉冲峰值通常与喷油器的阻抗成正比，约为35V。

F线：补偿加浓期。该时间长短由ECU根据各种传感器输送的有关转速、负荷、进气温度、进气歧管压力的信息计算确定。此时，喷油器处于电流限制模式状态，电流强度约为1A，喷油器针阀处于开启状态，使喷油器进行加浓补偿喷油。

G线：补偿加浓喷油信号截止时刻。该时刻喷油器驱动电路断开，喷油器停止喷油。由于电流强度突变，而在喷油器线圈中产生30V左右的自感电压脉冲。

5）喷油器的控制电路

宝来轿车喷油器的控制电路如图3-1-15所示。喷油器的1号端子通过熔断丝S232接电源电压，2号端子通过ECU搭铁。ECU通过控制喷油器搭铁线路的通、断对喷油器进行控制。

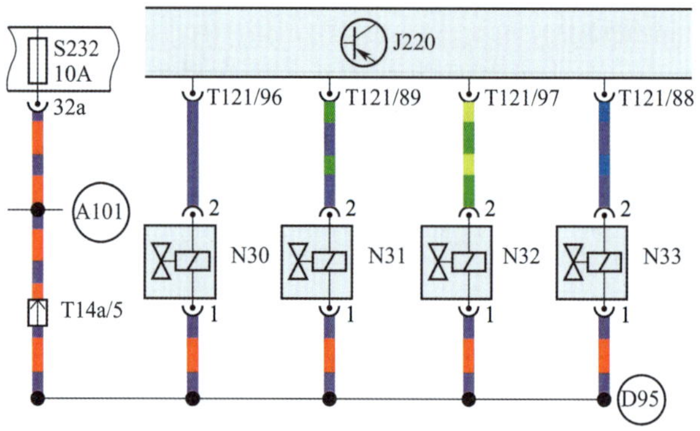

图 3-1-15　宝来轿车喷油器的控制电路

3　任务实施

3.1　喷油器的检测

1)喷油器电阻的检查

用万用表的电阻挡测量喷油器的阻值,如果电阻值不符合要求,应更换喷油器。

2)喷油器的测试

(1)喷油器泄漏情况的检查。将喷油器装在分配油管上,用一根导线将诊断座上燃油泵的检测插孔短接(丰田车系),并打开点火开关。燃油泵开始运转,注意观察喷油器有无漏油。如果漏油,其漏油量在1min内应少于1滴,否则应予以更换。

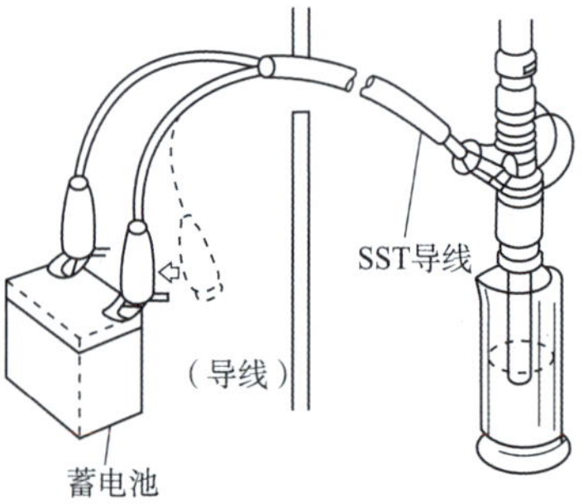

图 3-1-16　喷油器喷油量的检查

(2)动作测试。拔下喷油器的导线连接器,用导线把蓄电池的正、负极与喷油器的正负极对应地连接起来,应能听见喷油器动作的声音。低阻值的喷油器不可直接与蓄电池连接,应串联一个适当阻值的分压电阻(3~5Ω),以免烧坏电磁线圈。

(3)喷油量的检查。如图3-1-16所示,用跨接线将蓄电池与喷油器连接好,通电15s,用量筒测出喷油器的喷油量,并观察燃油雾化情况。每个喷油器测试2~3次。迈腾2.0L轿车发动机的喷油器的标准喷油量为85~105mL。如果喷油量不符合标准,则应清洗或更换喷油器。也可以在超声波清洗机上测量喷油量。

3.2　准备工作

阅读维修手册,列出拆装所需工具,制订拆装方案,领取备品。

3.3　操作流程

(1)拆卸喷油器线束。

(2)拆卸燃油分配管。

(3)拆卸喷油器。

(4)对喷油器进行控制。

(5)装复过程与拆卸相反。

3.4　操作提示

(1)在对喷油器检查前,应确保发动机转速传感器正常、汽油泵继电器正常、汽油泵熔断丝和喷油器熔断丝正常,然后再进行喷油器相应的检测。

(2)在拆卸喷油器前,应先将缸盖喷油器承孔处的污物清理干净,以防拆下喷油器后,污物进入汽缸。由于燃油系统有较高的油压,所以在拆卸喷油器时,须用布包住喷油器与燃油分配管的连接处,慢慢松开,卸压,以防燃油喷出来而带来不安全的因素。

(3)拆下喷油器后,如不能马上装复新的喷油器,必须用干净的布将汽缸盖喷油器承孔堵住,防止污物进入汽缸内。

(4)更换完喷油器后,应反复转动点火开关(不起动发动机),接通油泵电路,使油泵反复工作,以便在油路中迅速建立起油压,然后再起动发动机。

? 复习与思考题

1. 叙述顺序喷射的控制原理。
2. 发动机喷油量是如何进行控制的?
3. 何谓空燃比、过量空气系数?两者是什么关系?
4. 叙述喷油器的工作原理。

任务二　检测与更换汽油泵

1　任务引入

当发动机出现以下三种情况时,经分析怀疑是由汽油泵的原因引起的故障,需对汽油泵进行检测或更换:

(1)不能起动。

(2)不易起动。

(3)动力不足。

2　相关理论知识

燃油供给系统主要由燃油箱、汽油泵、燃油滤清器、燃油分配管、燃油压力调节器和喷油器等组成。其在车上的安装位置见表0-0-1。

2.1　燃油箱

燃油箱是一个密闭的容器,用以储存汽油,这样可防止汽油因激烈振荡而溅出以及箱内汽油蒸气的逸出。燃油箱通常远离发动机,以减少火灾的危险。为改善汽车行驶的稳定性,其安装的位置应较低。

燃油箱通常由耐油硬塑料制成,如图 3-2-1所示。

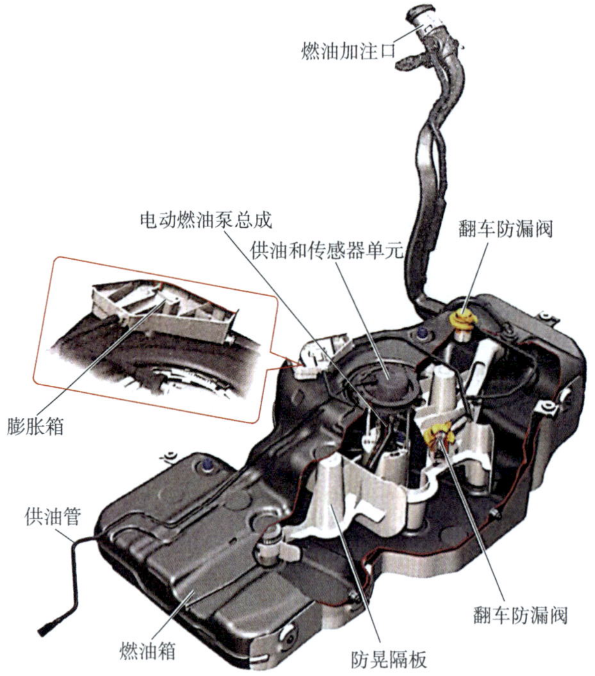

图 3-2-1 奥迪 Q5 燃油箱

为了抑制燃油的晃动,燃油箱内都装有防晃隔板。翻车防漏阀具有浮球压力保护功能,该阀可在翻车时封住油箱,防止燃油漏出。另外,该阀向燃油箱上部的膨胀内排气。膨胀腔内是一个迷宫式结构。膨胀腔内的燃油被由燃油冷却而产生的真空抽回到燃油箱内。

2.2 燃油滤清器

燃油滤清器的作用是过滤汽油中的杂质和水分,防止燃油系统堵塞,减小机械磨损,以保证发动机正常工作。汽油滤清器由壳体、纸质滤芯、油塞和滤网组成(图 3-2-2)。燃油滤清器安装在汽油泵与燃油分配管之间的油路中。

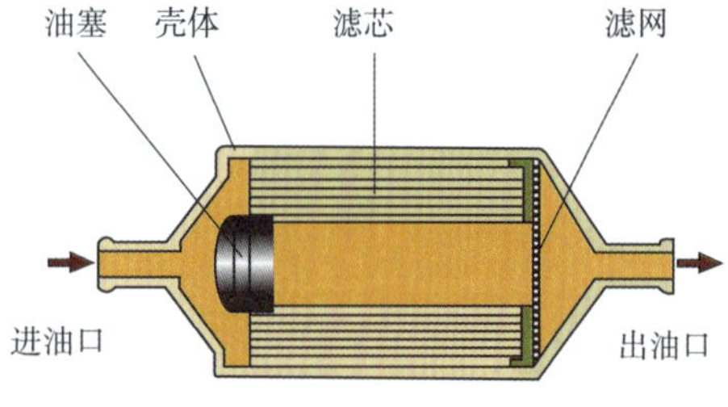

图 3-2-2 燃油滤清器的组成与结构

由于电控燃油喷射系统的燃油喷射压力高,使燃油滤清器内部经常受到 200 ~ 300kPa 的燃油压力,所以,汽油滤清器均采用金属外壳。燃油滤清器的滤芯一般为纸质滤芯。

2.3 电动汽油泵

电子控制燃油喷射系统均采用电动汽油泵,其功能是将汽油从油箱中吸出,加压后通过燃油管路输送到喷油器。电动汽油泵有两种形式:一种是外装式汽油泵,另一种是内装式汽油泵。外装式汽油泵布置在油箱外面,可以安装在燃油管路的任何一个位置。内装式汽油泵则安装在燃油箱内。内装式汽油泵具有不易产生气阻和汽油泄漏、运转噪声小等优点。目前,大多数电控汽油喷射系统都采用内装式汽油泵。

汽油泵按结构不同可分为滚柱式、齿轮式、涡轮式、侧槽式四种。目前常用的有滚柱式和涡轮式两种。

2.3.1　滚柱式电动汽油泵

滚柱式电动汽油泵结构如图 3-2-3 所示，泵体部分是由油泵驱动电机的转子（与泵套偏心安装）、转子外围的泵套、转子和泵套之间起密封作用的滚柱等构成。电动机转动时带动转子转动，在离心力作用下，滚柱贴着泵套内壁转动，由于转子和泵套偏心安装，使转子、滚柱和泵套三者所包容的容积发生周期变化，使燃油从一侧的吸入口吸入，由泵室排出后，在电动机壳体内经止回阀、阻尼器送到排出口。

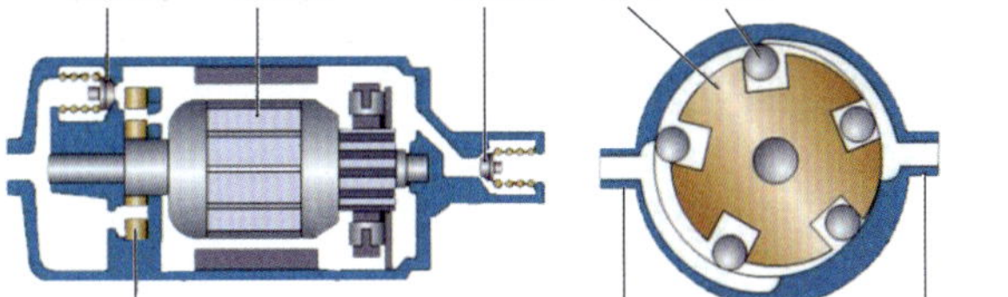

图 3-2-3　滚柱式电动汽油泵的结构与工作原理

滚柱式电动汽油泵工作原理

滚柱式电动汽油泵结构

安全阀的作用是防止在工作中排出口下游因某些原因出现堵塞时，发生管路破损和燃油泄漏事故。汽油泵在工作时，当排出口出现堵塞、工作压力上升到 0.4MPa 时，安全阀打开，高压燃油同泵的吸入口连通，燃油在泵和电动机内部循环，这样可以防止燃油压力的上升不高于设定燃油压力。安全阀安装在进油室和出油室之间，当汽油泵输出油压达到 0.4MPa时，安全阀开启，使汽油泵内的进、出油室连通，汽油泵工作只能使燃油在其内部循环，防止输油压力过高。

止回阀的作用是当发动机熄火、电动燃油泵刚刚停止压送燃油时，止回阀立即关闭，以保持泵和压力调节器之间的燃油具有一定压力，该压力为残余压力。

转子旋转时，位于其凹槽内的滚子在离心力的作用下，紧压在泵体内表面上，对周围起密封作用，在相邻两个滚子之间形成一个空腔。

在电动汽油泵运转过程中，一部分空腔的容积增大，成为低压油腔，将燃油吸入；另一部分空腔容积不断减少，成为高压油腔，受压燃油流过电动机，从出油口压出。

通常使用的电动汽油泵，在外加电压为 12V、排出压力为 250kPa 的作用下，排出流量为 100L/h，消耗电流在 5A 以下。泵的排出量随电压而变化。

由于滚柱式电动汽油泵的转子每转一圈，排出的燃油就要产生与滚柱数目对应个数的压力脉冲。阻尼稳压器就是利用膜片和弹簧的作用，吸收燃油压力脉冲，使燃油输送管路内的脉冲压力传递减弱，以降低噪声。

2.3.2 涡轮式电动汽油泵

涡轮式电动汽油泵结构如图3-2-4所示,主要由电动机、涡轮、出油阀、安全阀等组成。

涡轮式电动汽油泵的工作原理如图3-2-5所示,涡轮安装在电动机的转子轴上,电动机通电时,电动机驱动涡轮泵的涡轮旋转,涡轮圆周槽内的燃油与涡轮一直高速旋转,在涡轮外缘的每一个沟槽的前后,因液体的摩擦作用存在一个压力差,由此产生的递升压力差使汽油的压力升高,升压后的汽油通过电动机内部经出油阀从油泵出口处排出。

涡轮式电动汽油泵结构　　涡轮式电动汽油泵工作原理

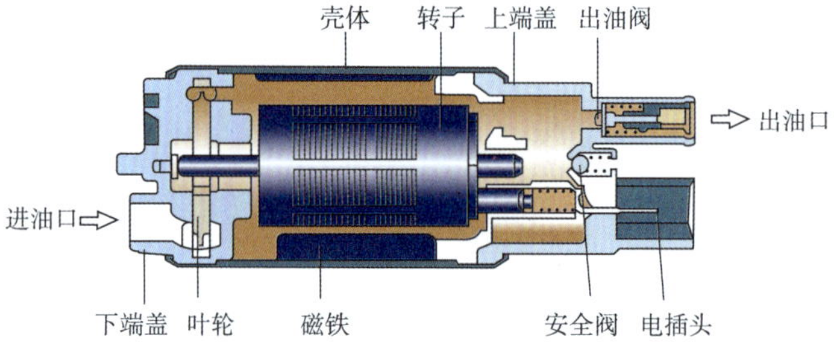

图3-2-4　涡轮式电动汽油泵的结构

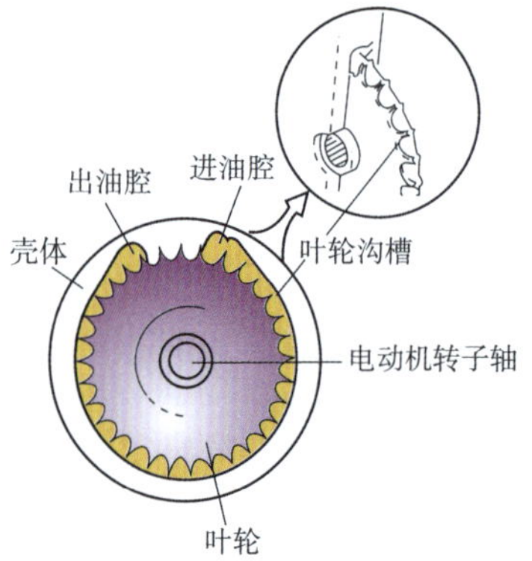

图3-2-5　涡轮式电动汽油泵的工作原理

涡轮式电动汽油泵的工作特点是:

(1)由于涡轮泵对汽油的加压输送完全是通过油液分子间动量转换来实现的,因此,这种泵的压力升高效率不高,适用于低压大流量的场合,一般供油压力为0.25~0.3MPa。

(2)涡轮泵在工作时,涡轮与泵壳不直接接触,因此,油泵在工作时噪声低、振动小、磨损小,故可靠性高。

(3)由于涡轮泵不存在因容积变化而产生对汽油的压缩,因此,出口处的油压脉动小,仅为0.002MPa,故可以取消油压脉动阻尼器,使涡轮泵总长度缩短,便于直接装入油箱内。

(4)由于采用叶轮式结构,所需要的驱动力矩小,因此,可以采用低转矩高速电动机,使电动机小型化和轻量化。

2.3.3 电动汽油泵的控制电路

电动汽油泵的控制电路有发动机ECU控制继电器型和发动机ECU控制汽油泵控制单元型两种类型。

1)发动机ECU控制继电器型

图3-2-6是宝来1.6L轿车电动汽油泵的控制电路。其控制原理:打开点火开关后,由蓄电池来的电流经点火开关15端子,经29号熔断丝(电路图中S229)到发动机控制单元的62号针

脚，给计算机一个点火开关打开的信号，这时计算机由 80 号针脚向汽油泵继电器输送一个低电位使汽油泵继电器的电磁线圈电路导通，经 31 号线搭铁，形成回路，使汽油泵继电器中的电磁线圈产生磁场，将活动触点吸合。这时由蓄电池来的电流经蓄电池上 S163 号熔断丝、汽油泵继电器活动触点、28 号熔断丝（电路图中 S228）、汽油泵电插头 1 号针脚、汽油泵电动机、汽油泵电插头 4 号针脚、搭铁，形成回路使汽油泵工作。当点火开关处于行车挡位置超过 3～5s 后，发动机电控单元 J220 经 80 号针脚向汽油泵继电器输入一个高电位，使汽油泵继电器 J17 的电磁线圈电路断路，其活动触点断开，使汽油泵的电路被切断，汽油泵停止工作。

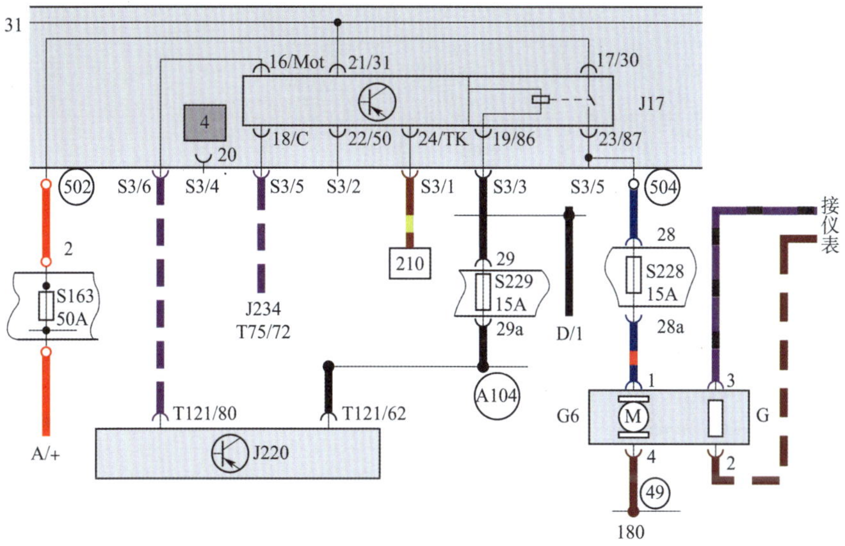

图 3-2-6　宝来 1.6L 轿车电动汽油泵的控制电路

2）发动机 ECU 控制汽油泵控制单元型

点火开关打开后（在起动位置然后又退回到点火位置），车身控制模块（BCM）接收到点火开关的信息，然后车身控制模块（BCM）将 26 号端子搭铁，使汽油泵继电器线圈形成回路，汽油泵继电器工作，供电给汽油泵控制模块 1 号端子。同时，车身控制模块（BCM）向动力系统控制模块（PCM）传递一个唤醒信号，动力系统控制模块（PCM）被唤醒。动力系统控制模块（PCM）被唤醒后，通过 CAN 总线网络接收到点火开关信息，使动力系统控制模块（PCM）将控制信息通过 39 号端子传递到汽油泵控制模块 3 号端子，汽油泵控制模块控制汽油泵，将汽油泵控制模块中的 5 号端子供给 12V 电、8 号端子搭铁汽油泵工作。若动力系统控制模块（PCM）没有接收到发动机曲轴转速信号，汽油泵工作几秒后将停止工作。汽油泵控制模块监测汽油泵工作状况，将监测状况通过 27 号端子传递给动力系统控制模块（PCM），因此，通过诊断接口就能读取到汽油泵控制模块及汽油泵的信息。汽油泵电路如图 3-2-7 所示。

2.4　燃油压力调节器

1）燃油压力调节器的功用

燃油压力调节器（油压调节器）的功能是使发动机在任何工况下，燃油系统的绝对油压和进气歧管的空气压力之间的差值恒定不变。这样，从喷油器喷出的汽油量便唯一地取决于喷油器的开启时间。

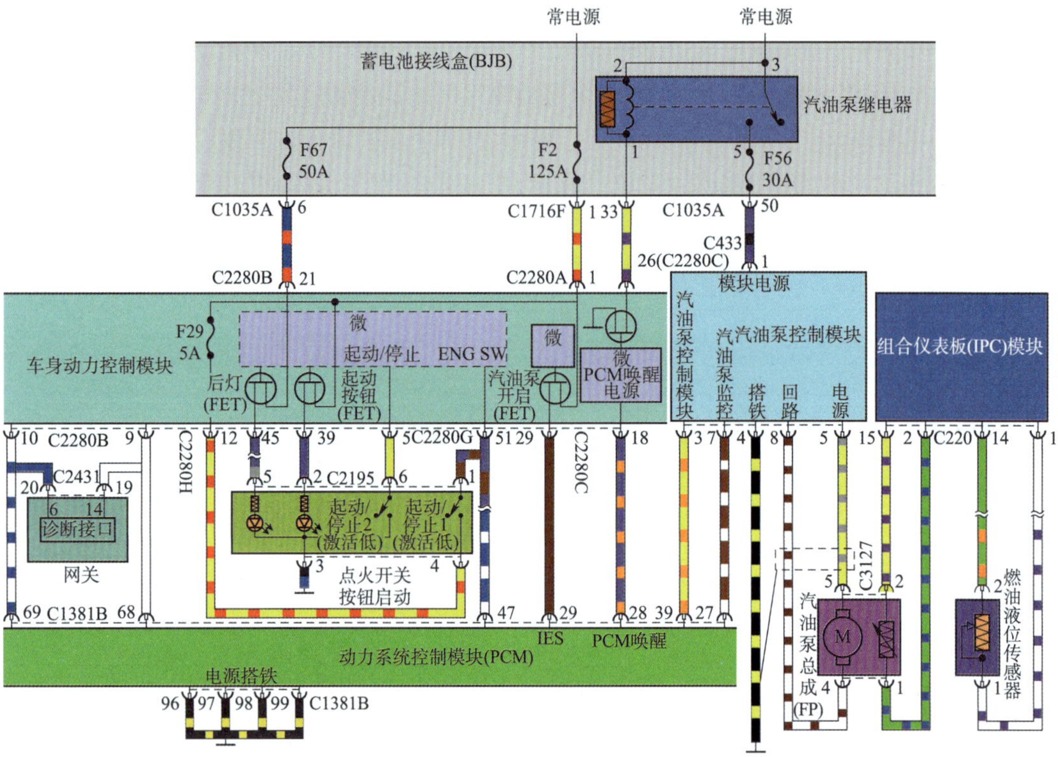

图 3-2-7　福特蒙迪欧汽油泵电路(汽油泵控制单元)

ECU 对喷油量的控制是通过控制喷油器电磁线圈通电时间的长短来实现的。当燃油系统的绝对压力和喷油器喷口处的进气歧管的空气压力差不为定值时,喷油器电磁线圈的通电时间尽管相同,但其喷油量却不相同。所以,为了精确控制喷油器的喷油量,必须使燃油系统油压与进气歧管压力差保持恒定。燃油系统油压与进气歧管压力的差值一般被控制在 250~300kPa 内的某一固定值上,多数发动机控制在 250kPa。燃油系统油压与进气歧管压力的关系曲线如图 3-2-8 所示。

2)燃油压力调节器的结构

燃油压力调节器通常安装在燃油分配管的末端,其结构如图 3-2-9 所示,主要由膜片、弹簧、回油阀等组成。膜片将调节器壳体内部分成两个腔室,即弹簧室和汽油室。膜片上方的弹簧室通过软管与进气管相通,膜片与回油阀相连,回油阀控制回油量。

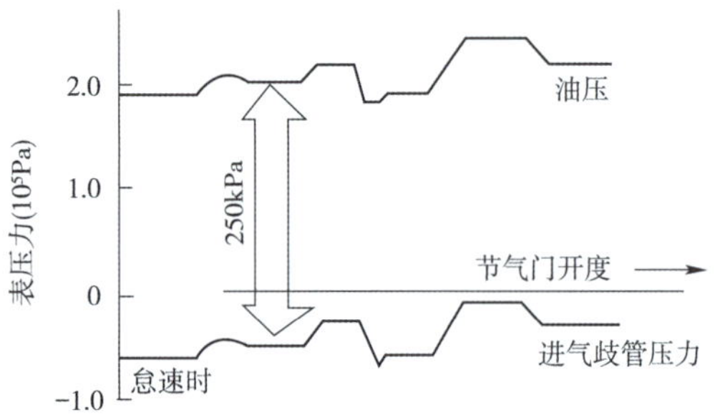

图 3-2-8　燃油系统油压与进气歧管压力的关系曲线

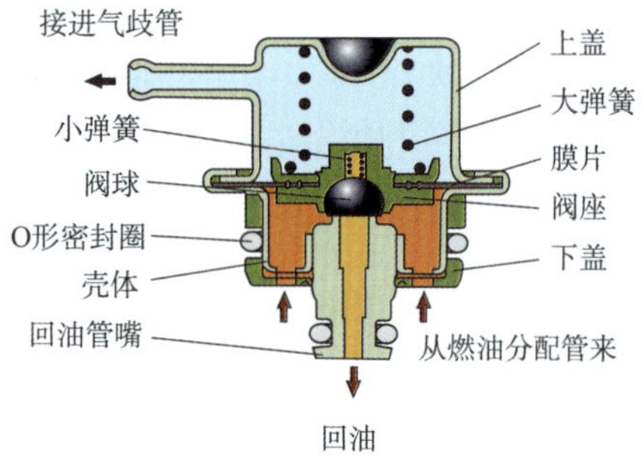

图 3-2-9　燃油压力调节器的结构

3)燃油压力调节器的工作原理

发动机工作时,燃油调节器的膜片上方承受的压力为弹簧的弹力和进气管内气体的压力之和,膜片下方承受的压力为燃油压力。当膜片上、下承受的压力相等时,膜片处于平衡位置不动。当进气管内气体压力下降(真空度增大)时,膜片向上移动,回油阀开度增大,回油量增多,使燃油分配管内燃油压力也下降。反之,当进气管内的气体压力升高时,则膜片带动回油阀向下移动,回油阀开度减小,回油量减少,使燃油分配管内燃油压力也升高。由此可见,在发动机工作时,燃油压力调节器通过控制回油量来调节燃油分配管内燃油压力,从而保持喷油压差恒定不变。

发动机工作时,汽油泵的供油量远大于发动机消耗的油量,所以回油阀始终保持开启,使多余的燃油经过回油管流回燃油箱。发动机停止工作时,随燃油分配管内燃油压力下降,回油阀在弹簧作用下逐渐关闭,以保持燃油系统内有一定的残余压力,以利于发动机再起动。

某些车型的燃油压力调节器的真空管路由开关阀控制,其作用是在发动机热车起动时,切断调节器和进气歧管之间的通路,以增大燃油油压,防止油路中的燃油因温度过高产生气阻,而导致发动机起动困难或无法起动。

2.5 缸内直喷技术

2.5.1 概述

缸内直喷技术是将高压的燃料直接喷入设置在活塞顶部的深坑形燃烧室内,通过进气涡流及汽缸内的气流运动,形成分层燃烧,同时对喷油时间和喷油量进行精确控制,实现超稀薄燃烧,从而达到改善燃油经济性和良好的低排放特性。

一般的汽油发动机是在空燃比 $A/F=12.6\sim17$ 范围内工作,混合气是均质的。而缸内直喷式发动机可在空燃比 $A/F=25\sim50$ 范围内的稀薄状态稳定工作。

1)工作原理

稀薄燃烧的关键是如何精确地控制空燃比及改善稀薄混合气的稳定燃烧。缸内直喷式发动机在中、小负荷时,燃油在压缩行程时被喷入缸内,利用活塞的形状和缸内的紊流,在火花塞附近形成浓的混合气,采用分层充气,实现稀薄燃烧,可使空燃比 $A/F=30\sim40$(采用 EGR 时可达 $35\sim55$)。发动机在大负荷时,在进气行程(上止点后 $60°\sim120°$)中喷射适量的燃油,以形成均匀的混合气。燃油喷入汽缸内后蒸发,使缸内的充气温度降低,爆震倾向减少,可提高压缩比,从而使发动机热效率得到提高。

2)工作模式

直喷发动机的工作模式有分层充气模式、均质稀薄充气模式和均质充气模式三种。

(1)分层充气模式。

分层充气模式是在燃烧室内采用分层充气的混合气形成模式,通过喷油器的位置设计及进气歧管翻板转换机构和进气凹室在汽缸内产生旋涡的充气动作,将混合气往火花塞的方向上引导,使其在火花塞周围形成较浓的混合气。发动机可在 $\alpha=1.6\sim3$ 的工况下工作。

(2)均质稀薄充气模式。

均质稀薄充气模式是在发动机处于分层充气和均质充气的过渡区域工作。在此模式下,节气门尽可能打开,以减少节气损失;进气翻板阀关闭,汽缸内产生强烈的涡流。同时,喷油需要提前(在进气上止点后60°),有更多的时间形成点火混合气。此时 $\alpha \approx 1.55$,与分层模式相似。

(3)均质充气模式。

均质充气模式是在发动机负荷和转速较高的工况下工作。在此模式下,进气歧管翻板阀打开,气流通过下进气管进入汽缸,增大进气量。高压的燃油(约120MPa)在进气上止点后60°直接喷入汽缸与进气混合并进行冷却,这相当于提高了歧管喷射的压缩比。由于喷油在进气行程中进行,有足够的时间形成混合气,结果汽缸内燃油与空气均匀分布,形成均质混合气;此时,$\alpha=1$。在均质模式,点火提前角是影响发动机转矩、油耗和排放的主要因素。

3)控制原理

发动机管理系统以转矩为控制目标,收集、评估、协调和实现所有的转矩需求。当控制单元计算出目标转矩后,通过两个通道来实现转矩控制。

(1)在分层充气模式运行下,实现目标转矩的方法是控制喷油脉宽。因为这时的汽缸充气量几乎对转矩无影响,因此,在此模式下为减少节气损失,节气门应尽量全开。

(2)在均质稀薄充气模式和均质充气模式下,通过点火提前角和进气量分别进行瞬时修正和长期修正。由于均质稀薄充气模式的 $\alpha \approx 1.55$,均质充气模式的 $\alpha=1$,喷油量是按进气量计算的,所以,转矩控制不采用喷油量调节。

2.5.2 供油系统

供油系统如图3-2-10所示,它分为低压油路和高压油路两部分。燃油泵将燃油从油箱吸出,加压(低压)后送至高压泵;经高压泵进一步加压后送至油轨,并由燃油压力传感器(高压)检测高压油路中的油压,并通过燃油压力调节将油压控制在5~10MPa范围内。

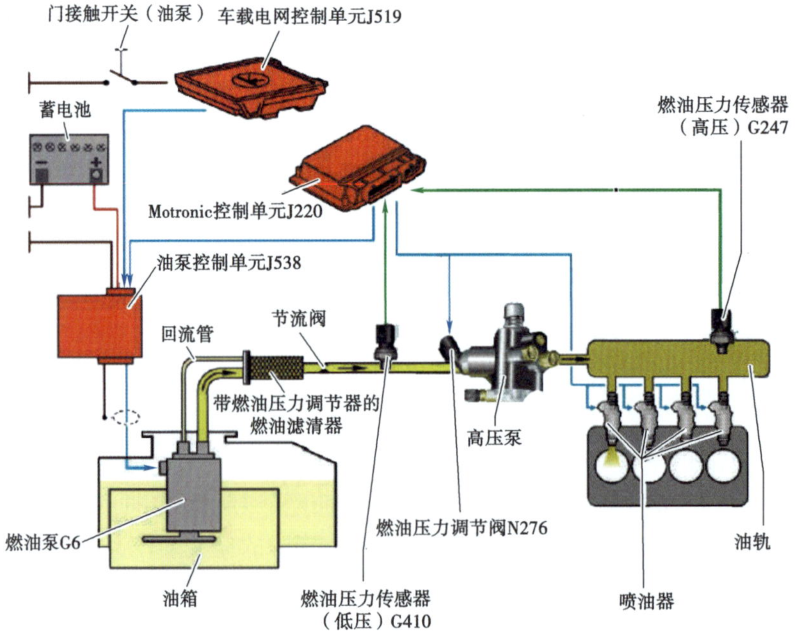

图3-2-10 汽油直喷发动机供油系统

1）高压泵

高压泵是汽油直喷发动机供油系统的一个重要组成部件。它安装在汽缸盖的上部，由凸轮轴上的特制凸轮驱动。其功用是产生满足直喷发动机燃烧要求的高压燃油。

高压泵由进油阀、燃油压力调节阀、柱塞、出油阀、限压阀和缓压器等组成，如图3-2-11、图3-2-12 所示。高压泵的工作过程分吸油、回油和泵油三个过程。

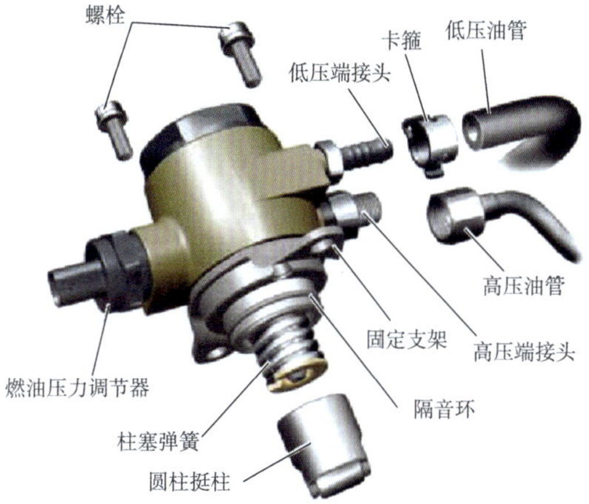

图 3-2-11 高压泵

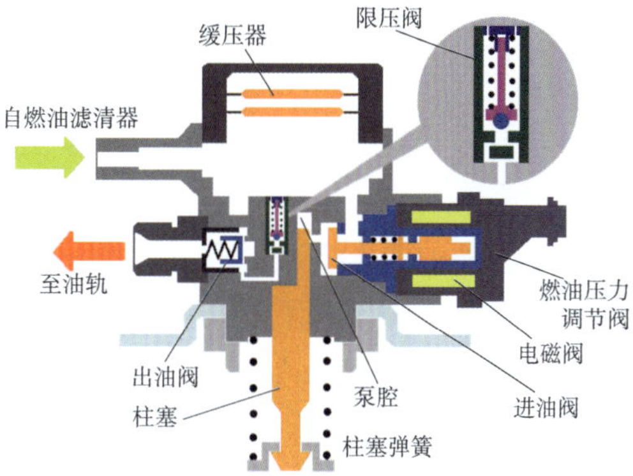

图 3-2-12 高压泵的组成

（1）吸油过程。在吸油过程中，柱塞在柱塞弹簧弹力的作用下行，泵腔内产生真空，使进油阀被吸开，燃油经进油阀被吸入泵腔内。在柱塞下行的最后 1/3 行程时，燃油压力调节器的电磁阀通电，使进油阀保持打开状态，如图 3-2-13 所示。

（2）回油过程。为了控制实际的供油量，在进油阀在柱塞上行的初期，燃油压力调节器的电磁阀仍在通电，以保持进油阀处于打开状态。这时，多余的燃油被柱塞挤出泵腔，返回高压泵的低压端，如图 3-2-14 所示。

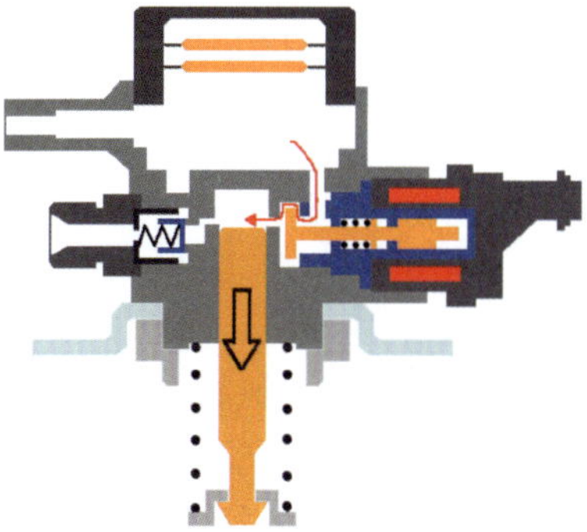

图 3-2-13 高压泵的吸油过程

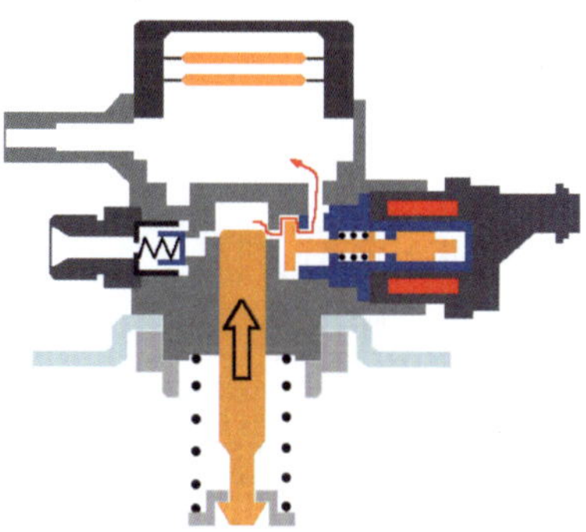

图 3-2-14 高压泵的回油过程

返回高压泵低压端的燃油会造成低压端油压产生波动现象，这一波动现象会被集成在高压泵内的缓压器吸收，使低压端的油压保持平稳。

（3）泵油过程。在柱塞上行过程中，控制单元根据发动机的转速、负荷等信号计算出供油始点后，发出指令使燃油压力调节器的电磁阀断电。同时，进油阀在弹簧弹力的作用下被关闭。柱塞继续上行，并在泵腔内建立起油压。当泵腔内的油压高于油轨内的油压时，出油

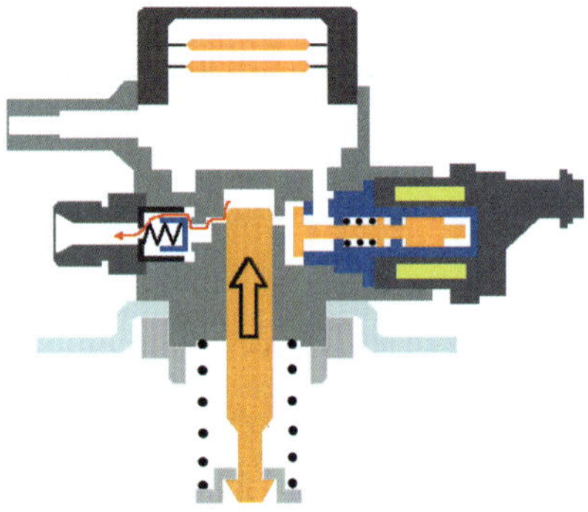

图 3-2-15 高压泵的泵油过程

阀被打开,燃油被泵入油轨内,如图 3-2-15所示。

(4)过压保护。当油轨内的油压超过 140MPa 时,集成在高压泵内的限压阀被打开,油轨内的高压油经泵内的泄压油道和限压阀回流到高压泵的低压端,然后燃油再被压回高压端。

2)高压喷油器

高压喷油器与前述的喷油器的结构原理基本相同,不同的是:

(1)为使喷油器快速工作,电控单元供给短时间的预激励电流后,再供给高达 90V 的电压,电流可达 10A。

(2)当喷油器全开时,供给 30V 电压、3 ~4A 电流,以确保针阀处于全开位置。

(3)在分层充气模式下,为使燃油精确定位,喷油器的喷射倾斜角度为 20°,喷射发散角度为 70°。

3 任务实施

3.1 检测

3.1.1 汽油泵的检测

汽油泵的检测有两项内容:汽油泵供电检测、汽油泵泵油量检测。在检测前要确保蓄电池的电压不低于 11.5V,28 号熔断丝(在电路图中用 S228 标出)正常,关闭所有用电器(如灯、后风窗加热器等),空调车应关闭空调。

1)检测汽油泵的供电情况

将二极管试电笔的一端搭铁,另一端抵触在电插头的 1 号端子上。起动发动机,如果二极管试电笔不亮,说明从汽油泵到蓄电池之间的线路有故障。

用二极管试电笔将汽油泵电插头的 1 号端子和 4 号端子连接,起动发动机。二极管试电笔如不亮,说明汽油泵的搭铁线断路;如亮,则说明汽油泵不良,应予以更换。

2)汽油泵供油量的检测

汽油泵供油量的检测必须在燃油压力、供电电压正常的情况下进行。

拔下燃油分配管进油口处的软管,将其插到 1L 量杯中,起动发动机 30s,检查量杯中的油量是否达到规定值。若未达到规定值,检查管路是否有管径收缩处折叠或阻塞现象。如果没有,则应更换汽油泵。

3.1.2 燃油压力的检测

1)供油压力的检测

关闭点火开关,将燃油压力表接到进油管上,打开燃油压力表管接头处阀门,起动发动机,怠速运行,测量燃油压力,其标准值应为 250kPa。若不符合规定要求,应检查汽油泵、燃油压力调节器。

2)调节压力的检测

从燃油压力调节器上取下真空软管,燃油压力应提高至300kPa,重新接回真空软管,油压应恢复到250kPa。

3)保持压力的检测

关闭点火开关,观察燃油压力表的指示压力,10min后,燃油压力应不低于200kPa。否则应起动发动机,怠速运转,待建立起压力后,关闭点火开关,关闭燃油压力表管接头处的阀门,如果压力不下降,为汽油泵的止回阀密封不良。如果压力仍下降,起动发动机,怠速运行,待建立起压力后,关闭点火开关,将燃油压力调节器的回油管夹紧,如果压力不下降,应更换燃油压力调节器,如果压力仍下降,检查燃油分配管与喷油器连接处的密封情况。

3.2　准备工作

阅读维修手册,列出拆装所需工具,制订拆装方案,领取备品。

3.3　操作过程

(1)检查是否装有编码的收音机。

(2)关闭点火开关,松开蓄电池搭铁线。

(3)拆卸汽油泵。

(4)安装汽油泵。

3.4　操作提示

(1)在更换燃油泵时,应遵守前一任务中所述的清洁和安全规则。

(2)在安装燃油泵时,不要将燃油表传感器弄弯,以防装复后,汽油表指示不正确。

(3)凸缘油封应浸润燃油以方便其安装,且要注意标记应与燃油箱上的标记对齐。

(4)安装完后,要认真检查油管的安装是否正确、牢固。

(5)最后到加油站加满油,以检查汽油泵油封是否密封良好。

复习与思考题

1. 实施任务所用车辆的发动机燃油喷射方式属于哪一种?
2. 实施任务所用车辆的喷油器是低阻还是高阻的?其阻值是多少?
3. 喷油量控制有哪两种?
4. 喷油持续时间是怎么计算的?

任务三　更换柴油机油轨压力传感器

1　任务引入

有一装配柴油发动机的商用车在行驶过程中,排气冒黑烟,在高负荷时更为严重。经检查为油轨压力信号漂移(实际值 > 检测值)所致,需要更换油轨压力传感器。

2 相关理论知识

2.1 高压共轨燃油系统工作原理

1)油轨压力控制

根据驾驶人意愿和发动机运行状况,发动机电子控制模块(ECM)确定一个"控制油轨压力"。这是该工况下发动机希望达到的油轨压力。通过油轨压力传感器,ECM 得到一个"测量油轨压力"。这是此时油轨的实际压力。ECM 对比"测量"和"控制"油轨压力,然后以此调整燃油泵执行器,改变燃油泵的流量,使"测量油轨压力"产生变化,与控制油轨压力一致。

2)喷油正时

ECM 通过喷油器电磁阀控制喷油正时。

3)喷油量

喷油量取决于油轨压力和喷油持续时间。

4)喷射率

可以根据柴油机的性能和排放要求,实现预喷射,主喷射和补偿喷射的"多次喷射",通过"多次喷射"满足喷射率要求。

知识链接

喷油速率是指喷油器在单位曲轴转角(或时间)内的平均喷油量。喷油规律是指喷油器的喷油速率随曲轴转角(或时间)的变化规律。

喷油规律对柴油机性能的影响如下:

(1)开始喷油速率大,易工作粗暴,噪声大。

(2)后期喷油速率小,补燃增加,经济性差。

(3)平均喷油速率小(喷油时间长),燃烧速度慢,动力性和经济性差。

(4)理想喷油规律:先缓后急,并尽量缩短喷油时间。

2.2 高压共轨燃油系统组成

柴油发动机高压共轨燃油系统的组成如图 3-3-1 所示,包括燃油油箱、吸入侧燃油滤清器、电动输油泵、低压输油泵、压力侧燃油滤清器、高压燃油泵、喷油器、燃油油轨、油轨减压阀、回油管等。从燃油箱到高压燃油泵属于低压部分,从高压燃油泵到喷油器属于高压部分。高压部分正常工作压力达 200MPa 左右。

2.2.1 吸入侧燃油滤清器

吸入侧燃油滤清器除了过滤功能外,有的还装有电动输油泵、燃油加热器、燃油含水率传感器等,如图 3-3-2 所示。

(1)过滤性能。

①过滤精度为 5μm,过滤效率达 98.7%。

②油水分离效率为 95%。

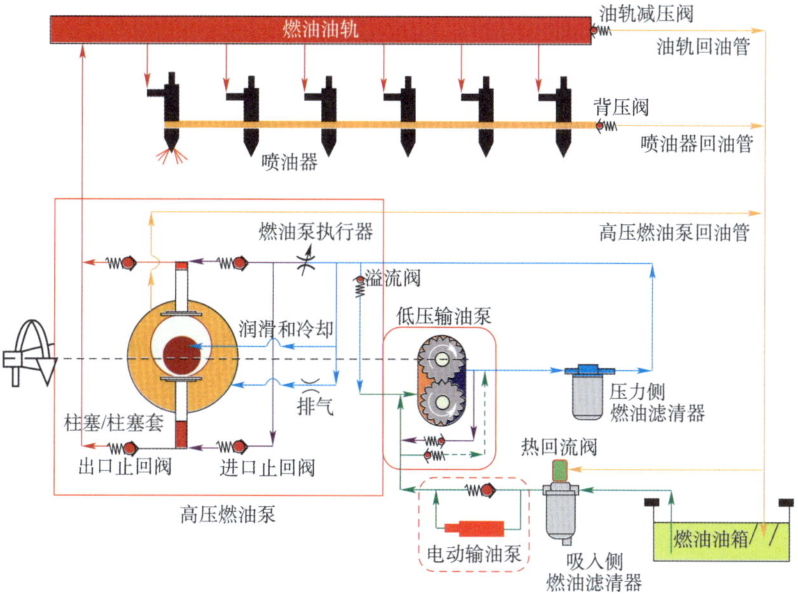

图 3-3-1　柴油发动机高压共轨燃油系统组成

(2)电动输油泵。配备 24V 电子输油泵,钥匙开关打开后工作 3min,为输油泵供油,保证发动机起动。有的车型未配备电动输油泵而是配备手动输油泵(简称手油泵),长时间停驶的车辆起动发动机前建议先用手油泵泵油,利于起动。

(3)燃油加热器。其工作电压为 24V,功率为 350W;主要作用是保证低温环境下发动机的工作性能。

①启用加热功能温度范围:(2 ±5)℃。

②加热功能关闭温度范围:(24 ±5)℃。

(4)燃油含水率传感器,即 WIF(Water In Fuel)传感器。其阻值为 82kΩ ±2%,用于检测燃油中水分含量的装置。该传感器由两个导电探头组成,当水没过导电探头、导致电导率变化时,表明滤清器中的水位达到报警极限。它通常安装在吸入侧燃油滤清器底部的油水分离器上,通过测量燃油中的水分含量并发出警报,以提醒驾驶人及时处理,避免对发动机造成损害。

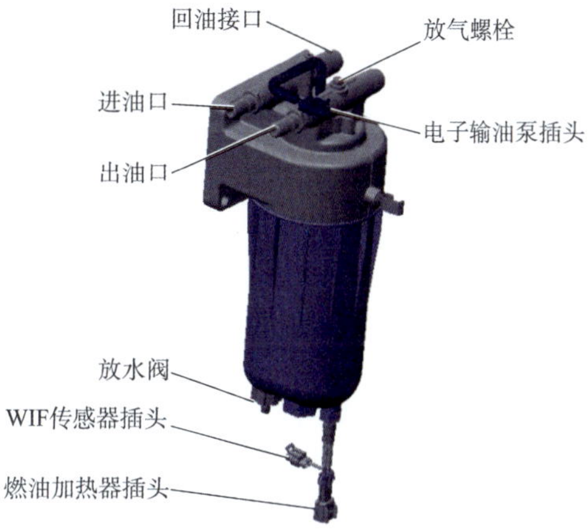

图 3-3-2　吸入侧燃油滤清器

2.2.2　油泵

油泵包括低压输油泵和高压燃油泵,二者通常集成在一起,如图 3-3-3 所示。低压输油泵功能是从油箱吸出燃油,然后加压到一定的低压压力,最终输送给高压燃油泵。输油泵有活塞式、膜片式、齿轮式和叶片式等几种,通常由高压燃油泵泵轴驱动。高压燃油泵一般采用柱塞泵,泵轴端部装有齿轮,由曲轴通过齿轮传动。

2.2.3　燃油泵执行器

燃油泵执行器(也称进油计量阀)如图 3-3-4 所示,安装在高压燃油泵上,接收 ECM 发出的脉冲宽度调制信号(PWM),控制进入高压泵腔的燃油进入量。它是一个常开电磁阀。不加电时,燃油泵执行器在弹簧作用下,保持打开状态。通电时,执行器线圈的电磁力克服弹簧弹力,使阀向关闭方向运动,减少进入高压泵腔的燃油量。维修时,可以单独更换燃油泵执行器。

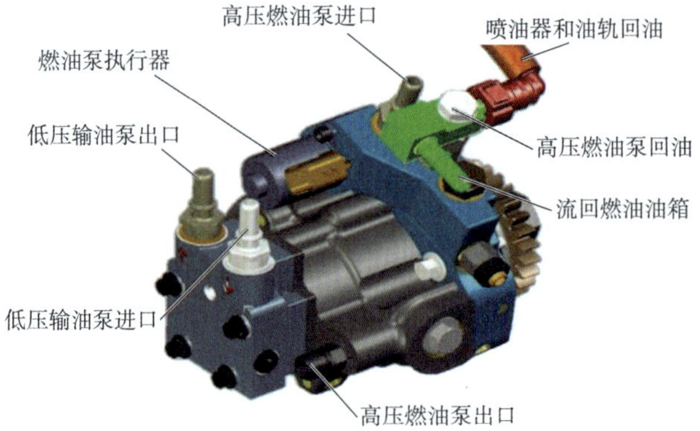

图 3-3-3　油泵

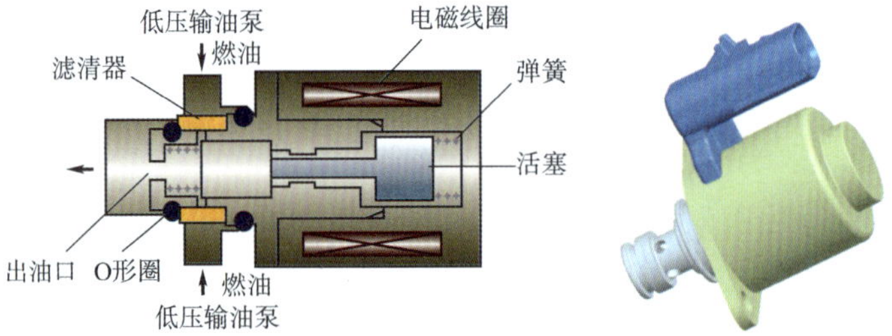

图 3-3-4　进油计量阀

2.2.4　溢流阀

溢流阀的作用是调节燃油泵执行器进口的燃油压力。在燃油泵执行器进口,保持一个恒定的压力,是燃油系统正常工作的关键因素。如图 3-3-5 所示,通过溢流阀,低压输油泵输出的多余燃油,经过泵内部管路,直接流回低压输油泵进口。还有一部分低压燃油,润滑高压燃油泵的泵轴轴承,然后流回燃油油箱。

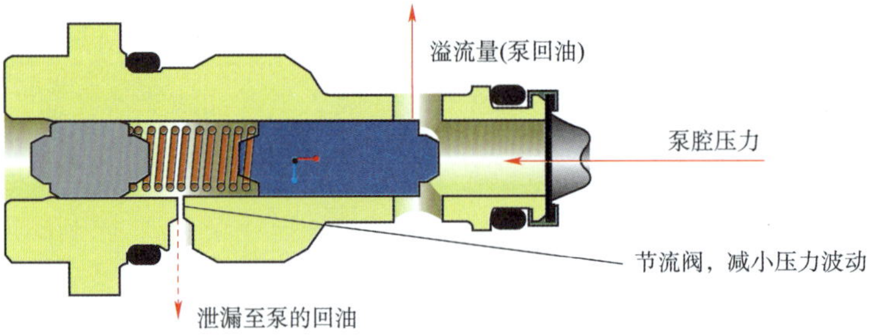

图 3-3-5　溢流阀

2.2.5　油轨

油轨为一根经激光焊接制成的锻钢管,如图 3-3-6 所示,其作用是存储高压燃油,降低高压油腔中的压力波动。油轨上还装有减压阀(或称限压阀)、油轨压力传感器、流量限制阀等。

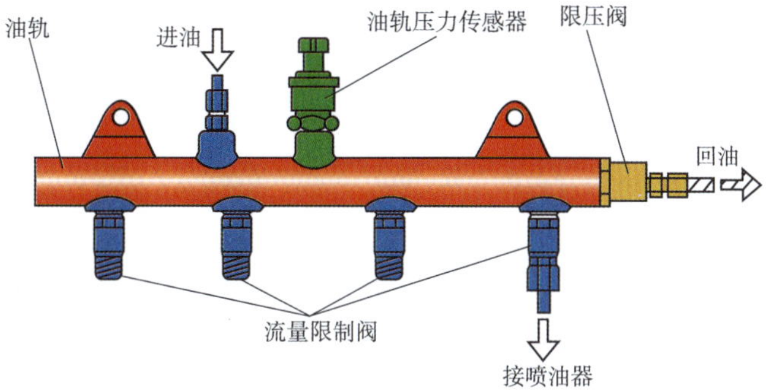

图 3-3-6　油轨

2.2.6　油轨压力传感器

油轨压力传感器的外形和结构如图 3-3-7 所示。其安装在油轨上，能检测油轨的燃油压力，把轨道内的燃油压力转换成电信号传递给 ECU，ECU 根据轨压控制进油计量阀或调压阀的动作。它是一个半导体传感器，利用了压力施加到硅元件上时电阻发生变化的压电效应原理。

2.2.7　流量限制阀

共轨给每个喷油器供油的通道中都安装有 1 个流量限制阀(图 3-3-8)，其功用是在非正常情况下防止喷油器常开并持续喷油，即一旦某喷油器常开并持续喷油，导致共轨输出的油量超过一定限值，流量限制阀则会关闭该喷油器的供油通道。

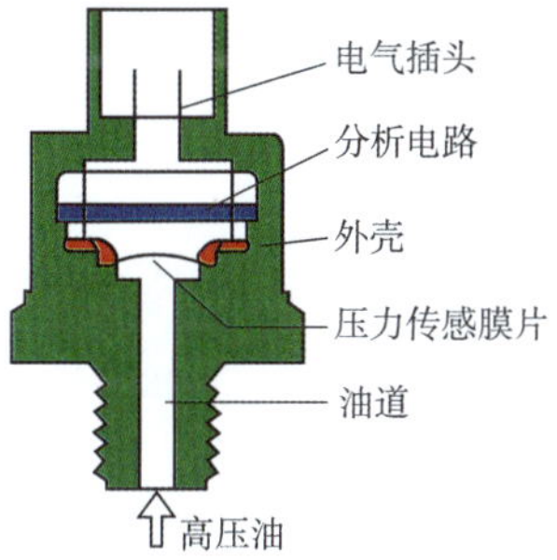

图 3-3-7　油轨压力传感器

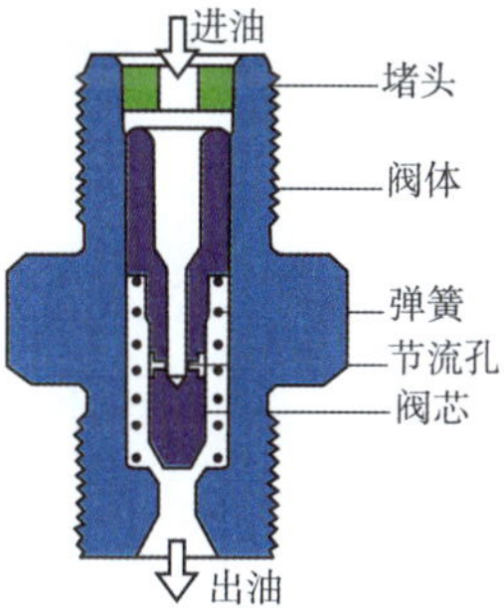

图 3-3-8　流量限制阀

喷油器不喷油且无异常泄漏时，流量限制阀的阀芯在弹簧作用下被顶靠在共轨一侧的堵头上，共轨中的高压油经进油孔、阀芯中心油道、节流孔、弹簧室、出油孔供给喷油器；当喷油器正常喷油时，由于喷油速率较高，由节流孔流出的油不足以补偿喷油器喷出的油量，所以，阀芯下部(喷油器一侧)油压下降，共轨油压使限制阀压缩弹簧向下移动，直到限制阀下部承受的油压和弹簧力与共轨油压平衡为止；当喷油器喷油结束后，共轨中的高压油继续经节流孔流出供给喷油器，使阀芯下部(喷油器一侧)的油压逐渐升高，限制阀也逐渐被弹簧推回到初始位置。

流量限制阀的弹簧和节流孔都是经过精确计算选定的，喷油器正常喷油时，阀芯向下的位移不足以使其落座而关闭；但喷油器若存在异常泄漏现象，阀芯的位移会随泄漏量的增多而增大，直到泄漏量超过一定限值时，限制阀完全关闭停止给喷油器供油。

2.2.8　限压阀

限压阀(也称减压阀)一般安装在输油泵内或共轨上，其功用是限制共轨中的最高压力。

通常情况下,阀芯被弹簧压靠在阀体左侧的阀座上(图3-3-9),限压阀处于关闭状态;当共轨压力超过规定值时,阀芯左侧承受的共轨压力超过右侧的弹簧力,限压阀向右移动离开阀座,共轨中的燃油经限压阀流回油箱或输油泵进油侧,随着共轨中燃油的溢流,共轨压力下降,阀芯在弹簧作用下重新回位,限压阀关闭。

2.2.9 调压阀

调压阀安装在高压输油泵出油口或共轨上,其功用是根据指令实现对共轨压力的闭环控制。ECU主要根据燃油压力传感器的信号控制调压阀工作,通过调压阀保持共轨压力(即喷油压力)不变。调压阀为占空比控制型电磁阀,其结构如图3-3-10所示。柴油发动机工作时,调压阀始终处于通电状态,电磁线圈产生的电磁力和弹簧力通过阀杆共同作用在球阀上,共轨的燃油压力则作用在球阀的底部。当共轨压力大于电磁力和弹簧力时,球阀开启共轨回油通道,使共轨压力下降;当共轨压力小于电磁力和弹簧力时,球阀关闭共轨回油通道,使共轨压力升高。

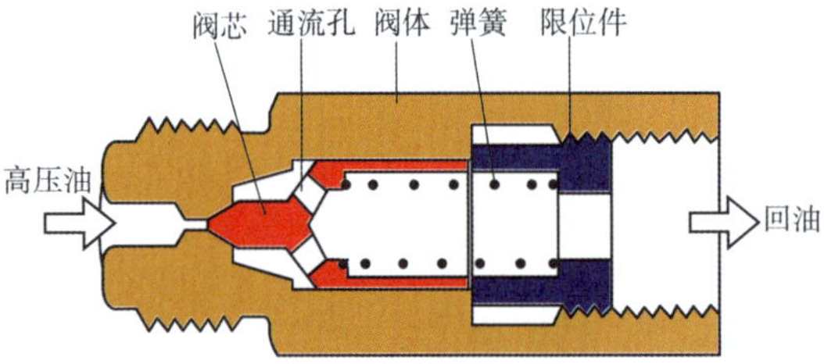

图3-3-9 限压阀

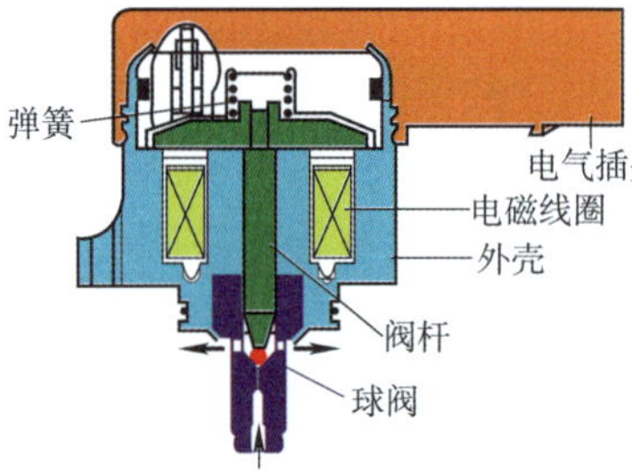

图3-3-10 调压阀

调压阀不通电或通电占空比保持不变时,实际就是一个限压阀,调压阀不通电时的限制压力一般为10MPa。调压阀与限压阀的主要区别是:响应速度快,调压范围大。限压阀是机械控制阀,不仅响应速度慢,而且只能在其限制的最高压力附近很小的范围内调节压力,使压力保持基本稳定。因此,即使在采用"时间—压力控制"方式的共轨系统中,要保持共轨压力不变,也不能只装用限压阀。在部分共轨系统中,既装有调压阀,也装有限压阀,主要是加强工作的可靠性。

2.2.10 喷油器

喷油器的结构如图3-3-11所示,主要包括柱塞、柱塞弹簧、电气插头、电磁阀、止回球、进油口、回油口以及外壳等。

ECM通过给喷油电磁阀通电,来控制喷油正时和喷油持续时间。

喷油器电磁阀不加电时,在弹簧力作用下,止回球被压在关闭位置,如图3-3-11a)所示。高压燃油同时作用在下部柱塞的上、下端,产生一个向下的合力,造成下部柱塞处于关闭位置,喷油器不会喷油。

当ECM决定喷油时,会产生一个高电压,驱动喷油器电磁阀。产生的电磁力会造成电磁阀铁芯克服弹簧力上升,止回球打开,如图3-3-11b)所示。高压燃油经过出口量孔和喷油器回油道被放出,造成喷油器控制腔压强下降。由于控制腔压强下降,作用在下部柱塞上的合力,变成向上的力,使下部柱塞向上运动。打开喷油器座的密封面,高压燃油喷入汽缸。

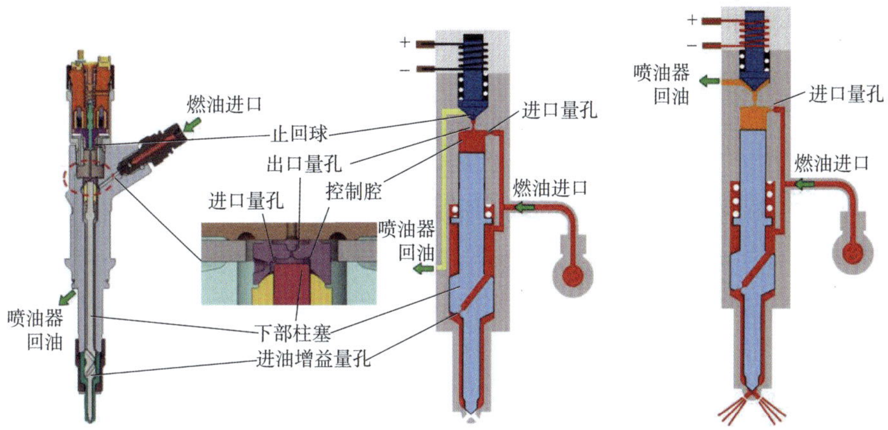

a) 止回球关闭　　b) 止回球打开

图 3-3-11　喷油器

当 ECM 决定不再喷油时,停止给喷油器的供电。电磁阀铁芯在弹簧力作用下向下运动,使止回球关闭。喷油器回油通道被关闭。控制腔压强上升,使下部柱塞向下运动,停止喷油。

通过喷油器的工作原理可以看到,其喷油主要是由电磁阀控制的。现代汽车上还有一种用压电元件作为控制执行元件的喷油器称为压电式喷油器。压电元件具有正向和反向压电效应。当压电元件受到外力变形时,会在压电元件两端产生电压,如压电式进气管绝对压力传感器、爆震传感器即是利用这一原理来产生信号的;当在压电元件两端施加电压时,压电元件就会发生形变,给压电元件施加正向电压时其体积膨胀,给压电元件施加反向电压时则其体积收缩,压电式喷油器就是利用这一原理使喷油器控制室油道通断或针阀升程改变的,从而实现对喷油量和喷油正时的控制。

3　任务实施

3.1　测试油轨压力传感器精度

(1)将钥匙开关转到 ON(接通)位置。

(2)连接 INSITE™服务软件。

(3)运行 INSITE™服务软件监测器。

(4)释放高压燃油油轨中的燃油压力。

(5)发动机未运转。

(6)使用 INSITE™服务软件测量燃油油轨压力。

(7)燃油油轨压力为 20MPa(正常值为 0 ± 4.3MPa),油轨压力信号漂移,确定油轨压力传感器失准。

3.2　准备工作

阅读维修手册,列出拆装所需工具,制订拆装方案,领取备品。

3.3　更换油轨压力传感器

(1)关闭发动机至少等待 10min,油压降到较低级别。

(2)在油轨处松开泵与油轨之间的燃油管,以释放压力。

(3)拆下油轨压力传感器插头。

(4)用扳手拆下油轨压力传感器。

(5)安装新的油轨压力传感器。

3.4 操作提示

(1)燃油泵、高压燃油管路和燃油油轨中含有压力非常高的燃油,不要在发动机运行时松开任何管接头。发动机关闭后至少等待10min,等待油压降到较低级别后,才能松开高压燃油系统的管接头。

(2)修理燃油系统之前,应在油轨处松开泵与油轨之间的燃油管,以释放压力。因为管接头中的加工油槽会使燃油向发动机缸体喷射。

(3)松开燃油管时,双手应远离管路。高压燃油喷溅能穿透皮肤,造成严重的人身伤亡。

复习与思考题

1. 说明进油计量阀的安装位置、作用及工作过程。
2. 说明溢流阀的安装位置、作用及工作过程。
3. 说明流量限制阀的安装位置、作用及工作过程。
4. 叙述喷油器的工作过程。
5. 如何测试油轨压力传感器精度?

任务四 更换 DEF 喷嘴

1 任务引入

一辆柴油车在行驶过程中,突然出现动力不足的故障现象,经检查为DEF喷嘴堵塞所致,需要更换新的DEF喷嘴。

2 相关理论知识

柴油车尾气排放的污染物种类繁多,其中主要成分包括一氧化碳(CO)、碳氢化合物(HC)、氮氧化物(NO_x)、二氧化硫(SO_2)、有害物质苯并芘(PAH)和固体颗粒物(PM)。这些排放物对环境和人体健康构成了潜在威胁。为了减少柴油车有害物的排放,采取了许多后处理措施,如图3-4-1所示。柴油机排放后处理系统依靠颗粒物捕集器(DPF)降低PM的排放,依靠氧化催化转换器(DOC)降低CO、HC的排放,采用选择性催化还原(SCR)技术降低NO_x的排放。

2.1 氧化催化转换器(DOC)

柴油机用氧化催化剂原则上可与汽油机的相同,常用的催化转化效果较好的催化剂是由铂(Pt)系、钯(Pd)系等贵金属和稀土金属构成的。使用有多孔的氧化铝做催化剂载体的材料,并做成多面体形粒状(直径一般为 2 ~4mm)或是蜂窝状结构。采用沉积在面容比很大的载体表面上的催化剂作为催化元件,降低化学反应的活化能,让柴油机排出的废气通过,使 HC 和 CO 的氧化反应能在较低的温度下很快地进行,使排气中的部分或大部分 HC 和 CO 与排气中残留的 O_2 反应,生成 CO_2 和 H_2O;NO 与 O_2 反应转化为 NO_2,生成强氧化剂,用于 DPF 再生。即:

$$HC/CO + O_2 \rightarrow H_2O + CO_2$$

$$NO + O_2 \rightarrow NO_2$$

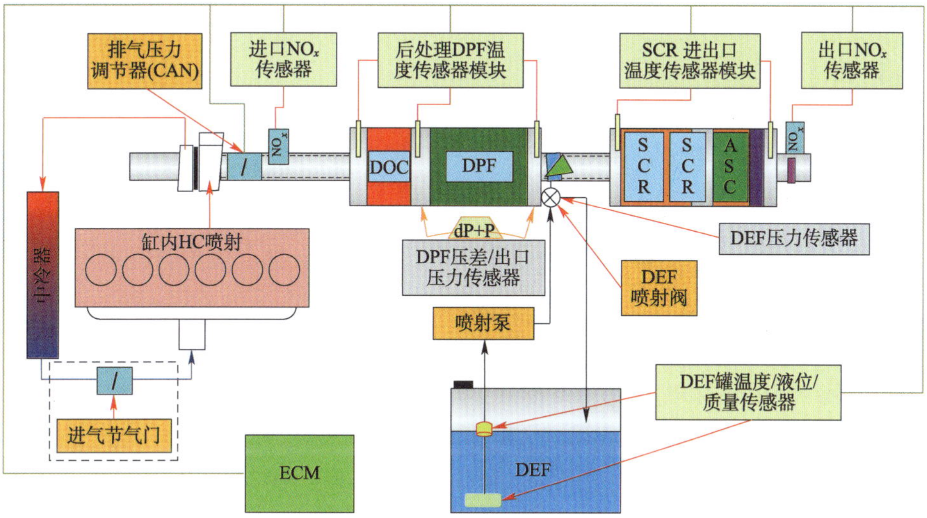

图 3-4-1　柴油机排放后处理系统

由于柴油机排气温度较低,微粒中的炭烟难以氧化,但微粒中的大部分 SOF(SOF 可下降 40% ~90%)可以通过氧化催化剂被氧化,降低微粒排放,同时使柴油机的 CO 排放降低 30% 左右,HC 排放降低 50% 左右。此外,氧化催化转换器可净化多环芳烃(PAH)50% 以上,净化醛类达 50% ~100%,并能够减轻柴油机的排气臭味。虽然氧化催化转换器对微粒的净化效果远远不如微粒捕集器,但由于碳氢化合物的起燃温度较低(170℃以下就可再生),所以,氧化催化转换器不需要昂贵的再生系统,投资费用较低。氧化(燃烧)进入 DOC 内的碳氢化合物(柴油),产生热量,为 DPF 再生提供高温环境。

2.2　颗粒物捕集器(DPF)

DPF(Diesel Particulate Filter),即柴油颗粒滤清器,也称颗粒物捕集器,是安装在柴油车排气系统中的一种装置,主要用于过滤并减少排气中颗粒物(PM)的排放。颗粒物捕集器的滤芯是蜂窝陶瓷,以堇青石作为材料,采用壁流式内部结构,如图 3-4-2 所示,相邻有两个通道,一个在进口处被堵住,另一个在出口处被堵住,当柴油机排气由一个孔流入后,必须穿过陶瓷而从另一个出口流出,使排气中的微粒被沉积在流入孔的壁面上,实现过滤。

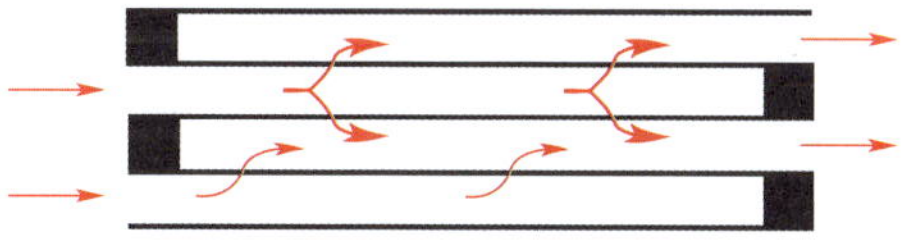

图 3-4-2　DPF 壁流式内部结构

DPF 捕集效率达到 90% 以上,但 DPF 只是采用物理的方法降低排气颗粒,从柴油机排气中过滤出来的颗粒积聚在滤芯内,而颗粒本身无法减少。随着 DPF 中积聚的颗粒增加,柴油机排气流动阻力增加导致排气背压增大,影响柴油机的换气和燃烧,降低功率输出,增加燃油消耗。因此,必须及时清除 DPF 中积聚的颗粒,以恢复到接近原来的低阻力特性,这个过程称为 DPF 的再生。根据柴油机排气中颗粒物的特点可以采取氧化燃烧的方式实现 DPF 再生,但氧化的条件是高温、富氧和充足的时间,在氧含量 5% 以上、排气温度 650℃以上时,颗粒的氧化要经历 2min。在实际情况下,车用柴油机在中小负荷运行时,排气温度一般为 250 ~ 450℃;全负荷工况下,排气温度在 600 ~ 650℃。柴油机大部分时间都是在中小负荷下工作,排气温度相对较低,而要在车用柴油机自身条件下自动实现 DPF 的再生是不可能的。所以,必须采取一定的技术方法来实现 DPF 再生,根据技术特点的不同其分为被动再生、主动再生。

2.2.1 被动再生

如图 3-4-3 所示,排气经过 DOC 后,NO 与 O_2反应生成强氧化剂 NO_2,再与 C(颗粒)反应生成 CO_2和 NO。这种再生利用催化剂来降低微粒的着火温度,使微粒能在正常的柴油机排气温度下着火燃烧,称为被动再生,不需要驾驶人或技术人员干预。但是这种再生的效率较低,只能减缓炭颗粒的堆积速度,而不能彻底消除。

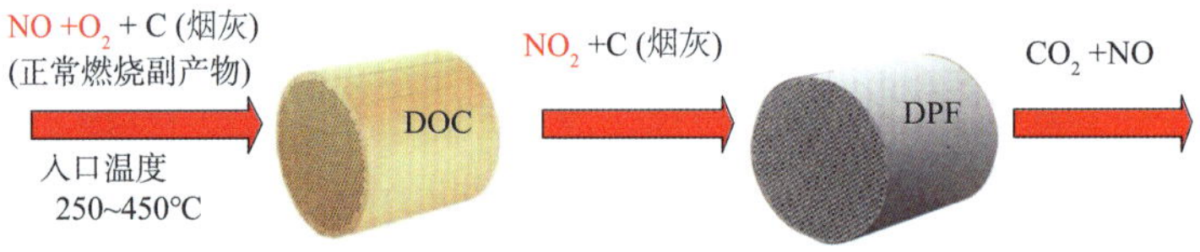

图 3-4-3　被动再生

2.2.2 主动再生

针对被动再生效率低的状况,可以增加附加热源以提高滤芯的温度,使积聚在滤芯中的炭粒燃烧,降低排气阻力。这种利用外界能量来提高捕捉器内的温度,使微粒着火燃烧的再生方式称为主动再生。按照热源的不同,主动再生可分为燃烧燃料加热再生、电阻加热器再生、微波加热再生。

1)燃烧燃料加热再生

在被动再生无法降低或维持炭烟水平,造成 DPF 一定程度的堵塞时,控制系统通过 DPF 压差传感器监测到 DPF 进口和出口的压差超过规定阈值时,就会采取后处理燃料喷射等热管理措施,提高系统温度(达到 300 ~ 500℃),进行主动再生,如图 3-4-4 所示。燃烧燃料加热主动再生时,控制系统主动干预,不需驾驶人或技术人员干预。

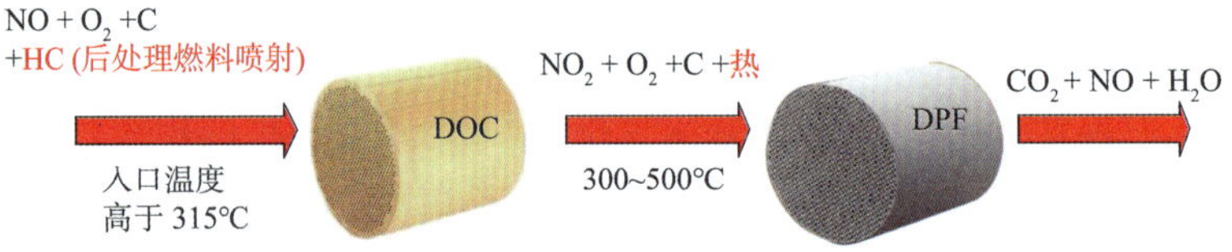

图 3-4-4　燃烧燃料加热再生

由于车辆运行工况限制,DPF 中积聚的炭烟过多,燃烧燃料加热主动再生无法完全处理炭烟时,报警灯会点亮,此时必须进行静止再生。如图 3-4-5 所示,车辆静止、发动机怠速运行,驾驶人通过再生开关或技术人员使用 INSITE™ 服务软件开始再生。静止再生的本质是一种特殊的燃烧燃料加热主动再生,它依靠"热管理"和"提高怠速转速"的方法进行,再生温度达到500℃以上。

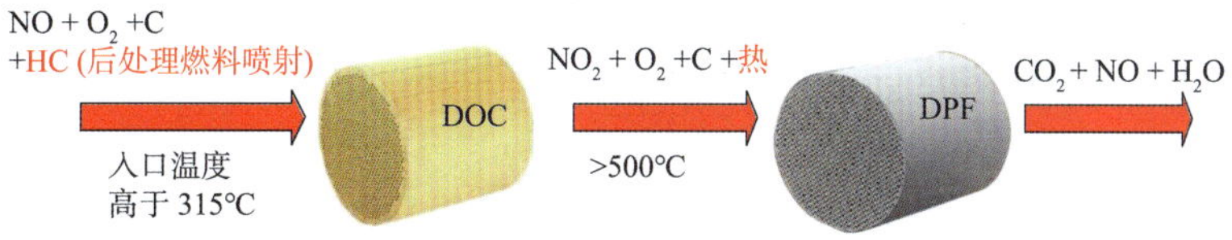

图3-4-5　静止再生

2）电阻加热器再生

利用电阻加热器实现再生的原理是将电阻丝放入滤芯（尽量使电阻丝和聚集的微粒直接接触），由车载蓄电池给电阻丝供电，既避免了燃烧燃料的使用，又没有其他污染。为了降低蓄电池输出电功率，可以分区布置电阻丝，实现分区再生。在实际使用过程中，需要一套复杂的控制系统。

3）微波加热再生

燃烧燃料加热和电阻加热器在加热的过程中徒然加热了陶瓷块造成能源浪费。微波加热的方法是只对滤芯中聚集的微粒进行选择性的加热，微粒能以60%～70%效率吸收频率为2～10GHz的微波，而堇青石陶瓷的损耗系数很低，微波对它不起作用。当微波遇到金属壳体时，会被壳体反射到滤芯上。再生时，排气气流被旁通，经过10min左右，微波将炭颗粒加热到所需温度，排气气流恢复后促进颗粒燃烧。

造成DPF堵塞的物质有两种：炭颗粒和灰分。灰分主要是机油添加剂燃烧产物，其主要成分为Ca、Fe、Zn、P、S等，也有部分来自柴油中含有的微量S。炭颗粒可以通过再生的方法清除，而灰分不能通过再生主动清除，累积到一定程度需要人工清除。清灰里程与发动机、机油品质和机油油耗、燃油品质和燃油油耗、车辆应用类型、DPF体积、再生标定等多因素相关，见表3-4-1。

清灰里程分析（10000km）　　表3-4-1

燃油硫含量（ppm）	机油类型	油耗（L/100km）		
		32.5	38.8	53
10	CJ & CK	65	53	40
	CI	49	40	30
	CI-high	37	30	22
50	CJ & CK	38	31	23
	CI	32	26	20
	CI-high	26	21	16

DPF清洁方案有空气反吹、液体清洗、更换新件三种，对比效果与费用见表3-4-2。

DPF清洁方案对比　　表3-4-2

清理方式	清洗效果	费用
空气反吹	低	低
液体清洗	中	中
更换新件	高	高

2.3 选择性催化还原(SCR)

2.3.1 选择性催化还原(SCR)工作原理

柴油机的压缩比远远大于汽油机,而且在富氧的环境下燃烧做功,产生的 NO_x 要比汽油机多,所以,不能采用类似于汽油机的三元催化转换器来进行尾气处理,而应采用选择性催化还原技术来消除 NO_x 的排放。选择性催化还原(Selective Catalytic Reduction,SCR)是指在催化剂的作用下,还原剂(如氨气 NH_3)优先与排气中的 NO_x 反应,生成无毒无害的氮气(N_2)和水(H_2O),而不与氧气(O_2)发生反应。

此反应需向排气中喷入柴油机排气处理液 DEF[Diesel Exhaust Fluid,一种尿素浓度为32.5% (按质量)的高纯度的尿素水溶液],如图 3-4-6 所示,DEF 由发动机 ECM 控制喷嘴喷射到催化器上游的高温排气中,生成氨气 NH_3,再与 NO_x 在一个催化器里发生反应,产生无害的氮气(N_2)和水(H_2O)即:

$$NO + NO_2 + 2NH_3 \rightarrow 2N_2 + 3H_2O$$

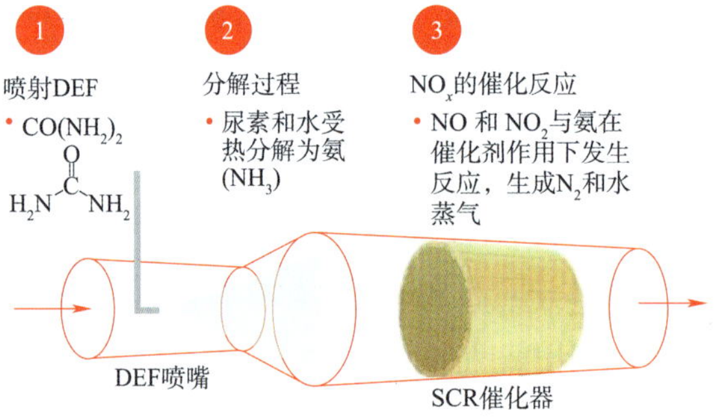

图 3-4-6 SCR 工作原理

如果 SCR 出现故障而不能向排气中喷射 DEF,就会使 NO_x 排放超标而污染环境。此时,ECM 会对发动机进行降扭控制,以提醒驾驶人及时进行修理。

2.3.2 选择性催化还原技术(SCR)系统组成

SCR 系统的组成如图 3-4-7 所示,包括 DEF 控制单元、DEF 喷嘴、DEF 罐、DEF 泵(隔膜泵)、压缩空气罐、计量阀、温度传感器、NO_x 传感器等。

1)DEF 喷射单元

DEF 喷射单元外形如图 3-4-8 所示,它有两种安装形式:罐上安装型、远程安装型(即 DEF 喷射单元与 DEF 罐分开一定距离安装)。

DEF 和空气在喷射单元内混合,混合好的 DEF/空气被送至 DEF 喷嘴。喷射单元是一个执行器,不是智能部件。由 ECM 直接接收传感器信号,并直接控制隔膜泵和计量阀等。诊断功能也集成在 ECM 内。

喷射单元主要包含以下部件:隔膜泵、回流阀、计量阀、空气切断阀、DEF 压力传感器、DEF/空气压力传感器、DEF 温度传感器 、DEF 滤清器。

2)空气切断阀

空气切断阀外形如图 3-4-9 所示,此阀受 ECM 控制,分为 12V 或 24V 两种。它有两个功能:调节空气压力、空气路开关。

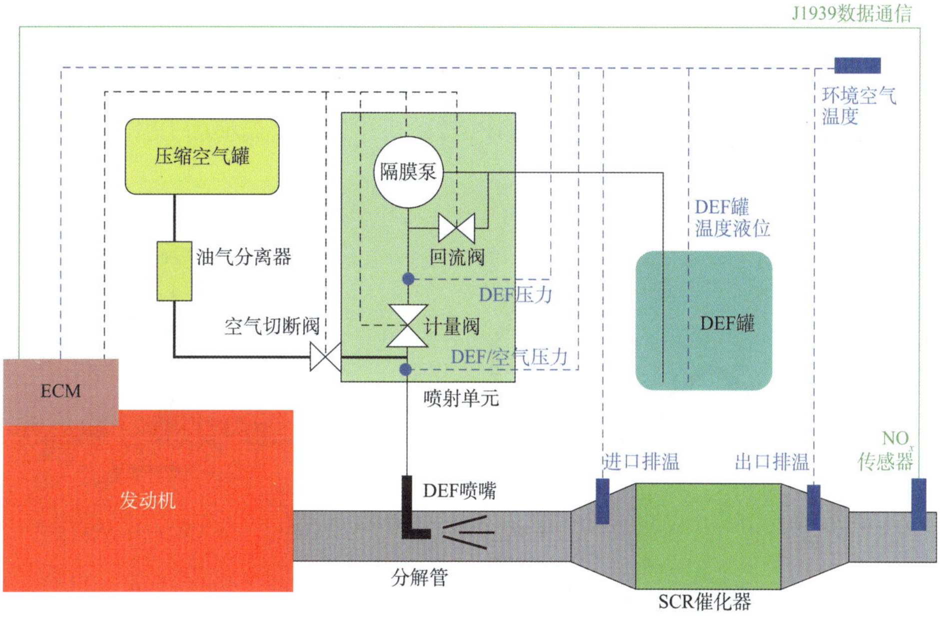

图 3-4-7　SCR 系统组成

图 3-4-8　DEF 喷射单元

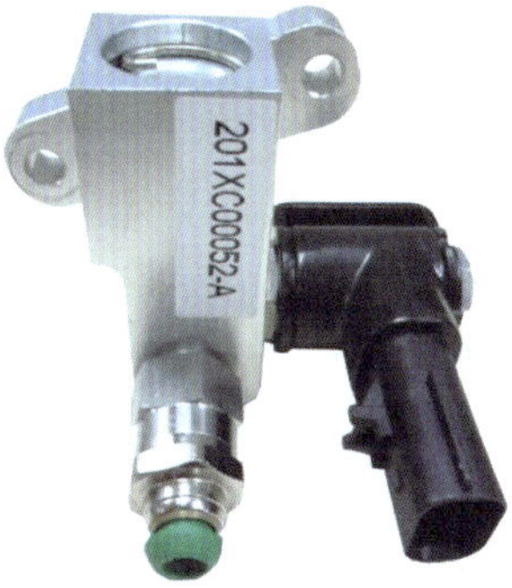

图 3-4-9　空气切断阀

3) DEF 喷嘴

DEF 喷嘴外形及结构如图 3-4-10 所示。它由 304 号不锈钢焊接而成,喷射管焊接在喷嘴外壳上。为了实现更好的雾化效果,其加工有 4 个有角度的喷射孔。

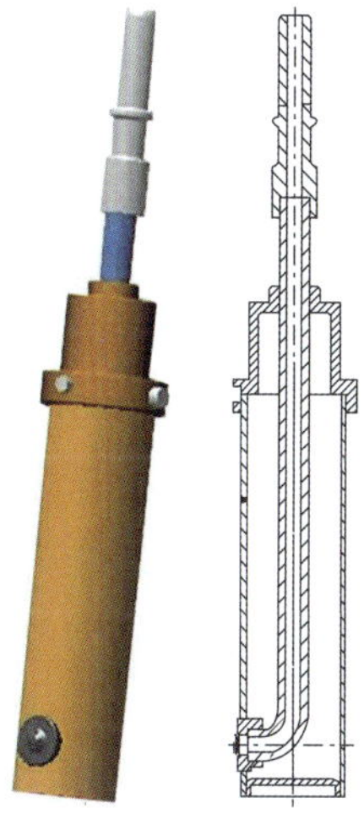

图 3-4-10　DEF 喷嘴

4) NO_x 传感器

NO_x 传感器外形如图 3-4-11 所示,用来测量排气尾管中的 NO_x 排放数值。氮氧化物传感器总成是一个智能设备,传感器头将 NO_x 的含量变为模拟信号传给控制模块,模块将信号变为通信信号发送到 SAE J1939 通信总线上。在 NO_x 传感器总成内部也有自诊断系统,监测自身的工作情况,并通过 SAE J1939 通信总线向 ECM 汇报是否出现故障。整个 NO_x 传感器总成是一个零件,不可维修。任何一个分部件都不能独立更换,不可重新编程。

5)DEF 罐加热电磁阀

DEF 罐加热电磁阀外形如图 3-4-12 所示,该电磁阀串联安装在 DEF 罐冷却液进口之前的加热管路中,通过 ECM 控制电磁阀的通断来控制 DEF 罐的加热。流过 DEF 罐加热电磁阀的冷却液必须与电磁阀上标注的流动方向一致。对于远程安装型的 DEF 喷射单元,其与 DEF 罐之间的管路采用电加热方式。

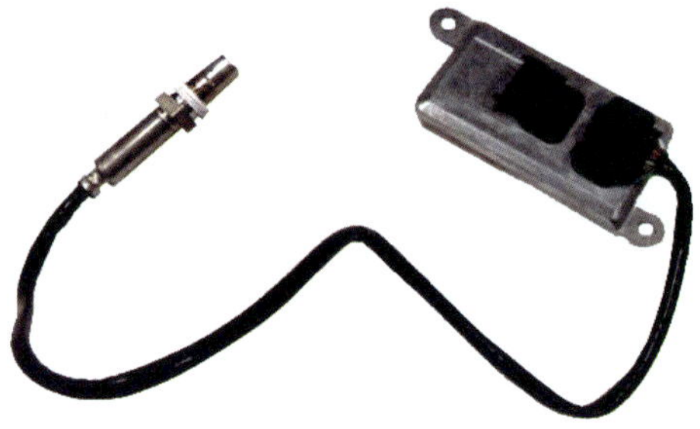

图 3-4-11　NO_x 传感器

图 3-4-12　DEF 罐加热电磁阀

系统加热开始的条件如下:

(1)开始解冻。

①环境温度 < -7℃。

②DEF 罐内温度 < -7℃。

③喷射单元内温度 <7℃。

(2)持续加热(满足以下任一条件,系统将持续加热)。

①DEF 罐内温度 <0℃。

②喷射单元内温度 <40℃。

2.3.3　选择性催化还原技术(SCR)工作过程

在正常的工作情况下,SCR 系统有以下 4 个工作阶段:

(1)初始化。

(2)预注阶段。

①快速排空。

②建压。

(3)喷射阶段。

①准备喷射。

②冲洗喷射。

③计量喷射。

(4)排空阶段。

1)初始化

发动机点火开关打开但不起动发动机,系统初始化并自检。此时,系统处于待机状态,如图 3-4-13 所示。

2)预注阶段

(1)必须满足预注条件才能执行预注程序。

①满足以下两个条件中的任意一个：

a. 发动机运转超过120s。

b. 催化器进口排气温度超过150℃。

②同时满足SCR加热系统的要求：

a. 罐内温度超过 -7℃。

b. 喷射单元温度超过5℃。

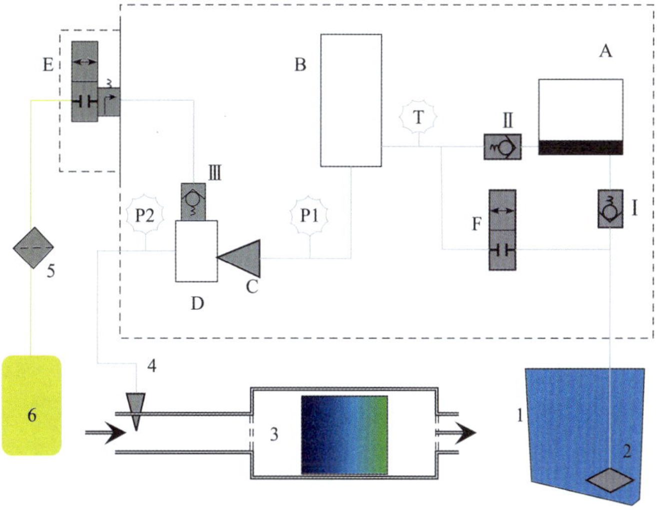

图3-4-13　待机状态

1-DE罐；2-罐内滤清器；3-催化器；4-DEF喷嘴；5-油气分离器；6-压缩空气罐；A-隔膜泵；B-DEF喷射单元滤清器；C-DEF计量阀；D-混合室；E-空气切断阀；F-回流阀

(2)预注分为以下两个阶段。

①快速排空。工作过程如图3-4-14所示(图3-4-14～图3-4-19的图中标注同图3-4-13)，空气切断阀、计量阀、回流阀全部通电打开，高压空气进入系统，排空系统内部所有可能存在的DEF，释放喷射单元内部管路的残余压力，空气将流经以下两条通路：

a. 通路#1。压缩空气流经混合室和喷嘴。

b. 通路#2。打开回流阀，打开计量阀，压缩空气流入计量阀进入泵内DEF通路。

快速排空过程大约会持续10s以上，快速排空后三个电磁阀全部断电关闭。

②系统建压。发动机起动后，在第一个预注过程中，隔膜泵通电工作将把DEF的压力提高至600～620kPa。在之后的正常运转中，DEF的压力将保持到500～560kPa。建压开始后，可以听见喷射单元内泵电动机运转一段时间。如果建压成功，空气切断阀自动打开，空气将流出喷射单元。整个预注阶段大约持续2min；如果建压不成功，ECM会命令系统再进行一次预注(图3-4-15)。预注重复三次后，建压仍失败，系统将强制停泵并出现故障码。在停泵前，系统会执行一次完整的排空阶段。

3)喷射阶段

在预注成功后，空气切断阀打开，隔膜泵电动机进入待机状态，此时进入准备喷射阶段。

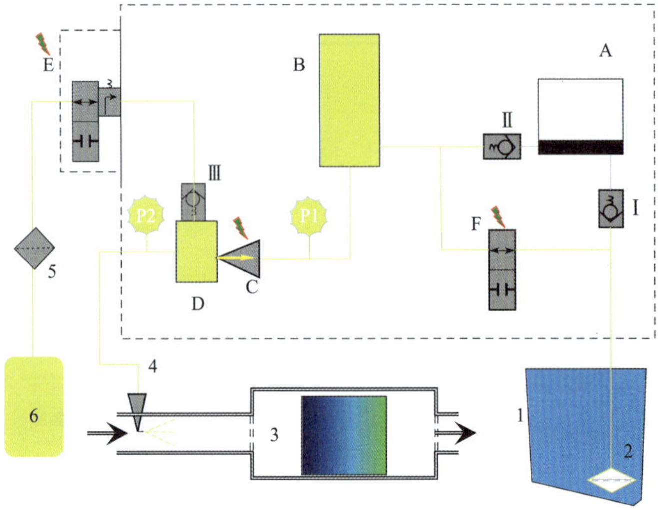

图 3-4-14　快速排空

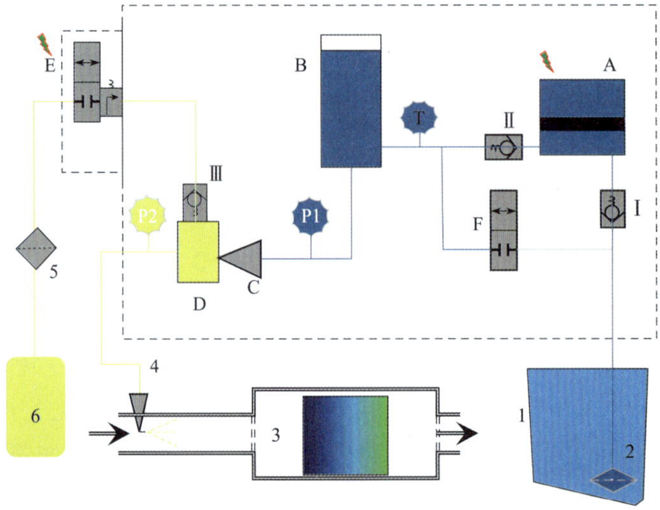

图 3-4-15　系统建压

计量喷射阶段由 ECM 直接控制,是否计量喷射取决于氮氧化物的产生量、相应的排气温度。在催化器进口排气温度达到 210℃之前,喷射单元不会喷射 DEF 到排气系统中,但是空气会一直通过喷射单元、喷嘴流入到排气系统中。在计量喷射阶段,喷嘴及喷射管路没有泄漏的情况下,空气压力被控制在 400kPa 左右。

喷入空气的作用如下:

①空气将 DEF 带入排气系统。

②辅助雾化。

③防止喷嘴堵塞。

④冷却喷嘴。

(1)准备喷射。

如图 3-4-16 所示,在这个阶段,只有空气被喷入排气系统,喷射单元内泵电动机停止运转,等待 ECM 给出喷射的指令。

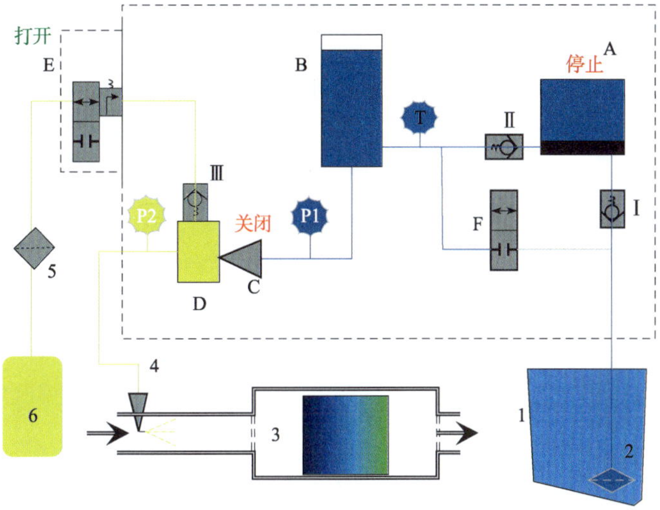

图 3-4-16　准备喷射

喷射 DEF 的条件如下:

①催化器进口排温超过 220℃,进、出口两个排温传感器的平均温度也超过 210℃。

②根据康明斯 NO_x 算法,ECM 计算出的 NO_x 产生量大于预先设定好的阈值。

③预注要成功。

a. 没有某些现行的 SCR 系统故障码。

b. DEF 罐液位高于 0%。

c. 空气压力高于 300kPa,DEF 压力高于 480kPa。

(2)冲洗喷射。

在发动机运行时,为了在正式喷射前溶化所有可能存在于混合室中的 DEF 结晶,当系统收到第一个 DEF 喷射命令时,将首先执行一个冲洗喷射循环。

如图 3-4-17 所示,冲洗喷射的流程为:

①关闭空气切断阀。

②打开计量阀数次,冲洗系统内部。

③重新开启空气切断阀进入计量喷射阶段。

冲洗喷射时,DEF 压力将从 620kPa 降到 500kPa。

(3)计量喷射。

如图 3-4-18 所示,ECM 控制计量阀开始喷射。计量阀不停地开闭,将 DEF 喷入混合室。DEF 和空气在混合室中混合,然后流进 DEF 喷嘴。隔膜泵持续运转并保持 DEF 压力,维持在 550kPa。

4)排空阶段

(1)排空阶段开始的条件。

①正常状态的排空:关闭点火开关后,系统会执行一次排空作业。

②非正常状态造成的排空:如果 SCR 系统出现了某些现行的故障码,ECM 将停止后处理系统的工作,但关闭后处理系统前会执行一次排空以清除内部残余的 DEF。排空结束后,

空气切断阀仍保持打开状态,直到钥匙开关断电,才会关闭空气切断阀。

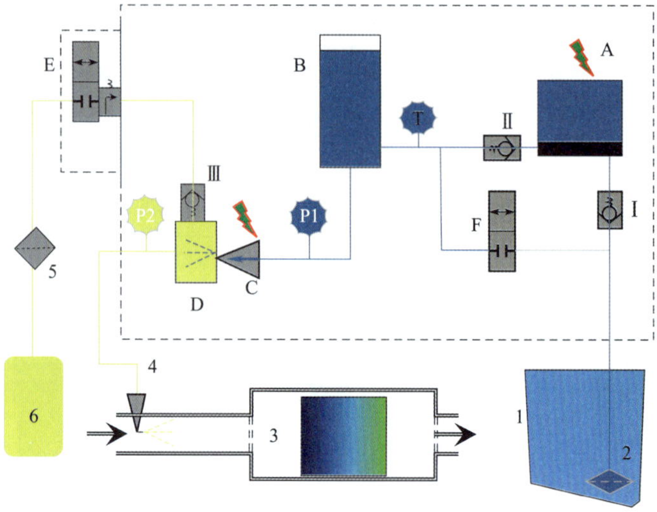

图 3-4-17　冲洗喷射

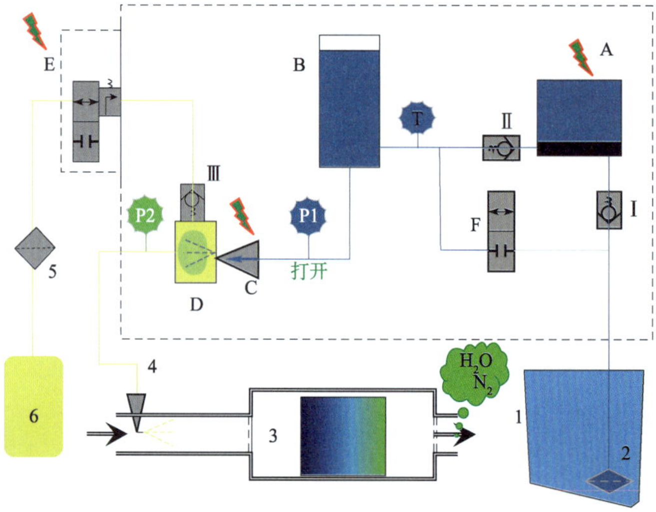

图 3-4-18　计量喷射

(2)排空过程。

当点火开关关闭,系统自动进入排空阶段。此阶段空气将流经两条通路,如图3-4-19所示。

①通路1。压缩空气流经混合室和喷嘴,空气带走系统内部残留的DEF以避免泵内的阀体及喷嘴堵塞。

②通路2。

a. 打开回流阀,喷射单元内部DEF的压力卸回至DEF罐。

b. 打开计量阀,压缩空气通过计量阀进入泵内DEF通路,在空气压力下泵内残留的DEF通过回流阀流回至DEF罐。

在排空的最后阶段,泵电动机运转将残留在隔膜泵中的DEF排出。排空阶段持续60s后,系统停止工作。

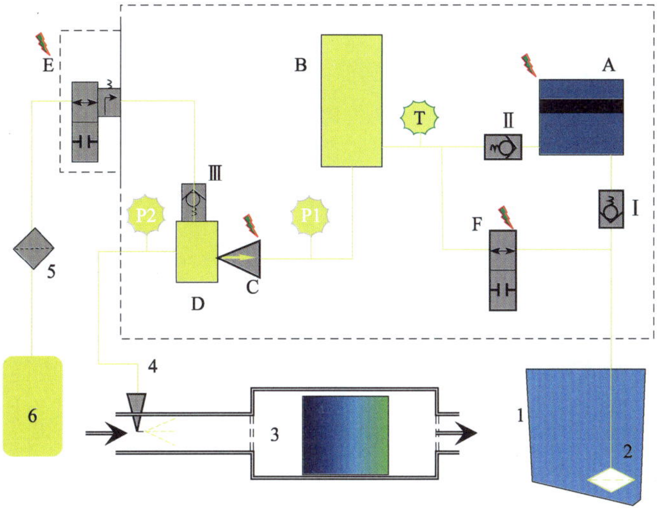

图 3-4-19　排空阶段

2.4　氨逃逸催化器(ASC)

氨逃逸催化器(Ammonia Slip Catalyst, ASC)是一种用于减少氨气(NH_3)排放的装置。它通常安装在 SCR 装置的后端,通过催化氧化作用将未参与尾气处理的氨气转化为无害的氮气(N_2),从而减少对环境的污染。

3　任务实施

3.1　准备工作

阅读维修手册,列出拆装所需工具,制订拆装方案。

3.2　操作流程

(1)发动机运转且空气压力满足要求(1MPa)。

(2)关闭点火开关。

(3)将喷嘴从排气管中拆出,以避免 DEF 喷射到排气系统中。

(4)打开点火开关使发动机运转,连接诊断仪,输入测试命令。

(5)观察 DEF 喷嘴,若只有部分油孔喷油则为 DEF 喷嘴堵塞。

(6)更换新的 DEF 喷嘴,再次观察油孔喷射情况;若正常安装即可。

复习与思考题

1. 简述柴油机排放后处理系统的组成。
2. DOC 的作用是什么?
3. 简述 DPF 被动再生和主动再生。
4. 简述 SCR 工作过程。
5. ASC 的作用是什么?

知识点思维导图

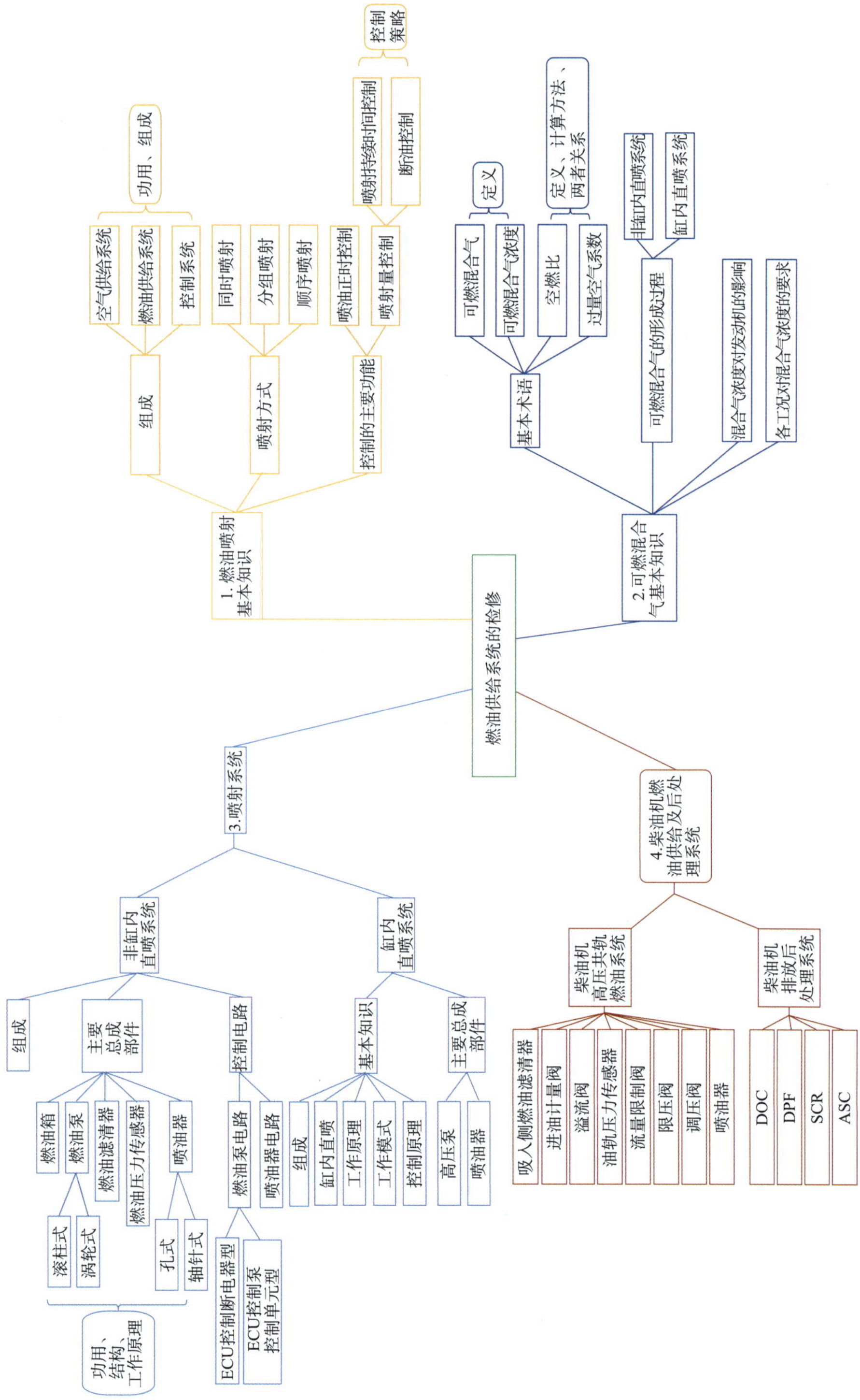
燃油供给系统的检修
1. 燃油喷射基本知识
组成
空气供给系统
燃油供给系统
控制系统
功用、组成
喷射方式
同时喷射
分组喷射
顺序喷射
控制的主要功能
喷油正时控制
喷射量控制
喷射持续时间控制
断油控制
控制策略
2. 可燃混合气基本知识
基本术语
可燃混合气
可燃混合气浓度
定义
空燃比
过量空气系数
定义、计算方法、两者关系
可燃混合气的形成过程
非缸内直喷系统
缸内直喷系统
混合气浓度对发动机的影响
各工况对混合气浓度的要求
3. 喷射系统
非缸内直喷系统
组成
主要总成部件
燃油箱
燃油泵
滚柱式
涡轮式
燃油滤清器
燃油压力传感器
喷油器
孔式
轴针式
功用、结构、工作原理
控制电路
燃油泵电路
ECU控制断电器型
ECU控制泵控制单元型
喷油器电路
缸内直喷系统
基本知识
组成
缸内直喷
工作原理
工作模式
控制原理
主要总成部件
高压泵
喷油器
4. 柴油机燃油供给及后处理系统
柴油机高压共轨燃油系统
吸入侧燃油滤清器
进油计量阀
溢流阀
油轨压力传感器
流量限制阀
限压阀
调压阀
喷油器
柴油机排放后处理系统
DOC
DPF
SCR
ASC

项目四

进排气系统的检修

学习目标

❖ 知识目标

1. 了解进排气系统的结构与功能。

2. 掌握三元催化转换器(汽油发动机)、柴油颗粒捕集器(柴油发动机)等关键部件的工作原理及失效原因。

3. 熟悉进气歧管漏气和排气堵塞的故障现象。

❖ 技能目标

1. 能够检查进排气系统的密封性。

2. 可以拆卸和安装进排气歧管、三元催化转换器(汽油发动机)、柴油颗粒捕集器(柴油发动机)等部件。

3. 能够判断并修复进排气系统的简单故障。

❖ 素质目标

1. 培养环保意识,重视排气系统对环境的影响。

2. 提高对维修工作中潜在风险的预判能力。

3. 增强沟通能力,准确向客户解释进排气系统的维修情况。

4. 学习我国在柴油发动机进排气系统环保技术研发上的不懈努力与创新成果,激发爱国情怀与民族自豪感。

进排气系统是发动机最重要的系统之一,该系统主要功用是:

(1)为发动机工作提供充分的空气,以提高发动机的动力性。

(2)将排气中的有害气体消除掉,再排到大气中,以提高环保性。

为了提高发动机在不同工况下的进气量,采取的相应结构措施主要有:谐波增压系统、可变进气系统、废气涡轮增压系统、机械增压系统等。为了提高环保性,必须将有害气体的排放量控制在规定的范围内,为此采取的结构措施有:三元催化转换器、废气再循环(EGR)系统、二次空气供给系统、曲轴箱通风系统、燃油蒸发系统等。

任务一 更换空气滤清器

1 任务引入

(1)当汽车行驶里程或使用时间达到厂家规定的维护周期时,需更换空气滤清器滤芯(如宝来轿车每15000km需要更换空气滤清器滤芯)。

(2)恶劣气候,提前更换。

2 相关理论知识

2.1 进排气系统简介

1)概述

进气与排气系统根据发动机各缸的工作循环和工作顺序适时地开启和关闭进、排气门,使足量的纯净空气或燃油混合气及时地进入汽缸,并及时将废气安全地排入大气。为了增加汽缸的进气量,提高发动机的功率,汽车发动机越来越多地采用进气增压技术,利用最多的是废气涡轮增压技术。

在传统的汽车及发动机设计中,主要考虑的性能指标是动力性、可靠性和经济性。随着汽车有害排放物对大气污染的日趋严重,世界各国限制汽车排放污染的法规越来越严格。为了达到新的规定和要求,排放控制系统必须和整车其他系统一起进行统一设计,使汽车能够达到所规定的包括排放性能在内的综合性能指标的要求。因此,排放控制系统不仅要把它看作单一系统解决单一排放的问题,而且还应视其为整车控制系统的一部分,它关系到整车的总体性能指标。

2)进排气系统的组成

一般发动机进气与排气系统主要包括空气滤清器、进气歧管、排气歧管、消声器等,其布置参见表0-0-1。

3)气体的流动路线

气体的流动路线为:空气→空气滤清器→进气软管→进气总管→进气歧管→汽缸→排气歧管→三元催化转换器→中间消声器→主消声器→大气。

2.2　进气系统的主要部件

2.2.1　空气滤清器

1)空气滤清器的功用

空气滤清器的作用是滤去进入汽缸内空气中的尘土和沙粒,以减小汽缸、活塞和活塞环的磨损,延长发动机的使用寿命,同时也可消减进气噪声。

2)空气滤清器的结构

汽油发动机广泛采用纸质干式空气滤清器。它具有结构简单、质量轻、成本低、使用方便、滤清效果好等优点,如图4-1-1所示,它主要由上壳体、下壳体、滤芯和带粗滤器的进气管组件等组成。空气滤清器安装在进气管道的最前端。

滤芯是用树脂处理的微孔滤纸制成,滤芯呈波折状,以便获得较大的过滤面积。有的滤芯上、下两端有塑料密封圈,以保证滤芯两端的密封。

3)空气滤清器的工作原理

在发动机工作时,空气从滤芯的四周穿过滤纸进入滤芯中心,杂质被滤芯阻留在滤芯外面,清洁的空气进入进气总管,流向汽缸。

2.2.2　进气总管与进气歧管

1)进气总管

进气总管是连接进气软管与进气歧管的管道,如图4-1-2所示。为了提高发动机的充气效率,通常按有效利用进气压力波的原理设计进气管的长度、形状和结构。进气总管上常附有各种形状的气室,以减小节气门开度频繁变化时的进气脉动。

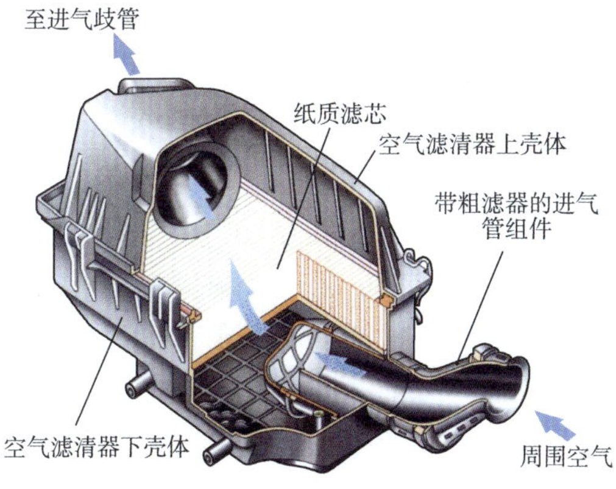

图4-1-1　空气滤清器

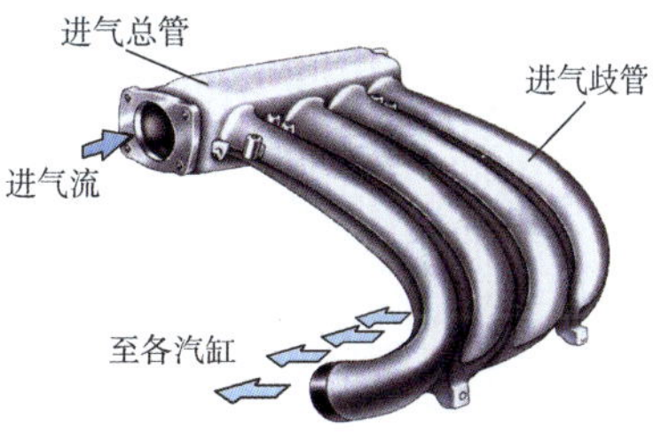

图4-1-2　进气歧管

在电控燃油喷射式发动机的进气总管上,装有空气流量传感器(或进气压力传感器),以便对进入汽缸的空气进行计量。

2)进气歧管的结构

进气歧管是指进气总管后向各汽缸分配空气的支管。

进气歧管一般由铸铁、铝合金或含30%玻璃纤维的增强尼龙66制造。进气歧管用螺栓固定在汽缸盖上,其结合面处装有衬垫,以防止漏气。

进气歧管的衬垫由钢片包的石棉板或石棉橡胶垫制成,坚固耐用。安装时应尽量使衬垫处于中间位置,先用两颗定位螺栓将衬垫与进气总管定位,然后再将螺栓逐一拧紧以避免进气孔道被衬垫挡住而减少流通面积。

2.3 可变进气系统

为了提高进气量,改善发动机动力性能,可变技术在车用发动机上得到了广泛的应用。可变技术是指随着使用工况及要求的变化,使相关系统的结构或参数作相应的变化,从而使发动机在各种工况下,动力性指标(功率和转矩)能得到大幅度的提高。可变技术涉及范围较广,其中主要的有:可变进气系统和可变配气相位系统。而可变进气系统主要的结构措施有:谐波增压控制系统(ACIS)、可变进气管截面积控制系统和可变进气管长度控制系统等。

2.3.1 谐波增压控制系统

1)系统概述

在发动机工作过程中,进气流会高速流向进气门,如果进气门突然关闭,进气门附近的气流流动会突然停止。但由于惯性,进气管仍在进气,进气门附近的气体被压缩,压力上升。当气体的惯性过后,被压缩的气体便开始膨胀,向进气气流相反的方向流动,压力下降。膨胀的气体波传到进气管口时又被反射回来,形成压力波。进气管越长,压力波的波长就越长,进气频率就越小,这有助于发动机在中低转速区域形成气体增压效果;进气管越短,压力波的波长就越小,进气频率就越大,这有助于发动机在高速区域形成气体增压效果。

谐波增压控制系统(ACIS)的功能就是利用进气流惯性产生的压力波来提高进气效率。谐波增压控制系统(ACIS)主要由普通进气系统、谐振室和控制系统三部分组成。

2)控制原理

谐波进气增压控制系统的工作原理如图4-1-3所示,ECU根据转速信号控制谐振室的电磁真空通道阀的开闭。低速时,电磁真空通道阀电路不通,真空罐的真空度不能进入真空气室,受真空气室控制的进气增压控制阀处于关闭状态。此时,压力波在进气管中传播的长度长,以适应低速区域形成气体动力增压效果。高速时,ECU接通谐振室电磁真空通道阀的电路,将进气增压控制阀打开,真空罐的真空度进入真空气室,吸动膜片,从而将进气增压控制阀打开,由于大容量空气室的参与,缩短了压力波的传播距离(进气门与谐振室),使发动机在高速区域也得到较好的气体动力增压效果。

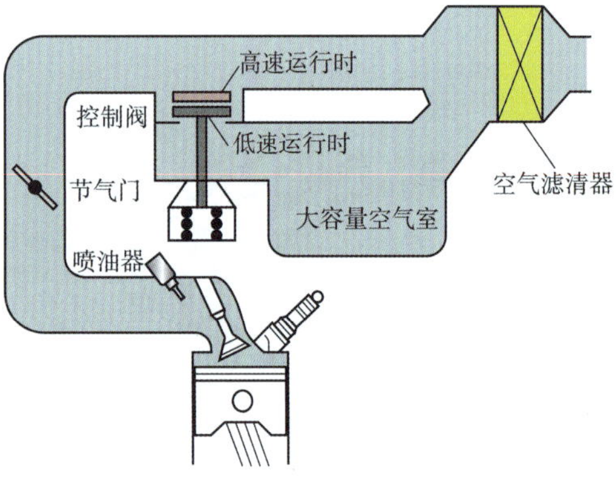

图4-1-3 谐波增压控制系统工作原理

2.3.2 可变进气歧管截面积控制系统

1)组成

可变进气歧管截面积控制系统主要由主进气通道、副进气通道和控制阀等组成,其流量控制及各种转速下的充气系数如图4-1-4所示。

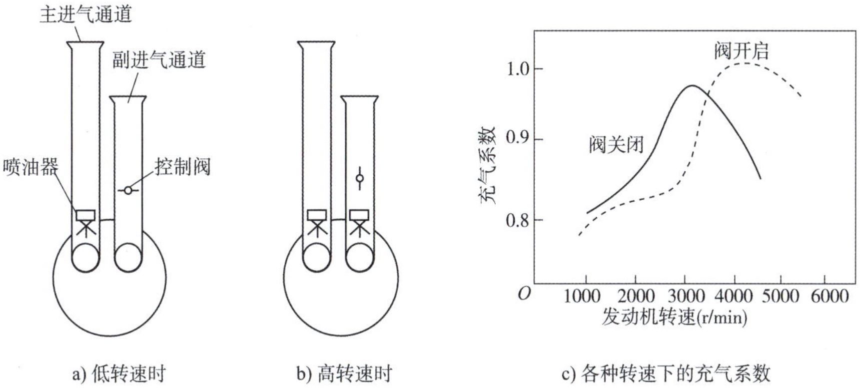

图 4-1-4　主、副进气通道式可变进气歧管系统

2)控制过程

每一汽缸使用主进气通道(长)和副进气通道(短)。副进气通道中安装有控制阀(圆盘阀),主进气通道中安装有喷油器。控制阀的位置由发动机控制单元(ECU)根据汽油发动机的曲轴转速高或低进行控制。

当发动机低速运转时,控制阀保持关闭,迫使所有的新鲜空气都经主通道高速地流入汽缸。

当发动机高速运转时,控制阀保持全开,以减少进气的流动阻力,此时,所有新鲜空气同时经主、副两个通道进入汽缸。

当汽油发动机中速运转时,控制阀微微地开启(部分开度),这时,进气流量的大部分即主要进气量仍经主进气通道流入汽缸,进气流量的小部分即辅助进气量会经副进气通道流入汽缸。

2.3.3　可变进气管长度控制系统

较长的进气管能使发动机在低转速时获得较大转矩,但在高转速时却会出现较低的最大输出功率。而较短的进气管可以使发动机在低转速时获得较小的转矩,但在高转速时却会出现较高的最大输出功率。这些矛盾可以通过可变进气管长度来解决。

1)组成

可变进气管长度控制系统主要由进气管转换阀和进气管转换阀控制机构等组成,其结构如图 4-1-5 所示。进气管转换阀控制机构包括 ECU、进气管转换真空电磁阀、进气管转换真空膜盒和真空作用器等部件。

2)主要部件

(1)进气管转换阀。进气管转换阀由进气管转换阀控制机构驱动,用来改变气流的流动路线。它是由安装在进气管与进气歧管之间的一组阀门组成,进气管转换阀的结构如图 4-1-6所示。

(2)进气管转换真空电磁阀。进气管转换真空电磁阀的功用是控制进气管转换真空膜盒与真空作用器之间的真空管路的接通与关闭。进气管转换真空电磁阀由泡沫塑料滤清器、电磁线圈、芯铁、阀片等组成,其结构如图 4-1-7 所示。当电磁阀不通电时(即电磁阀不工作),芯铁将阀片向下压,使其将通向真空作用器的真空气道封闭;当电磁阀通电时(即电磁阀工作),芯铁带动阀片上移,将真空作用器与进气管真空膜盒的真空气道打开。

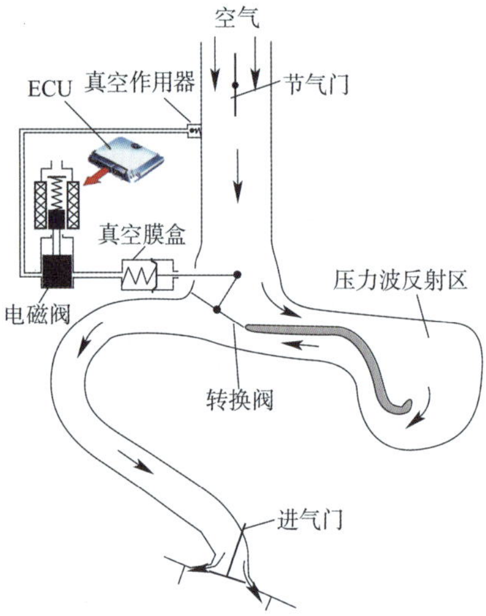

a) 长气道

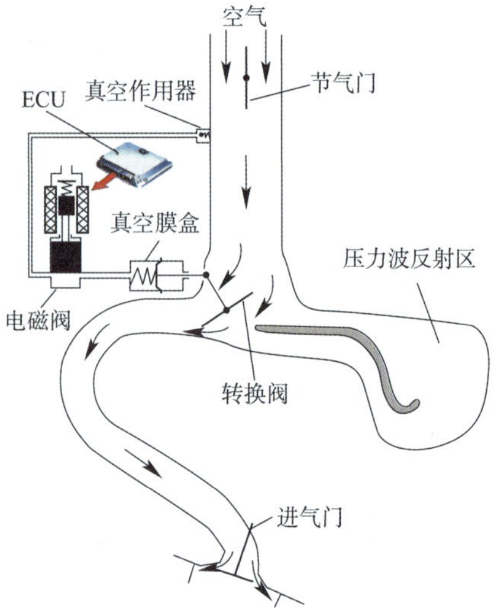

b) 短气道

图 4-1-5　可变进气管长度控制系统示意图

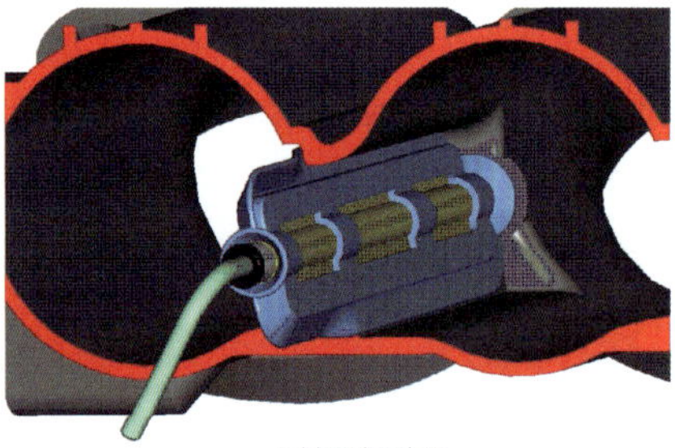

a) 转换阀关闭

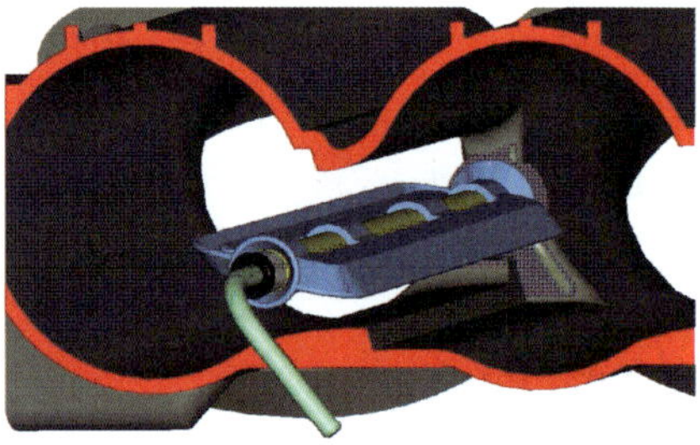

b) 转换阀打开

图 4-1-6　进气管转换阀

(3)进气管转换真空膜盒。进气管转换真空膜盒由壳体、膜片、压缩弹簧和操作杆等组成,其结构如图4-1-8 所示。膜片将壳体内的腔室分隔成两个腔室,上腔室与大气相通,称为空气腔;下腔室与真空电磁阀相通,称为真空腔。压缩弹簧安装在真空腔室中,操作杆与膜片固定连接,操作杆外端与转换阀轴相连。

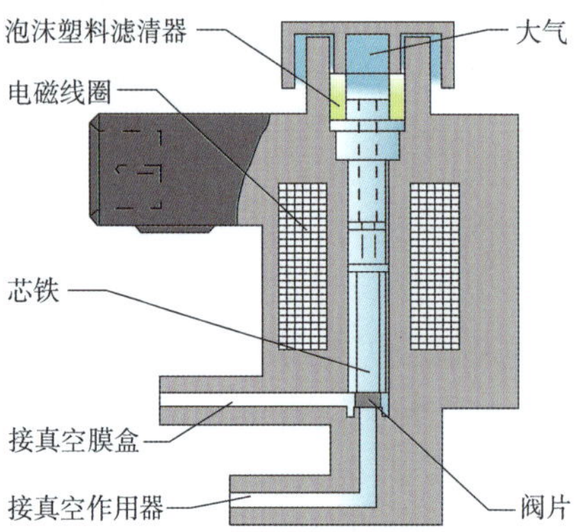

图 4-1-7　进气管转换真空电磁阀

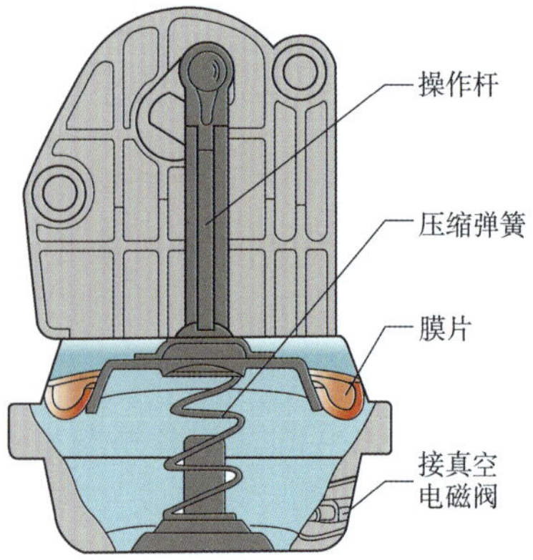

图 4-1-8　进气管转换真空膜盒

3)控制原理

当发动机转速低于4000r/min时,ECU根据负荷、温度等信号将真空电磁阀的电路切断,电磁阀不工作,如图4-1-5a)所示。真空作用器与真空膜盒间的真空管路被关闭,膜片在弹簧弹力的作用下被压向空气腔一侧,并带动推杆移动,使进气管转换阀处于关闭状态。空气通过较长气道进入汽缸,使发动机中、低速时可获得较大的功率。

当发动机转速超过4000r/min时,ECU根据负荷、温度等信号将电磁阀电路接通,电磁阀工作,将真空作用器与真空膜盒之间的管路接通。此时,进气管内的真空度经真空作用器、电磁阀被传入到真空膜盒的真空腔,如图4-1-5b)所示。这时,膜片的空气腔一侧为大气压力,真空腔一侧为真空压力,并形成压力差,在此压力差的作用下,膜片克服压缩弹簧的弹力被压向真空腔一侧,并通过推杆带动转换阀转动,使转换阀打开。此时,空气通过较短的轨迹流入汽缸内而降低延程阻力,使发动机高速时获得较大的功率。

3 任务实施

3.1 准备工作

阅读维修手册,列出拆装所需工具,制订拆装方案。

3.2 操作流程

(1)拆卸与空气滤清器连接的进气软管。

(2)打开空气滤清器上壳体。

(3)取出空气滤清器滤芯。

(4)装入新的空气滤清器滤芯。

(5)装复过程与拆卸顺序相反。

3.3 操作提示

(1)汽车每行驶8000km左右,用毛刷或压缩空气由里向外清洗滤清器,严禁用汽油或水洗刷滤芯。若发现滤芯过脏、破裂和油污,应更换滤芯。

(2)在对滤芯进行清洁或更换时,必须用抹布把滤清器壳内壁擦干净,这样可以使空气滤清器的过滤效果会更好。在对滤芯进行清洁时,可使用软毛刷或压缩空气进行清洁。在装复滤芯时,要使滤芯与壳体密切配合,保证密封。

复习与思考题

1. 叙述空气滤清器的功用、结构与工作原理。
2. 叙述谐波增压控制系统的结构控制原理。
3. 叙述可变进气歧管截面积控制系统的控制过程。
4. 叙述可变进气管长度控制系统的控制原理。

任务二 检测 EGR 阀

1 任务引入

某汽车经检测:尾气不符合排放标准、怠速不稳、有故障码,需对 EGR 阀进行检测。

2 相关理论知识

2.1 排气系统主要部件

2.1.1 排气歧管

排气歧管一般由铸铁铸造。近年来,采用不锈钢做排气歧管的也越来越多,原因是不锈钢排气歧管质量轻,耐久性好,同时,内壁光滑、排气阻力小。

排气歧管的形状十分重要。为了不使各缸排气相互干扰及不出现排气倒流现象,并尽可能地利用惯性排气,应该将排气歧管做得尽可能长,而且各缸进气歧管应该相互独立、长度相等(图 4-2-1)。排气歧管用螺栓固定在汽缸盖上,其结合面处装有石棉衬垫,以防漏气。排气歧管的各歧管分别与汽缸盖上的排气道相通。

2.1.2 排气消声器

1)排气消声器的功用

排气消声器的功用是降低从排气管排出的废气的温度和压力,以消除火星和噪声。

2)排气消声器的结构

图 4-2-2 为典型排气消声器的结构。它由外壳、多孔管和隔板等组成。外壳用薄钢板制成筒形,两端封闭。内腔用隔板分隔成 4 个消声室,在两端又各插入多孔的进入管和排出管,4 个消声室通过多孔管相互沟通。

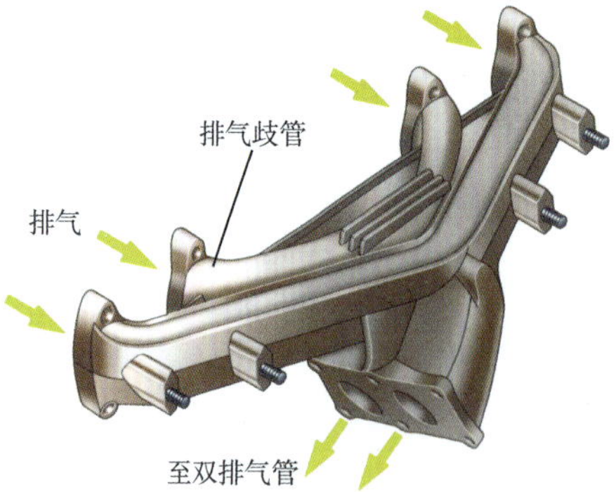

图 4-2-1 排气歧管

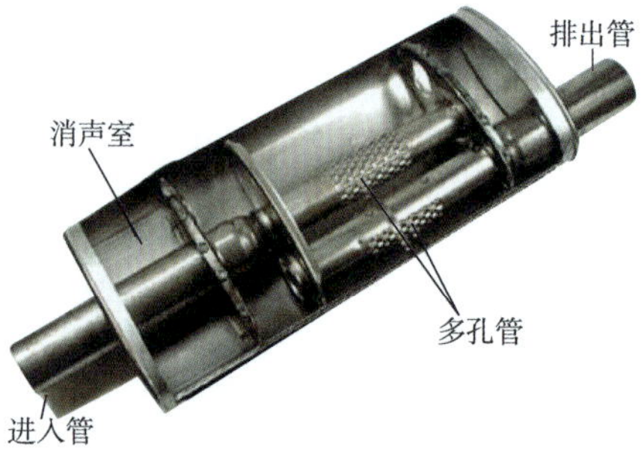

图 4-2-2 排气消声器结构

3)工作原理

排气消声器主要是消耗废气流的能量,平衡气流的压力波。通常采用以下几种办法:

(1)多次改变气流的方向。

(2)重复地使气流通过收缩而后又扩大的断面。

(3)将气流分割为很多小的支流并沿着不平滑的平面流动。

(4)将气流冷却。

从发动机排出的废气进入多孔管后,再进入多孔管与外壳间的消声室,受到反射,在这里膨胀和冷却,并与管壁多次碰撞消耗能量,使废气的温度、压力和流速都显著降低,振动减轻,最后从多孔的排出管排入大气,从而消减了排气噪声,消除了火焰及火星。

轿车大多采用两个消声器串联使用。中间消声器用来消除共振作用和减少噪声。主消声器主要用来减少噪声和降低废气流速,并起冷却后膨胀作用。

2.1.3　三元催化转换器

1)三元催化转换器的功用

三元催化转换器的主要功用是将废气中的CO、HC和NO_x转化为无害的水、二氧化碳和氮气,从而减少对环境的污染。

2)三元催化转换器的结构

三元催化转换器安装在排气管路中。三元催化转换器由陶瓷催化反应体、隔热软垫和壳体组成,如图4-2-3所示。陶瓷催化反应体为催化剂载体,载体外面涂有催化剂。三元催化转换器所使用的催化剂一般为稀有金属铂(Pt)、钯(Pd)、铑(Rh)等贵重金属的混合物。

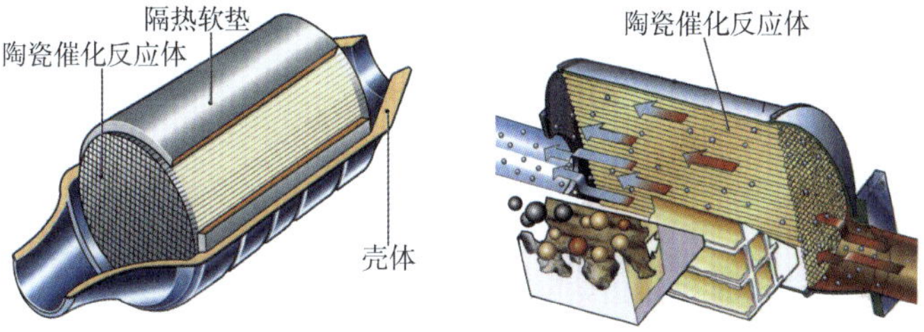

图4-2-3　三元催化转换器的结构

3)三元催化转换器的工作原理

发动机排出的尾气经过三元催化转换器后,以发动机尾气中的CO和HC作为还原剂,使发动机的尾气与三元催化转换器中的稀有贵重金属铂(或钯)、铑进行化学反应,把NO_x转化成为无害的氮气(N_2)和氧气(O_2),而CO和HC在还原反应中被氧化为无害的CO_2和H_2O排入大气中。

三元催化转换器将有害气体变成无害气体的效率受诸多因素的影响,其中影响最大的是混合气的浓度和排气温度。

三元催化转换器的转换效率与混合气浓度的关系如图4-2-4所示。只有在标准的理论空燃比14.7∶1附近,对废气中三种有害气体(HC、

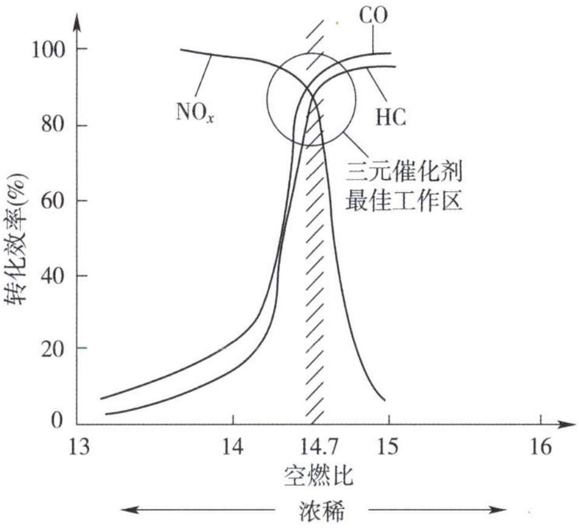

图4-2-4　三元催化转换器的转换效率与混合气浓度的关系

CO 和 NO_x)的转换效率均比较高。在发动机工作中,为将实际空燃比精确控制在标准的理论空燃比附近,在装用三元催化转换器的汽车上,一般都装有氧传感器,用以检测废气中氧的浓度。

氧传感器信号输送给 ECU 后,用来对空燃比进行反馈控制,即电控燃油喷射系统的闭环控制。

在电控燃油喷射开环控制系统中,ECU 只是根据转速信号、进气量信号、冷却液温度信号等确定喷油量,以控制空燃比,但对实际控制的空燃比是否精确不进行检测。在闭环控制系统中,氧传感器安装在三元催化转换器与发动机之间的排气管或排气歧管上,将检测到的废气中氧浓度信号输送给 ECU,ECU 根据此信号对喷油量进行修正,使实际的空燃比更接近理论空燃比。

在装有氧传感器的电控燃油喷射发动机上,电控燃油喷射系统(EFI)并不是在所有工况下都进行闭环控制。在发动机起动、怠速、暖机、全负荷、减速断油等工况下,发动机不可能以理论空燃比工作,仍采用开环控制方式。此外,当氧传感器温度在400℃以下、氧传感器或其电路发生故障时,也只能采用开环控制。电控燃油喷射系统进行开环控制还是进行闭环控制,由 ECU 根据相关输入信号确定。

发动机的排气温度过高(815℃以上)时,三元催化转换器的转换效率将明显下降。有些三元催化转换器中装有排气温度报警装置,当报警装置发出报警时,应停机熄火,查明排气温度过高的原因,予以排除。在使用中,排气温度过高一般是由于发动机长时间在大负荷下工作或因故障而燃烧不完全所致。

2.2 废气再循环系统

2.2.1 概述

1)废气再循环系统的功用

NO_x 是空气中的氮气与氧气在高温、高压条件下形成的。发动机排出的 NO_x 量主要与汽缸内的最高温度有关,汽缸内最高温度越高,排出的 NO_x 量越多。

废气再循环(Exhaust Gas Recirculation,EGR)控制系统的功用是将适量的废气重新引入汽缸参加燃烧,从而降低汽缸内的最高温度,以减少 NO_x 的排放量。

2)废气再循环系统的组成

废气再循环系统一般由废气再循环阀、废气再循环调节器(真空开关)及其连接管道和软管组成。

2.2.2 废气再循环阀(EGR 阀)的结构与工作原理

废气再循环阀的结构及工作原理如图 4-2-5 所示。进气管真空度由废气再循环真空电磁阀控制经真空传送管传入膜片室,当真空度较小时或没有真空度时,在膜片弹簧的作用下,锥阀将废气再循环通道关闭;当真空度较大时,膜片、膜片推杆和锥阀一起向上提起,将废气再循环通道打开。废气再循环通道开启的程度决定于进气管真空度的大小,由发动机 ECU 通过废气再循环真空电磁阀控制。

2.2.3 废气再循环系统的工作原理

发动机进行废气再循环必然会影响发动机的正常工作,因此,为保证发动机性能不受过多影响,就必须根据发动机工况的变化,控制废气再循环量。

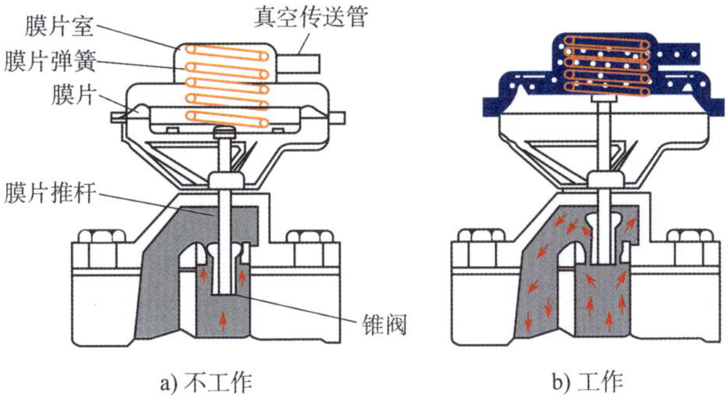

图 4-2-5　废气再循环阀结构及工作原理

废气再循环程度可用 EGR 率表示,其定义为:

$$\text{EGR 率} = [\text{EGR 流量}/(\text{吸入空气量} + \text{EGR 流量})] \times 100\%$$

对废气再循环总的控制要求是:NO_x 排放量随负荷增加而增加,EGR 率也应随之增加;发动机水温低于 50℃时,不应进行废气再循环;怠速和小负荷时,NO_x 排放量不高,不进行废气再循环;全负荷和急加速时,不应进行废气再循环。

该系统的工作过程是:在发动机工作时,ECU 根据发动机转速、空气流量、进气管压力、冷却液温度、点火、EGR 阀位置等信号,控制 EGR 真空电磁阀电磁线圈的通电时间的长短,来控制进入 EGR 阀真空气室的真空度,从而控制 EGR 阀的开度来改变参与再循环的废气量。

在发动机进行废气再循环时,一部分废气从排气歧管经管道通过废气再循环阀进入进气管与新鲜空气混合。废气再循环阀由阀体上方真空室的真空度控制,真空室的真空度由 ECU 根据冷却液温度、进气温度、发动机转速和节气门开度等输入信息控制真空电磁阀的开启或关闭来实现。当发动机怠速和暖机期间,真空电磁阀关闭,空气进入废气再循环阀上方的真空室,废气再循环阀在复位弹簧的作用下关闭,废气再循环停止。当负荷达到一定程度时,真空电磁阀开启,真空室的真空度提高,废气再循环阀打开,进行废气循环。废气再循环系统的工作原理如图 4-2-6所示。

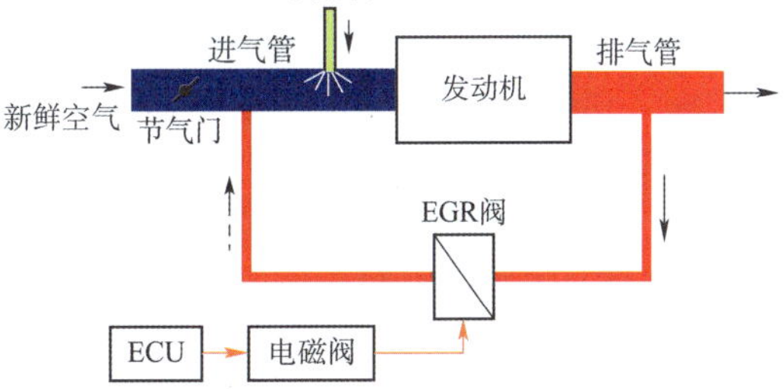

图 4-2-6　废气再循环系统的工作原理

废气再循环量的控制对发动机工作性能有很大影响,一般进入进气歧管的废气量控制在 15% ~20% 范围内。若废气再循环量过少,不能达到有效降低 NO_x 排放量的目的;废气再循环量过大,则发动机工作不稳定,综合性能恶化。

2.2.4　电控 EGR 系统

电控 EGR 系统可进行较大 EGR 率(15% ~20%)控制,其主要功能是选择 NO_x 排放量多的发动机运行工况进行适量 EGR 率控制。控制装置因车型不同而有多种形式。目前,采用 ECU 控制的废气再循环系统主要有两种类型:开环控制废气再循环系统和闭环控制废气再循环系统。

现代汽车发动机的 EGR 系统是在电控开环的基础上,设置 EGR 温度传感器或 EGR 针阀位置传感器,自动将实际 EGR 率反馈给 ECU,供 ECU 对输出的控制信号进行修正,使实际的 EGR 率与控制目标更逼近。这种具有反馈监控功能的闭环控制系统实现了对 EGR 率的精确控制。当 EGR 系统发生故障时,会点亮发动机故障灯报警。

1)EGR 阀开度反馈控制

具有 EGR 阀开度反馈信号的闭环控制系统如图 4-2-7 所示。与普通 EGR 系统相比,该系统在 EGR 阀上增加了一个用于检测其开启高度,电位计式的 EGR 位置传感器,如图 4-2-8所示。该传感器可将 EGR 阀开启高度转换为相应的电压信号反馈给 ECU,ECU 根据反馈信号控制真空电磁阀的动作,进而调节 EGR 阀膜片室的真空度,改变 EGR 率。同时,发动机控制模块检测位置传感器及相关控制电路故障,如短路及断路情况,当检测到的位置信号超过位置电压的正常范围,发动机控制模块将设置诊断故障码。

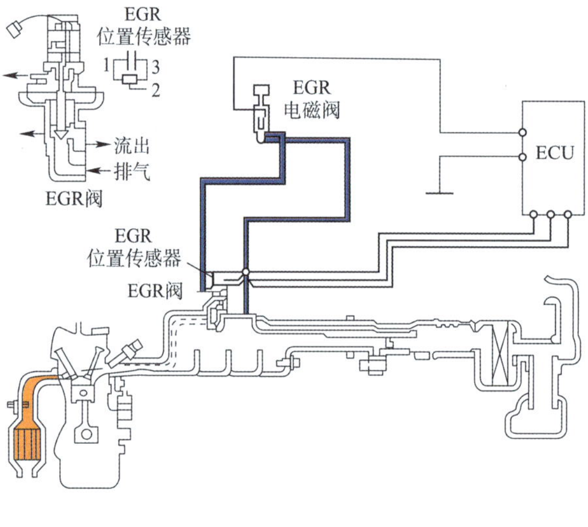

图 4-2-7　具有开度反馈信号的 EGR 闭环控制系统

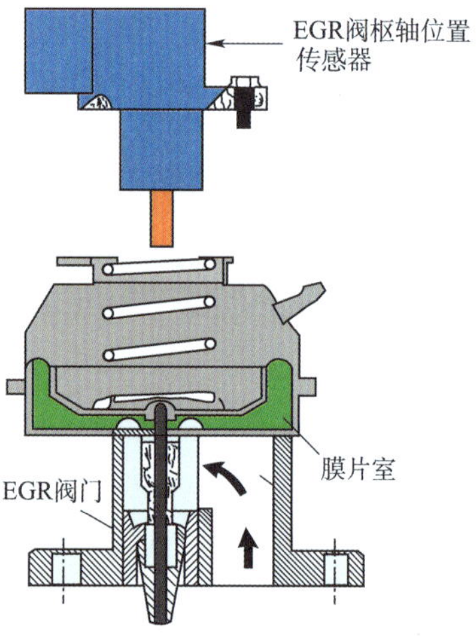

图 4-2-8　EGR 阀位置传感器

图 4-2-9 为大众车系 EGR 控制系统及控制电路。该系统的工作过程是:在发动机工作时,ECU 根据发动机转速、空气流量、进气管压力、冷却液温度、点火、EGR 阀位置等信号,控制 EGR 真空电磁阀电磁线圈的通电时间的长短,来控制进入 EGR 阀真空气室的真空度,从而控制 EGR 阀的开度来改变参与再循环的废气量。

根据发动机结构不同,进入进气歧管的废气量一般在 5% ~20% 之间。

EGR 电磁阀 N18 接收发动机控制单元发出的相应信号,并将其转化为一个脉冲控制信号,来控制再循环阀的动作。

2)EGR 率反馈控制

图 4-2-10 所示为日本三菱汽车公司开发的可直接用 EGR 率作为反馈信号的 EGR 闭环控制系统。新鲜空气经节气门进入稳压箱,发动机排出的一部分废气经控制阀进入稳压箱。稳压箱中设置有 EGR 率传感器,它不断检测稳压箱中新鲜空气与废气所形成的混合气中的氧气浓度,并将检测结果输入 ECU。ECU 经分析、计算后向控制阀输出控制信息,不断调整

EGR 阀的开启高度,控制混合气中的 EGR 率,使其始终保持在最佳状态,从而有效减少 NO_x 的排放量。该装置取消了进气管真空度的机械控制,所以精度很高,响应迅速,但其生产成本高。

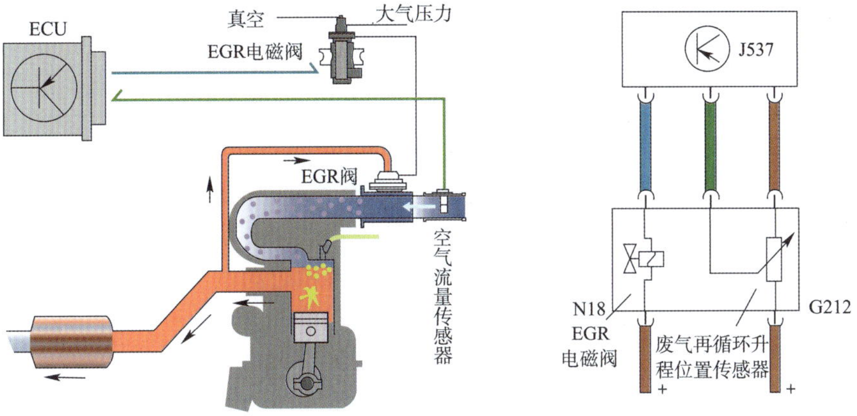

图 4-2-9　大众车系 EGR 控制系统及控制电路

2.3　二次空气供给系统

2.3.1　二次空气供给系统的功用

二次空气供给系统的功用是在一定工况下,将新鲜空气送入排气管,促使废气中的 CO 和 HC 进一步氧化,从而降低 CO 和 HC 的排放量,同时加快三元催化转换器的升温。

2.3.2　大众车系二次空气供给系统的组成及工作原理

图 4-2-11 为发动机二次空气供给系统结构原理图。当发动机处于冷起动阶段时,由于混合气较浓,未燃烧的 HC 及 CO 等有害物质排放相对较高,并且此时,三元催化转换器尚未达到正常工作温度(350℃以上)。在轿车排放标准达到欧Ⅲ或欧Ⅳ要求时,必须装备此机外净化装置——二次空气供给系统,以降低发动机冷起动阶段有害物质的排放。另一方面,再次燃烧的热量使三元催化转换器很快就达到所需的工作温度,大大缩短了催化转换器的起动时间,极大地改善了冷起动阶段的排气质量。

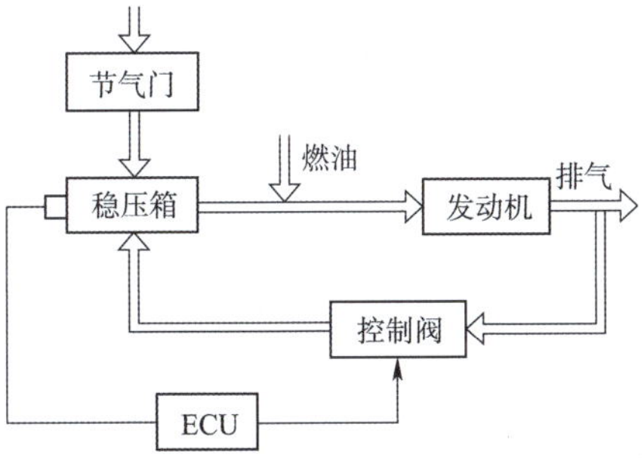

图 4-2-10　具有 EGR 率反馈信号的闭环控制系统

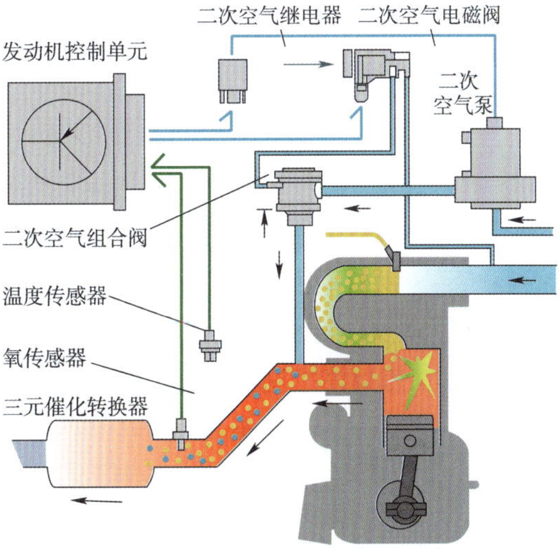

图 4-2-11　二次空气供给系统结构原理图

1)组成

二次空气供给系统包括:发动机控制单元、二次空气继电器、二次空气电磁阀、二次空气泵、二次空气组合阀、温度传感器、氧传感器和三元催化转换器等部件。

2)二次空气电磁阀

二次空气电磁阀是一种电控气动阀,如图4-2-12所示。该阀由ECU来激活,用于控制组合阀。当ECU激活二次空气电磁阀时,进气管来的真空经二次空气电磁阀进入组合阀。当ECU断开二次空气电磁阀的电路时,大气经二次空气电磁阀进入组合阀。

3)组合阀

组合阀的结构如图4-2-13所示。在来自二次空气电磁阀的真空作用下,组合打开。在来自二次空气电磁阀的大气作用下,组合阀关闭。

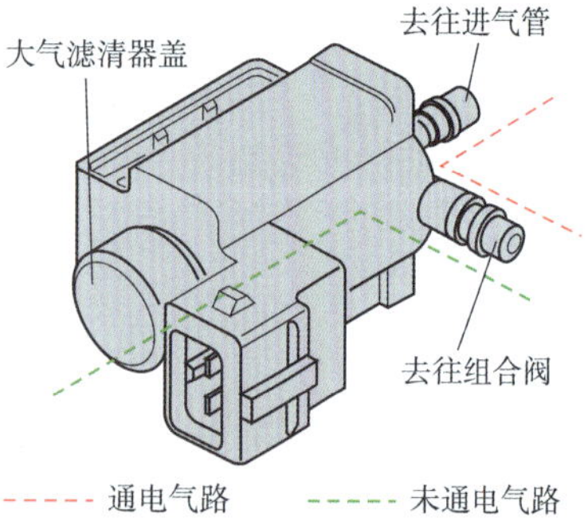

图4-2-12 二次空气电磁阀

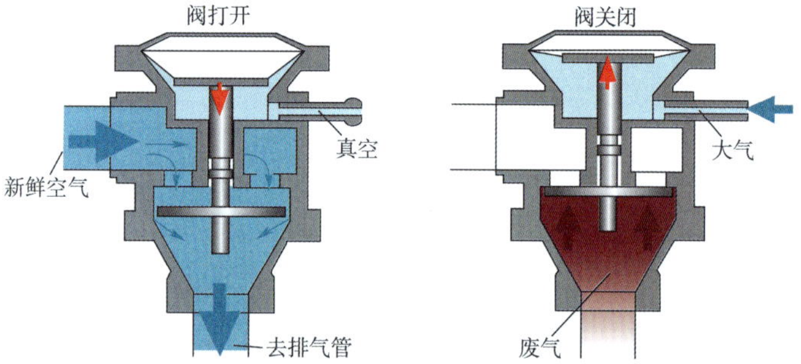

图4-2-13 二次空气组合阀

二次空气供给系统的工作原理:发动机中ECU激活二次空气供给系统,控制二次空气电磁阀,并通过真空度驱动机械阀门开始工作。发动机起动后,经过滤清器的空气通过二次空气泵直接被吹到排气门后,二次空气泵的电源由继电器供给,二次空气泵的作用是在很短时间内将空气压进排气门后面的废气中。二次空气供给系统未工作时,热的废气将停止在组合阀门处,阻止进入二次空气泵。

在控制过程中,自诊断系统同时进行着检测。由于废气中所含氧气量的增加导致氧传感器电压降低,所以,氧传感器必须处于工作状态。二次空气供给系统在正常工作时,氧传感器将检测到极稀的混合气。

二次空气供给系统只是部分时间内起作用,具体在以下两种工况下工作:冷起动后或热起动后怠速,见表4-2-1。

二次空气供给系统工作状况表 表4-2-1

状态	冷却液温度	工作时间(s)
冷起动后	5~33℃	100
热起动后怠速	直到最高96℃	10

2.4 曲轴箱通风系统

2.4.1 曲轴箱通风系统的作用

发动机在工作时,有部分可燃混合气和燃烧后的废气会经汽缸、活塞环窜入曲轴箱内,曲轴箱通风系统的主要作用是回收窜气，防止机油变质，避免曲轴油封和衬垫渗漏，减少对大气的污染。

2.4.2　曲轴箱通风系统的组成及工作原理

发动机曲轴箱通风方法有两种，一种采用自然通风法，一种采用强制通风(Positive Crankcase Ventilation，PCV)法。

自然通风法将废气直接排入大气中，不但会造成燃料的浪费，还会增加大气污染，并且通风的效果也不好。

强制通风法利用发动机进气管道内的真空作用，使曲轴箱内的气体强制吸入汽缸中，提高了发动机的燃油经济性，避免了污染环境，被现代汽车广泛采用。

曲轴箱强制通风系统是由进气滤清器(通常与发动机的空气滤清器合用一个)、进气管、出气管、PCV 阀等组成，如图 4-2-14 所示。

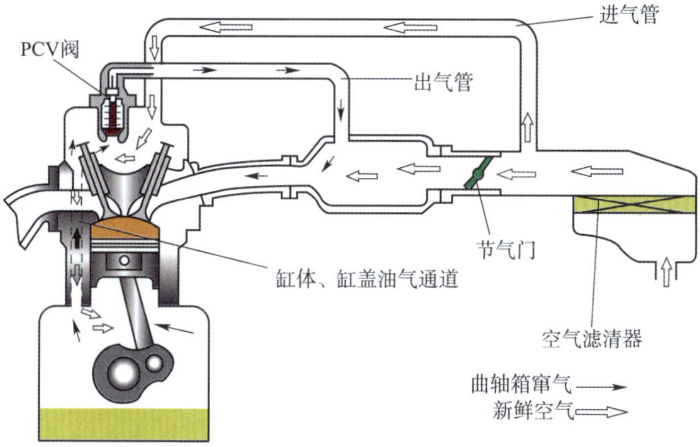

图 4-2-14　曲轴箱强制通风系统

发动机在工作时，新鲜空气经空气滤清器进入气门室罩盖内，进入曲轴箱与曲轴箱内窜气混合，曲轴箱窜气经过缸体与缸盖的油气通道，再经罩盖上的 PCV 阀后，通过出气管进入进气管中。因此，有适量的窜气在汽缸内再次燃烧。

PCV 阀(图 4-2-15)可防止发动机怠速和小负荷工况时过多的气体未经计量进入汽缸，造成空燃比失调。因此，它的主要作用是调节发动机怠速、中小负荷和大负荷时的通风强度。发动机在不同工况时，PCV 阀的工作情况如图 4-2-16 所示。图 4-2-16a)表示发动机在怠速时，进气管内真空度最大，阀芯被吸压靠向阀座，因此，曲轴箱中的窜气只能通过阀的缝隙或小孔通过，流量较小，保持怠速稳定；图 4-2-16b)表示在中等负荷时，进气管内真空度下降，阀芯在弹簧的作用下离开阀座，使通风量适当加大，保证曲轴箱内的气体及时抽出和新鲜冷空气的进入；图 4-2-16c)表示在大负荷时，进气管内的真空度已很小，阀芯完全打开，通风量最大，曲轴箱内的新旧气体大量对流。

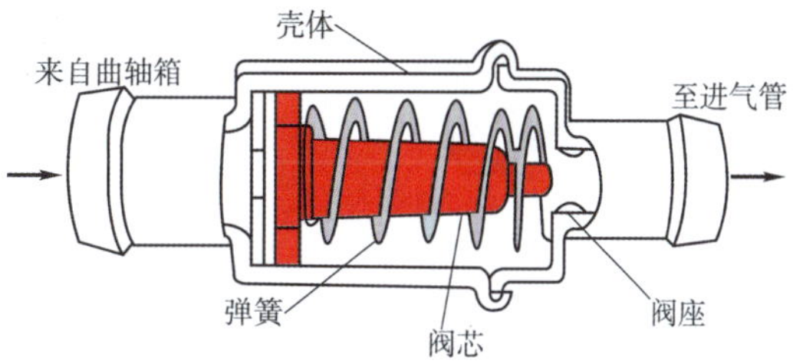

图 4-2-15　PCV 阀的结构

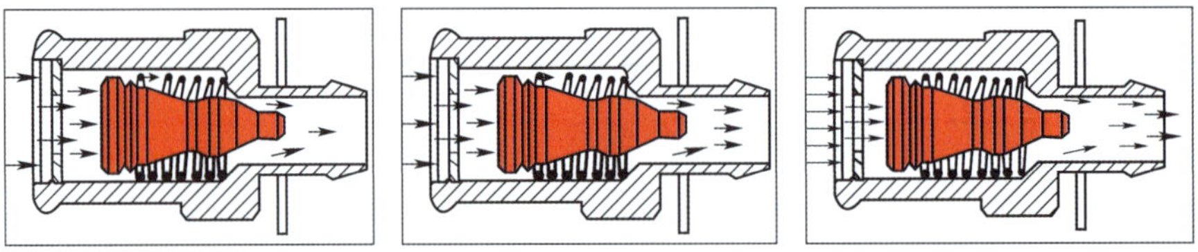

图 4-2-16　PCV 阀的工作情况

PCV 阀还有止回功能,一旦发动机出现"回火"现象,阀芯即被反向关闭,防止曲轴箱内的废气被点燃发生爆炸。

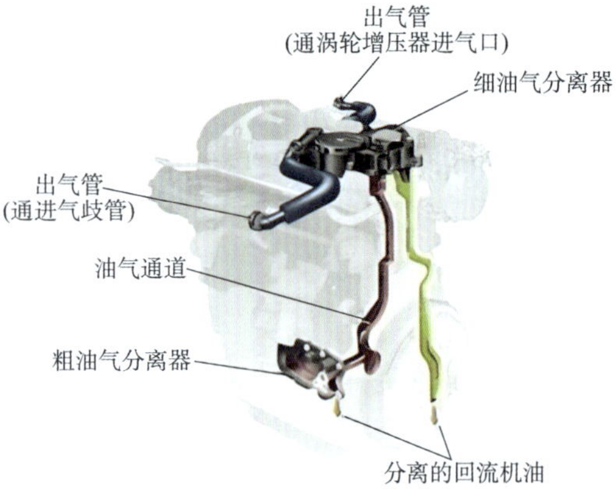

图 4-2-17　带涡轮增压器发动机的 PCV 系统结构

具有涡轮增压器的车型上装配的曲轴箱强制通风系统,因进气管内并不常保持负压状态,在增压器投入工作时甚至处于正压状态,若只采用一根连接进气管的出气管,会导致曲轴箱通风装置在发动机处于增压工况时,不能进行正常通风。因此,在这样的车型上,曲轴箱通风出气管分为两根(图 4-2-17),一根通向进气歧管,另一根通向涡轮增压器进气口处。

在细油气分离器内,两根管路上设有两个止回阀,当发动机在怠速和小负荷工况时,曲轴箱蒸气由进气管进入,如图 4-2-18a)所示;在中高负荷工况时,曲轴箱蒸气由涡轮增压器进气口进入,如图 4-2-18b)所示,保证了曲轴箱的正常通风。

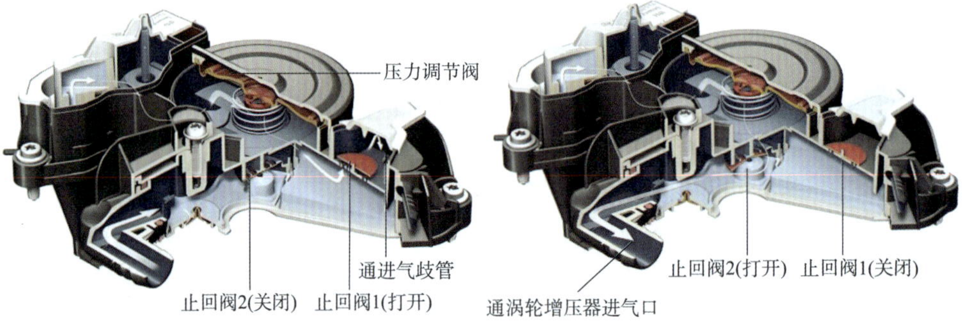

图 4-2-18　带涡轮增压器发动机的 PCV 系统工作情况

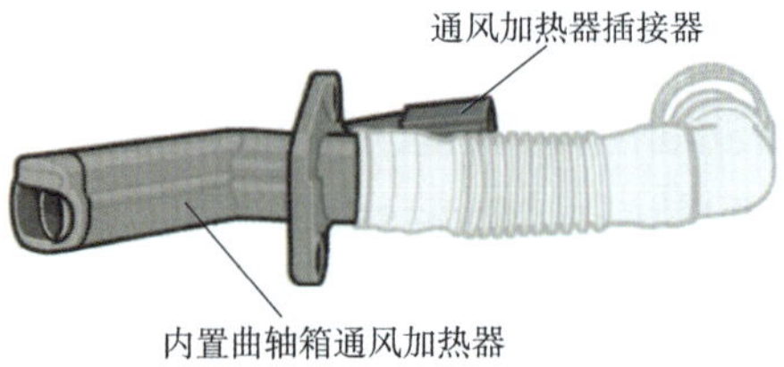

图 4-2-19　曲轴箱强制通风加热器

发动机处在冷机状态运行时,从曲轴箱来的低温机油蒸气可能会在通风管路及节气门阀板和内壁上凝结、沉积并固化,吸入很冷的空气还可能窜气结冰,这些可能导致通风系统出现堵塞现象,也会造成节气门阀板发生轻微粘连现象。为此,有的汽车在曲轴箱通风管路上设置了加热器(图 4-2-19),对通过的机油蒸气和冷空气进行加热。

3　任务实施

3.1　准备工作

阅读维修手册，列出所需工具、仪器和设备，制订检测方案。

3.2　操作流程

1）一般检查

怠速时，拆下 EGR 阀上的真空软管，发动机转速应无变化，用手触试真空管口，应无吸力。转速达 2500r/min 以上，同样拆下此真空软管，发动机转速应明显升高（中断了废气再循环）。

2）检查 EGR 电磁阀

在冷态下测量电磁阀电阻，阻值应为 33～39Ω。如图 4-2-20 所示，电磁阀不通电时，从通进气管侧的软接头吹入空气时应畅通，从通大气的滤网处吹入空气时应不通；通电时，与上述刚好相反。

大众车系废气再循环电磁阀 N18 的检查方法如下：

（1）真空测试仪检测电磁阀真空度，开始无真空，电磁阀开始工作后将有真空产生。

（2）可以在 08 数据块中读取废气再循环显示值。通过诊断仪进入发动机控制单元，发动机以中小负荷运转，读取数据块 076。

（3）电磁阀本身电阻标定值为 14～20Ω。

3）检查 EGR 阀

如图 4-2-21 所示，用手动真空泵给 EGR 阀膜片上方施加约 15kPa 的真空度时，EGR 阀应能开启；不施加真空度时，EGR 阀应完全关闭。

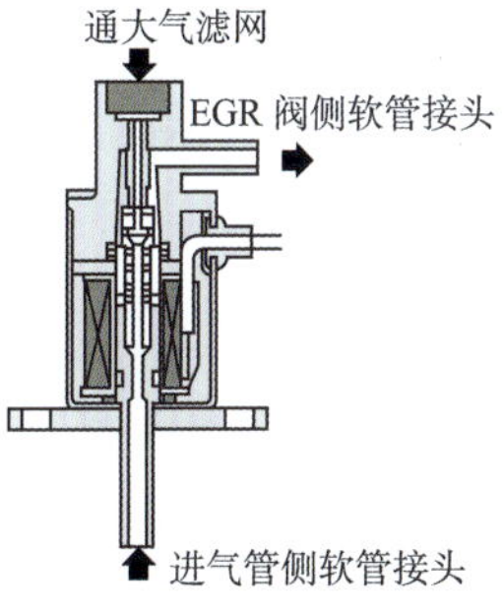

图 4-2-20　EGR 电磁阀的检查

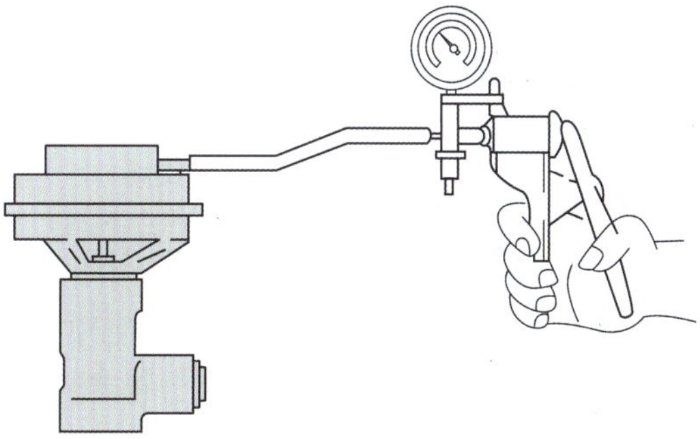

图 4-2-21　EGR 阀的检查

复习与思考题

1. 叙述废气再循环系统的功用。
2. 叙述 EGR 阀的结构和工作原理。
3. 叙述废气再循环系统的工作原理。
4. 叙述二次空气供给系统的功用和工作原理。

任务三 更换涡轮增压器

1 任务引入

对装配有涡轮增压器的发动机,如果出现下列情况之一:

(1)发动机高速动力不足,有故障码。

(2)烧机油。

经检查怀疑为涡轮增压器的故障,需对涡轮增压器进行更换;或当涡轮增压器达到了厂家规定的使用寿命周期时,也需对其进行更换。

2 相关理论知识

2.1 进气增压概述

进气增压就是将空气预先压缩后再供入汽缸,以提高进气密度,增加进气量。进气量的增加,可相应地增加循环供油量,从而增加发动机的功率,一般可增加发动机功率10% ~60%,甚至成倍增加。同时,还可以改善燃油经济性,降低有害气体排放,其CO和HC的排放仅为非增压发动机的1/3 ~1/2。

汽车上采用增压技术越来越广泛,其主要有以下几个优点:

(1)能够提高发动机的功率。

(2)降低发动机油耗和质量。

(3)减轻发动机排气污染等。

进气增压的方法有废气涡轮增压、机械增压和进气谐波增压等。其中以废气涡轮增压技术最为成熟,效率也高,应用最广。

2.2 废气涡轮增压系统

废气涡轮增压系统主要由涡轮增压器、旁通阀和中冷器等组成,如图4-3-1所示。废气涡轮增压系统是利用发动机排出的废气惯性冲力来推动排气涡轮,并带动同轴另一侧的进气涡轮一同旋转,进气涡轮压送由空气滤清器管道送来的空气,使之增压进入汽缸,以增压汽缸的进气量。

当发动机转速升高,废气排出速度与涡轮转速也同步升高,压气机叶轮就压缩更多的空气进入汽缸,空气的压力和密度增大,发动机可以燃烧更多的混合气,相应地增加了燃料的消耗量,提高了发动机的输出功率。一般而言,加装废气涡轮增压器后发动机的功率和转矩增加20% ~30%。

废气涡轮增压系统按有无旁通通道划分,可分为旁通式涡轮增压器和可调叶片式涡轮增压器两种。

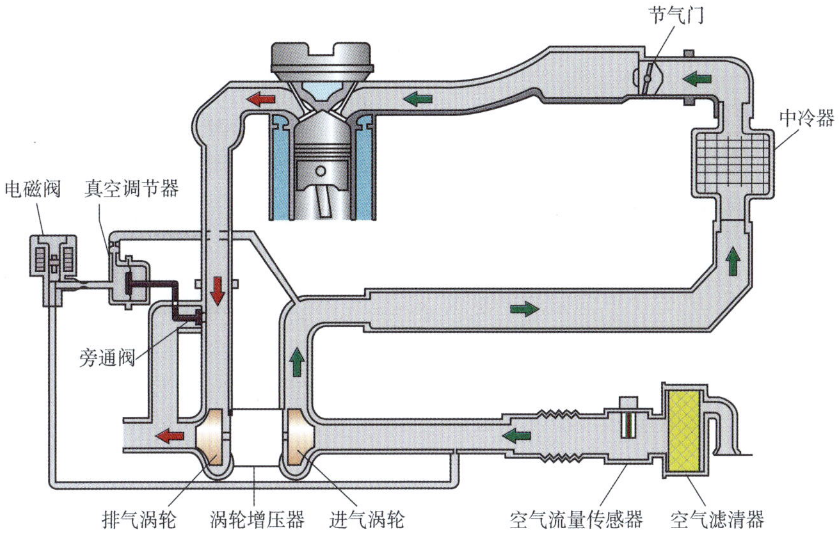

图 4-3-1　废气涡轮增压系统

2.2.1　旁通式涡轮增压器

1）旁通式涡轮增压器的结构

旁通式涡轮增压器由涡轮室、排气涡轮、增压室和进气涡轮组成，如图 4-3-2 所示。涡轮室进气口与排气歧管相连，排气口接在排气管上，增压室进气口与空气滤清器管路相连，出气口通过管路与中冷器相连。排气涡轮和进气涡轮分别装在涡轮室和增压室内，二者同轴刚性连接。在涡轮轴的壳体承孔内制有润滑油道，用以润滑涡轮轴。旁通阀安装在排气通道一侧。若旁通阀关闭，增压压力提高；若旁通阀开启，增压压力降低。

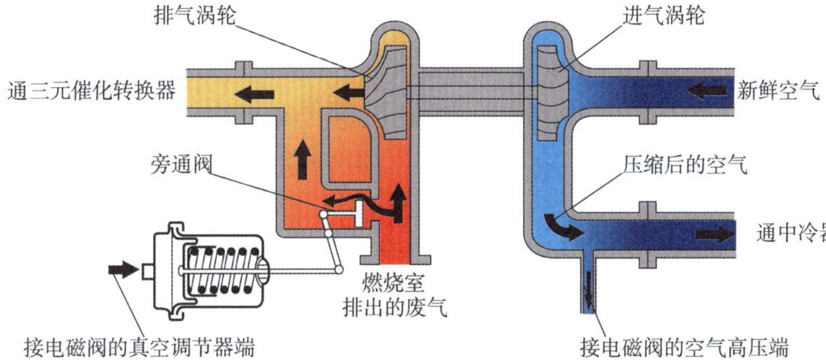

图 4-3-2　涡轮增压器

2）旁通式涡轮增压器的工作原理

如图 4-3-3 所示，从发动机排出的废气利用惯性冲力推动涡轮室内的排气涡轮，并通过涡轮轴带动同轴的增压室中的进气涡轮一同高速旋转。使进气涡轮将来自空气滤清器管路的空气进行压缩，使之增压进入汽缸。当发动机转速加快，废气排出速度与涡轮转速也同步加快，涡轮就压缩更多的空气进入汽缸，空气的压力和密度增大可以燃烧更多的燃料，相应增加喷油量和调整发动机转速，就可增加发动机的输出功率。

3）电磁阀

大众电磁阀 N75 的结构如图 4-3-4 所示。当电磁阀断电时，将大气压力端切断，增压压力端与压力罐端的通道接通。通电时,大气压力端与压力罐端的通道接通。

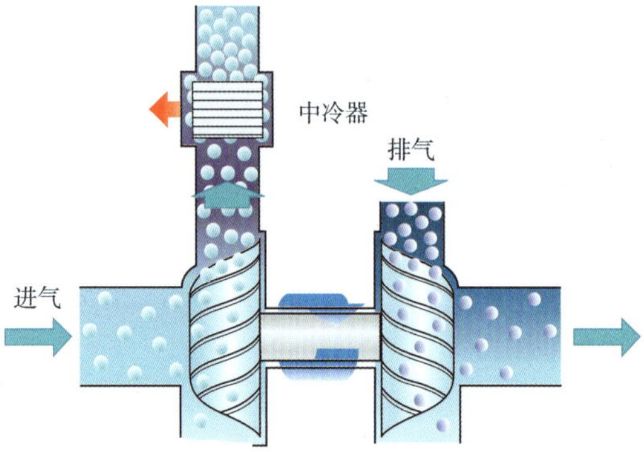

图 4-3-3 旁通式涡轮增压器的工作原理

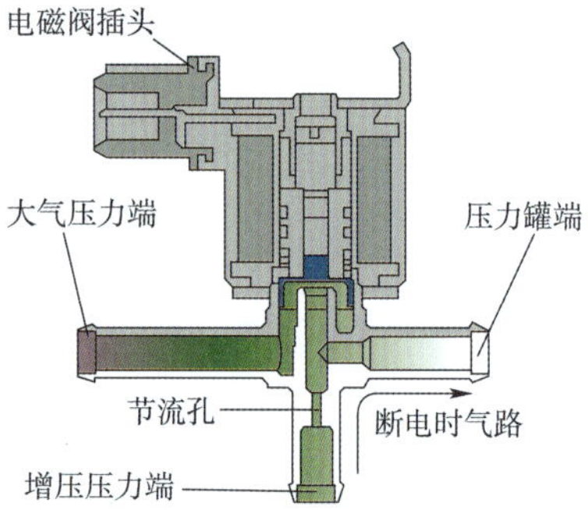

图 4-3-4 大众电磁阀 N75 的结构

4)旁通阀的控制方式

(1)真空调节器控制方式。

废气旁通阀与涡轮增压器相连,用于增压过高时旁通放气,如图 4-3-2 所示。在涡轮增压过程中,若压力过大会导致汽油发动机过分爆震,以至损坏发动机。废气旁通阀可使废气绕过排气涡轮,使其动力减少,降低增压效果。

若旁通阀关闭,废气全部流过排气涡轮,增压压力提高;若旁通阀开启,部分废气经旁通阀通道直接排出,增压压力降低。因此,通过旁通阀的开闭可实现系统的压力控制。

旁通阀的开启和关闭,由 ECU 通过电磁阀 N75 和真空调节器控制来实现。受工作温度的限制,系统采用气动式真空调节器操纵旁通阀,而不是直接用电磁阀控制。当 ECU 输出低电平信号时,电磁阀不动作(断电状态),大气压力端通道被切断,增压压力端与真空调节器的气室通道接通,使真空调节器的真空腔(图 4-3-2 中的膜片左侧腔室)产生真空,使膜片两侧产生压力差,膜片在弹簧弹力的作用下向左移动,通过传动机构带动旁通阀右移,使旁通阀关闭。当 ECU 输出高电平信号使电磁阀动作(通电),大气压力端与真空调节器的气室通道接通,膜片在高压空气的作用下向右移动,旁通阀打开。

(2)增压压力调节器控制方式。

①组成与结构。

增压压力调节器由调节电动机、增压调节器位置传感器、旁通阀操纵杆等组成,其结构如图 4-3-5、图 4-3-6 所示。为使调节尽可能精确,增压系统中安装了两个各带有进气温度传感器的压力传感器。

②原理。

由于对旁通阀的操控不受增压压力的影响,因此,可在低负荷/低转速区开启旁通阀,基础增压压力下降,发动机根据增压变化进行微量调节处理。

当发动机达到额定增压压力之前,旁通保持关闭状态,如图 4-3-7a)所示。当发动机一旦达到额定的增压压力,旁通阀即被调节到额定/实际增压压力所需要的位置上,即旁通阀保持开启状态,如图 4-3-7b)所示。

旁通阀的开启与关闭由发动机的 ECU 对增压压力调节器的调节电动机进行控制来完成。

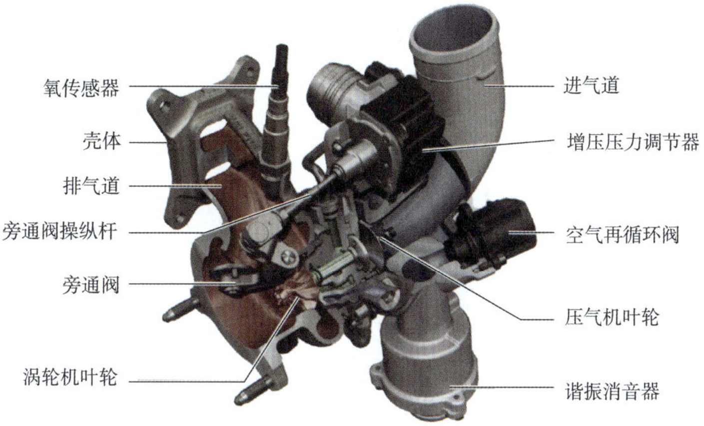

图 4-3-5　带增压压力调节器的废气涡轮增压器

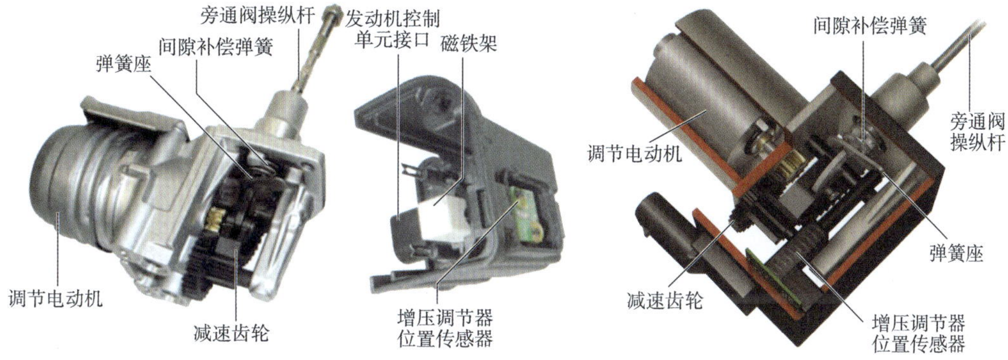

a) 实物　　b) 3D图

图 4-3-6　增压压力调节器的结构

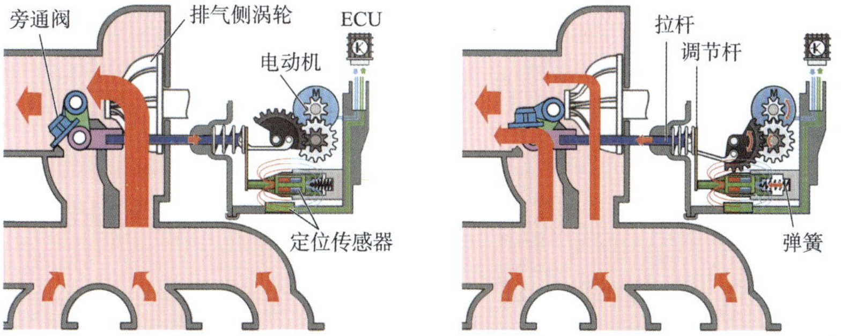

a) 旁通阀关闭　　b) 旁通阀开启

图 4-3-7　增压压力调节器的工作原理

发动机控制单元 ECU 根据带进气温度传感器 1 的进气歧管压力传感器、带进气温度传感器 2 的增压传感器、发动机控制单元内部的环境压力传感器和增压调节器位置传感器传递来的信号对增压压力进行计算。

带进气温度传感器 1 的进气歧管压力传感器的信号，是发动机控制单元计算增压空气冷却器后面的进气管内的空气质量的依据。根据计算出的空气质量，按照特性曲线对增压压力进行调整并将其提升到最高 0.21MPa(绝对值)。

带进气温度传感器2的增压传感器的信号,用于对增压压力进行调节和监控。当温度过高时,根据进气温度传感器2提供的信号向下调节增压压力以保护部件。

环境压力传感器信号用来测试环境压力。对吸入空气的密度进行监控,它对增压压力的调节起修正作用。

增压调节器位置传感器的信号用于对增压压力调节器的旁通阀操纵杆的位置和移动进行调节和监控,使增压压力调节控制的更精准。

ECU根据最后的计算结果向调节电动机发出控制信号,调节电动机借助于减速机构和旁通阀操纵杆驱动旁通阀开启和关闭。在下机械止点时,由旁通阀座上的外止点限制这个运动;在上机械止点时,由壳体内的减速机构挡铁来限制运动。

旁通阀操纵杆在其长度方向可以调节,因此,在更换了增压压力调节器后,可以调节旁通阀的位置。

5)增压空气冷却器

增压空气冷却器也称中冷器,它是一个热交换设备,一般安装在涡轮增压器和进气歧管之间。气流从涡轮增压器出来之后,在进入汽缸之前,要经过增压空气冷却器冷却降温,使气体体积减小,密度增大,使更多的空气进入汽缸,使得发动机功率增大。同时,冷却的气体还可以降低进入燃烧室的混合气温度,这有利于抑制发动机爆震和提高发动机的输出功率。

2.2.2 可调叶片式涡轮增压器

可调叶片式涡轮增压器是在普通涡轮增压器的结构基础之上改进而来的,它用可调叶片取代了普通涡轮增压器的旁通阀,并控制作用在涡轮上的气流量。这种增压器多用于柴油机,如宝来1.9L TDI和奥迪2.5L TDI发动机上。

1)组成

可调叶片机构由叶片、支承圈、导销、调整圈、控制杆系和低压箱等组成,其结构如图4-3-8所示。叶片的转动是通过控制杆系导向销、低压箱驱动调整圈来实现的。

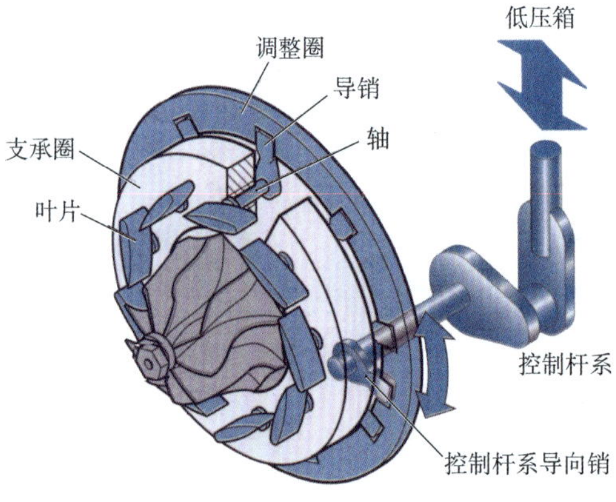

图4-3-8 可调叶片式涡轮增压器的结构

2)工作原理

为在发动机低速和满负荷工作时迅速产生足够的充气压力,叶片转动使进气口变小,如图4-3-9所示。进气口变小后,废气流速增大,从而提高了涡轮转速。这样在发动机转速很低时,涡轮转速仍很高,仍能产生足够的充气压力,同时废气的背压也比较高。

如果要减小充气压力,可转动叶片,增大废气流量,使所有废气均作用于涡轮,如图4-3-10所示。进气口增大,废气背压降低,从而保证涡轮转速及充气压力恒定不变。最大叶片角度(也就是进气口截面最大)同时也是紧急情况时的叶片角度。

(1)叶片角度小时的真空度控制。

发动机控制单元操纵电磁阀产生真空,真空达到最大,并作用到低压箱上。叶片调至某个小角度时,可迅速产生最大充气压力,如图4-3-11所示。

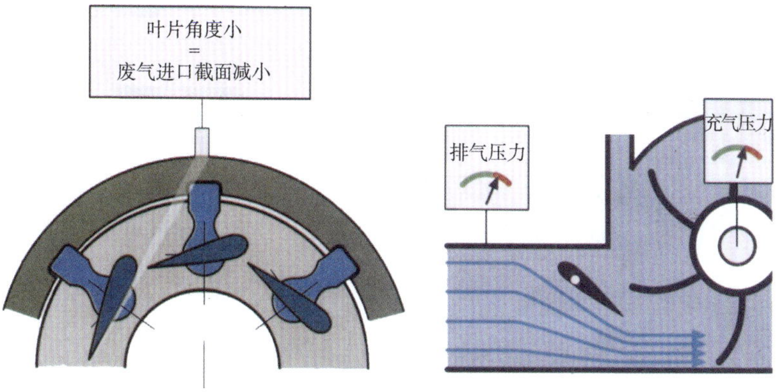

图 4-3-9　叶片小角度状态

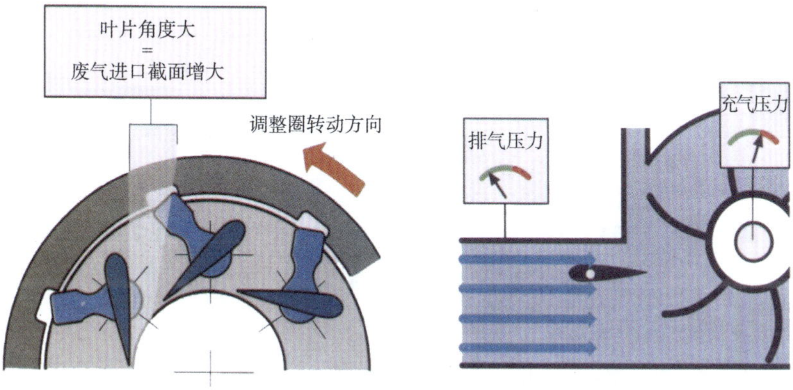

图 4-3-10　叶片大角度状态

(2)叶片角度大时的真空度控制。

电磁阀不通电流,大气压力直接作用到低压箱上,叶片调至某个大角度时,叶片该位置也是紧急情况时的位置,如图 4-3-12 所示。

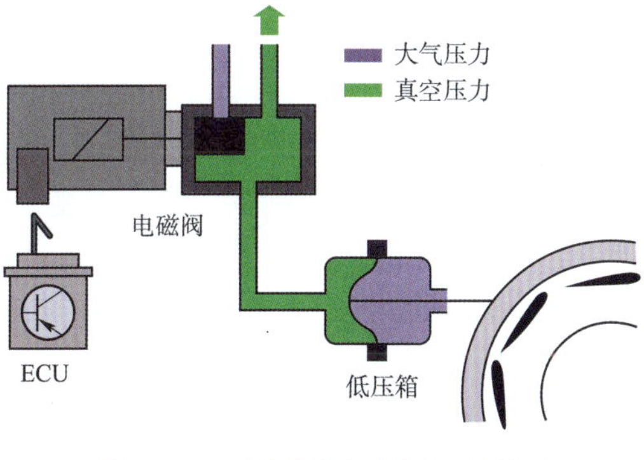

图 4-3-11　叶片角度小时的真空度控制

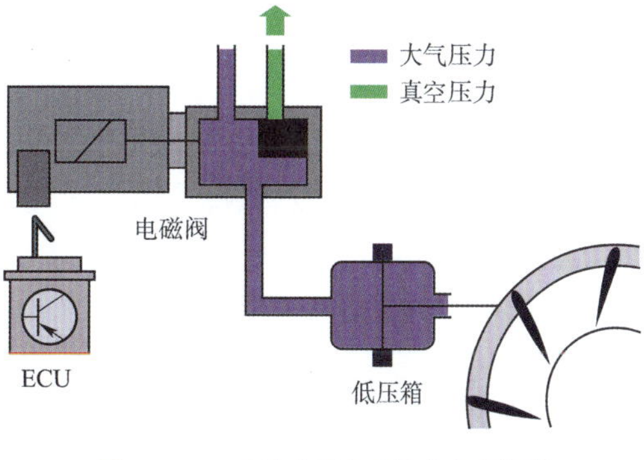

图 4-3-12　叶片角度大时的真空度控制

(3)叶片角度处于中间状态时的真空控制。

为适应轿车行驶条件,发动输出功率必然时大时小,因此,涡轮增压器必须能随时产生最佳充气压力。这时所产生的真空度根据速度及负荷将叶片角度调整到最佳状态。通过驱

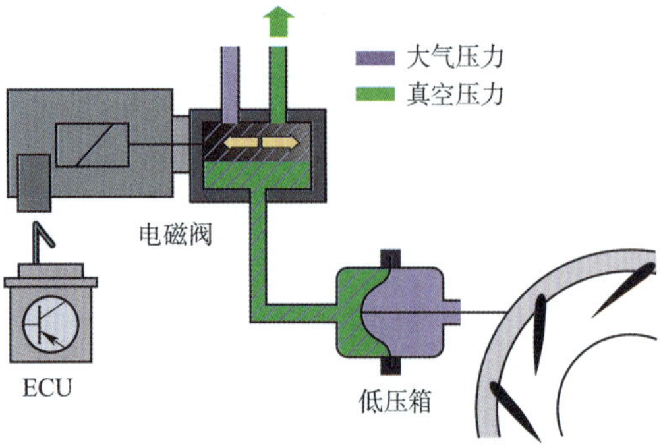

图 4-3-13　叶片角度处于中间状态时的真空控制

动电磁阀,将低压箱内的真空度调整到大气压力和最大可能真空度之间。发动机控制单元能迅速连续地响应变化中的行驶状况,因而不断改变叶片角度,适应所需充气压力要求,如图 4-3-13 所示。

2.3　机械增压器

1)组成与结构

机械增压器有罗茨式、双螺旋式和离心式三种。

罗茨式机械增压装置由驱动轴、传动轴、传动齿轮、同步齿轮、转子、旁通阀控制单元、扭力弹簧、中冷器等组成,其结构如图 4-3-14 所示。

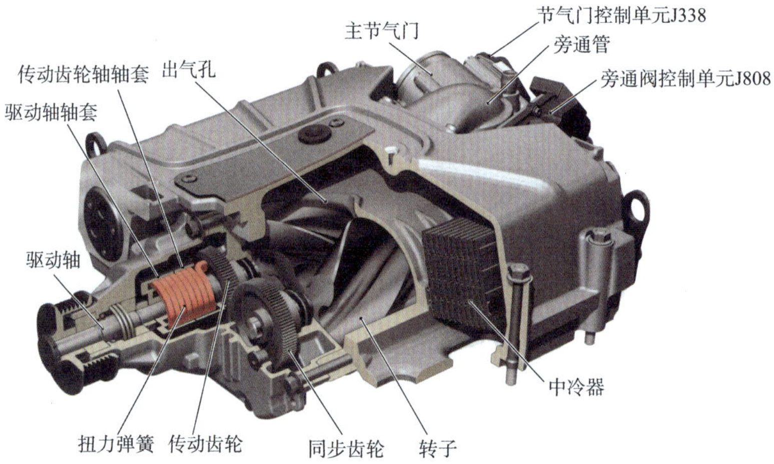

图 4-3-14　机械增压器的结构

罗茨式机械增压器的壳体为整体式的,其上集成有一个罗茨式增压器、一个电动调节阀(旁通翻板)、增压空气冷却器(两侧各一个),其底侧是通往各个汽缸的空气出口,如图 4-3-15所示。

罗茨式机械增压器的转子有两叶片式、三叶片式和四叶片式三种形式,目前应用最多的是四叶片式转子。四叶片式转子的叶片与纵轴呈 160°布置,如图 4-3-16 所示,供气更连续、波动更小。

机械增压器由曲轴皮带轮通过皮带来驱动,其传动比为 1∶2.5,增压器的最高转速可达 18000r/min。驱动轴与传动齿轮轴是通过去耦合元件来连接的。去耦合元件由驱动轴轴套、传动齿轮轴轴套和扭力弹簧组成。扭力弹簧套装在驱动轴轴套和传动齿轮轴轴套内,将驱动轴的转矩传递给传动齿轮轴。两个轴套承担着限制顺着或逆着增压器转动方向产生的振动作用。

旁通阀控制单元 J808 的功用是控制旁通阀的开闭,按发动机控制单元的规定值来调节增压压力,并将最大增压压力(绝对压力)限制在 0.19MPa。

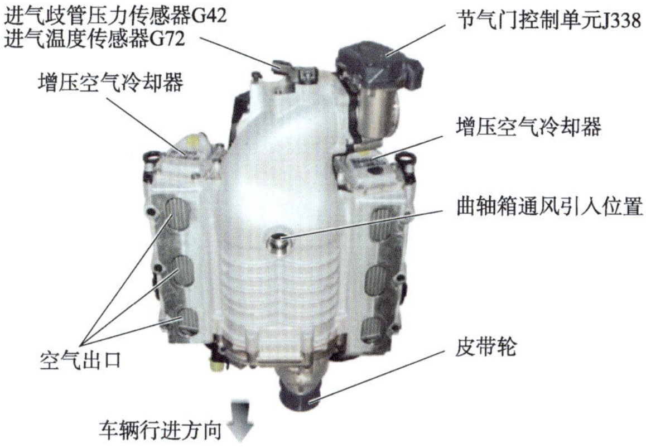

图 4-3-15　罗茨式机械增压器的壳体

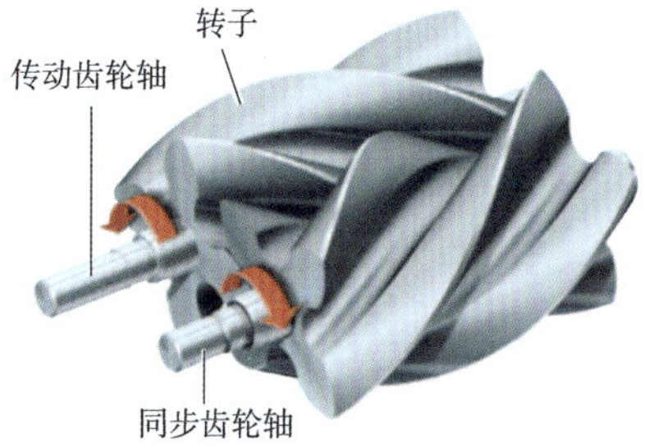

图 4-3-16　转子的结构

2)工作原理

机械增压器的工作原理如图 4-3-17 和图 4-3-18 所示。在发动机运转时,节气门控制单元 J338 和旁通阀控制单元 J808 对负荷的调节是相互协同起作用的。

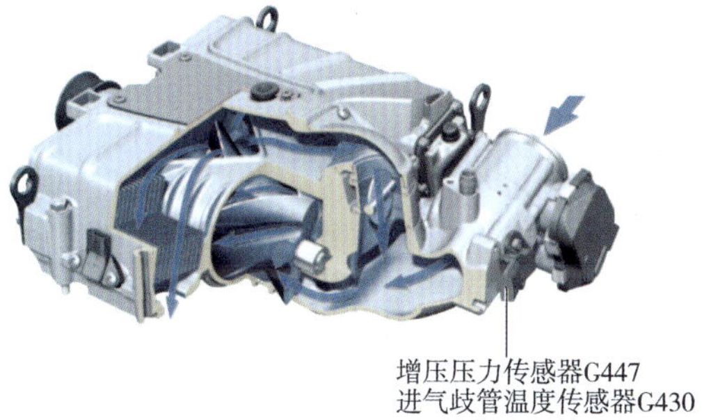

a) 部分负荷工况

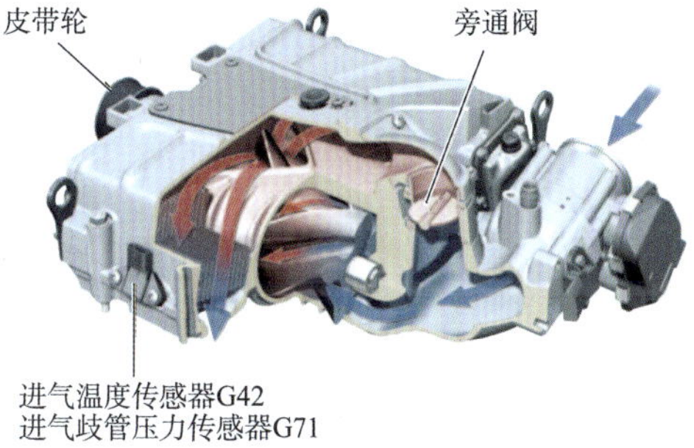

b) 全负荷工况

图 4-3-17　机械增压器工作原理

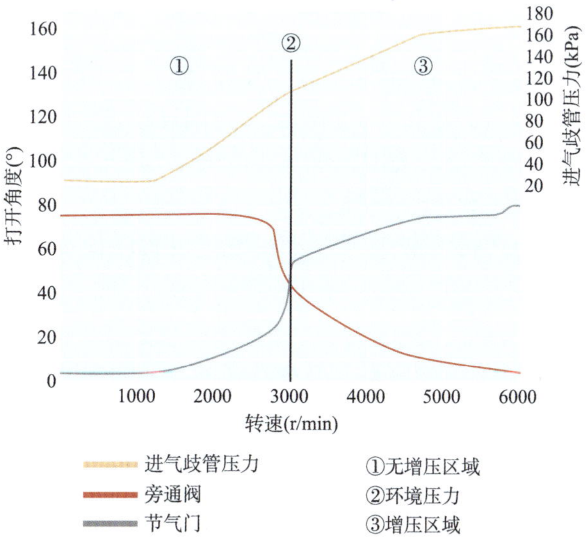

图 4-3-18　转速为 3000r/min 时的负荷断面图

当发动机部分负荷运转时,旁通阀打开,空气经节气门、增压器转子、中冷器,一部分流向发动机,另一部分经旁通阀流回进气侧。在此工况下,对发动机负荷的调节由节气门控制单元 J338 对节气门进行控制来完成。

当发动机全负荷运转时,旁通阀关闭,空气经节气门、增压器转子、中冷器全部流向发动机。在此工况下,节气门是完全打开的,对发动机负荷的调节由旁通阀控制单元 J808 对旁通阀进行控制来完成。

3 任务实施

3.1 废气涡轮增压系统检查

废气涡轮增压系统出现故障可能会造成很多问题,如发动机功率不足、排气管冒蓝烟或黑烟、机油消耗过大、涡轮增压器有噪声、涡轮密封润滑油泄漏等。引起涡轮增压器故障的主要因素有机油不足、机油中混入杂质和从进气口中吸入杂质等。为了防止这些故障的出现,对废气涡轮增压系统定期进行维护和检查是必要的。

1)发动机基本工作情况的检查

首先检查发动机基本工作条件、压缩和泄漏,以及点火系统和燃油供给系统。如果供油量和压力都正常,则再检查点火系统的击穿电压是否足以点燃由涡轮增压产生的高压混合气,点火时刻是否正确。

2)目测检查

目测软管、垫片和管道装配是否正确,有无损伤、磨蚀。如破损或变质,将使涡轮装置不能正常工作,导致增压过高或过低。

3)检查进气负压或空气滤清器真空泄漏情况

检查时可向进气系统注入丙烷,观察发动机转速和真空度,同时检测 HC 水平。丙烷通过漏气处,真空度和发动机转速会增加,HC 水平会下降。

4)检查涡轮增压器

(1)仔细观察增压涡轮和动力涡轮是否存在弯曲、破裂或过度磨损现象。

(2)检查涡轮壳体内部是否存在由于轴的摆动范围过量、进入脏物或润滑不当而造成的磨损或冲击损伤。用手旋转涡轮,手感阻力应是均匀的,不应过大,转动应无黏滞感,无擦伤或任何接触。

(3)由于对轴承间隙有严格要求,应按生产厂规定的程序检查轴向和径向间隙,若不符合要求,则更换涡轮增压器。

3.2 准备工作

阅读维修手册,列出所需工具、仪器和设备,制订检查、拆装方案,领取备品。

3.3 操作流程

(1)断开蓄电池接线。

(2)排空冷液。

(3)拆卸相应的软管。

(4)拆卸隔热板。

(5)拆卸与增压器连接的排气管。

(6)拆卸增压器。

(7)按拆卸相反的顺序进行安装。

3.4 操作提示

(1)在断开蓄电池前,要检查车辆是否装有编码的收音机设备。若有,要查询并记录其防盗编码。

(2)如果发现涡轮增压器有机械损坏现象,简单地更换涡轮增压器是不够的,还应进行如下检查:

①检测空气滤清器外壳、空气滤清器芯和进气软管是否存在污垢。

②检测整个增压空气段和增压空气冷却器是否有异物。

(3)如果在增压空气系统中发现有异物,则必须清洁增压空气段,必要时更换增压空气冷却器。

(4)在安装涡轮增压器时,应按规定力矩拧紧螺栓。

(5)必须更换密封垫、密封环和自锁螺母。

(6)通过进油管道的管接头给废气涡轮增压器注满机油。

(7)安装后,让发动机运转 1min,以确保涡轮增压器的供油。

(8)用符合规定的软管卡箍卡住所有软管连接。

知识拓展

涡轮增压器使用注意事项

必须在发动机的温度降至室温后再拆卸废气涡轮增压器,以防烫伤。在交车前,应向车主交代延长涡轮增压器工作寿命的预防性措施。

(1)在发动机润滑油压力建立以前,必须使发动机保持在怠速状态。建议驾驶人起动发动机后应先怠速运行 3 ~ 5min。

(2)在发动机停车之前,要使其温度和转速逐步地从最大值降下来。建议驾驶人在停机前应先怠速运行 3 ~ 5min。

(3)预先润滑涡轮增压器。

(4)低温时起动发动机必须谨慎。

(5)要避免发动机长时间的怠速。

复习与思考题

1. 叙述旁通式涡轮增压器的结构和工作原理。
2. 叙述增压压力定位器的组成和工作原理。
3. 叙述可调叶片式涡轮增压器的工作原理。
4. 叙述罗茨式机械增压器的工作原理。

知识点思维导图

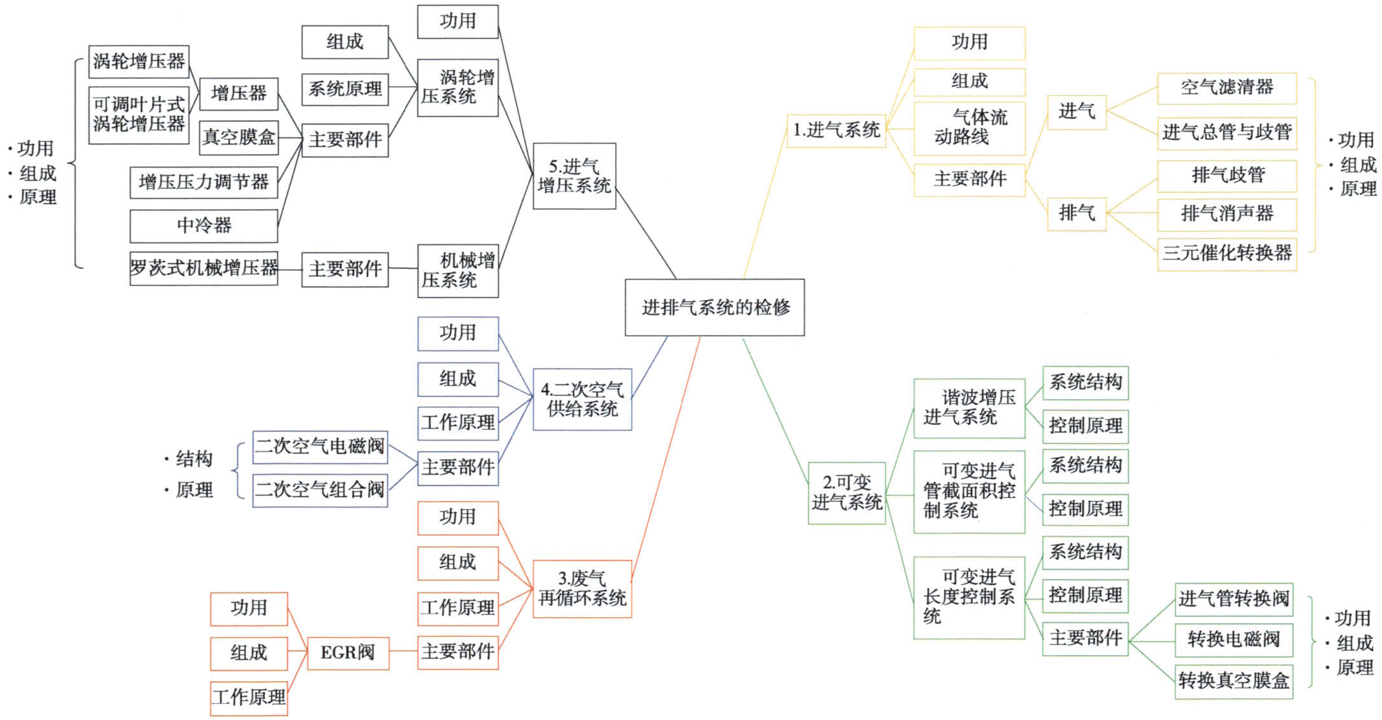
进排气系统的检修
1.进气系统
功用
组成
气体流动路线
主要部件
进气
排气
空气滤清器
进气总管与歧管
排气歧管
排气消声器
三元催化转换器
·功用
·组成
·原理
2.可变进气系统
谐波增压进气系统
可变进气管截面积控制系统
可变进气长度控制系统
系统结构
控制原理
系统结构
控制原理
系统结构
控制原理
主要部件
进气管转换阀
转换电磁阀
转换真空膜盒
·功用
·组成
·原理
3.废气再循环系统
功用
组成
工作原理
主要部件
EGR阀
功用
组成
工作原理
4.二次空气供给系统
功用
组成
工作原理
主要部件
二次空气电磁阀
二次空气组合阀
·结构
·原理
5.进气增压系统
功用
涡轮增压系统
组成
系统原理
主要部件
增压器
涡轮增压器
可调叶片式涡轮增压器
真空膜盒
增压压力调节器
中冷器
机械增压系统
主要部件
罗茨式机械增压器
·功用
·组成
·原理

项目五

发动机管理系统主要元件的检修

学习目标

❖ 知识目标

1. 熟悉发动机管理系统各传感器和执行器的工作原理。
2. 掌握发动机控制单元的基本功能。
3. 了解常见传感器和执行器故障对发动机性能的影响。

❖ 技能目标

1. 能够使用万用表等工具检测传感器和执行器的性能。
2. 可以对发动机控制单元进行编程和匹配。
3. 能够根据故障码诊断并修复发动机管理系统元件故障。

❖ 素质目标

1. 树立不断学习新知识、跟进技术发展的意识。
2. 增强数据记录和分析的能力,确保维修准确性。
3. 培养遵守维修规范和数据保密的意识。
4. 学习先辈创新精神,紧跟技术发展。

目前,汽车上广泛采用发动机管理系统,以实现对发动机整机以及整车的综合控制,使发动机在最佳状态下工作,达到整车性能好、节约能源和降低尾气排放的目的。

任务一 检测与更换空气计量装置

1 任务引入

当发动机动力不足,油耗增加,有故障码或数据流分析超标时,需要对空气计量装置进行检测或更换。

2 相关理论知识

2.1 发动机管理系统简介

发动机管理系统(Engine Managment System,EMS)是以电子控制单元(ECU)为控制核心,以空气流量和发动机转速为控制基础,以喷油器、火花塞、节气门等为控制对象,来保证获得与发动机各工况相匹配的最佳混合气成分和点火时刻,降低污染物排放。

发动机管理系统由传感器、ECU和执行器三部分组成,各品牌汽车因其控制项目和结构上的差异,其部件在车上的位置也不尽相同。

2.2 空气计量装置

空气计量装置是测量发动机进气量的装置,它将发动机吸入的空气量转换成电信号送到ECU,作为决定喷油量和点火时间的基本信号之一。按检测空气量方式的不同,空气计量装置分为空气流量传感器和进气歧管绝对压力传感器。

在L型汽油发动机电控燃油喷油系统中,空气流量传感器是空气计量装置,安装在空气滤清器至节气门之间的进气通道上。因为采用直接测量方式,所以进气量的测量精度较高。

2.2.1 热线式空气流量传感器

1)结构

热线式空气流量传感器的主要测量元件是热线电阻,按其安装位置的不同,可分为两种:一种是将热线电阻安装在主进气道中,称为主流测量方式的热线式空气流量传感器;另一种是将热线电阻安装在旁通气道中,称为旁通测量方式的热线式空气流量传感器(图5-1-1)。主流测量方式的热线式空气流量传感器的结构如图5-1-1a)所示,主要由防护网、取样管、热线电阻(白金热线)、温度补偿电阻、控制电路板等组成。热线电阻和温度补偿电阻安装在主进气道中,控制电路板安装在流量传感器下方,防护网用于防止回火和脏物进入空气流量传感器。

2)工作原理

热线式空气流量传感器的工作原理如图5-1-2所示。安装在控制电路板上的精密电阻R_A和R_B与热线电阻R_H和温度补偿电阻R_K组成惠斯通电桥电路。当空气流经热线电阻时，热线电阻器温度降低，其相应的电阻值减小，使电桥失去平衡，若要保持电桥平衡，就必须增加流经热线电阻的电流，以恢复其温度和阻值。流经热线电阻的空气量（质量流量）不同，热线电阻的温度变化量和电阻值的变化量不同，为保持电桥平衡，流经热线电阻器的电流也相应变化。由于精密电阻器 R_A 的电阻值是一定的，流经精密电阻器 R_A 和热线电阻器的电流相等（两电阻器串联），所以精密电阻器 R_A 两端的电压随流经热线电阻的空气量相应变化，控制电路将精密电阻器 R_A 两端的电压输送给 ECU，即可确定进气量。

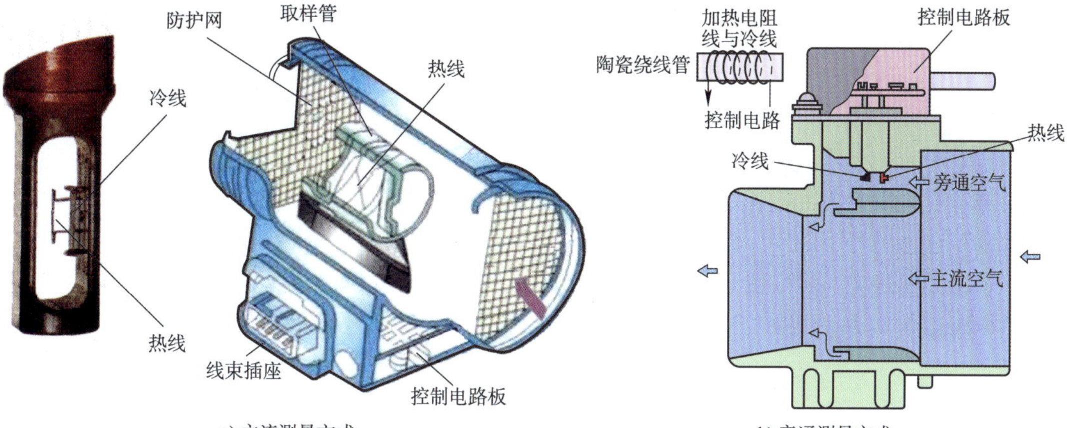

图 5-1-1　热线式空气流量传感器的结构

控制电路的作用是保持电桥平衡，即保持热线电阻器与感应进气温度的温度补偿电阻器之间的温度差不变。装用热线式空气流量传感器的电控燃油喷射系统，可直接测量进入发动机的空气质量流量，一般不需要根据进气温度信号对喷油时间进行修正。

为保证测量精度，热线式空气流量传感器一般都有自洁功能，发动机转速超过1500r/min，关闭点火开关使发动机熄火后，控制系统自动将热线电阻器加热到 1000℃ 以上并保持约 1s，以便将附在热线电阻器上的粉尘烧掉。

图 5-1-3 为热线式空气流量传感器电路。点火开关接通时，经主继电器给空气流量传感器的 E 端子提供蓄电池电压，空气流量信号经 B 端子输送给 ECU，A 端子为可变电阻器的输出端子，D 端子通过 ECU 搭铁，C 端子为直接搭铁端子。关闭点火开关时，ECU 通过 F 端子给空气流量传感器输送自洁信号。

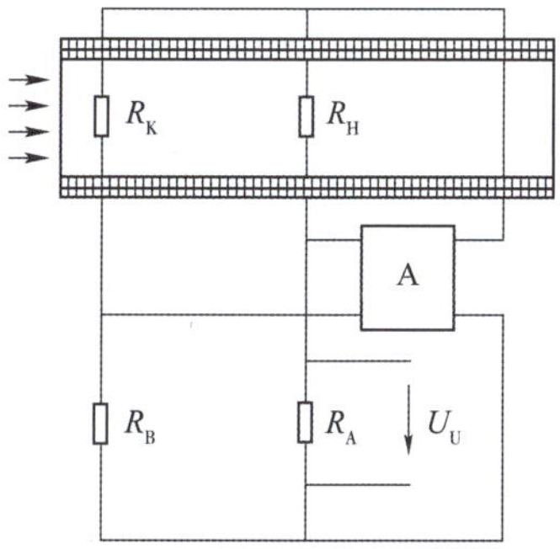

图 5-1-2　热线式空气流量传感器的工作原理

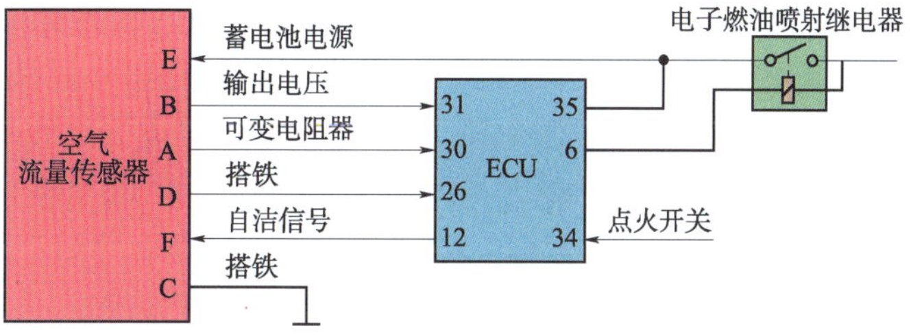

图 5-1-3　热线式空气流量传感器电路

2.2.2 热膜式空气流量传感器

热膜式空气流量传感器的结构、工作原理和检测方法与热线式空气流量传感器基本相同,其结构如图5-1-4所示。不同之处在于它把发热体由热线改为热膜(把发热金属铂固定在树脂薄膜上),这种结构可使发热体不直接承受空气流的作用力,从而增加了发热体的强度,提高了空气流量传感器的可靠性。

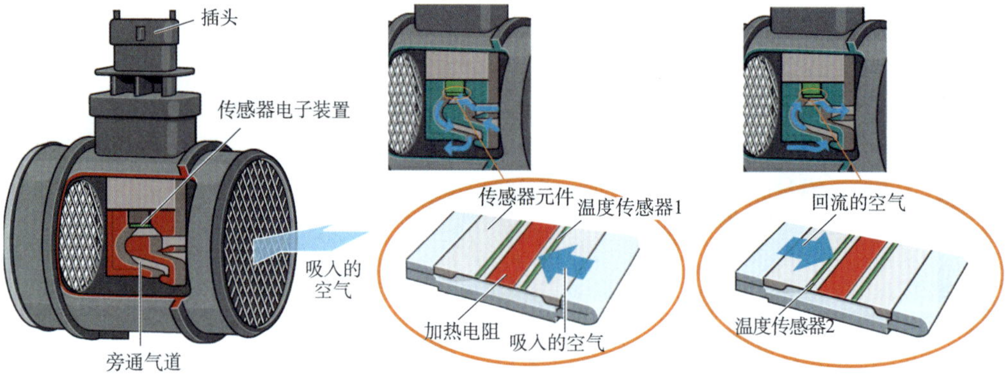

a) 结构　　b) 吸入空气的测量　　c) 气门关闭时回流空气的测量

图5-1-4　热膜式空气流量传感器

热线式和热膜式空气流量传感器的响应速度都很快,能在几毫秒时间内反映出空气流量的变化,其测量精度不会受到进气气流脉动(气流脉动在发动机大负荷、低转速时最为明显)的影响,测量精度高。热线式和热膜式空气流量传感器测量的是空气的质量流量,因而避免了因温度、海拔不同而引起的误差,因此,它们没有进气温度传感器,在控制程序里也不需要考虑温度和大气压力的影响。此外,它们还具有进气阻力小、无磨损部件和使用寿命长等优点。

2.2.3 卡门旋涡式空气流量传感器

1)卡门旋涡原理

在野外,当风吹过电线杆或电线时,均会发出“嗡嗡”声响,且风速越高,这种声音频率就越高。这是由于气流流过电线杆或电线时,在其后形成的旋涡所致,如图5-1-5所示。利用这一现象,在管道内设置柱状物(即涡流发生器),可使流过的空气流在其后产生空气涡流。空气流速与旋涡的频率的关系如下:

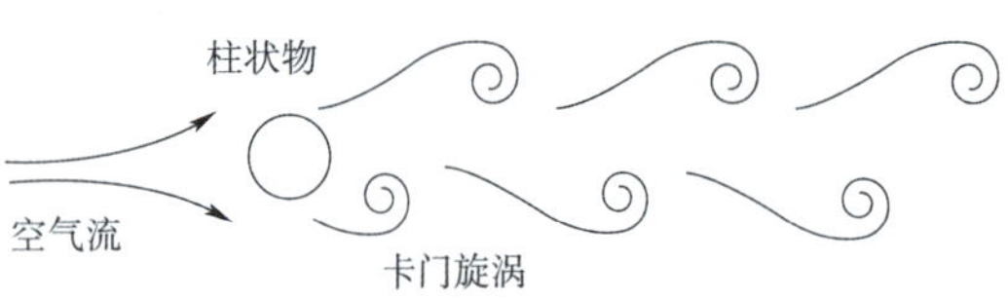

图5-1-5　卡门旋涡原理

$$v = d\frac{f}{S_1}$$

式中:v——空气流速,m/s;

d——旋涡发生器外径,m;

f——旋涡频率,Hz;

S_1——常数,约为0.2。

由上式可见,根据旋涡出现的频率就可以测量空气流量。

在汽车上,卡门旋涡式空气流量传感器通常与空气滤清器外壳安装成一体,按其检测方式的不同,可分为光学检测和超声波检测两种类型。

2)光学式卡门旋涡空气流量传感器

光学式卡门旋涡空气流量传感器由反光镜、发光二极管、光敏晶体管、导压孔、涡流发生器等部分组成,其结构与工作原理如图5-1-6所示。

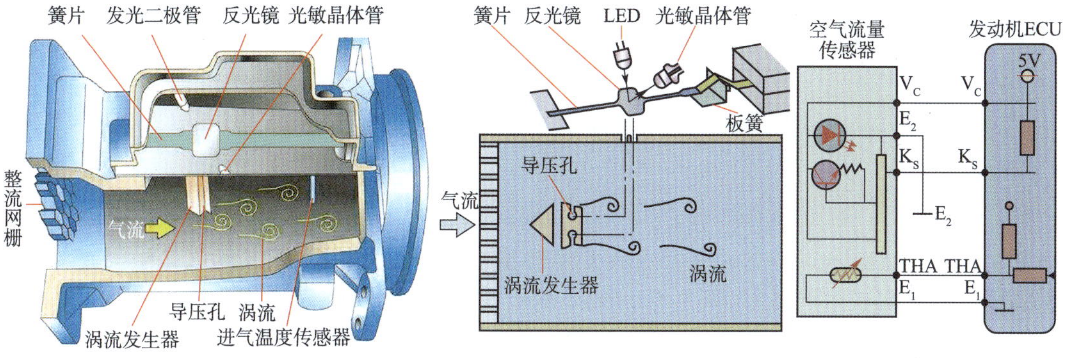

图5-1-6　光学式卡门旋涡空气流量传感器的结构与工作原理

在进气管道中间设有流线型或三角形的涡流发生器,当空气流经涡流发生器时,会在涡流发生器的后部产生有规律的卡门旋涡,从而导致涡流发生器周围的空气压力发生变化。变化的压力经导压孔引向金属膜制成的反光镜表面,使反光镜产生振动,其振动频率与涡流发生的频率相等,而涡流发生频率与空气流速成正比。反光镜再将发光二极管投射的光反射给光敏晶体管,通过光敏晶体管检测涡流发生的频率,并向ECU输送信号,ECU则根据此信号确定发动机的进气量(体积流量等于流速与流通截面积之积)。

3)超声波式卡门旋涡空气流量传感器

超声波式卡门旋涡空气流量传感器主要由超声波信号发生器、超声波发射探头、涡流稳定板、涡流发生器、整流器、超声波接收探头、转换电路等组成,如图5-1-7所示。当空气流经涡流发生器时,在其后部的超声波发射探头与超声波接收探头之间产生有规律的卡门旋涡。超声波发射探头不断地接收超声波信号发生器输送来的超声波信号,并将其转换成机械波。超声波接收探头安装在发射探头正对面,它利用压电效应将接收到的机械波转换成电信号输送给转换电路。因卡门旋涡对空气密度的影响,就会使机械波从发射探头传到接收探头的时间产生相位差。转换电路对此相位信号进行处理,就可得到与涡流发生的频率成正比的脉冲信号,即代表空气体积流量的电信号。

2.2.4　进气歧管绝对压力传感器(IMAPS)

在D型电控燃油喷射系统中,进气歧管绝对压力传感器是空气计量装置,它主要是通过测量进气管内的压力来间接测量发动机吸入的空气量。进气歧管绝对压力传感器一般安装在进气总管的末端附近。

进气歧管绝对压力传感器根据信号产生的原理可分为可变电感式、膜盒式、电容式和半导体压敏电阻式,现在应用最广泛的是半导体压敏电阻式和电容式。

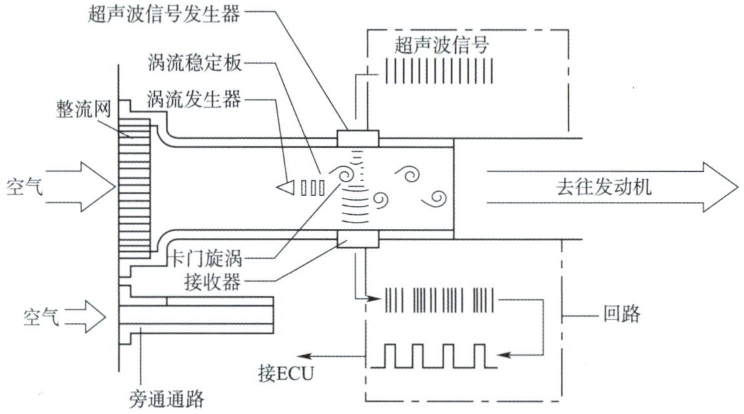

图 5-1-7　超声波式卡门旋涡空气流量传感器工作原理

半导体压敏电阻式进气歧管绝对压力传感器主要由真空室、硅片(压敏电阻)、滤清器、集成放大电路和壳体组成,如图 5-1-8 所示。

硅片是压力转换元件,在其表面的四周上,采用半导体 IC 技术和微加工技术,形成 4 个测量电阻,并按惠斯顿电桥法在硅片内部连接起来。它的一侧是真空室(绝对压力为 0),而另一侧承受进气管内的压力,在两侧压力差的作用下使硅片产生变形,进气管绝对压力变化时,硅片的变形量不同,其电阻值随其变形量而变化,导致硅片所处的电桥电路输出电压发生变化,电桥电路输出的电压(很小)经集成放大电路放大后输送给 ECU,电路原理如图 5-1-9所示。

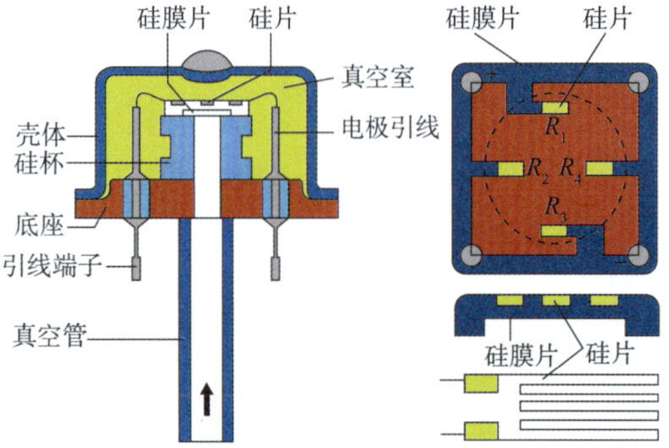

图 5-1-8　半导体压敏电阻式进气歧管绝对压力传感器的结构原理

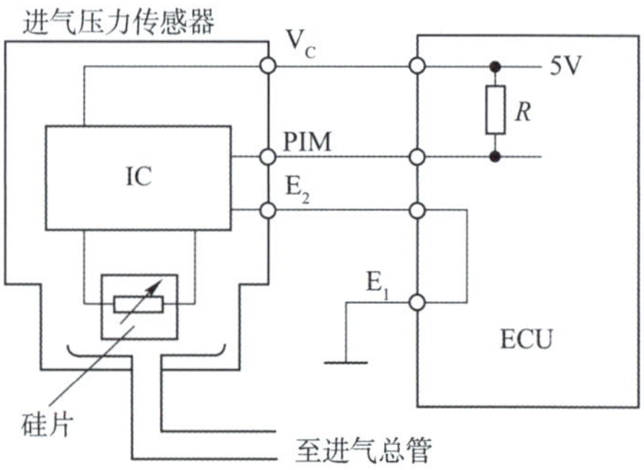

图 5-1-9　进气歧管绝对压力传感器的电路原理

当空气压力增加时硅膜片弯曲,引起电阻值的变化,其中 R_1 和 R_4 的电阻增加,而 R_2、R_3 的电阻则等量减少。这使电桥失去平衡而在两端形成电位差,从而输出正比于压力的电压信号。

丰田皇冠 3.0L 轿车 2JZ—GE 发动机进气歧管绝对压力传感器电路如图 5-1-9 所示,各端子名称及参数如下:

PIM——信号输出端子,即进气压力信号电压。

V_C——5V 电源端子。

E_2——传感器通过 ECU 搭铁。

2.3　温度传感器

2.3.1　进气温度传感器(IATS)

除装有热线(膜)式空气流量传感器的电控燃油喷射系统外,其他电控燃油喷射系统都不能直接测量发动机的实际进气质量,进气温度传感器的功用就是给 ECU 提供进气温度信号,作为燃油喷射和点火正时控制的修正信号。在装有热线(膜)式空气流量传感器的电控燃油喷射系统中,有些也装有进气温度传感器。

在 D 型电控燃油喷射系统中,进气温度传感器一般安装在空气滤清器内或进气总管内,或集成在进气歧管绝对压力传感器内;如图 5-1-10 为大众车系的进气歧管压力与进气温度传感器。在 L 型电控燃油系统中,进气温度传感器一般安装在空气流量传感器内。进气温度传感器的结构如图 5-1-11 所示,传感器壳体内装有一个热敏电阻,进气温度变化时,热敏电阻的阻值发生变化,一般采用随进气温度升高热敏电阻的阻值逐渐减小的这种负温度系数传感器。

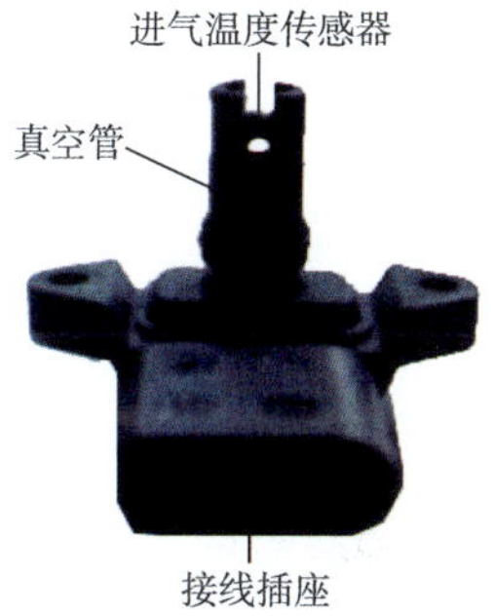

图 5-1-10　进气歧管压力与进气温度传感器

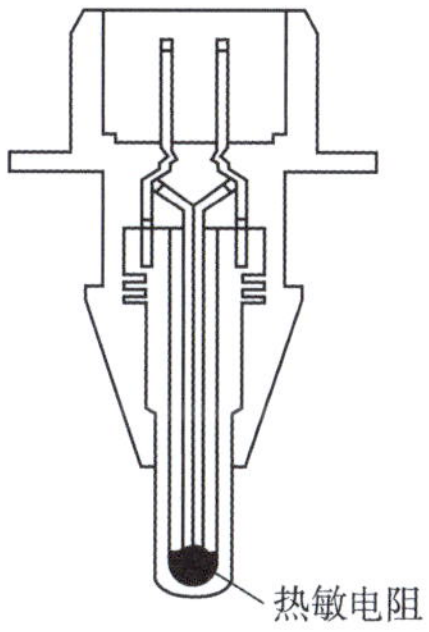

图 5-1-11　进气温度传感器的结构

进气温度传感器
3D 结构展示

2.3.2　冷却液温度传感器(ECTS)

冷却液温度传感器给 ECU 提供发动机冷却液温度信号,作为燃油喷射和点火正时控制的修正信号。冷却液温度传感器信号也是其他控制系统(如 EGR 等)的控制信号。

冷却液温度传感器一般安装在汽缸体上或水套出口处。冷却液温度传感器的结构、工作原理与进气温度传感器基本相同,其特性也完全相同。

3　任务实施

3.1　空气流量传感器的检测

3.1.1　数据流的读取

在对空气流量传感器检测前,应先读取数据流。以宝来 1.8L 轿车为例,在读取数据流时,发动机应满足以下条件:

(1)冷却液温度不低于 85℃。

(2)关闭所有用电器,如车灯、后风窗加热器。

(3)有空调的车,应关闭空调。

(4)带自动变速器的车,换挡杆应在P或N位置。

(5)故障存储器无故障存储。

连接故障诊断仪V. A. G1551,然后分别输入:01 -08 -002。读取测量数据块。

进气量小于2.0g/s:说明进气管与空气流量传感器间漏气严重;进气量大于4.5g/s,说明发动机有额外负荷,排除负荷(空调、助力转向等),自动变速器的汽车如已挂挡,将换挡杆置于P或N挡,再重新测量,如果还未达到规定值,应进行电压和电阻检测。

3.1.2 热膜式空气流量传感器的检测

1)线束导通性检测

检查空气流量传感器线束的信号线及搭铁线是否断路,检查空气流量传感器的3号针脚与ECU的27号针脚、4号针脚与ECU的53号针脚、5号针脚与ECU的29号针脚间的导线,其阻值应小于1.5Ω。

2)线束短路性检测

将数字万用表设置在电阻200Ω挡,测量空气流量传感器2号针脚与电控单元26、27、29、53号针脚之间的电阻应为∞。测量空气流量传感器1号针脚与电控单元27、29、53号针脚;3号针脚与电控单元26、29、53号针脚;5号针脚与电控单元26、27、53号针脚;4号针脚与电控单元26、27、29号针脚之间的电阻均应为∞。

3)电源电压检测

打开点火开关,将数字万用表设置在直流电压20V挡,红色表笔置于空气流量传感器的2号针脚,黑色表笔置于蓄电池负极或发动机进气歧管壳体,起动发动机时应显示为12V。将红色表笔置于空气流量传感器的4号针脚,检查空气流量传感器的供电电压,黑色表笔置于蓄电池负极或发动机进气歧管壳体,应显示4.5~5.5V。

4)信号电压检测

(1)元件检测。用12V/5V变压器将12V电压施加于空气流量传感器的2号针脚上,将5V电压施加于4号针脚上,将数字万用表设置在直流电压20V挡,测量空气流量传感器3号针脚和5号针脚,应有1.5V左右的电压;使用吹风机从空气流量传感器格栅一端向空气流量传感器吹入空气,测量空气流量传感器3号针脚和5号针脚,电压应瞬时上升到2.8V回落。若不能满足上述要求,应更换空气流量传感器。

(2)就车检测。起动发动机至工作温度,将数字万用表设置在直流电压20V挡,测量空气流量传感器5号针脚的反馈信号,红色表笔置于空气流量传感器的5号针脚,黑色表笔置于空气流量传感器的3号针脚、蓄电池负极或进气歧管壳体,怠速时应显示电压1.5V左右;急踩加速踏板时,应在1.5~2.8V之间变化。若不符合规定,或电压反而下降,则应更换空气流量传感器。

3.1.3 卡门旋涡式空气流量传感器的检测

点火开关转至"ON"位置,检测E9连接器11号针脚与18号针脚之间的电压,测量值应为4.5~5.5V;检测E_9连接器8号针脚与18号针脚之间的电压,测量值应为5V左右。发动机运转时,8号针脚与18号针脚之间的电压应为2~4V,进气量越大,电压越高。将测量的电压值记录下来,并与标准电压比较。

3.1.4　半导体压敏电阻式进气歧管绝对压力传感器的检测

1）进气歧管绝对压力传感器电源电压的检测（以丰田皇冠 3.0L 轿车 2JZ—GE 发动机为例）

点火开关置于“OFF”位置，拔下进气歧管绝对压力传感器的导线连接器。将点火开关置于“ON”位置（不起动发动机），用万用表电压挡测量导线连接器中电源端 V_c 和搭铁端 E_2 之间的电压，如图 5-1-9 所示，其电压值应为 4.5～5.5V。如果测量的电压值不符合要求，应检查进气歧管绝对压力传感器与 ECU 之间的线路是否导通。

2）进气歧管绝对压力传感器输出电压的检测

（1）将点火开关置于“ON”位置（不起动发动机），拆下连接进气歧管绝对压力传感器与进气歧管的真空软管，使之与大气相通。

（2）在 ECU 导线连接器侧，用万用表电压挡测量进气歧管绝对压力传感器 PIM 与 E_2 端子在大气压力状态下的输出电压，PIM 与 E_2 之间的电压为 3.3～3.9V。如果信号电压不符合上述要求，说明传感器已经损坏，需要更换。

（3）再用真空泵向进气歧管绝对压力传感器内施加真空，从 13.3kPa（100mmHg）起，每次递增 13.3kPa（100mmHg），一直增加到 66.7kPa（500mmHg）为止，然后测量在不同真空度下进气歧管压力传感器（PIM-E_2 端子间）的输出电压。该电压值应该随真空度的增大而不断下降。

3.1.5　进气温度传感器的检测

1）诊断仪检测

用 V. A. G1552 诊断仪检测大众车系进气温度传感器。

（1）输入地址码 01，进入发动机电子系统测试，输入 08 读取测量数据组，输入组号 004 读取基本功能数据。显示如下：

Read measuring value block 3 HELP
800r/min 14.000V 93.6℃ 39.1℃

解读为：

读测量数据块 3　　帮助
800r/min 14.000V 93.6℃ 39.1℃

显示屏第二行显示的含义为：发动机转速为 800r/min，蓄电池电压为 14V，冷却液温度为 93.6℃（若冷却液温度小于 80℃，则为暖机过程），进气温度为 39.1℃。

显示区 4 的进气温度的规定值为：-48～110℃。用冷却喷剂喷传感器，该值应下降。

（2）如果显示区 4 的显示屏一直显示为 -48℃，原因为断路或对正极短路；如果一直显示约 143℃，原因为对搭铁短路；如果显示的温度低于传感器的环境温度，先检查传感器导线接触电阻。

（3）如果显示区 4 的显示屏一直显示为约 -48℃，应拔下进气温度传感器的插头，用跨接线将进气温度传感器的两个针脚连接，如果显示值跳变为约 143℃，应更换传感器。若仍显示为 -48℃，检查导线。

（4）如果显示区 4 的显示屏一直显示为约 143℃，应拔下进气温度传感器的插头，如果显示值跳变为约 -48℃，则应更换传感器。若仍显示为 143℃，检查导线。

2）进气温度传感器的电阻检测

点火开关置于“OFF”，拔下进气温度传感器导线连接器，测量导线是否断路，导线的阻值最大为 1.5Ω。检测两导线是否对蓄电池正极短路。如果导线无故障，应测量进气温度传感器的电阻。

如图5-1-12所示,用电热吹风器或热水加热进气温度传感器,用万用表Ω挡测量传感器1、2针脚在不同温度下两端子间的电阻值,将测得的电阻值与标准数值(图5-1-13)进行比较,若温度在0~50℃范围内时,从A区读数;若温度在50~100℃范围内时,从B区读数。如果测量结果不符合要求,应更换传感器。当安装在空气计量装置内的进气温度传感器损坏时,应更换空气计量装置。

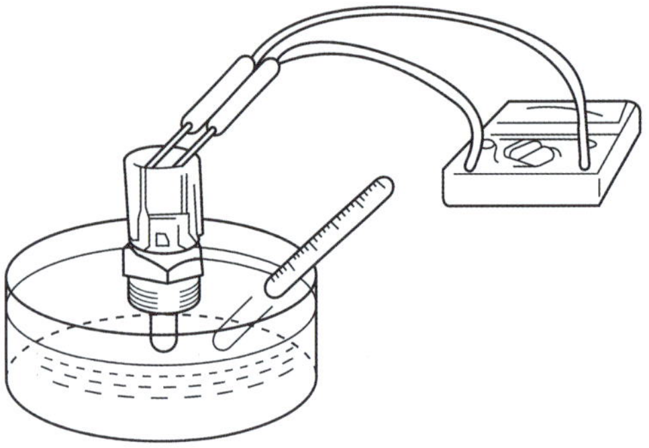

图5-1-12 进气温度传感器的检测

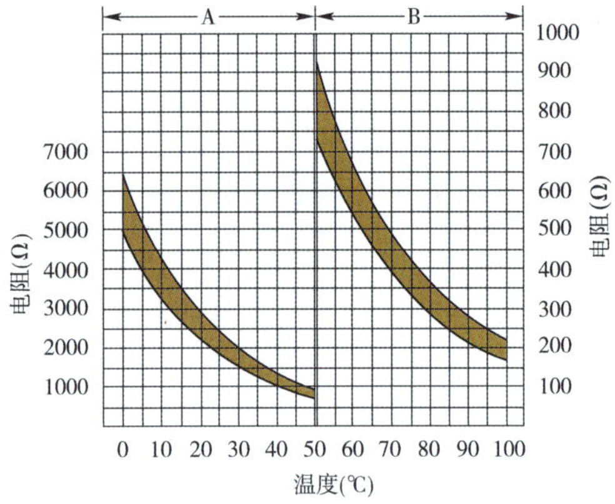

图5-1-13 大众车系温度传感器电阻值

3.1.6 冷却液温度传感器的检测

1)诊断仪检测

读数测量数据块。显示区3的冷却液温度的规定值为:80~110℃。

如果显示区3的显示屏一直显示为约-48℃,原因为断路或对正极短路,此时应拔下插头,用跨接线将3、4针脚连接;若显示值跳到约143℃,则应更换传感器;若仍显示为-48℃,按电路图检查导线。

如果显示屏一直显示为约143℃,原因为对搭铁短路,此时应拔下插头,若显示跳变为约-48℃,应更换传感器;若显示屏仍显示为143℃,按电路图检查导线。

2)冷却液温度传感器电阻的检测

检测方法参见本任务3.1.5。

3.2 准备工作

阅读维修手册,列出检测所需仪器设备和工具,制订检测与更换方案,领取备品。

3.3 操作流程

(1)检测空气计量装置。

(2)拆卸与空气计量装置连接的软管和线束插头。

(3)拆卸空气计量装置。

(4)按拆卸的相反顺序进行安装。

复习与思考题

1. 叙述热线式空气流量传感器的工作原理。

2. 叙述进气温度传感器的工作原理。

任务二　检测曲轴位置传感器

1　任务引入

当发动机不易起动或起动困难、有故障码时，需对曲轴位置传感器进行检测。

2　相关理论知识

曲轴位置传感器是发动机集中控制系统最重要的传感器之一，是控制点火时刻和喷油时刻不可缺少的信号源。它是检测发动机转速、活塞上止点及曲轴转角的传感器，一般安装在曲轴前端、后端或飞轮上。它主要有磁感应式、光电式和霍尔式等类型。

2.1　磁感应式发动机转速与曲轴位置传感器

1）结构与工作原理

磁感应式发动机转速与曲轴位置传感器主要由信号转子、传感线圈、永久磁铁和导磁磁轭组成，其工作原理如图 5-2-1 所示。

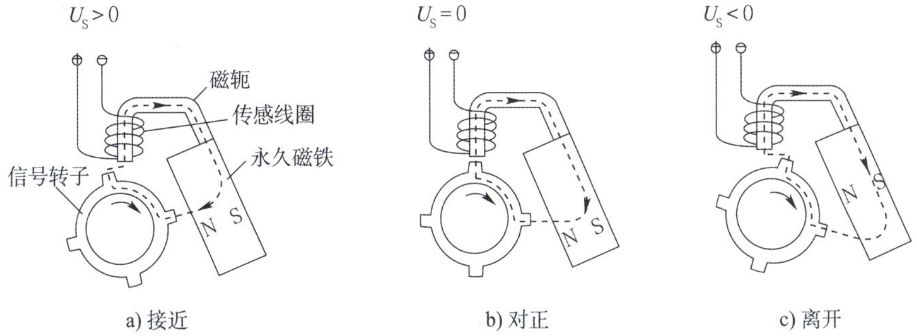

图 5-2-1　磁感应式发动机转速与曲轴位置传感器的工作原理

信号转子旋转时，磁路中的气隙就会发生周期性变化，磁路的磁阻和穿过信号线圈磁头的磁通量 φ 随之发生周期性的变化。根据电磁感应原理，传感线圈中就会感应产生交变电动势 U_S。

当信号转子的凸齿接近磁头时，凸齿与磁头间的气隙减少，磁路的磁阻减少，磁通量增多，磁通变化率增大，感应电动势为正，如图 5-2-2 中曲线 abc 所示。当转子凸齿接近磁头边缘时，磁通量急剧增多，磁通变化率最大，感应电动势最高，如图5-2-2中曲线 b 点所示。信号转子的凸齿转过 b 点位置后，虽然磁通量仍然增多，但磁通量变化率减少，因此，感应电动势降低。

当信号转子凸齿的中心线与磁头的中心线对齐时，信号转子凸齿与磁头间的气隙最小，磁路的磁阻也最小，磁通量最大，但磁通量变化率为零，因此，感应电动势为零，如图 5-2-2 中曲线 c 点所示。

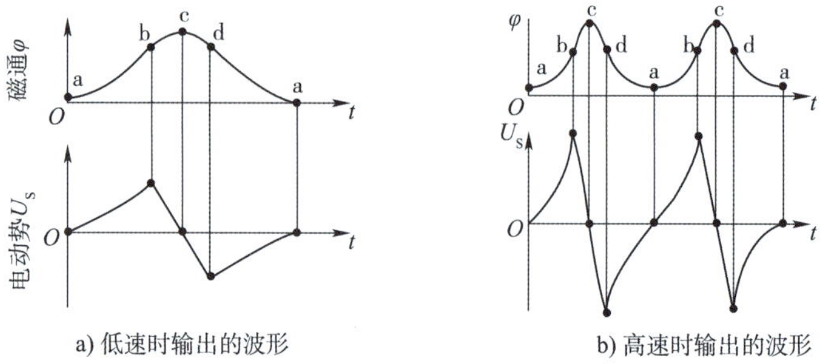

图 5-2-2　传感线圈中磁通与电动势波形

当信号转子的凸齿离开磁头时,信号转子的凸齿与磁头间的气隙增大,磁路的磁阻增大,磁通量减少,所以感应电动势为负值,如图 5-2-2 中曲线 cda 所示。当信号转子的凸齿将要离开磁头边缘时,磁通量急剧减少,磁通变化率达到负向最大值,感应电动势也达到负向最大值,如图 5-2-2 中曲线 d 点所示。

磁感应式传感器的优点是不需要外加电源,永久磁铁起着将机械能变换为电能的作用,其磁能不会损失。当发动机转速变化时,转子凸齿转动的速度将发生变化,铁芯中的磁通量变化率也将随之发生变化。转速越高,单位时间内的磁通量变化率就越大,传感器线圈中的感应电动势也就越高。反之,电动势就越低。

2)大众车系的磁感应式曲轴转速与位置传感器

大众车系的轿车的曲轴转速与位置传感器采用的是磁感应式传感器。它安装在曲轴箱内靠近离合器一侧的缸体上,如图 5-2-3 所示,其主要由传感器磁头和信号轮(也称靶轮)组成。

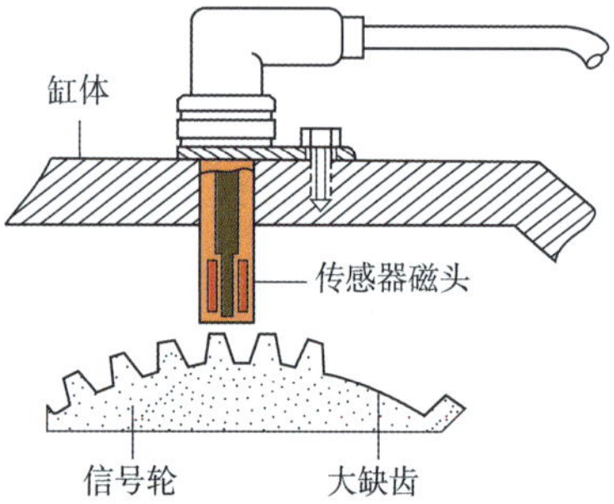

图 5-2-3　大众车系的曲轴转速与位置传感器结构

传感器磁头固定在发动机的机体上,由永久磁铁和传感线圈组成。传感线圈也称信号线圈,永久磁铁上带一个磁头,磁头正对安装在曲轴上的齿盘式信号轮,磁头与导磁轭(导磁板)连接而构成导磁回路。

信号轮为齿盘式,其圆周上间隔均匀地制作有 58 个凸齿、57 个小齿缺和 1 个大齿缺。大齿缺输出基准信号,对应于发动机 1 缸或 4 缸压缩上止点前一定角度。大齿缺所占的弧度相当于 2 个凸齿和 3 个小齿缺所占的弧度。因此,一个凸齿和一个小齿缺所占的曲轴转角为 3°,大齿缺所占的曲轴转角为 15°。

当曲轴旋转时,信号轮每转过一个凸齿,传感线圈中就会产生一个周期的交变电动势,传感线圈相应的输出一个电压信号。当大齿缺转过磁头时,其输出信号所占时间较长,即输出信号为一宽脉冲信号,该信号对应 1 缸或 4 缸压缩上止点前一定角度。传感器产生的信号电压将通过线束直接输入电控单元 ECU,经过整形电路处理后的信号电压波形如图5-2-4 所示。当 ECU 接收到大齿缺信号(宽脉冲)时,曲轴再转过 81°,1 缸或 4 缸活塞就到达上止点(TDC)位置,至于达到压缩上止点的是 1 缸还是 4 缸,还需根据凸轮轴位置传感器输出的汽缸识别信号进行判断。

当曲轴位置传感器信号中断时,大多数车辆不能起动,少数车辆 ECU 会以凸轮轴信号传感器替代,使发动机可以起动和运行,但各项性能指标下降。

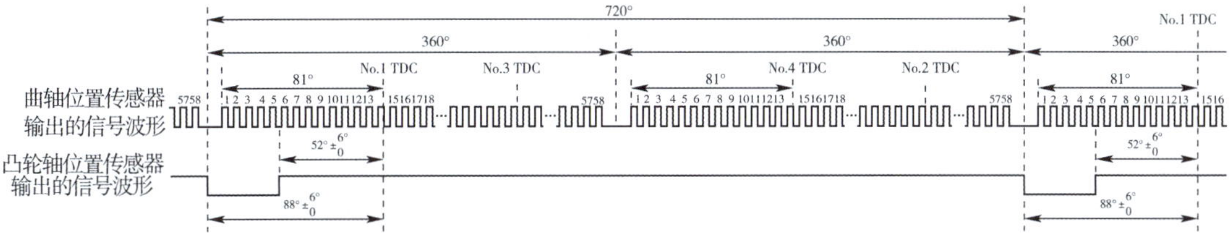

图 5-2-4 大众车系磁感应式凸轮轴/曲轴位置传感器的输出波形

2.2 光电式曲轴位置传感器

1)结构特点

光电式曲轴位置传感器主要由信号发生器、信号盘(即信号转子)、传感器壳体和线束插头等组成。

信号盘在靠近边缘位置制作有间隔均匀的透光孔。透光孔(缝隙)间隔弧度为1°(透光孔占0.5°,遮光部分占0.5°),用于产生曲轴转角与转速信号。有1个长方形宽边较长的透光孔,用于发生第一缸上止点位置信号。

2)工作原理

光电式传感器的工作原理如图5-2-5所示。因为传感器轴上的斜齿轮与发动机配气机构凸轮轴上的斜齿轮啮合,所以,当发动机带动传感器轴转动时,信号盘上的透光孔便从发生器的发光二极管与光敏三极管之间转过。

当信号盘上的透光孔旋转到发光二极管与光敏三极管之间时,LED发出的光线就会照射到光敏三极管上,此时,光敏三极管导通,其集电极输出低电平(0.1~0.3V)。当信号盘上的遮光部分旋转到LED与光敏三极管上,此时光敏晶体管截止,其集电极输出高电平(4.8~5.2V)。如果信号盘连续旋转,透光孔和遮光部分就会交替地转过LED而透光或遮光,光敏三极管集电极就会交替输出高电平和低电平,信号传感器中就会产生与曲轴位置和凸轮轴位置对应的脉冲信号。

图5-2-6为光电式曲轴位置传感器电路原理图。

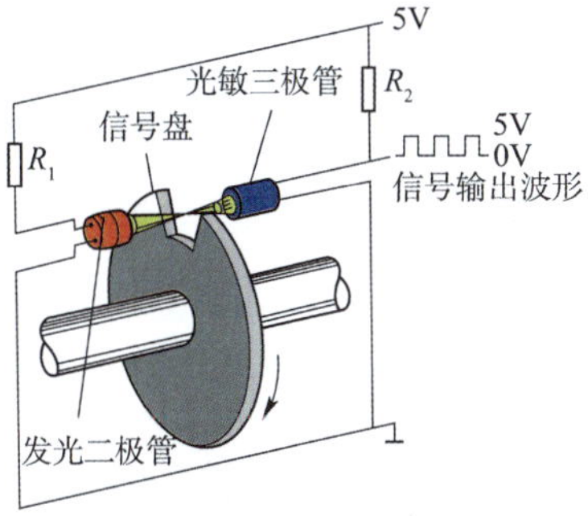

图 5-2-5 光电式传感器的工作原理

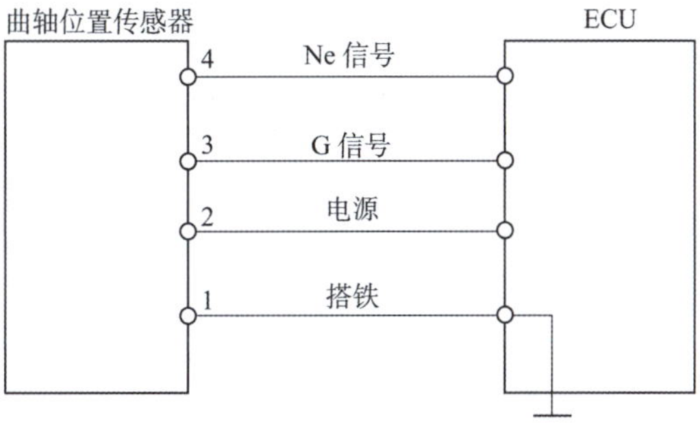

图 5-2-6 光电式曲轴位置传感器电路原理图

2.3 霍尔式曲轴位置传感器

1)结构与组成

霍尔式曲轴位置传感器主要由霍尔传感器、霍尔集成电路、磁铁和靶轮组成,如图5-2-7

所示。

2)工作原理

霍尔式曲轴位置传感器的工作原理如图 5-2-8 所示。

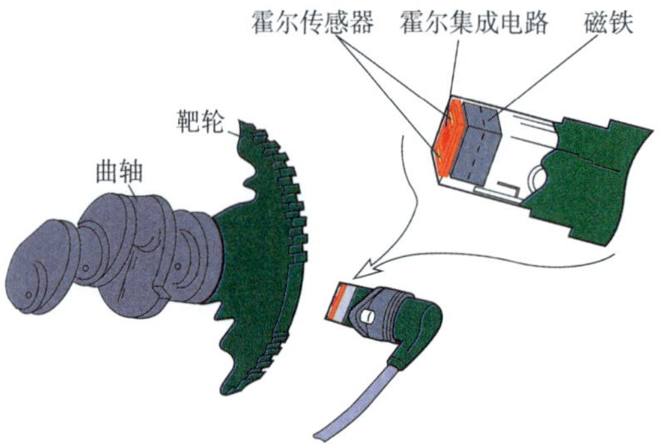

图 5-2-7 霍尔式曲轴位置传感器结构

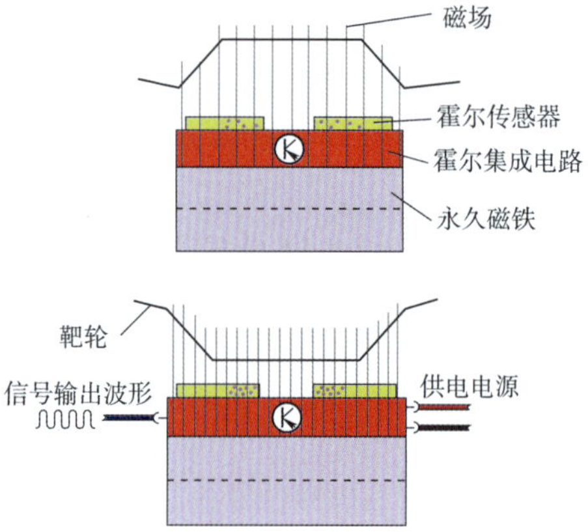

图 5-2-8 霍尔式曲轴位置传感器的工作原理

当靶轮的齿根部分转到与霍尔传感器对正时,磁场强度弱,霍尔传感器半导体基片上的电子处于自由分布状态。当靶轮的齿顶部分转到与霍尔传感器对正时,磁场强度强,霍尔传感器半导体基片上的电子靠向中间,形成霍尔电流,并在传感器内形成霍尔电压(信号电压)。

3 任务实施

3.1 检测

3.1.1 霍尔式曲轴位置传感器的检测

1)电阻的检测

拔下曲轴位置传感器的 3 孔插头,测量传感器插头的 2、3 号针脚之间的电阻(图 5-2-6),其规定值为 730 ~ 1000Ω;检测 1 号针脚与 2 号针脚、1 号针脚与 3 号针脚之间是否短路,规定值为∞。若不符合规定值,则应更换曲轴位置传感器 G28。

2)导线的检测

用万用表分别检测传感器与 ECU 连接的三根导线,每根导线都不应有断路现象,每根导线的最大阻值为 1.5Ω,且各导线彼此间不应有短路现象。

3)靶轮的检查

如果上述两项无故障,应拆下传感器,检查靶轮的安装是否牢固、是否损坏及同轴度是否符合要求。

3.1.2 光电式曲轴位置传感器的检测

1)检测电压

拔下传感器的插头,打开点火开关,检查插头上 2 号针脚与 1 号针脚之间的电压(图 5-2-6),应为 5V 或 12V(视车型而定)。若无电压,则应检查传感器至 ECU 之间的线路及 ECU 上相应端子的电压。

2）就车检查

插回传感器插头，起动发动机，转速保持在 2500r/min 左右，测量传感器输出端子的电压，应为 2～3V，否则应更换传感器。

3）波形检查

用示波器检测其输出信号波形，应该有矩形脉冲波输出（图 5-2-5），否则应更换传感器。

3.2　准备工作

阅读维修手册，列出所需的仪器、设备和工具，制订检测方案。

3.3　操作流程

（1）拔下传感器的插头。

（2）根据检测内容的需要，决定是否打开点火开关。

（3）用相应的仪表对传感器进行检测。

（4）插上传感器的插头。

3.4　操作提示

（1）在对传感器检测前，应先检查蓄电池的电压，电压值应不低于 11.5V，否则会影响检测结果。插拔传感器插头前，应关闭点火开关，以防损坏元件。如果发动机是热机状态，插拔传感器插头时，应避免烫伤。

（2）在对曲轴位置传感器的靶轮进行检查时，要注意不要磕伤靶轮的齿槽部分，否则会造成信号输出失准。在对靶轮进行同轴度的检查时，可参考曲轴弯曲检查方法进行检查。

（3）磁感应式曲轴位置传感器其靶轮的凸齿与磁头间的气隙值应在 0.2～0.4mm 之间。气隙值的大小直接影响磁路的磁阻和传感线圈输出电压的高低，因此在对传感器进行检查时，必须要检查其气隙值，如不符合标准值，应进行调整。

（4）在安装传感器时（尤其是在发动机拆装后的安装），应最后安装传感器，以防碰伤传感器，而导致传感器的工作性能失准。

? 复习与思考题

1. 叙述磁感应式曲轴位置传感器的工作原理。
2. 叙述霍尔式曲轴位置传感器的工作原理。

任务三　检测与更换氧传感器

1　任务引入

当发动机出现运转不稳、动力不足和油耗过高三种情况时，用解码器检查，有氧传感器故障码,则需对氧传感器进行检测。

2 相关理论知识

氧传感器(又称气体浓度传感器),是发动机控制系统中一个非常重要的传感器,其功能是通过监测排气中氧离子的含量来获得混合气的空燃比信号,并将空燃比信号转变为电信号输入发动机 ECU。ECU 根据氧传感器信号对喷油时间进行修正,实现空燃比反馈控制(闭环控制),从而将空燃比 A/F 控制在 14.7 左右(过量空气系数约为 0.98 ~ 1.02),使发动机得到最佳浓度混合气,从而达到降低有害气体的排放和节油的目的。

目前,汽车发动机燃油喷射系统采用的氧传感器分为氧化锆(ZrO_2)和氧化钛(TiO_2)两种类型。

2.1 氧化锆型传感器

1)结构

氧化锆型传感器的结构如图 5-3-1 所示,主要由钢质护管、钢质壳体、锆管、加热元件、电极引线、防水护套和线束插头等组成。

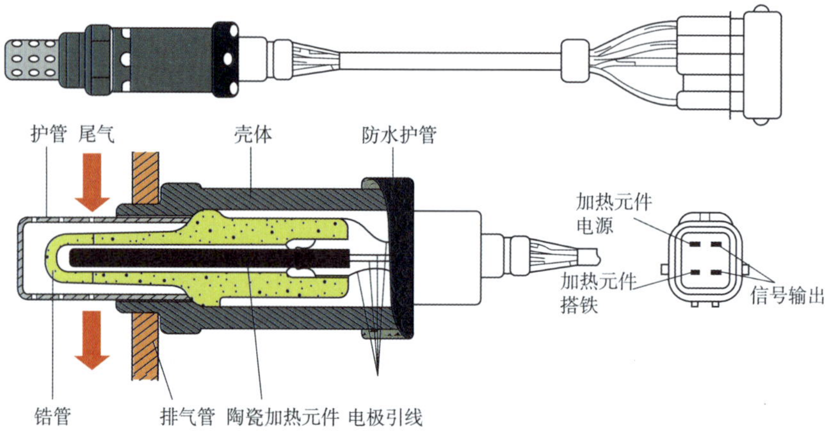

氧化锆型
传感器结构

图 5-3-1 氧化锆型传感器的结构

锆管强度很低,因此将锆管装在钢质护管内。护管上制作有若干个小孔,以便排气流通。锆管的内表面通大气,外表面通排气。为了防止发动机排出的废气腐蚀外层铂电极,在外层电极表面还涂有陶瓷保护层。

国产轿车大都采用非加热型氧传感器,其线束插头只有一个或两个接线端子。中高档轿车采用加热型氧传感器,其线束插头有三个或四个接线端子。加热器采用陶瓷加热元件制成,设在锆管内侧,由汽车电源通入电流进行加热。氧化锆型传感器在 300℃以上的环境时,才能输出稳定信号电压,加热的目的是保证低温(排气温度在 150 ~ 200℃以下)时,传感器就能投入工作,从而减少有害气体的排放量。

2)工作原理

氧传感器的工作原理与干电池相似,传感器中的氧化锆起类似电解液的作用,氧化锆表面的铂电极起催化剂的作用,如图 5-3-2 所示。

发动机在工作时，若供给的是稀混合气（$A/F > 14.7$），废气中氧气的浓度高，CO 浓度低，即使 CO 与 O_2 发生反应，仍有多余的 O_2 存在，使氧传感器内、外表面的氧浓度差小，几乎不产生电动势（约 0V），如图 5-3-3 所示。

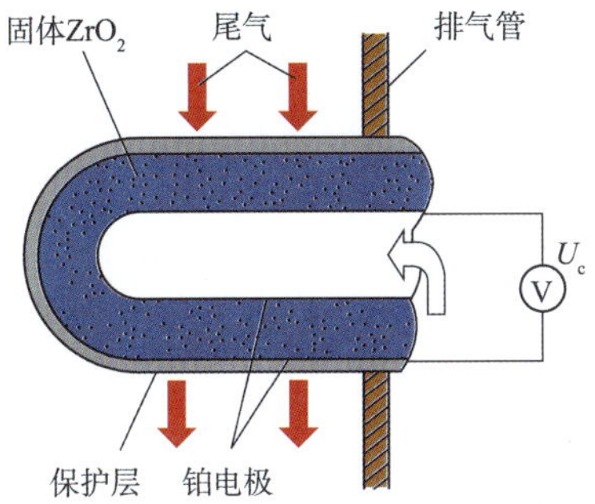

图 5-3-2　氧化锆型传感器的工作原理

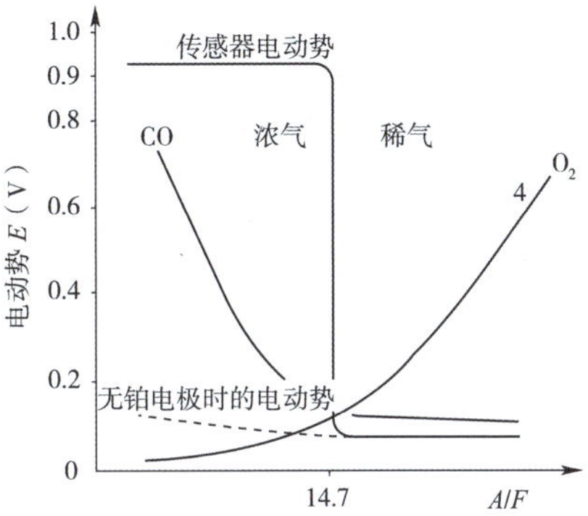

图 5-3-3　气体温度与电压的关系图

发动机在工作时，若供给的是浓混合气（$A/F < 14.7$），可燃混合气燃烧后的废气也有一定剩余的氧气，废气与铂电极接触，在铂的催化作用下使残存的低浓度氧气与废气中的 CO、HC 发生反应，使铂金属表面的氧浓度趋于零，氧传感器内、外表面的氧浓度差很大，在电极间产生约 1V 的电动势。

综上所述，可燃混合气在 $A/F = 14.7$（标准可燃混合气）附近，电压产生突变。这样，氧传感器即相当于一个可燃混合气浓稀开关，向 ECU 输送可燃混合气浓或稀的信号，ECU 可根据该信号控制喷油器喷油脉冲的宽度，使可燃混合气尽可能保持在标准可燃混合气（$A/F = 14.7$）附近。

3）工作条件

氧化锆传感器必须满足如下条件：

（1）发动机温度高于 60℃。

（2）氧传感器自身温度高于 300℃。

（3）发动机工作在怠速工况和部分负荷工况下，才能正常调节混合气浓度。

2.2　氧化钛型传感器

氧化钛型传感器是利用二氧化钛（TiO_2）作为敏感元件，属于 N 型半导体材料，其阻值取决于材料温度以及周围环境中氧离子的浓度，因此可以用来检测排气中的氧离子浓度。

1）基本结构

氧化钛型传感器的外形与氧化锆传感器相似，其结构如图 5-3-4 所示，主要由二氧化钛传感元件、钢质壳体、加热元件和电极引线等组成。

钢质壳体上制有螺纹，以便传感器安装。与氧化锆型传感器不同的是，氧化钛型传感器不需要与大气进行比较，因此，传感元件的密封与防水十分方便，利用玻璃或滑石粉等密封即可达到使用要求。此外，在电极引线与护套之间设置一个硅橡胶密封衬垫，可以防止水汽浸入传感器内部而腐蚀电极。

氧化钛型传感器结构

目前，使用较多的氧化钛元件有芯片式和厚膜式两种。芯片式将铂金属线埋入二氧化钛芯片中,金属铂兼作催化剂用。厚膜式采用半导体封装工艺中的氧化铝层板工艺制成,从而使成本降低,可靠性提高。

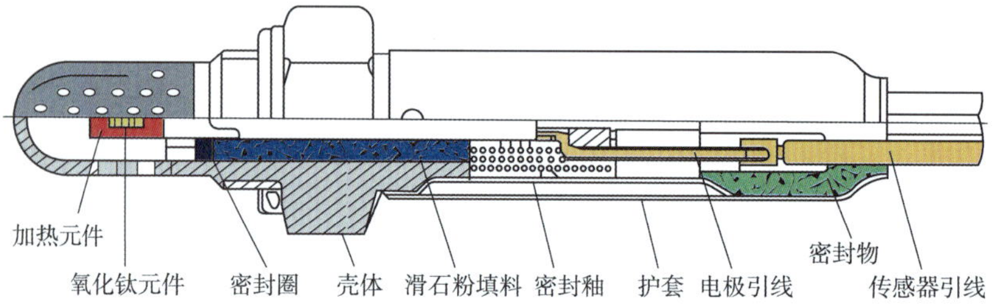

图 5-3-4　氧化钛型传感器的结构

加热元件用钨丝或陶瓷材料制成,加热目的是使二氧化钛芯温度保持恒定,使输出特性不受温度的影响。二氧化钛是一种多孔性的陶瓷材料,利用热传导方式对芯片或厚膜直接加热,可以在规定温度 600℃时的短时间内加热,对降低发动机刚刚起动后 HC 的排放十分有利。

2)工作原理

二氧化钛半导体材料的电阻具有随氧离子浓度的变化而变化的特性,因此,二氧化钛传感器的信号源相当于一个可变电阻。氧化钛型传感器的工作特性如图 5-3-5 所示。

当发动机可燃混合气的空燃比 $A/F<14.7$ 时,燃烧不完全,排气中氧气剩余很少,传感元件周围的氧离子很少,氧分子将脱离,使其晶体出现缺陷,便有更多的电子可用来传递电流,材料的电阻亦随之降低,二氧化钛呈低阻状态,输出高电平,电路原理如图5-3-6所示。与此同时,在金属铂的催化作用下,使剩余氧离子与排气中的一氧化碳产生化学反应,生成二氧化碳,将排气中的氧离子进一步消耗掉,从而大大提高传感器的灵敏度。

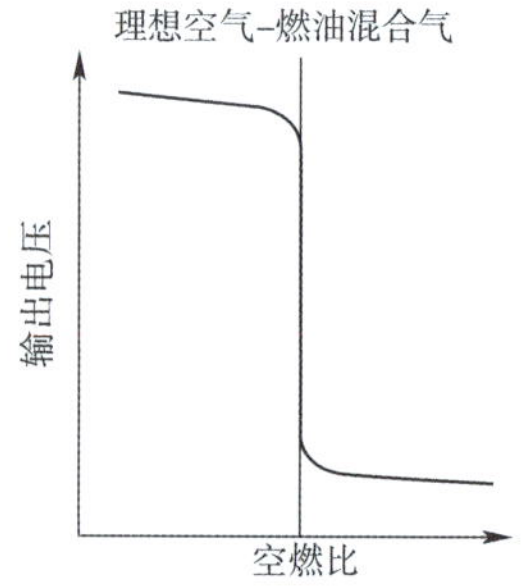

图 5-3-5　氧化钛型传感器工作特性图

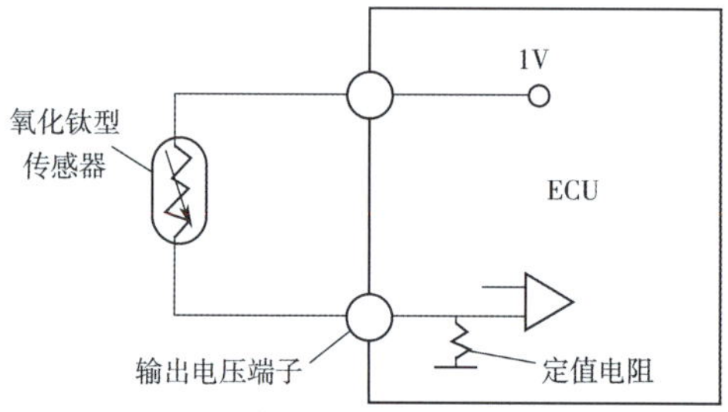

图 5-3-6　氧化钛型传感器电路原理

当发动机可燃混合气的空燃比 $A/F>14.7$ 时,排气中氧离子较多,传感元件周围的氧离子浓度较大,二氧化钛则呈高阻状态,输出低电平。

可见,氧化钛型传感器的电阻将在混合气的 $A/F\approx14.7$ 时产生突变。当给氧传感器施加稳定的电压时,在其输出端便可得到一个交替变化的信号。该稳定电压一般由 ECU 内部的稳压电源提供。

3)工作条件

氧化钛型传感器必须满足如下条件:

(1)发动机温度高于60℃。

(2)氧传感器自身温度高于600℃。

(3)发动机工作在怠速工况和部分负荷工况下,才能正常调节混合气浓度。

因此,设计制造氧化钛型传感器时,也将其安装在温度较高的排气管上,同时采用直接加热方式使氧化钛元件温度迅速达到工作温度(600℃)而投入工作。

2.3　宽带型氧传感器

氧传感器是汽车发动机燃油反馈控制系统的重要组成部件,在空燃比控制中有着非常重要的作用。传统的氧传感器只能在 $A/F=14.7:1$ 或 $\lambda=1$ 的附近能精确测量。随着汽车尾气排放法规的逐渐严格,传统的开关型氧传感器已不能满足高排放标准的要求,所以,取而代之的是控制精度更高的线性宽带型氧传感器。宽带型氧传感器的检测范围为 $\lambda=0.7\sim2.5$ 之间。

1)分类及基本构造

根据氧传感器的制造材料不同,宽带型氧传感器可分为以 ZrO_2 为基体的固化电解质型和利用氧化物半导体电阻变化型两大类。根据传感器的结构不同,宽带型氧传感又可分为蓄电池型、临界电流型及泵电池型。

蓄电池宽带型氧传感器的基本控制原理就是以普通氧化锆型传感器为基础扩展而来。氧化锆型传感器有一个特性,即当氧离子移动时会产生电动势。反之,若将电动势加在氧化锆组件上,即会造成氧离子的移动。根据此原理,即可由发动机控制单元控制所想要的比例值。

宽带型氧传感器由测量室和单元泵两部分组成,如图5-3-7所示。

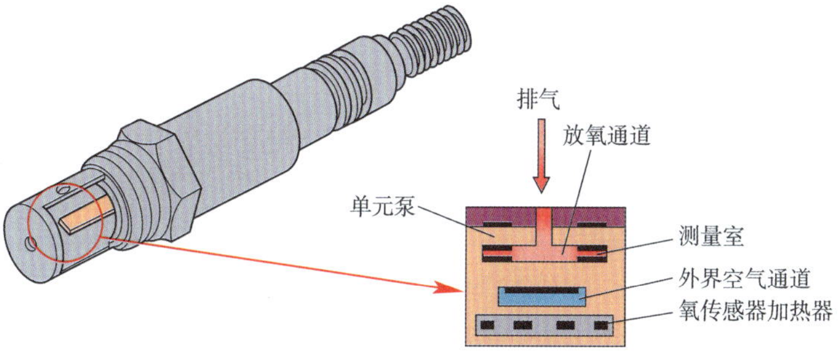

图5-3-7　宽带型氧传感器

测量室的一面与大气接触,另一面与单元泵相通。

2)工作原理

宽带型氧传感器的工作原理,如图5-3-8所示。

如果混合气太浓,那么排气中含氧量下降,此时从扩散孔溢出的氧气较多,测量室的氧气量少,导致电极电压值超过450mV,如图5-3-9所示。为达到平衡发动机控制单元,供给单元泵负向工作电流,使单元泵旋转向测量室中泵入氧气,这样将使电极电压值恢复到450mV。单元泵所需工作电流的大小与排气中氧气的浓度密切相关,即混合气越浓,排气中氧气越少,工作电流越大,泵氧效率越高。控制单元将单元泵的工作电流折算成电压信号,此电压在1~1.5V之间。同时减少喷油量,如图5-3-10所示。

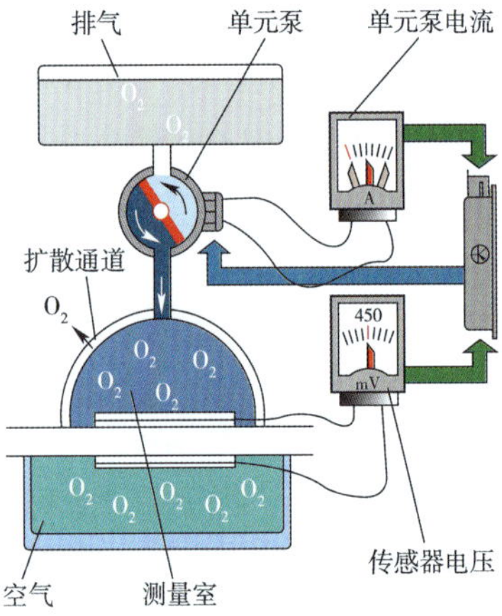

图 5-3-8 宽带型氧传感器的原理图

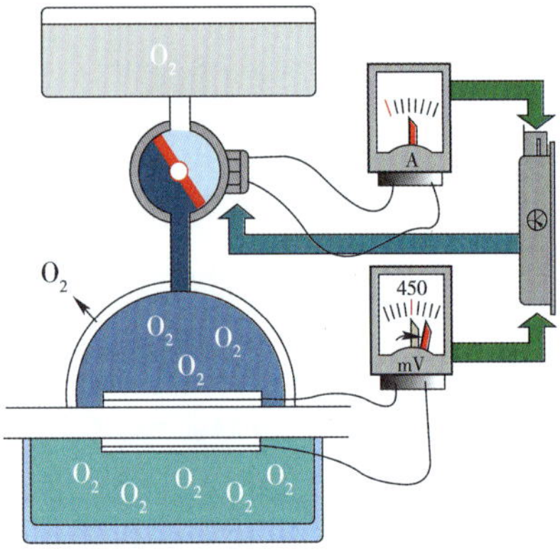

图 5-3-9 混合气过浓时的状态

如果混合气太稀,则排气中的含氧量增加,这时氧气要从扩散孔进入测量室,测量室中氧气的含量较多,电极电压降低,如图 5-3-11 所示。此时,为达到平衡发动机控制单元供给单元泵正向工作电流,使单元泵反向旋转,向外排出氧气来平衡测量室中的含氧量,使电极电压值尽快恢复到450mV 的电压值,工作电流的大小也由排气中氧气的浓度决定。单元泵的工作电流传递给控制单元,控制单元将其折算成电压信号,此电压在 1.2 ~2.0V 之间,如图 5-3-12 所示。

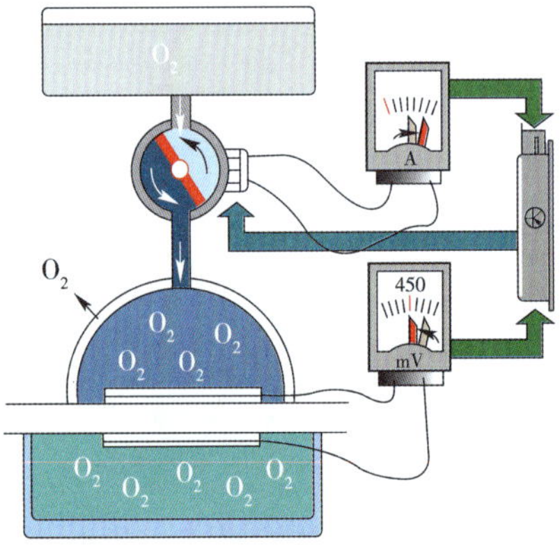

图 5-3-10 混合气过浓时的调节

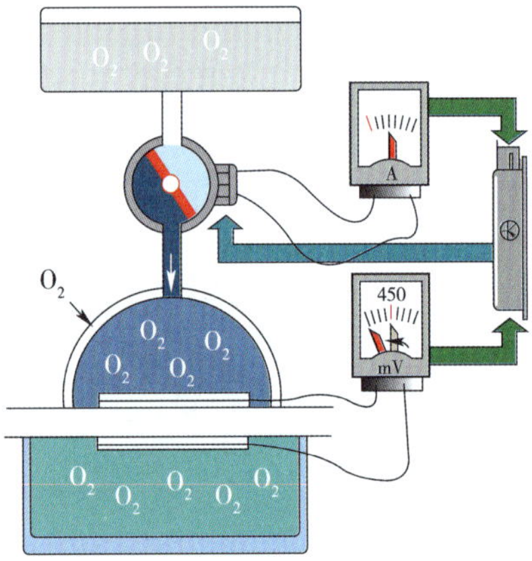

图 5-3-11 混合气过稀时的状态

综上所述,加在单元泵上的电压可以保证当测量室内的氧气多时,排出室内的氧气,这时发动机控制单元的控制电流是正电流;当腔内的氧气少时,进行供氧,此时发动机控制单元的控制电流是负电流。

泵电流的曲线走势如图 5-3-13 所示。混合气稀时得到正的泵电流,而混合气浓时则得到负的泵电流。

宽带型氧传感器有 5 线制和 6 线制两种,其电路原理如图 5-3-14 所示。

3)氧传感器信号中断的影响

前氧传感器信号用于修整喷油时间;后氧传感器用来检查三元催化转换器的功能和 λ 调节回路。

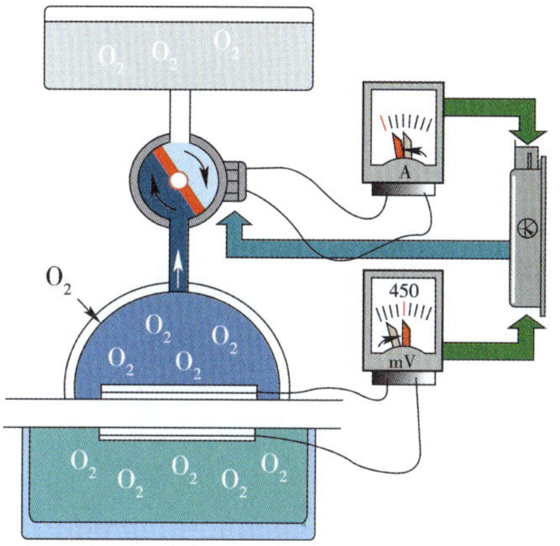

图 5-3-12　混合气过稀时的调节

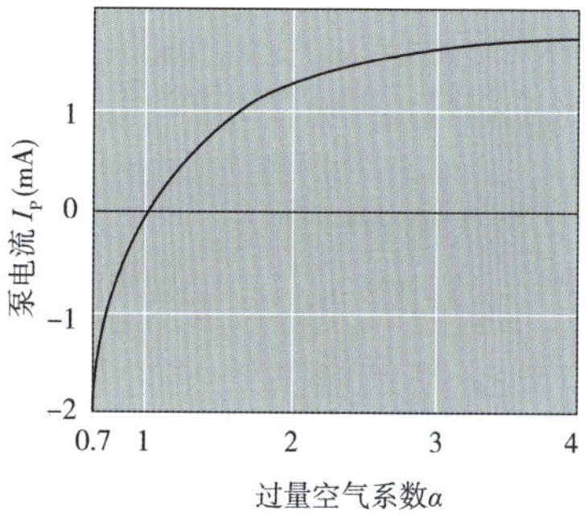

图 5-3-13　泵电流随过量空气系数变化特性

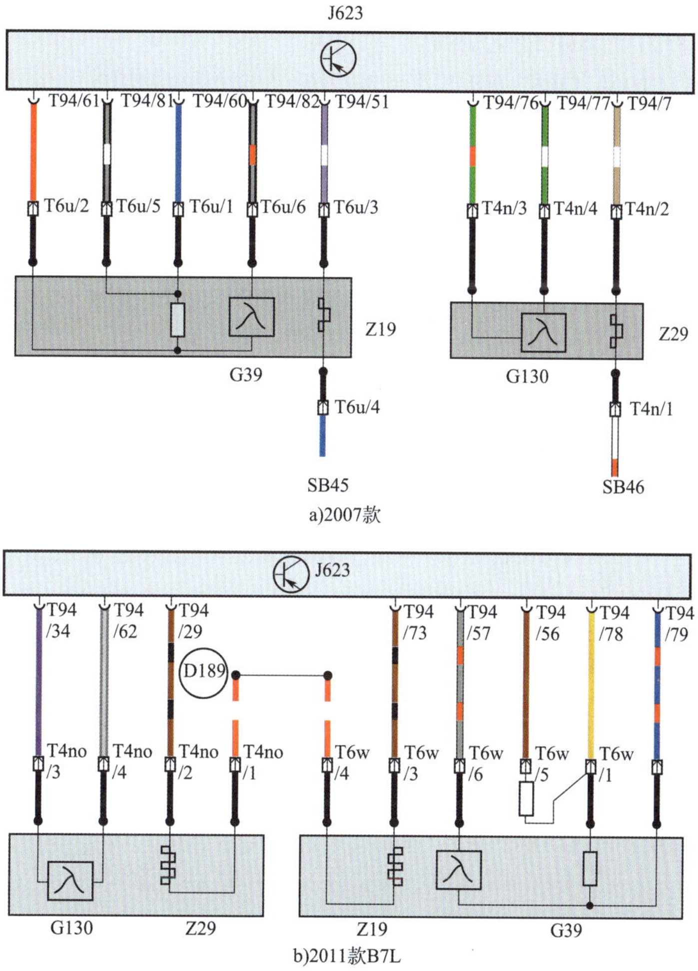

图 5-3-14　迈腾轿车氧传感器电路

当前氧传感器信号中断,发动机控制单元就不会进行 λ 调节,自适应就被锁止,通过一条特性曲线来执行应急运行;当后氧传感器信号中断,λ 调节仍能进行,但不能检查三元催化转换器的功能。

3 任务实施

3.1 检测

3.1.1 读取测量数据块

汽车上一般前氧传感器为宽带型,后氧传感器为窄带型。数据流为氧传感器工作状态和修正偏离值。在工作条件满足时,主要观察工作状态变化的频率和修正值是否超限。

下面以AUM型发动机为例,说明氧传感器数据流的读取方法。发动机型号不同,数据流显示的内容会有所差别,请参阅维修手册。

检查条件主要为冷却液温度不低于80℃,且排气系统无泄漏。

1)前氧传感器的自诊断(老化检测)

检查前氧传感器的老化情况:发动机高怠速运转,进入发动机控制单元08,读数据流034组。

034组:λ 调节 - 催化转换器前的 λ 传感器自诊断(老化检查)。

第一区:发动机转速。

第二区:催化转换器的温度,它是从转速和发动机负荷计算出的值。

第三区:催化转换器前部的宽带氧传感器动态系数。

第四区:催化转换器前部的宽带氧传感器的检查结果。

从 test OFF 变为 test ON,经过一段时间的检测,变为 B1 ~ SIO K,显示区4显示 B1 ~ S1ni. o,说明已经老化。

Read measuring value block 34			
1800 ~ 2200r/min	min.350℃	1.20 ~ 1.99	B1 ~ S1 io

2)检查加热器

进入加热器01—08—041组。

041组:λ 调节 - λ 传感器加热器。

第一区:前加热器电阻,加热器电阻2.5 ~ 10Ω。

第二区:根据发动机的工况不同,传感器加热器接通或关闭,Hzg. v(n)K. EIN 或交替出现 Hzg. v(n)K. EIN/Hzg. AUS。

第三区:后加热器电阻,加热器电阻2.5 ~ 10Ω。

第四区:与二区显示说明相同。

Hzg. nK. EIN	Hzg. nK. EIN
Hzg. nK. AUS	Hzg. nK. AUS

Read measuring value block 41	
前加热器电阻	后加热器电阻

3)检查氧传感器 G39

进入发动机系统01—08—030组。

030 组:λ 调节。

Read measuring value blook 30
111　　　　　　110

第一区:为前氧传感器,规定值为 111。

第二区:为后氧传感器,规定值为 110。

各显示值的显示说明如下。

(1)显示值的第 1 位:λ 加热器已接通为 1;第 2 位:λ 调节已准备好为 1;第 3 位:λ 调节在工作为 1。这 3 位数的第一位在 0 和 1 之间来回变动,表示前传感器加热器为频率调节状态,3 位数的第三位在部分负荷及废气温度较高时,被设置为 1。后氧传感器的前两位与前氧传感器相同,后氧传感器是用于检测三元催化转换器的效率,不是用于调节混合气浓度,所以第三位为 0。

(2)显示值较小时,说明混合气过浓,也就是调节过稀。

(3)显示值较大时,说明混合气过稀,也就是调节过浓。

(4)无电压时,所有自适应值均被清除。

(5)add = additiv,表示随转速升高,该故障(如漏气)效果增强不大。这时,喷油时间围绕一固定值变动,该值不依赖于基本喷油时间。

(6)mul = multiplikativ,表示随转速升高,该故障(如喷油嘴损坏)效果增强。这时,自适应值按喷油时间的一个百分比变动,该变动依赖于基本喷油时间。

进行自适应:控制单元状态 04,基本设定。

(1)怠速自适应条件:怠速,冷却液温度不低于 75℃,进气温度不高于 90℃。

(2)部分负荷自适应条件:冷却液温度不低于 75℃,进气温度不高于 90℃。

如果达到规定值,进入 32 组,检查第一区和第二区。

032 组:λ 调节 - λ 自学习值。

Read measuring value blook 32
-10.0% ~ 10.0%　　　　1.0 ~ 2.0V

第一区:怠速时的自学习值(additiv)。

第二区:部分负荷时的自学习值。

如果达到规定值,进入 033 组,检查第一区和第二区。

033 组:λ 调节 - λ 调节值。

Read measuring value blook 33
-10.0% ~ 10.0%　　　　1.0 ~ 2.0V

第一区:催化转换器前的 λ 调节器,以至少 2% 的幅度在 0 左右波动。

第二区:前氧传感器电压值为 1.0 ~ 2.0V,1.0 ~ 1.5V 为混合气过浓,1.5 ~ 2.0V 为混合气过稀。若恒定 1.5V 为断路;恒定为 4.9V 对正极短路;恒定为 0V 对搭铁短路。电压应以 20 次/min 的幅度波动(因正常氧传感器周期为 2.5 ~ 3.0s)。

036 组:λ 调节-催化转换器后部的工作准备状态。

第一区:规定值为 0.0 ~ 1.0V(可稍微波动),若恒定为 0.4 ~ 0.5V 为断路,10.5V 以上为对正极短,0V 为对搭铁短路。

Read measuring value blook 33
0.0 ~ 1.0V　　B1 ~ S2 io

第二区:规定值为 B1 ~ S2 0K,显示区 2 变为 B1 ~ S2 0K 可能需要几分钟的时间。如果显示 B1 ~ S2 N0 0K,清除传感器上的沉积物。再次检查如果未达到规定值,检查线路。

3.1.2 前/后部氧传感器加热器的电压检查

检测条件:熔断丝正常,蓄电池正常,油泵继电器正常。

拔下传感器 G39 的六孔插头,用万用表 200Ω 挡检查插头 3、4 号针脚间(图 5-3-14)是否导通,如确定有断路,应更换传感器 G39。

如导通,起动发动机,使之怠速运转,用电压挡检测 3、4 号针脚间的电压值,并注意显示组 041,显示区 2。若显示:Hzg VK EIN,标准值为 11.0 ~ 14.5V;若交替显示 Hzg VK EIN/Hzg VK AUS,标准值为 0.0 ~ 12.0V 之间波动。关闭点火开关,如无电压显示,检查导线是否断路。

3.2 准备工作

阅读维修手册,列出检测所需仪器设备和工具,制订检测与更换方案,领取备品。

3.3 操作流程

(1)将解码器接到诊断端口上。

(2)读取数据流。

(3)传感器电压的检查。

(4)拆卸传感器。

(5)更换并安装传感器。

3.4 操作提示

(1)在对氧传感器进行检查时,要注意避免被烫伤。

(2)为防止氧传感器出现硅中毒现象,在安装氧传感器时,应避免使用硅类密封胶。

(3)要注意检测氧传感器前方的排气管及其连接部位是否密封,以免因空气进入排气系统和尾气泄漏影响氧传感器的调节灵敏度。

(4)传感器插座线及引出线在安装的过程中不应处于张紧状态,其挠度应大于 15mm,以防止由于引出线弯曲或者拉力作用导致的损坏。

(5)传感器如果坠落到地上就不能再使用,因为其中的陶瓷绝缘体可能破裂。

复习与思考题

1. 叙述氧传感器的功用。
2. 叙述氧化锆型传感器的结构和工作原理。
3. 叙述氧化钛型传感器的结构和工作原理。

任务四 检测与更换节气门位置传感器

1　任务引入

(1)若发动机怠速不稳或加速不灵敏时,有故障码或数据流超标,需对节气门体进行清洁或对节气门位置传感器进行检测。

(2)装有自动变速器的轿车,急加速时,车速不能随发动机转速的提高而迅速提高,有故障码或数据流超标,需对节气门位置传感器进行检测。

(3)装有电控悬架的轿车,当急加速时,车身出现后倾现象(也叫作抬头),有故障码或数据流超标,需对节气门位置传感器进行检测。

(4)不易起动,换挡熄火,需对节气门位置传感器进行检测。

2　相关理论知识

2.1　节气门体总成

图5-4-1为大众车系的电子节气门的结构。它由节气门体、节气门、控制电动机、减速齿轮和节气门位置传感器等组成。

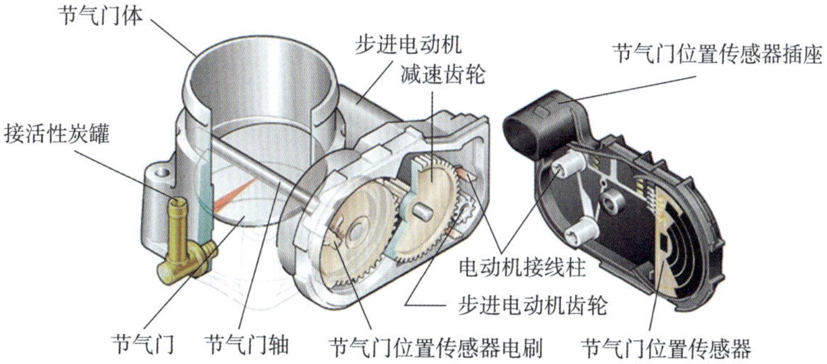

图5-4-1　大众车系电子节气门的结构

控制电动机通过两级齿轮减速带动节气门运动,在怠速时节气门并不完全关闭,而是由两只扭簧定位在应急开度位置,并通过控制电动机的双向转动进行控制,与节气门轴相连的滑片式线性电位器用于采集节气门开度。

控制电动机的输出力矩与复位弹簧力矩平衡时,节气门开度才能保持不变。当占空比增大时,电动机驱动力矩大于复位弹簧阻力矩,节气门开度增加;当占空比减小时,电动机驱动力矩小于复位弹簧阻力矩,节气门开度减小,占空比越小节气门开度也越小。在减小节气门开度时,为了克服由于电动机磁滞造成的节气门换向滞后现象,采用在脉冲宽度调节器(PWM)驱动信号中加反向电压脉冲的办法保证响应快速、动作灵敏。与节气门轴相连的开度传感器将节气门开度信号反馈给电控单元,构成闭环位置控制系统。节气门开度不仅由加速踏板控制,而且也要由其他控制系统控制,最终按照发动机的转矩需求精确调节节气门开度。

在电子节气门中省略了怠速触点,怠速工况识别不在节气门位置传感器上,而转移到加速踏板位置传感器上。控制电动机反向电流可使节气门的应急开度向小关闭,从而实现了怠速区域的自动控制;控制电动机正向电流可使节气门的应急开度向大开启,保证正常行车控制。

2.2 节气门位置传感器

节气门位置传感器的功用是检测节气门的开度及开度变化,此信号输入 ECU,用于控制燃油喷射及其他辅助控制(EGR、开闭环控制等)。节气门位置传感器安装在节气门轴的一侧,且与节气门轴固定连接。节气门位置传感器有电位计式、触点式和综合式三种。

2.2.1 电位计式节气门位置传感器

大众车系电子节气门位置传感器为电位计式节气门位置传感器,如图 5-4-2 所示,电路原理如图 5-4-3 所示。传感器向 ECU 提供一个 0 ~ 5V 的电压信号,用来检测节气门开度,ECU 根据其输出电压的大小和电压变化率的大小及正负,能够确定发动机处于何种工况,据此进行喷油量和点火提前角等参数的修正。

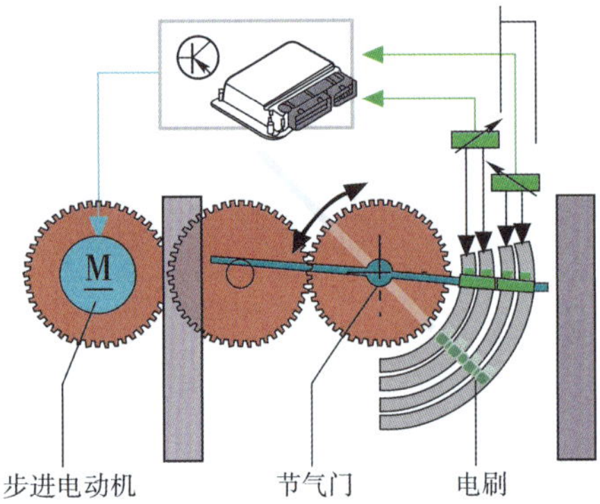

图 5-4-2　大众车系电子节气门位置传感器

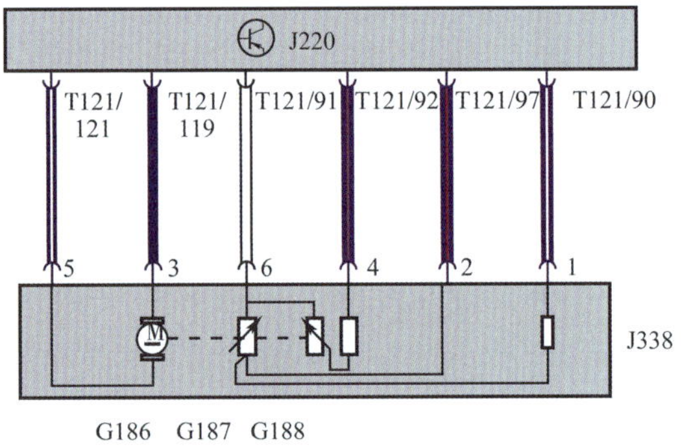

图 5-4-3　节气门位置传感器电路原理图

若节气门电位计无信号传至发动机控制单元,则控制单元根据发动机转速及空气质量信号计算出一个替代值。

节气门位置传感器是节气门状态检测元件,从控制的角度讲,只需一个位置传感器就够了,采用双传感器可大大增加识别硬件故障的可靠性。这些传感器都是线性电位器,两个传感器由同一 5V 电源供电,设计成电阻值同向或反向变化。反向即一个电阻值增加时另一个减小,其输出电压呈互补的方式(图 5-4-4),两个传感器输出电压信号之和始终等于供电电压,这样可保证当其中一个传感器出现故障或电源电压低于规定值时,能及时识别。同向时,两个信号间的差值不允许超过一定范围,否则也视为故障。

当某一个传感器获得了不可靠的信号或者根本就未收到信号,故障存储器会记录下一个故障,电子节气门故障灯会接通,对转矩有影响的子系统被关闭,如定速巡航或发动机转矩调节等,使用负荷信号校验另一个传感器,加速踏板反应正常。

当发动机控制单元从两个传感器都获得了不可靠信号或者根本就未收到信号,这两个传感器在故障存储器中会记录下一个故障,电子节气门故障灯会接通,节气门控制电机被关闭。发动机只能以高怠速转速运转,对加速踏板的操作无反应。

2.2.2　触点式节气门位置传感器

触点式节气门位置传感器主要由一个活动触点和两个固定触点组成，如图 5-4-5 所示。活动触点(TL)随节气门轴一起转动，活动触点在节气门全关(怠速)时与怠速固定触点(IDL)闭合，而在节气门接近全开时与全开触点(PSW)闭合。节气门开度在中间位置时，活动触点与两个固定触点均断开。ECU 根据触点的闭合情况，确定发动机处于怠速工况、中等负荷工况或全负荷工况。

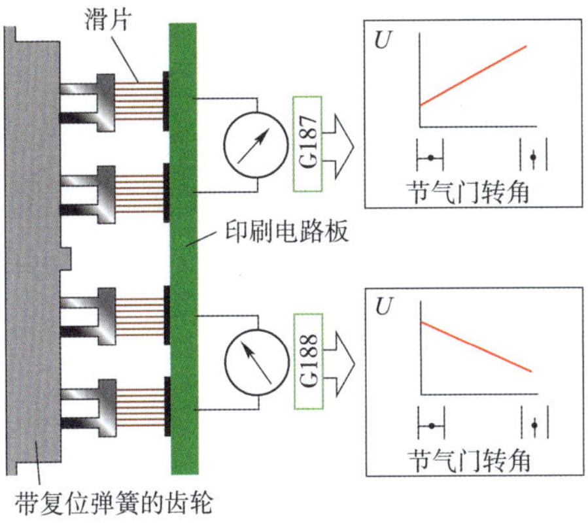

图 5-4-4　电阻值反向方式

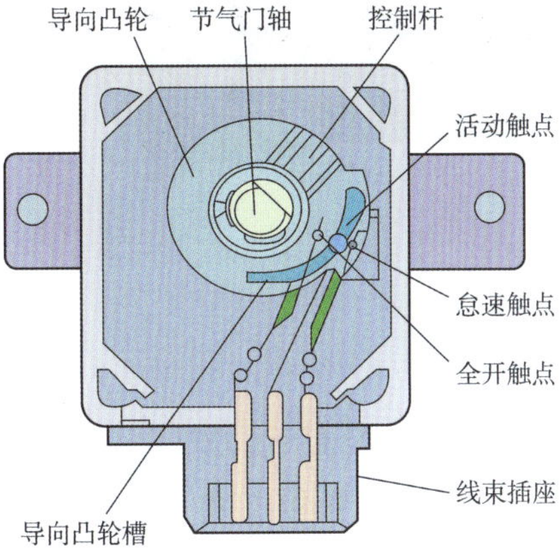

图 5-4-5　触点式节气门位置传感器

触点式节气门位置传感器与 ECU 之间有三个连接端子，ECU 通过活动触点端子给传感器提供电源，两个固定触点端子给 ECU 输送节气门位置信号。

2.3　节气门驱动电动机

节气门驱动电动机的功用：根据 ECU 发出的指令，驱动或保持节气门开度使其满足发动机转速和负荷的要求。节气门驱动电动机有永磁直流伺服电动机和步进电动机两种类型。

2.3.1　永磁直流伺服电动机

1)组成

永磁直流伺服电动机由转子、定子、电刷、驱动齿轮等组成，如图 5-4-6 所示。

2)控制原理

ECU 通过调节 PWM 信号的占空比来控制电动机转角的大小，电动机的旋转方向则是由和节气门相连的复位弹簧控制。电动机输出转矩和脉冲宽度调制信号的占空比成正比。当占空比一定，电机输出转矩与复位弹簧阻力保持平衡时，节气门开度不变。当占空比较大时，电动机输出转矩克服复位弹簧阻力矩，节气门开度增大。当占空比减小时，电动机输出转矩和节气门开度也随之减小。

永磁直流伺服电动机采用脉冲宽度调制(PWM)技术，其特点是频率高、功率密度高和可靠性高。因此，永磁直流伺服电动机被广泛应用于节气门的控制。

2.3.2　步进电动机

步进电动机直接驱动节气门实现节气门的开度控制。步进电动机具有结构简单、可靠性高和成本低的优点，但它的控制精度不高。因此，用步进电动机控制节气门在汽车上应用的较少。但在设有怠速旁通气道的节气门总成上,可采用步进电动机控制怠速旁通气道。

1)结构

步进电动机由定子线圈、转子等组成,如图5-4-7所示。

图5-4-6　永磁直流伺服电动机

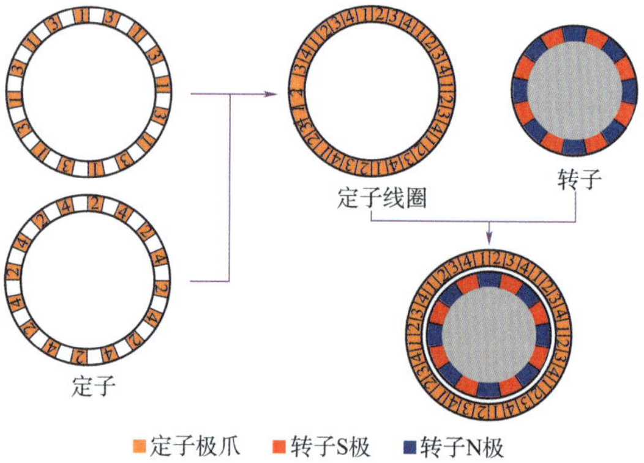

图5-4-7　步进电动机的组成

定子线圈由两个定子构成,每个定子有八对极爪,每个爪极间的距离为一个极爪的宽度,每个定子有两组线圈,用来改变极爪的极性。

2)工作原理

步进电动机的控制电路如图5-4-8所示。

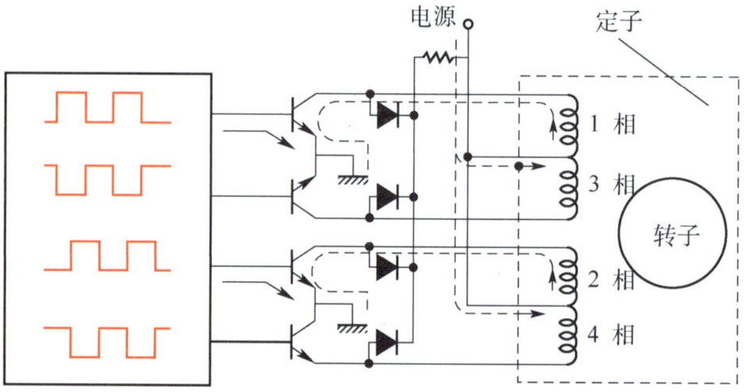

图5-4-8　步进电动机控制电路

ECU通过控制定子线圈的电压脉冲,交替变换定子爪极的极性。

若使步进电动机正转时,ECU按1-2-3-4相顺序依次迟后90°相位角发出控制脉冲,使定子上的N极顺时针向右侧极爪逐个移动,转子也随之向右转动,见表5-4-1。

步进电动机的工作原理　　表5-4-1

脉冲信号	步进电动机起始位置	步进电动机结束位置
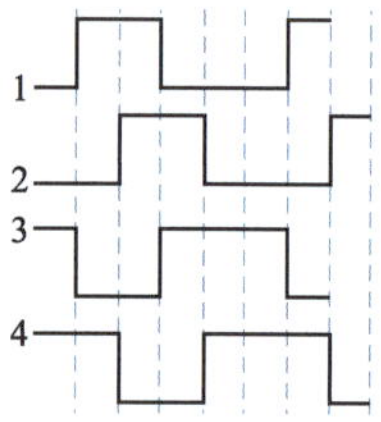	—	

续上表

脉冲信号	步进电动机起始位置	步进电动机结束位置
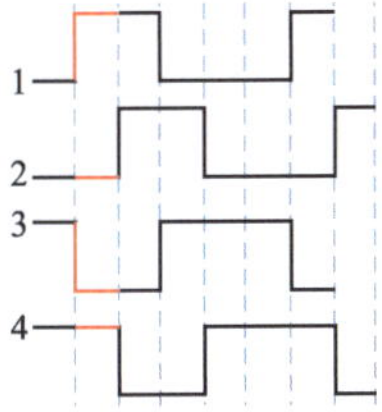		
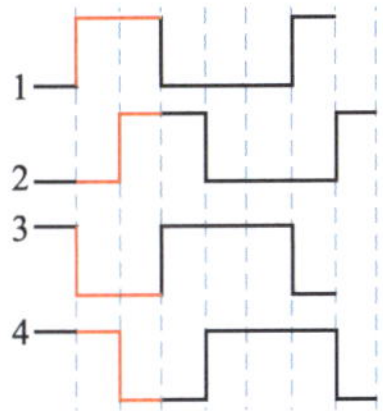		
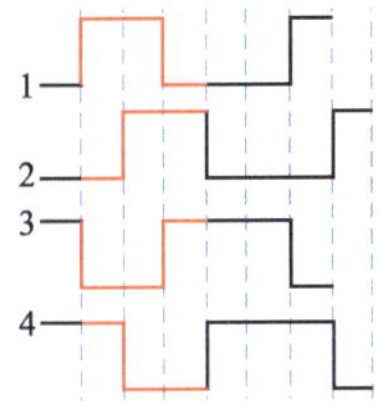		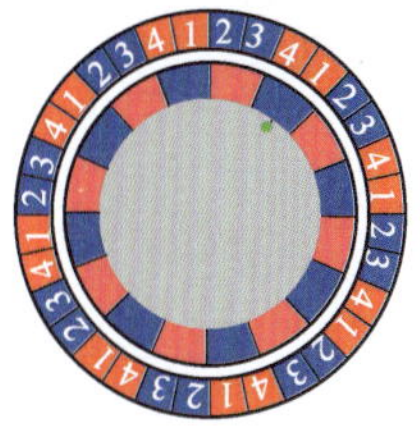
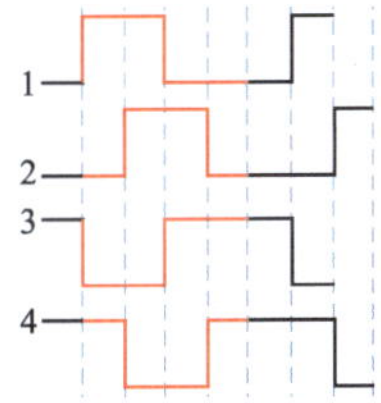		

若使步进电动机反转时，ECU 按 1-2-3-4 相顺序依次超前 90°相位角发出控制脉冲，定子上的 N 极向左侧极爪逐个移动，转子也随之向左转动。

转子转动一圈为 32 个步级，步进电动机的正常工作范围为 0～125 个步级。

2.4　加速踏板位置传感器

很多发动机都采用电子节气门，即节气门开闭由计算机根据加速踏板的位置以及其他参数综合来控制，提高发动机的综合性能。而且，加速踏板位置信号不准也会引起加速不灵敏的故障现象。加速踏板位置传感器的结构如图 5-4-9 所示。它由踏板机构、滑动片、踏板位置传感器 1（G79）、踏板位置传感器 2（G185）组成，安装在加速踏板支架上。

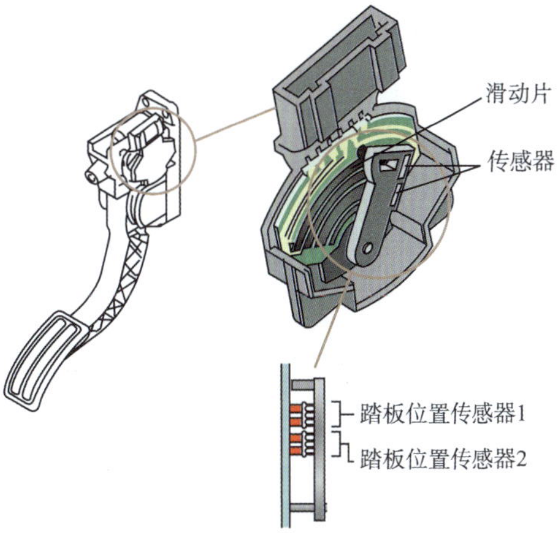

图 5-4-9　加速踏板位置传感器结构

工作原理:两个踏板位置传感器实际上都是线性电位器,利用滑动变阻器原理将加速踏板移动量转换成带有不同输出特性的两类电子信号,然后信号被输入给发动机 ECU。

怠速工况的识别:计算机主要根据踏板位置传感器 G79 和 G185 信号识别驾驶人右脚是否正在踩加速踏板,如果输出电压低于一个限定值,计算机自动识别怠速,计算机控制电动机 G186 在怠速控制范围内控制节气门。如果输出电压高于一个限定值,计算机自动识别非怠速,计算机控制电动机 G186 在大于怠速控制范围内控制节气门。节气门位置传感器 G187 和怠速节气门位置 G188 用于把信号反馈给计算机以利于更精确地控制。

传感器信号中断:一个传感器信号失真或中断,如果另一个传感器处于怠速位置,则发动机进入怠速工况;如果是负荷工况,则发动机转速上升缓慢。

若两个传感器同时出现故障,则发动机高怠速(1500r/min)运转。

3 任务实施

3.1 检测方法

3.1.1 节气门位置传感器的检测

检查节气门位置传感器 G187 和 G188(01-08-062),见表 5-4-2。

读取数据块 表 5-4-2

读取数据块 062 →	<屏幕显示	
	理论值	评价
1→节气门角度 G187	3% ~97%	
2→节气门角度 G188	97% ~3%	
3→加速踏板位置传感器 G79	12% ~97%	
4→加速踏板位置传感器 G185	4% ~49%	

慢慢将加速踏板踩到底,观察显示区 1 和 2 的百分比。

显示区 1 的百分比应均匀升高,公差范围 3% ~97% 并未完全使用。

显示区 2 的百分比应均匀下降,公差范围 97% ~3% 并未完全使用。

显示区 1 中的显示值升高,而显示区 2 中显示值下降,原因在于节气门控制单元电位计(角度传感器)的可逆转性,也就是说:

传感器 G187 的分压向 5V 靠拢(节气门开得越大,电压越高)。

传感器 G188 的分压由 5V 向 0V 靠拢(节气门开得越大,电压越低)。

如果未达到规定标准,检查供电及导线连接。117 ~118 之间的电阻规定值为1 ~5Ω。

3.1.2 节气门控制单元的基本设定方法

更换节气门控制单元后,必须进行新节气门控制单元与发动机控制单元间的基本设定;带自动变速器的轿车还应进行与自动变速器控制单元的基本设定。

基本设定:01-04-060,3 区为 8 以内;4 区出现 OK。节气门控制单元基本设定见表 5-4-3。

带自动变速器的车辆,更换发动机控制单元和加速踏板后,应进行强制低挡的基本设定。方法:踩下加速踏板到底,触动牵制低挡开关,并保持 3s 以上,观察显示区 3 和 4。加速踏板基本设定见表5-4-4。

节气门控制单元基本设定 表5-4-3

基本设定060 →	<屏幕显示	
	理论值	评价
1→节气门角度G187	3%~97%	
2→节气门角度G188	97%~3%	
3→自学习步数	0~8	
4→匹配状态	ADP OK	

加速踏板基本设定 表5-4-4

基本设定063 →	<屏幕显示	
	理论值	评价
1→加速踏板位置传感器G79	12%~97%	
2→加速踏板位置传感器G185	4%~49%	
3→加速踏板位置	Kick Down	
4→操作模式	ADP OK	

3.1.3 触点式节气门位置传感器的检测

在维修中,对触点式节气门位置传感器,可拆开传感器线束插接器,就车检查各端子之间的通断情况。检查滑动触点端子与怠速触点端子之间:节气门接近全关时应导通,节气门在其他位置时应不导通。检查滑动触点端子与全开触点端子之间:节气门中小开度时应不导通,节气门接近全开时应导通。如果不符合上述要求,说明传感器内部断路或绝缘不良,应更换节气门位置传感器。

3.2 准备工作

阅读维修手册,列出检测所需仪器设备和工具,制订检测方案。

3.3 操作流程

(1)将解码器接到自诊断插口。

(2)读取数据流。

(3)拔下插接器插头。

(4)拆卸与节气门体连接的管路。

(5)拆卸节气门体。

(6)安装顺序与拆卸顺序相反。

3.4 操作提示

(1)拆卸节气门体时,如有冷却液的,应先放掉一部分冷却液,以拆卸节气门体时不从冷却液管中流出为准。

(2)更换节气门体后,要对节气门体进行匹配,否则发动机工作不正常。

(3)拆卸过程中,要防止有异物进入进气道。

复习与思考题

1. 叙述节气门体总成的组成和结构。
2. 叙述电位计式节气门位置传感器的功能、结构和工作原理。
3. 叙述加速踏板位置传感器的结构和工作原理。
4. 叙述步进电动机的结构和工作原理。

知识点思维导图

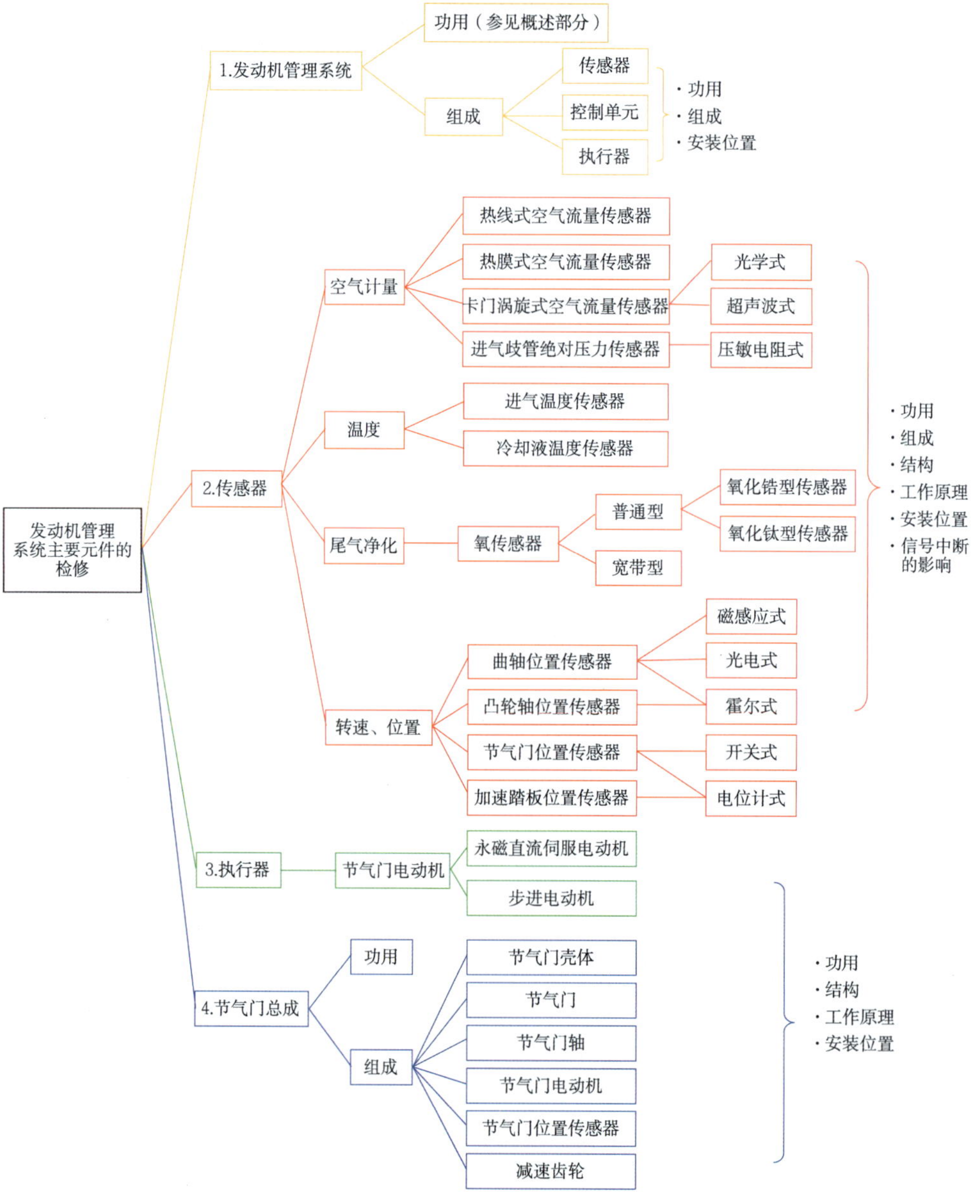

项目六

点火系统的检修

学习目标

※ 知识目标

1. 理解点火系统的工作原理和类型。
2. 掌握火花塞、点火线圈等部件的构造和工作原理。
3. 熟悉点火正时的概念及调整原理。
4. 了解点火系统常见故障现象及原因。

※ 技能目标

1. 能够正确拆卸和安装点火系统部件。
2. 可以检测火花塞的性能并进行更换。
3. 运用诊断设备检测点火系统故障。

※ 素质目标

1. 培养安全用电意识，避免维修过程中的触电风险。
2. 提高对点火系统维修质量影响发动机性能的认识。
3. 强化自我学习和解决突发点火故障的能力。
4. 学习大国工匠们专注执着、追求完美的精神，在维修点火系统时注重细节，确保维修质量。

汽油发动机汽缸内的可燃混合气在压缩终了时,经电火花点燃后燃烧,产生的巨大能量使发动机做功。产生电火花的系统被称为点火系统。目前,汽车上大都已采用了计算机控制的电子点火系统,从某种意义上讲,现在的点火系统已是发动机控制系统的一个组成部分。

任务一 更换点火开关

1 任务引入

打开点火开关,仪表没有显示,15线没有电源电压(信号),经诊断为点火开关失效,应更换。

2 相关理论知识

2.1 电控点火系统组成

电控点火系统主要由电源、点火开关、控制单元、传感器、点火模块、火花塞等组成,如图6-1-1所示。

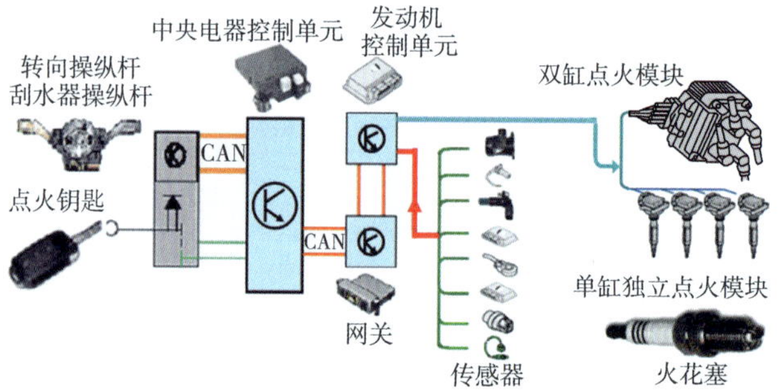

图6-1-1 电控点火系统组成

1)电源

汽车的电源包括蓄电池和发电机。其中,蓄电池是在发动机起动、低速时向汽车供电;当发动机在中速以上运转时,则由发电机向汽车供电。发电机发出的电除供给汽车上的用电设备外,多余的电还可对蓄电池进行充电。

2)点火开关

点火开关也称钥匙门,主要是用来控制点火电路,另外也控制发电机磁场电路、起动电路,并为整车电气系统供电等。点火开关同时还具有拔出钥匙转向盘自动锁定功能、为电控系统提供识别信号的功能及防止重复起动功能。

3)传感器

传感器包括空气流量传感器(或进气压力传感器)、曲轴位置传感器、凸轮轴位置传感器、爆震传感器、发动机冷却液温度传感器、氧传感器、海拔高度传感器、大气压力传感器。其中,曲轴位置传感器、凸轮轴位置传感器检测的信号是点火的主控信号,其他传感器检测的信号是辅助信号,用于对主控信号进行修正。

4）控制单元

控制单元包括中央电器控制单元、发动机控制单元和网关。它接收各传感器传来的检测信号，通过分析、计算后，发出指令（脉冲信号）给执行器。

5）执行器

执行器包括点火驱动模块、点火线圈和火花塞等。它接收控制单元发出的指令，并按指令完成相应的动作。

2.2　发动机正常工作对点火系统的要求

2.2.1　能产生足够高的次级电压

用于点燃可燃混合气的电火花是在发动机汽缸内火花塞的两个电极之间的气体经电离作用产生电弧放电而产生的，使气体电离的先决条件是必须有足够高的电压。这个能使火花塞两电极间产生电火花的足够高的电压称为击穿电压，一般为 10000 ~ 20000V。影响击穿电压的因素如下。

1）汽缸内混合气的压力与温度

事实上击穿电压的大小与混合气的压力和温度并无直接关系，而是与混合气的密度有关。因电离是在分子之间相互碰撞之后产生足够能量后实现的，而混合气密度越大，即每单位体积中气体的分子的数量越多，离子的自由运动距离就越短，碰撞的能量变小，故就不易发生电离作用。只有提高击穿电压，增大作用分子上的电场力，提高分子运动的加速度来实现电离。混合气压力高，单位容积的密度就加大，相应的击穿电压就要增大。而温度提高导致混合气的密度减小，击穿压力就相应降低。

2）火花塞电极的间隙

火花塞电极的间隙越大，产生的电场的强度就越弱，所需的击穿电压就越高。

3）火花塞的电极温度

由于火花塞的电极温度相对较高时，包围在电极周围的气体的密度就相对较小，故当火花塞电极的温度超过混合气温度时，击穿电压可降低 30% ~50%。

4）发动机的工况

发动机的工作情况不同时，火花塞的击穿电压也不相同，其值随发动机的功率、转速、负荷、温度、压缩比、点火时刻以及混合气成分等多种因素的改变而变化。发动机在起动时，因汽缸内的混合气的温度低，气体的相对密度较大，加之火花塞电极处于冷态，还可能在电极之间存有油滴，因此击穿电压最高。在其他工况下，由于压缩终了的混合气的压力和温度均不相同，因而火花塞的击穿电压也就随之改变。

2.2.2　电火花要有足够的点火能量

日常生活中我们都有这样的经历，要想点燃一个物品，如一块木条，用烛光小火和用熊熊炉火点燃所用的时间是不同的，炉火很快就会使木条燃烧起来，这是因为炉火单位时间内提供的能量较多的缘故。

汽车发动机汽缸也是一样，要想使混合气可靠点燃，火花塞产生的电火花必须具有一定的能量。发动机在正常工作时，由于混合气压缩终了的温度已接近其自燃温度，因此所需的火花的能量很小，一般只需点火系统提供 15 ~ 50mJ 的火花能量就足以点燃混合气了。但在发动机起动、怠速和急加速等情况下,由于混合气的温度较低或混合气过浓、过稀等原因就需要有较高的点火能量才能保证混合气的可靠点燃。因此,点火系统应该保证发动机在正常工作时有50~80mJ的点火能量,在发动机起动时有大于100mJ的点火能量。

2.2.3 点火系统要保证适时点火

点火系统首先应满足发动机工作顺序的点火要求。例如,一般直列六缸发动机的点火顺序为1-5-3-6-2-4;直列四缸发动机的点火顺序为1-3-4-2。其次,必须在最佳的时刻进行点火。点火时刻是用点火提前角来表示的。

点火提前角是指从火花塞电极产生电火花开始到活塞行至上止点时为止这一段时间内曲轴所转过的角度,用θ来表示。通常把发动机发出最大功率和最小油耗时的点火提前角称为最佳点火提前角。大众车系点火提前角一般为0°~12°(正常怠速时为5°~7°)。当发动机火花塞产生电火花点火后,混合气需要先进入着火延迟期,然后才进入猛烈的速燃期,这样就说明混合气从开始点燃到完全燃烧是需要一定时间的,所以,必须在活塞到达压缩行程上止点前点燃可燃混合气才能使发动机发出最大功率。实验表明:如果点火时间适当,则混合气燃烧后出现最大压力应在上止点后10°~15°。因此,混合气燃烧对应的曲轴转角为10°~27°。

如果点火过迟,如火花塞已到达上止点才点火,则混合气燃烧是在活塞下行过程中进行的,即燃烧过程是在容积增大的过程中实现的,炽热的气体与汽缸壁接触面积增加,热传导损失增大,转变为有效功的热量相对减小,气体产生的最高压力也因容积的增大而下降,从而导致发动机过热和功率下降。

如果点火过早,则混合气的燃烧完全是在压缩行程进行,汽缸内的压力急剧升高,在活塞还没到上止点前就产生最大值,使活塞受到反冲阻力,这不仅使发动机的功率降低,同时也会引起爆震和发动机抖动现象,还会加快各零件的损坏。

2.3 影响点火提前角的因素

1)转速

最佳的点火提前角随发动机的转速升高而加大。因转速增加,活塞运动速度加大,同样行程所需时间缩短,而混合气燃烧时间基本不变,这样就应增大点火提前角来保证最佳燃烧时间。发动机在起动或怠速时转速较低,要求点火提前角减小(一般为5°~6°)或不提前。转速信号由曲轴位置传感器提供。

2)负荷

最佳点火提前角随负荷增大而减小。与转速影响最佳点火提前角一样,因为发动机负荷大、节气门开度大时,吸入汽缸的混合气量增加,压缩行程终了时的气体压力和温度增加,使燃烧速度加快,点火提前角相应减小。负荷信号由加速踏板位置传感器提供。

3)辛烷值

辛烷值表示汽油牌号,辛烷值大的汽油抗爆性能好,不易产生爆震,故可以增大点火提前角,提高发动机的功率。爆震信号由爆震传感器提供。

4)压缩比

压缩比增大,则最佳点火提前角相应减小。因为如果压缩比增大时,压缩终了时的压力和温度增高，导致燃烧的速度相对加快，故要求最佳点火提前角要有所减小。其信息由计算机存储。

5）空燃比

空燃比表示可燃混合气成分。当空燃比 $\alpha=0.8\sim0.9$ 时，点火提前角最小，这说明这种混合气的成分燃烧速度最快。混合气过浓和过稀都会影响火焰传播速率，使燃烧速度变慢，应适当增减点火提前角。其信号由氧传感器提供。

6）大气压力

大气压力的改变直接影响发动机的进气压力。进气压力减小会使混合气雾化和扰流变坏，导致燃烧速度变慢，因此，点火提前角应该相应增大。其信号由大气压力传感器提供。

7）大气温度

当大气温度低时，导致进入到汽缸内的气体温度也相应降低，混合气的雾化受到影响，燃烧速度变慢，因此，要求点火提前角适当增加。其信号由进气温度传感器提供。

2.4　点火开关

2.4.1　点火开关不同挡位的作用

点火开关是汽车电路中最重要的开关之一，主要用于控制点火电路、发电机磁场电路、仪表及照明电路、起动继电器电路以及辅助电器电路。常见的点火开关有三挡位式和四挡位式，如图 6-1-2 所示。

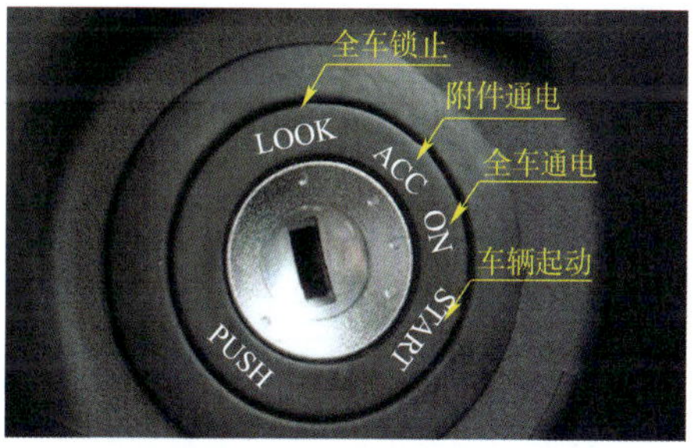

图 6-1-2　点火开关挡位

三挡位式包括 LOCK、ON、START 三个挡位，点火开关在不同挡位下的具体作用如下：

（1）LOCK（锁止挡）：此时除了防盗系统和车内小灯，其余电路均关闭，转向盘也被锁定，全车电源被切断，钥匙可自由插入或拔出。

（2）ON（运行挡）：全车电路工作，进行起动前准备与自我检查。

（3）START（起动挡）：起动发动机，起动后自动恢复至 ON 挡。

四挡位式包括 LOCK、ACC、ON、START 四个挡位，比三挡式多了一个 ACC（附件挡），用于接通汽车部分电器电源，如音响、车灯等。

2.4.2　点火开关的线路连接

点火开关连接 30、P、S、15、50、X 等接线柱，不同接线柱的具体作用如下。

（1）30 端子。常火线，连接蓄电池电源，不受任何开关控制，除非断开蓄电池的接线头。

（2）P 端子。当点火开关处于 LOCK 挡时，P 端子与 30 端子连接，如图 6-1-3a）所示，具有以下作用：

①关闭所有用电设备。在 P 位置时，所有用电设备都会停止工作，以节省蓄电池电量并保护电气设备。

②防盗功能。当点火开关处于 P 位置时，汽车转向盘会被锁止，防止车辆被盗。

③操作停车灯。即使点火开关处于 P 位置，通过操作停车灯开关仍然可以打开停车灯。

（3）S 端子。主要作用是检测钥匙是否插入点火锁中。当插入钥匙时，S 触点被机械顶动而与30端子连接,此时S线向相关模块(如转向柱电子装置控制单元J527)提供钥匙已插入点火锁的信号,如图6-1-3b)所示。

(4)15端子。当点火开关处于ON挡或START挡时,15端子与30端子连接受点火开关控制的小容量用电设备的电源线,如图6-1-3c)所示。

(5)50端子。当点火开关处于START挡时,50端子与30端子连接供给起动机的信号线,如图6-1-3d)所示。

(6)X端子。通过点火开关控制并且经过卸荷继电器的火线,通常是大功率用电器,如刮水器、暖风、空调等设备。点火开关打开且发动机起动后接通,起动过程中断开,如图6-1-3c)、d)所示。

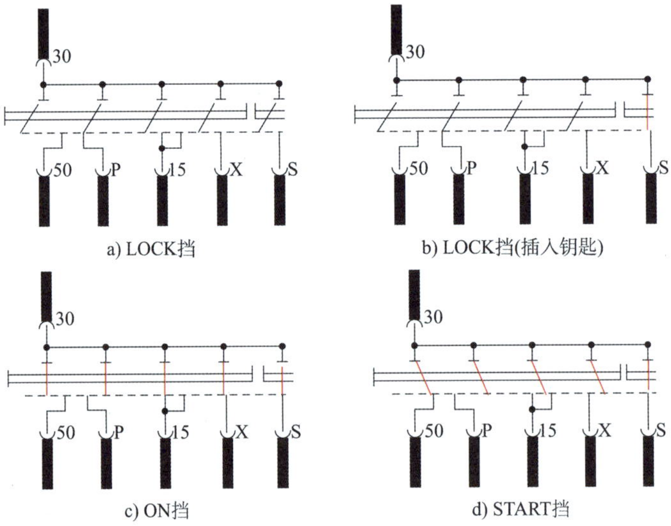

图6-1-3 点火开关结构原理图

2.4.3 无钥匙起动控制原理

现代汽车上有的已经取消了点火开关,用起动按钮进行车辆起动控制,即无钥匙起动系统,无钥匙起动控制原理如图6-1-4所示。

(1)钥匙信号检测。车主携带智能钥匙靠近车辆时,车辆的无钥匙进入系统中的天线会不断发射低频信号,当智能钥匙接收到这个信号并通过加密认证后,会向车辆发送高频信号作为回应。车辆的接收器接收到正确的信号后,确认钥匙合法,允许驾驶人打开车门进入车内。

(2)起动按钮操作与信号传递。进入车内后,按下起动按钮E378,这个操作会触发起动按钮内的微动开关,向进入及起动许可控制单元J965发送起动请求信号。

(3)ECU判断与控制。发动机ECU J623接收到J965发送的起动请求信号后,会首先检查车辆的状态,如车门是否关闭、挡位是否处于P挡或N挡(由换挡杆控制单元E313、变速器机电控制单元J743将P挡或N挡信号传送给发动机ECU J623)、制动踏板是否踩下(对于自动挡车型)等。只有当所有条件都满足时,发动机ECU J623才会向起动继电器J906、J907发送控制信号,后续过程与机械钥匙起动类似,起动继电器接通,起动机工作带动发动机运动。

(4)防盗与安全机制。无钥匙起动系统配备了严密的防盗和安全机制。智能钥匙与车辆之间通过加密的射频信号进行通信，只有匹配的钥匙才能起动车辆。同时，系统还会监测车辆的状态，如果检测到异常，如非法开门、拖车等情况，会触发防盗报警系统，并可能限制车辆起动。

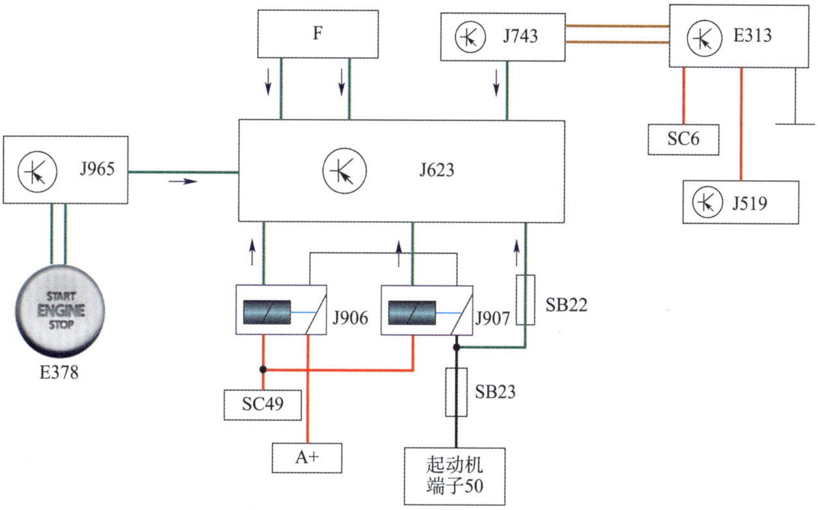

图 6-1-4　无钥匙起动控制原理图

E378-起动装置按键（起动按钮）；J965-进入及起动许可控制单元（也称为无钥匙进入控制单元）；F-制动信号灯开关；J743-变速器机电控制单元；E313-换挡杆控制单元；J623-发动机控制单元；J906、J907-起动继电器

3　任务实施

3.1　准备工作

阅读维修手册，列出检测所需仪器设备和工具，制订检测与更换方案，领取备品。

3.2　操作流程

(1)转向盘摆正。

(2)断开电源(注意密码)。

(3)断开气囊连接器。

(4)拆卸转向柱电子控制单元。

(5)拆卸转向角传感器。

(6)拆卸点火开关。

(7)以相反顺序安装所有部件。

复习与思考题

1. 叙述电控点火系统的组成。
2. 发动机对点火系统有哪些要求？
3. 影响点火提前角的因素有哪些？
4. 分析点火电路。

任务二 检查与更换火花塞

1 任务引入

发动机不易起动或工作不稳,经检查为火花塞失效,需更换火花塞。

2 相关理论知识

2.1 点火线圈的组成

点火线圈由高压端头、铁芯、初级线圈和次级线圈组成,如图 6-2-1、图 6-2-2 所示。一般,初级线圈的漆包线较粗,只有几百匝,而次级线圈匝数则高达数万。大众车系初级线圈电阻为 0.6 ~ 0.7Ω,次级线圈电阻为 6 ~ 8.5kΩ。

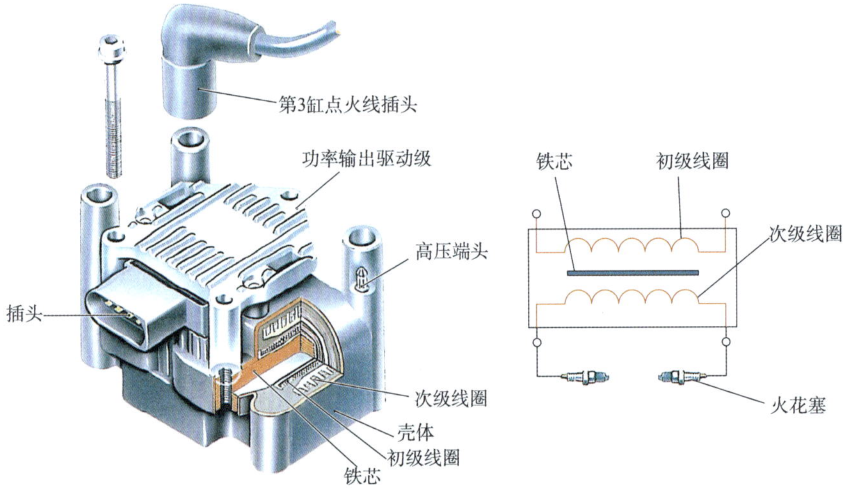

图 6-2-1 双缸点火线圈

2.2 点火系统的工作原理与工作过程

2.2.1 工作原理

点火线圈是利用电磁感应(互感)原理将低压电变为高压电的,如图 6-2-3 所示。

当线圈 1 电路中的开关闭合后,电流从无到有,线圈 1 的磁场便会发生变化,磁场的变化便会在线圈 2 中产生感应电动势。在线圈 2 中产生感应电流的大小一方面取决于两个线圈的匝数比(即匝数比越大,感应电动势就越大);另一方面还取决于线圈 2 中磁场变化的快慢(即磁通的变化率),磁场变化的速度越快,所产生的感应电动势就越大。

如果把线圈 1 直接接到汽车的低压电源,线圈 1 中的电流不会发生变化,线圈 2 中也不会产生感应电动势。为此,必须在线圈 1 的电路中加入一对触点或晶体管开关电路,并使其不断地接通和断开,使线圈 1 中的电流不断变化,线圈 2 中便会产生感应电动势。当初级线圈电路接通时，初级电流从蓄电池正极→点火开关→点火线圈的初级线圈→晶体管开关电路→搭铁回蓄电池负极，如图6-2-4a）所示。当初级电路被断开时，初级电路被切断，铁芯中的磁场突然消失，在点火线圈的次级绕组中感应出15000～20000V的高压电动势，该电动势作用在火花塞上，产生高压火花，点燃汽缸中的混合气，如图6-2-4b）所示。次级电路为：搭铁→火花塞→点火线圈的次级线圈。在点火线圈初级电路接通和断开一次，则在点火线圈次级绕组中产生一次高压电，火花塞跳火一次。

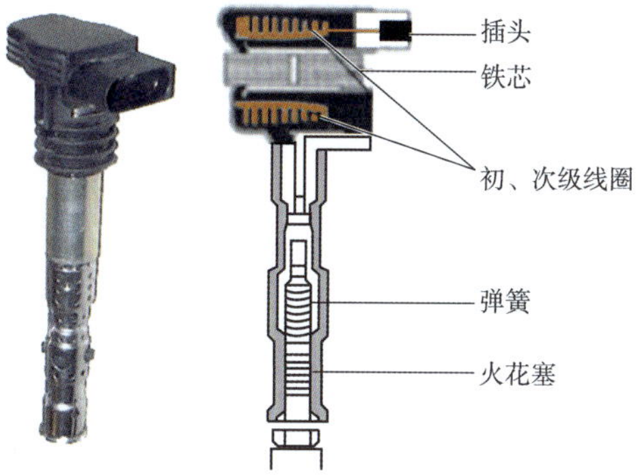

图6-2-2　单缸独立点火线圈

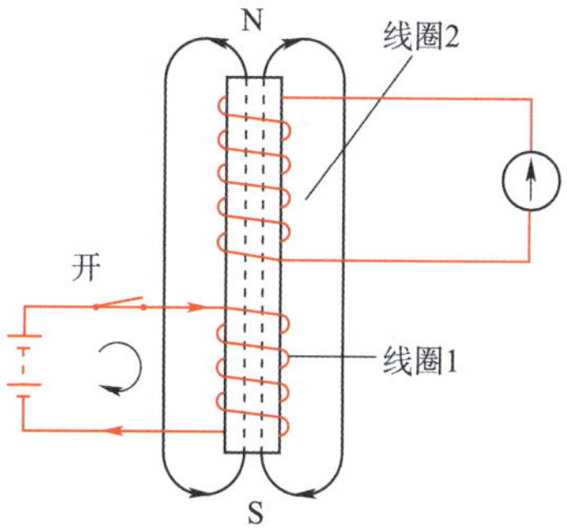

图6-2-3　变压器的基本原理

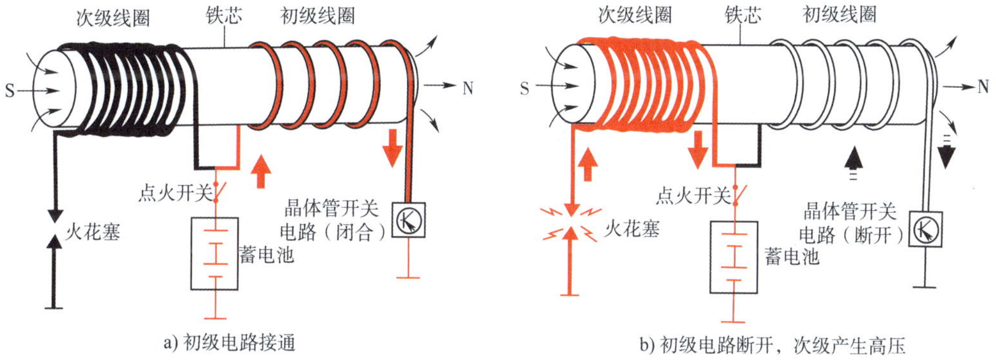

图6-2-4　点火的基本原理

2.2.2　工作过程

1）储能阶段

如图6-2-5所示，发动机电控单元接收到点火开关电信号和发动机转速信号时，输出方波信号，通过点火模块中的控制电路控制初级电路通断。当控制信号为高电平时，初级电路接通，初级电流增长，由于初级绕组产生反向自感电动势阻碍电流增长，使磁场变化率较低，次级绕组只产生1～2kV的互感电动势，不能击穿火花塞产生电火花，积聚磁场能，使电能转化为磁场能。

2）高压产生阶段

当控制信号为低电平时，初级电路断开，虽然初级绕组产生同向自感电动势，但由于电路被切断，电流瞬间消失，使磁场变化率很大，次级绕组便产生15～20kV的互感电动势，磁场能转化为电能。

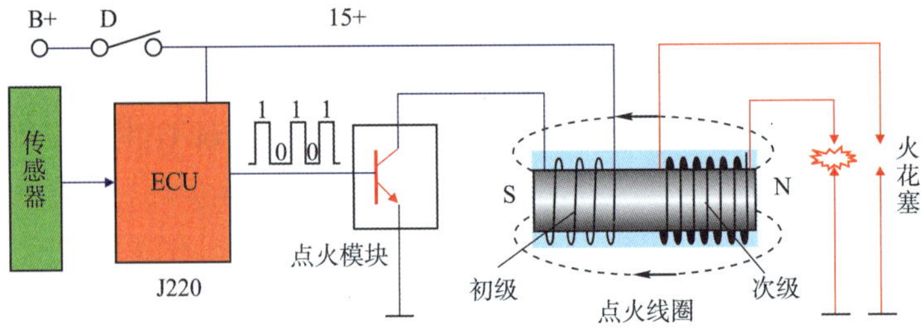

图6-2-5　点火系统工作过程

3)跳火阶段

高压电击穿火花塞间隙,形成电火花。

2.3　点火系统的点火方式

1)双缸同时点火方式

双缸同时点火方式是指两个汽缸共用一个特制的点火线圈(图6-2-1),该点火线圈有两个高压输出端,分别与各自的火花塞相连,负责对两个汽缸点火。这两个汽缸的组合原则必须是:其中一个汽缸处在压缩行程上止点时,另一个汽缸处在排气行程上止点,即曲轴旋转360°后两缸所处的行程相反。例如,六缸发动机是1、6缸组合,2、5缸组合和3、4缸组合。

双缸同时点火方式的工作原理如图6-2-6所示,当点火线圈的初级电路断路时,两汽缸同时跳火,由于处于排气行程的汽缸正是后燃末期,气体压力很小,气体中有导电离子的存在,因而,火花塞电极跳火很容易,能量的损失也很小。而处于压缩行程的汽缸则因汽缸内的压力高,气体密度大,从而导致火花塞跳火时必须有足够的电压。因此,这种双火花塞同时点火的方式,不会因是两缸同时点火而使正常点火汽缸的火花塞造成较大的能量损失。

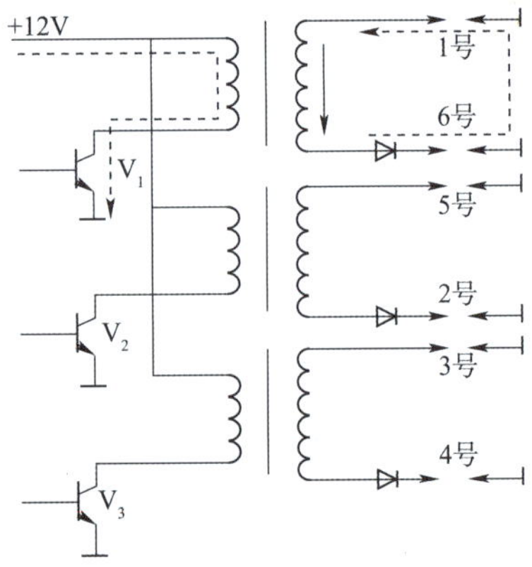

图6-2-6　双缸同时点火方式工作原理图

为了防止点火线圈初级电路接通时,次级绕组中所产生的1000V左右的感应电压在火花塞中产生误跳火影响发动机正常工作,在电路中加装了高压二极管,防止了误跳火现象的发生。

丰田皇冠轿车计算机控制电子直接点火系统是典型的双缸直接点火方式的点火装置,如图6-2-7所示。曲轴位置和发动机转速传感器可输出G1、G2和Ne三个信号,用于判别汽缸、检测曲轴转角和确定初始点火提前角。

(1)G1信号线圈产生信号电压波形的时刻设定在六缸压缩行程上止点附近,因此,只要出现G1信号,ECU即可以计算出点火的基准,然后根据Ne信号决定点火提前角和闭合时间。

(2)G2信号和G1信号的波形相同,但两者相隔360°的曲轴转角,因此,当G2信号出现时,就可判别一缸压缩行程上止点。

(3)Ne信号转子有24个小齿,所以,每转一周就会产生24个与G1、G2相同波形的信号脉冲,每个波形占30°的曲轴转角。30°的曲轴转角对于点火控制会产生较大的误差,因此,在丰田皇冠汽车计算机控制电子直接点火系统中通过转角脉冲发生器,将Ne转子转一圈所产生的24个脉冲转变成为1440个脉冲，即每个波形表示0.5°曲轴转角。实际点火控制就是以G信号作为基准信号，根据Ne信号确定点火提前角。当发动机起动的瞬间，如果超过了G1信号的产生期，而G2信号又没有出现时，是无法判别汽缸的，因此，必须等到G信号产生判别汽缸后才能执行点火控制。

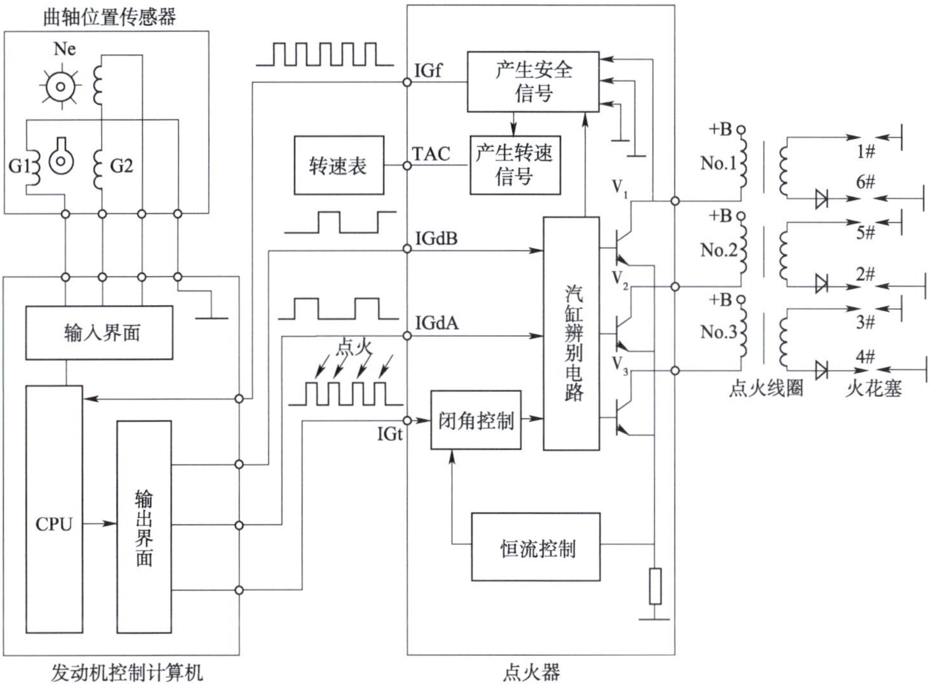

图6-2-7　丰田皇冠汽车计算机控制电子直接点火系统原理框图

(4)接收到G1、G2和Ne信号的ECU经过比较、分析和计算后，确定信号状态，向点火器输出IGt、IGdA、IGdB三个信号。其中，IGt是点火正时信号，IGdA和IGdB是汽缸判别信号。如图6-2-8和表6-2-1所示，点火器的汽缸判别电路根据输入IGdA和IGdB的信号状态，判断出各个三极管V_1、V_2、V_3的工作状态，将点火正时信号IGt送往与已处于导通状态的三极管V相连接的点火线圈初级电路中，完成对某缸的点火过程。

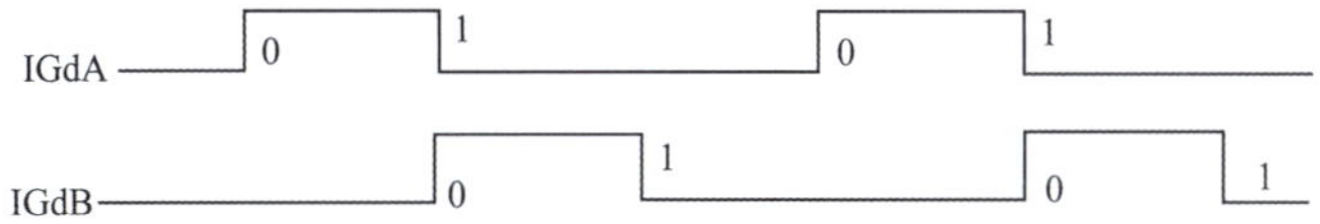

图6-2-8　IGdA、IGdB信号

IGdA、IGdB的信号状态与汽缸点火的关系　　表6-2-1

点火线圈	信号状态		
	IGdA	IGdB	结果
一缸、六缸	0	1	点火
二缸、五缸	0	0	点火
三缸、四缸	1	0	点火

2)单缸独立点火方式

单缸独立点火方式是1983年由德国开发采用的,它在每一个火花塞上压装一个点火线圈(图6-2-2)所示,这样不仅取消了分电器,而且也取消了高压线,因此,彻底消除了分电器和高压线所带来的缺陷。但在点火控制方面就相对比较复杂,ECU必须根据曲轴位置和发动机转速传感器、空气流量传感器、温度传感器、爆震传感器和点火开关信号等有关输入信号与存储器中的预置数据相比较,进行分析、计算,输出与发动机汽缸数相同的控制信号给点火器,指令与汽缸数相同的大功率三极管的点火器工作,接通和断开相应的点火线圈的初级电路,如图6-2-9所示。

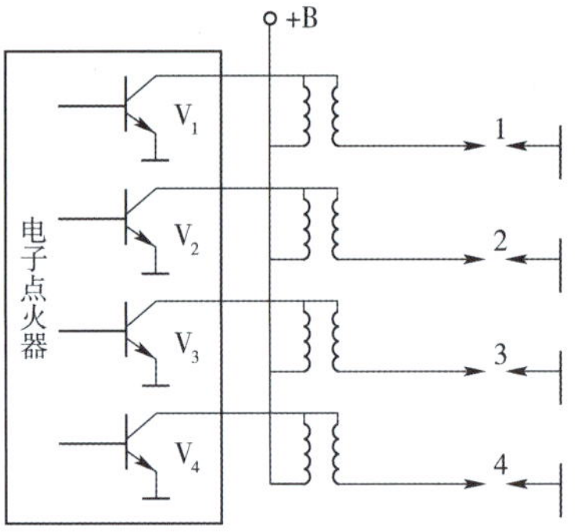

图6-2-9 单缸独立点火方式工作原理图

单缸独立点火方式特别适合4气门和5气门发动机。其特点有:

(1)取消了高压线,点火线圈与火花塞直接连接在一起,由金属罩包覆,其电磁干扰大大减小。

(2)点火线圈的时间常数比其他线圈小,充电时间极短,使发动机转速达到9000r/min。

(3)由于取消了高压线,在检查次级线圈点火电压波形时,必须使用专用感应元件。

(4)这种方式的点火系统必须有判缸信号,否则无法工作。

2.4 高压导线

高压导线是一种用于汽油机点火系统线路的缆线,它用于连接点火线圈和火花塞。为了避免过大的电压损失,其表面带有一厚层橡胶绝缘层,高压导线应有良好的绝缘性和较高的传输效率,多采用碳素原料做内芯导体,每根高压导线的电阻一般为4~6kΩ。国产汽车用高压导线有铜芯线和阻尼线两种,为了衰减火花塞产生的电磁波干扰,目前已广泛使用了高压阻尼线。高压阻尼线的制造方法和结构有多种,常用的有金属阻丝式和塑料芯导线式。国产高压导线的型号与规格见表6-2-2。高压导线的绝缘性能是主要指标,其耐压应高于15kV。

高压导线的型号和规格 表6-2-2

型号	名称	线芯结构		标称外径(mm)
		根数	单线直径(mm)	
QGV	铜芯聚氯乙烯绝缘高压点火线	7	0.39	7.0±0.3
QGXV	铜芯橡皮绝缘聚氯乙烯护套高压点火线			
GX	铜芯橡皮绝缘氯丁橡胶护套高压点火线			
QG	全塑料高压阻尼点火线	1	2.3	

2.5 火花塞

火花塞的作用是将点火线圈产生的高压电引入发动机的燃烧室,并在其电极间形成电火花,点燃可燃混合气。

火花塞在工作时受到高温、高压和燃烧物的强烈腐蚀,即火花塞的工作条件极其恶劣,因此,火花塞必须符合以下要求。

(1)要有足够的绝缘强度。一般要求火花塞应承受30000V以上的高压。

(2)要有适当的热特性。火花塞工作时应能在进气时的50～60℃和排气时的1500～2000℃的环境下,保证其裙部的温度维持在使火花塞不产生积炭的自净温度500～600℃的范围之内。火花塞裙部的温度过高会产生早燃,温度过低则不易点火且火花塞容易形成积炭,温度的大小取决于汽缸的压缩比和火花塞裙部的长度。

(3)要有足够的机械强度。一般要求火花塞的裙部应能承受4.88～6.86MPa以上的冲击压力。

(4)要有足够的抗氧化和耐腐蚀能力。由于火花塞的裙部在工作时的温度很高,又处于多种活性物质(如氧、碳氧化物、氮氧化物和硫化物等)之中,因而要求火花塞的电极必须用难熔、耐腐蚀的材料制成。火花塞由金属导柱、绝缘瓷管、螺栓套、中心电极组成,火花塞的结构如图6-2-10所示。金属导电杆和中心电极用绝缘瓷管绝缘,同时中心孔上部装有带螺母的金属杆,下部装有中心电极,金属导电杆和电极之间填充有导体玻璃,导体玻璃可以导电、密封和吸收热变形能,壳体的下部安装有螺纹和弯曲的侧电极。火花塞的中心电极和侧电极之间有一定的间隙,该间隙叫火花塞间隙,一般火花塞间隙约为0.7～1.0mm。

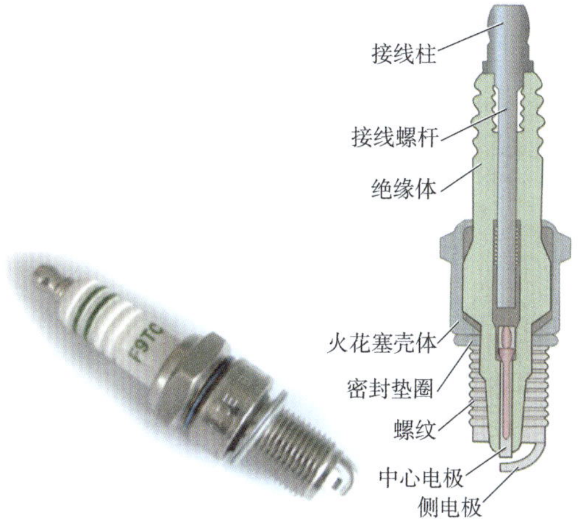

火花塞结构

图6-2-10　火花塞的结构

为了适应不同车型的需要,火花塞又分为标准型、绝缘突出型、细电极型、锥座型、多极型、沿面跳火型等,如图6-2-11所示。

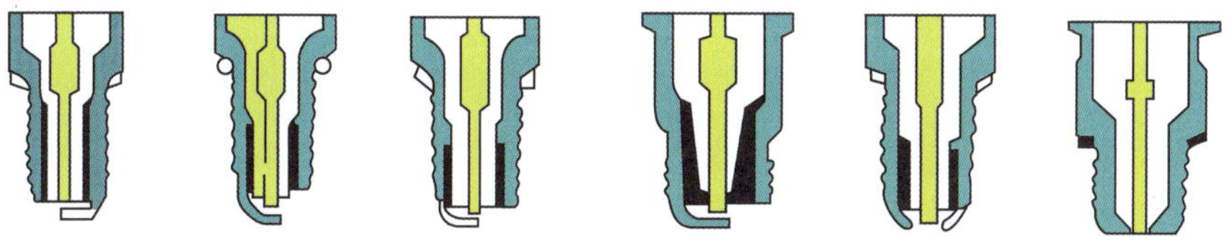

a) 标准型　b) 绝缘突出型　c) 细电极型　d) 锥座型　e) 多极型　f) 沿面跳火型

图6-2-11　火花塞的类型

还可以根据发动机不同的压缩比把火花塞分为热型和冷型。热型就是火花塞的裙部较长,散热困难,因而裙部的温度高,一般用于压缩比低、转速低、小功率的发动机上,而冷型火花塞正好与热型相反。我国标定火花塞的热特性,是依据绝缘体裙部的长度,并分别用热值1～11来表示(表6-2-3),热值小的为热型火花塞,热值大的为冷型火花塞。

裙部长度与热值　　表6-2-3

裙部长度	15.5	13.5	11.5	9.5	7.5	5.5	3.5
热值	3	4	5	6	7	8	9
特性	热←			→冷			

根据《道路车辆　火花塞产品型号编制方法》(QC/T 430—2014)的规定,火花塞的型号由三部分组成。

第一部分:以单或双字母表示火花塞结构类型及主要形式尺寸。

第二部分:以数字表示火花塞热值。

第三部分:以若干字母或阿拉伯数字表示派生产品结构、发火端特征、材料特性及技术要求。若在热值数后出现紧连的阿拉伯数字,则以连字符"—"分隔;若代表电极材料的字母连用,则前表示中心电极,后表示侧电极。

例如:DF7REC2 型火花塞。DF 表示螺纹规格 M12X1.25,螺纹旋合长度 19mm,壳体六角对边 16mm,平座;7 表示火花塞的热值代号 7;R 表示电阻型;E 表示绝缘体突出型点火位置为 3mm;C 表示电极为 Ni—Cu 复合中心电极;2 表示快热结构。

3　任务实施

3.1　准备工作

阅读维修手册,列出拆装所需工具,制订检测与更换方案。

3.2　操作流程

(1)发动机冷却后方可拆卸。

(2)用吹枪吹净火花塞周围的污物。

(3)拆卸火花塞。

(4)安装火花塞。

3.3　操作提示

(1)拆卸火花塞时,要防止异物掉入汽缸内。

(2)按厂家规定的火花塞型号更换新的火花塞。

(3)火花塞的热值应与发动机相匹配。

(4)安装火花塞时,要先用手轻轻拧入,直到拧不动为止,然后再使用火花塞扳手按规定的力矩将其拧紧。

复习与思考题

1. 叙述点火系统的工作原理。
2. 叙述点火系统的工作过程。
3. 叙述双缸同时点火的工作原理。
4. 叙述单缸独立点火的工作原理。
5. 叙述火花塞的功用和结构。

任务三　更换爆震传感器

1　任务引入

有一迈腾汽车加速无力，经检查为爆震传感器损坏，需要更换。

2　相关理论知识

2.1　点火时刻控制

点火提前角是指从火花塞开始跳火时刻起到活塞到达压缩行程上止点为止时曲轴所转过的角度。在计算机控制电子点火系统中，点火提前角包括初始点火提前角、基本点火提前角、修正点火提前角和信息反馈修正点火提前角。

1)初始点火提前角

发动机刚起动时，各项技术指标还没有达到标准值，如水温。ECU 这时不经过计算，根据设计时设定的程序，对于每个汽缸在压缩行程上止点前的某一固定位置发出点火指令，控制点火器工作，这一点火时刻与活塞到达上止点时所对应的曲轴所转过的角度称为初始点火提前角。初始点火提前角取决于曲轴基准位置传感器信号及其最初调整值，其大小因发动机而异，一般发动机在上止点 10°左右。

2)基本点火提前角

基本点火提前角是最主要的点火提前角，发动机在正常工作时，ECU 根据进气量信号或进气歧管绝对压力信号、发动机转速信号、节气门位置信号、燃油品质选择信号等，通过与存储器 ROM 存储的点火提前角控制脉谱图进行比较、运算得出点火提前角。基本点火提前角是电子控制器能够实现最佳点火提前角控制的主要数据。

3)修正点火提前角

在确定基本点火提前角后，ECU 又根据进气温度信号、冷却液温度信号、空燃比信号、空调开关信号等与混合气燃烧速度有关的传感器信号，对基本点火提前角信号进行暖机修正、过热修正、怠速稳定性修正等工作，使点火提前角处于最佳状态。

4)信息反馈修正点火提前角

最初的计算机控制电子点火系统是开环控制，就是 ECU 根据传感器的信号给出点火信号，不考虑发动机工作状态的好坏，这种系统不存在信息反馈修正点火提前角。现在，大多数计算机控制电子点火系统都是采用闭环控制，它在 ECU 提供修正点火提前角信号使发动机工作后，利用爆震传感器采集发动机燃烧状况，反馈给 ECU，ECU 再通过与 ROM 存储中爆震脉谱图的比较，对修正点火提前角进一步修正，这样使 ECU 再发出的点火提前角的指令更完美。

2.2　点火控制过程

下面以大众车型为例说明点火提前角的控制过程。

第一步:确定点火提前角。

在某种运转状态下,ECU综合发动机转速信号和发动机负荷信号,从存储器中选取最适当的点火提前角,这个提前角称为基本点火提前角。由发动机温度、氧传感器的反馈信号、外加负荷(如空调介入、动力转向介入、挂挡介入、用电器负荷介入)等修正信号对基本点火提前角进行修正,如果有爆震发生,最后还要经过爆震传感器确定爆震推迟角修正。即:实际点火提前角 = 基本点火提前角 + 修正点火提前角 + 爆震推迟角。假设最后这个工况最佳点火提前角为8°。

第二步:确定累计记数基准点。

点火在压缩上止点前发生,所以计算机反映1缸压缩上止点前XX°信号出现的时刻必须要比点火提前角要早得多,否则第三步的累计记数就来不及了。记数基准点信号就是凸轮位置传感器G40信号(判缸信号),大众汽车发动机计算机通过凸轮轴信号轮上的标记信号确定1缸活塞到达压缩上止点前72°,即在压缩行程活塞上行时,曲轴再转72°到达压缩上止点。这里72°是大众车系的使用值。不同的设计1缸压缩上止点前标记距离上止点的度数不同。计算机则以此点为记数基准点。

第三步:开始累计记数。

转速信号是计算机产生1°信号的必备信号,以1缸压缩上止点时刻72°为基准,计算机开始累计64个1°信号后截止初级点火线圈的大功率晶体管,此时恰好为点火提前角8°。

第四步:多缸点火。

以上说的只是1缸的点火,下面假设发动机是4缸(点火顺序是:1-3-4-2,点火间隔角180°),在1缸压缩上止点前72°信号出现,距3缸压缩上止点为180° + 72° = 252°。若点火间隔角不变,计算机在基准点出现后累计有252° - 8° = 244个1°信号开始点火,以此类推直到计算机综合发动机转速信号(决定离心点火提前角)、发动机负荷信号(决定真空点火提前角)、其他修正信号以及爆震推迟角修正后,计算机最适当的点火提前角不再是8°时,累计记数的数值也跟随改变,即"点火角刷新"。

常见车系的累计记数基准点,即信号出现时距离1缸压缩上止点的度数为:

(1)大众车系:累计记数基准点信号出现时距离1缸压缩上止点72°。

(2)尼桑车系:累计记数基准点信号出现时距离1缸压缩上止点70°。

(3)丰田车系:累计记数基准点信号出现时距离1缸压缩上止点10°。

需要说明的是:丰田车系累计记数基准点信号出现时距离1缸压缩上止点10°,实际点火提前角都比10°大,此时点火来不及,在应用时,实际压缩上止点前10°开始输入的压缩上止点信号并不直接为本缸应用,它是为下一工作缸的点火准备。对于不同车系,思路都一样,都是先看此工况的点火角多少度为最佳,再等压缩上止点前XX°信号出现,压缩上止点前XX°信号出现后,向后开始累计减点火角XX个1°信号点火。

2.3 闭合角的控制

闭合角是指点火线圈的初级线圈通电时所对应的凸轮轴转角。闭合角的控制即点火线圈初级大功率晶体管导通时间的控制。实际应用中不是根据发动机的转速和曲轴的转角确定通电时间,一般是点火模块根据电源电压,从点火模块内存储器中查得导通时间。发动机运转时转速越高,发电电压在调节范围内越高,所以电压可以反映发动机转速。这样的设计是考虑发动机转速和初级线圈的电感都与蓄电池电压有关系,可进行简化。

2.4 爆震控制系统

爆震控制系统实际上是在电子控制点火系统中增加了爆震传感器,ECU 根据爆震传感器的信号对点火提前角实行反馈控制。

2.4.1 爆震的识别

发动机在工作时,由于其他因素导致汽缸体产生机械振动是不可避免的,为了准确地识别汽缸体的振动是因发动机爆震所致,在 ECU 控制电路中设有爆震信号识别电路(图 6-3-1),用以识别和确定发动机是否发生了爆震。

安装在汽缸体上的爆震传感器可检测到发动机不同频率范围内的机械振动,发生爆震时传感器产生的电压信号有较大的振幅,如图 6-3-2 所示。爆震传感器向 ECU 输送的信号,先经过滤波电路进行过滤,只允许特定频率范围的爆震信号通过滤波电路。再将滤波后的信号峰值电压与爆震强度基准值进行比较,若其值大于爆震强度基准值,控制系统可由此判定发动机发生了爆震。

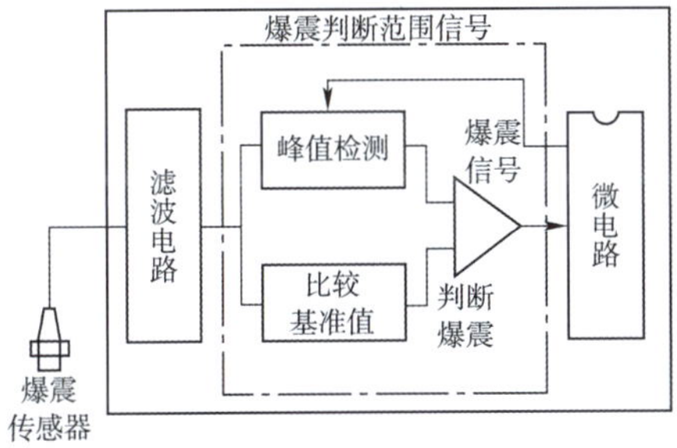

图 6-3-1　爆震识别电路

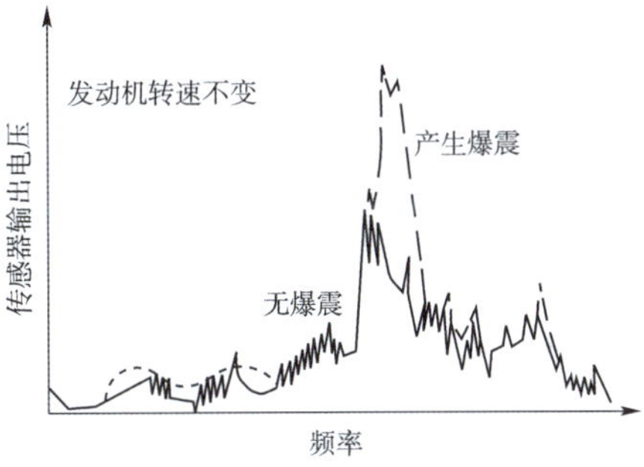

图 6-3-2　爆震传感器信号

当 ECU 判定发动机出现爆震后,会将点火提前角推迟。推迟的方法有以下三种,如图 6-3-3 所示。

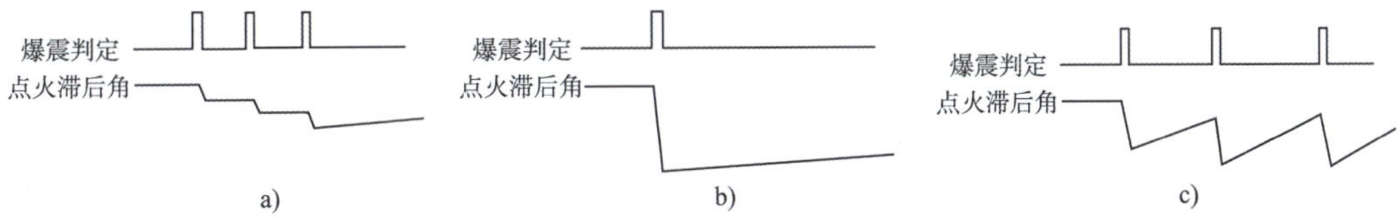

图 6-3-3　点火时刻的推迟方法

(1)当判定爆震发生时,慢慢地推迟点火提前角,直到爆震消除。这种方法在每一次点火进行时都进行一次爆震程度的判定,因此,在发生爆震的下次燃烧中,如判定发动机仍发生爆震时,就推迟点火提前角。这种方法会使爆震持续时间长且消失慢。

(2)一收到爆震判定信号,大幅度推迟点火,然后慢慢地恢复到原来的点火时刻。这种方法可以立即制止爆震,但点火时间复原较慢,这期间将会影响到发动机的最佳工作性能。

(3)每当判定爆震发生时,大幅度推迟点火,而且快速复原。这种方法也可立即制止爆震,且对发动机工作性能无大影响,但因点火时刻变动大,将使输出转矩稍有波动。

综上所述,减小点火提前角是消除爆震的有效手段。然而,为了发挥发动机的最佳工作性能,应在不发生爆震的前提下尽可能地加大点火提前角,这不仅可以避免爆震的发生,而且还能进一步提高发动机的工作性能。

2.4.2 爆震强度的确定

如图6-3-4所示,ECU根据爆震信号超过基准值的次数来判定爆震强度。次数越多,爆震强度越大;否则,爆震强度就越小。

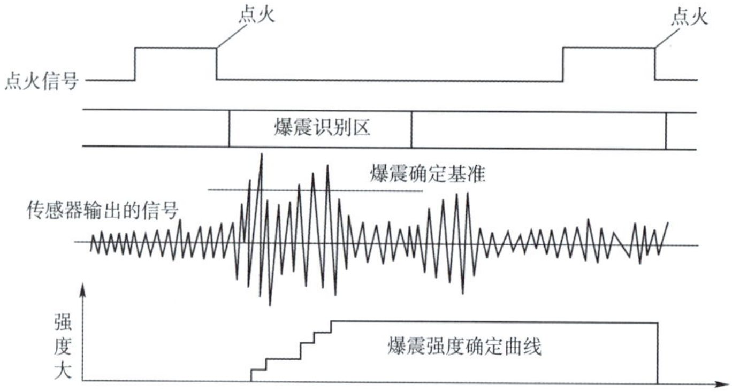

图6-3-4 爆震强度的确定

2.4.3 爆震传感器

爆震传感器是爆震控制系统的主要元件,其功能是用来检测发动机有无爆震发生及爆震强度。爆震传感器有电感式和压电式两种类型,压电式爆震传感器又分为共振型、非共振型两种。

1)电感式爆震传感器

电感式爆震传感器主要由铁芯、永久磁铁、线圈及外壳等组成,如图6-3-5所示。

电感式爆震传感器是利用电磁感应原理来检测发动机爆震的。当发动机发生爆震时,铁芯受振动而使线圈磁通发生变化,从而产生感应电动势。当传感器的固有振动频率与发动机爆震时的振动频率相同时,传感器输出的信号电压最大,如图6-3-6所示。

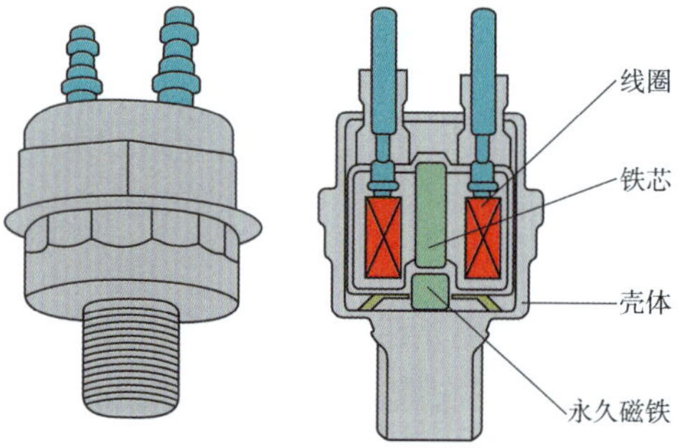

图6-3-5 电感式爆震传感器

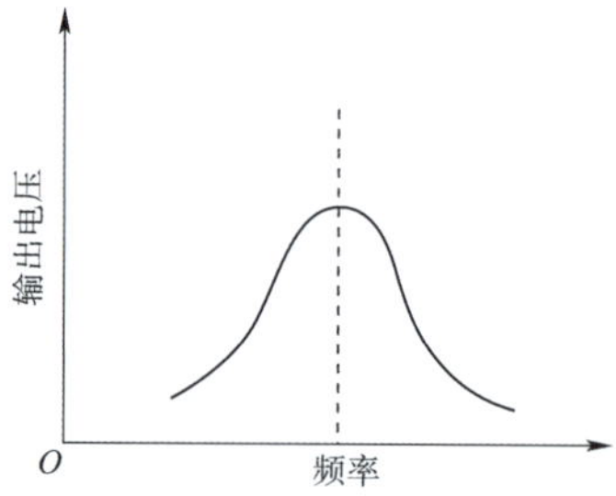

图6-3-6 电感式爆震传感器的频率与输出电压的关系

2)压电式爆震传感器

压电式爆震传感器是利用压电效应原理检测发动机爆震的。

(1)压电式共振型爆震传感器。该传感器主要由压电元件、振子、基座、外壳等组成,如图6-3-7所示。压电元件紧贴在振子上,振子则固定在基座上。压电元件检测振子的振动压力,并转换成电信号输送给ECU,输出信号与电感式爆震传感器相似。

当发动机发生爆震时,振子与发动机共振,压电元件输出的信号电压会明显增大,易于测量。当振子的固有频率与发动机爆震产生的振动频率一致时,产生的信号电压才会明显增大,所以必须与发动机配套使用,故其通用性较差。

(2)压电式非共振型爆震传感器。该传感器由压电元件、惯性配重块、引线及壳体等组成,如图6-3-8所示。它与共振型爆震传感器相比,其内无振子,但设置了一个配重块,配重块以一定预应力压在压电元件上。它是以接收加速度信号的形式来检测爆震的。

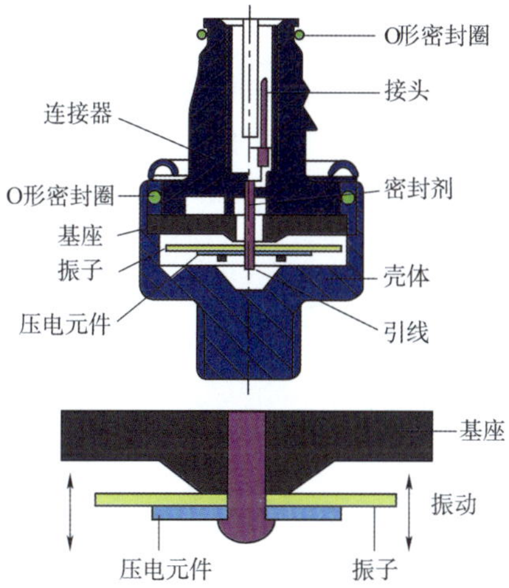

图6-3-7　压电式共振型爆震传感器

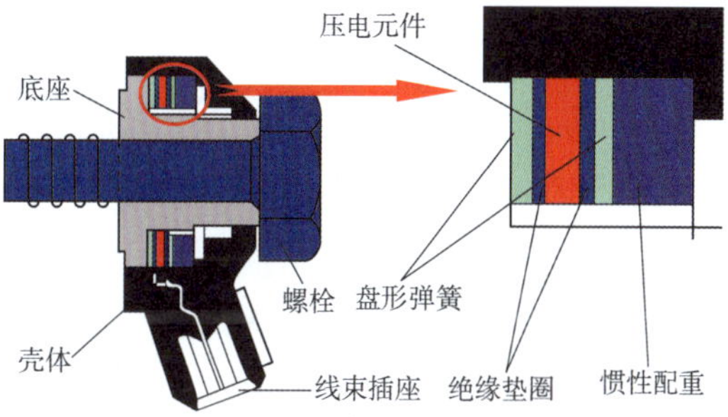

图6-3-8　压电式非共振型爆震传感器

当发动机发生爆震时,安装在发动机缸体上的爆震传感器的内部配重因受振动的影响而产生加速度。因此,压电元件受到惯性力的作用,而产生电压信号,并被送至发动机ECU。

非共振型爆震传感器在发生爆震与未发生爆震时输出的信号电压没有明显增加,因此,需要在ECU中增加爆震识别电路进行爆震的识别。如果调整滤波器的频率范围,这种传感器就可用于不同的发动机上,所以,这种传感器的通用性比较好。

3)爆震传感器信号中断的影响

发动机控制单元根据爆震信号来调节发动机爆震的汽缸的点火角,直到不再出现爆震。

当某个爆震传感器信号中断,发动机控制单元将相应汽缸组的点火角减小至一个安全点火角,这可能会导致发动机燃料消耗升高,但爆震传感器正常的那个汽缸组的爆震调节仍能正常工作。

2.5　失火检测

2.5.1　失火检测原理

汽缸不做功(失火)必定伴随着短时间的转矩下降,其结果是曲轴转速的下降。计算机同检测爆震缸的道理一样,检测曲轴转速变动所在相位,确定不做功汽缸位置。图6-3-9所示为不做功汽缸的识别。

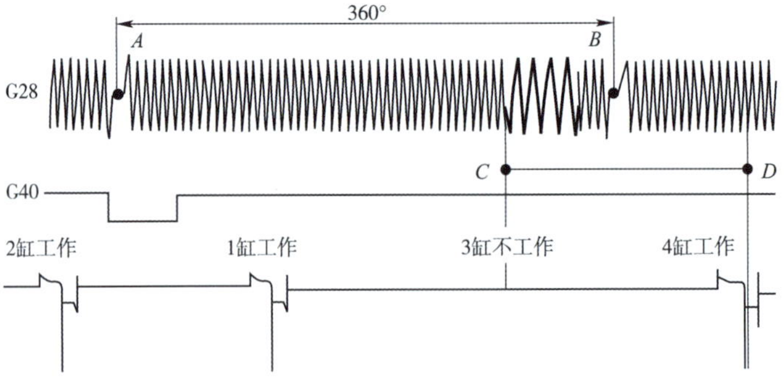

图6-3-9 失火检测

3 缸不点火或不喷油使 *CD* 时间延长时,计算机判定为 3 缸失火,开始对 3 缸进行断油控制。计算机存储失火(不做功)缸故障码时,可能是不点火故障,也可能是不喷油造成的,诊断用执行元件功能诊断 03 功能检查对应缸的喷油情况来确定。

2.5.2 数据流分析

08 功能—阅读测量数据组,显示组 11:点火—失火识别。

Read measured value block 11			
xxxx rpm	xxx%	xxx	Text
1	2	3	4

显示区 1:发动机怠速转速(740 ~ 820r/min)。

显示区 2:发动机负荷(15% ~35%)。

显示区 3:失火总和(0 ~ 5/min),若超过 5,则:

(1)火花塞失效。

(2)点火线圈故障。

(3)喷油嘴有故障。

显示区 4:失火识别。

3 任务实施

3.1 检查方法

3.1.1 点火控制系统数据块分析

08 功能—阅读测量数据组,显示组 10:点火提前角。

Read measured value block 10			
xxxx rpm	xxx%	x<xx.x°	BTDC
1	2	3	4

显示区 1:发动机怠速转速(740 ~ 820r/min)。

显示区 2:发动机负荷(15% ~35%)。

显示区 3:节气门开度(<0° ~ 6°),若显示值 >6°,则:

(1)发动机没做基本设定。

(2)节气门电位计失效。

(3)节气门卡死。

显示区4:点火提前角(上止点前0°~12°)。

3.1.2　点火系统次级点火波形检查

(1)正常次级点火电压波形如图6-3-10所示,点火波形用VAS 5051示波功能检查。

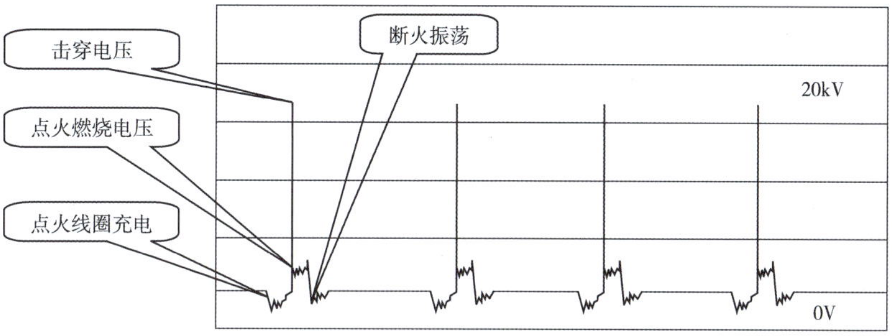

图6-3-10　次级点火电压波形

(2)如出现如图6-3-11波形时,可能故障原因是火花塞间隙过大。

(3)如出现如图6-3-12波形时,可能故障原因是火花塞有积炭。

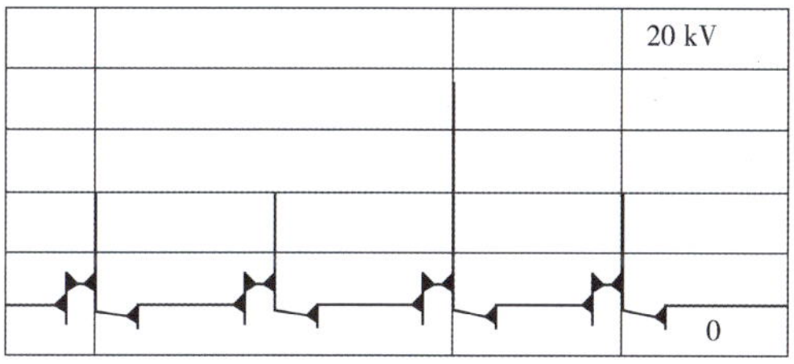

图6-3-11　火花塞间隙过大波形图

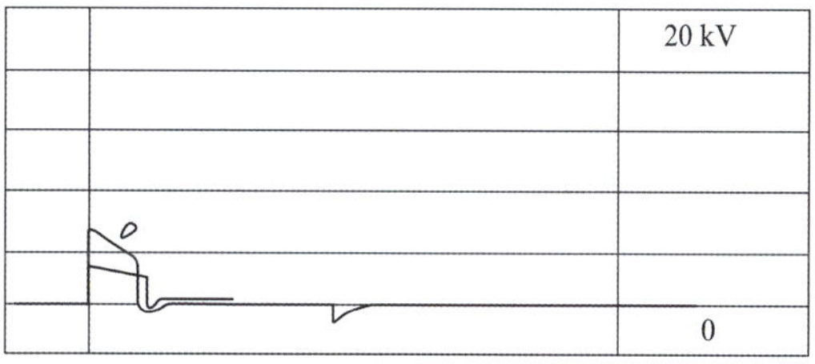

图6-3-12　火花塞积炭波形图

(4)如出现如图6-3-13波形时,可能故障原因为:

①点火线圈漏电。

②点火线漏电。

③火花塞漏电。

(5)如出现如图6-3-14波形时,可能故障原因为:

①次级线圈断路。

②初级线圈断路。

③ECU内部故障。

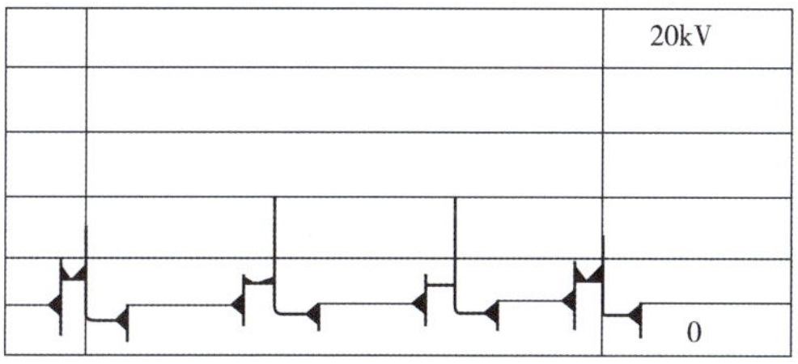

图6-3-13　漏电波形图

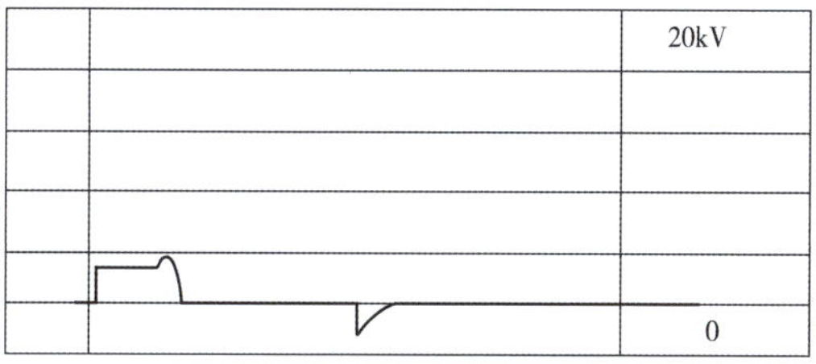

图6-3-14　断路波形图

3.2　准备工作

阅读维修手册,列出检测所需仪器设备和工具,制订检测及分析方案。

3.3 操作过程

(1)断开爆震传感器插头。
(2)拆下损坏的爆震传感器。
(3)安装新的爆震传感器。
(4)连接爆震传感器插头。

3.4 操作提示

(1)安装爆震传感器时,注意插头方向与原来一致。
(2)紧固螺栓必须按规定力矩拧紧。

复习与思考题

1. 何谓点火提前角? 它包括哪几个角度?
2. 叙述点火的控制过程。
3. 何谓闭合角?
4. 叙述爆震识别的原理。

知识点思维导图

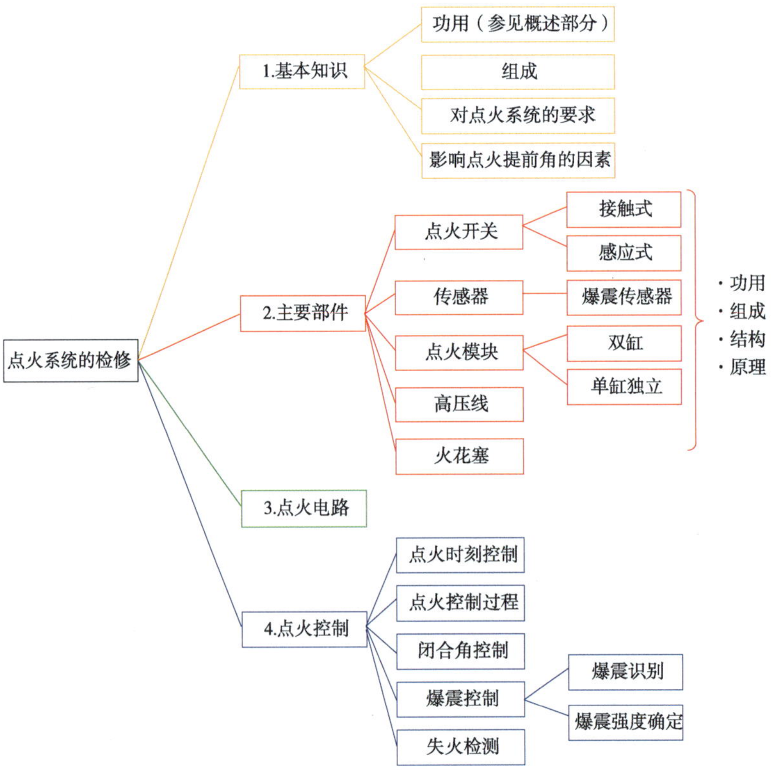

项目七

冷却系统的检修

学习目标

※ 知识目标

1. 掌握冷却系统的组成和工作原理。
2. 了解冷却液的特性和作用。
3. 熟悉水泵、节温器等部件的工作原理及故障现象。

※ 技能目标

1. 能够正确排放和添加冷却液。
2. 可以拆卸和安装冷却系统的部件。
3. 能够检测水泵、节温器的性能并判断故障。
4. 能够排查冷却系统的泄漏点并修复。

※ 素质目标

1. 培养爱护设备、正确使用维修工具的习惯。
2. 增强对冷却系统维修不当导致发动机损坏的风险意识。
3. 提高对维修工作中环保处理冷却液的重视。
4. 强调勤俭节约、爱护实训设备等公共财产的美德。

冷却系统是发动机的一个很重要的系统,其功用是使工作中的发动机得到适度的冷却,从而使发动机保持在最适宜的温度范围内工作。在可燃混合气的燃烧过程中,汽缸内气体温度可高达1800~2000℃。直接与高温气体接触的机体(如汽缸体、汽缸盖、气门等)若不及时冷却,则其中运动机件将可能因受热膨胀而破坏正常间隙,或因润滑油在高温下失效而卡死,各机件也可能因高温而导致其机械强度降低甚至损坏。所以,为保证发动机正常工作,必须冷却这些在高温条件下工作的零件。

应当指出的是,发动机的冷却必须适度。如果发动机冷却不足,由于汽缸充气量减少和燃烧不正常,发动机功率下降,且发动机零件也会因润滑不良而加速磨损。但如果发动机冷却过度,一方面由于热量散失过多,使转变为有用功的热量减少,而另一方面由于混合气与冷汽缸壁接触,使其中原已汽化的燃油又凝结并流到曲轴箱,使磨损加剧。

任务一 检查与更换冷却液

1 任务引入

当遇到以下情况之一时,需要对冷却液进行检查与更换:

(1)发动机温度过高时,应检查冷却液储液罐液面高度。

(2)冷却液每使用两年应进行更换。

(3)检查冷却液的冰点。

2 相关理论知识

2.1 冷却系统的组成

汽车的冷却系统通过发动机中的管道和通路进行液体的循环。当液体流经高温发动机时会吸收热量,从而降低发动机的温度。液体流过发动机后,转而流向热交换器(或散热器),液体中的热量通过热交换器散发到空气中。

冷却系统的组成如图7-1-1所示。它由水泵、散热器、节温器、电动风扇、储液罐、汽缸体和汽缸体中的水套、冷却液温度传感器以及水温表等附加装置组成。而最主要的三部件是散热器、水泵与风扇。

2.2 散热器

冷却系统组成
3D结构展示

1)功用

将水套出来的热水自上而下或横向地分成许多小股并将其热量散给周围的空气。

2)结构

散热器由上水室、下水室、散热器芯等组成,如图7-1-2所示。

作为散热器,必须有足够的散热面积,而且导热性也要好,所以,现在轿车上绝大多数安装的都是铝制散热器。

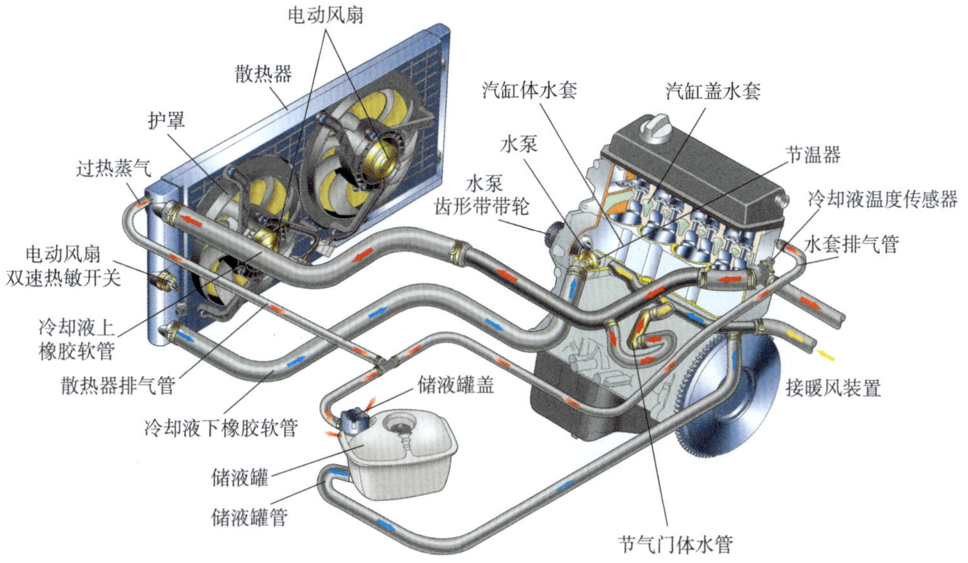

图 7-1-1　冷却系统的组成

散热器上的加液口，是为了防止冷却液溅出，平时用散热器盖严密盖住。有些发动机冷却液的加液口设置在储液罐上。常见冷却系统的散热器盖具有自动阀门，发动机热状态正常时，阀门关闭，将冷却系统与大气隔开，防止水蒸气逸出，使冷却系统内的压力稍高于大气压力，从而可增高冷却液的沸点，防止冷却系统发生“开锅”现象。但如果冷却系统中水蒸气过多，将使冷却系统压力过大，可能导致散热器破裂。因此，必须在加液口处设置排出水蒸气的通道。在冷却系统内压力过高或过低时，自动阀门则开启以使冷却系统与大气相通。

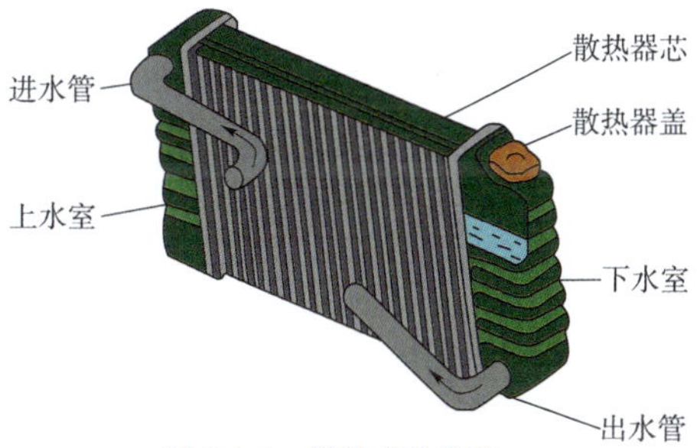

图 7-1-2　横流式散热器

目前，冷却系统广泛采用具有空气—蒸汽阀的散热器盖，如图 7-1-3 所示。装有蒸汽阀和空气阀的散热器盖紧盖在加水口上。在一般情况下，两阀均在弹簧力作用下处于关闭状态。

散热器盖结构

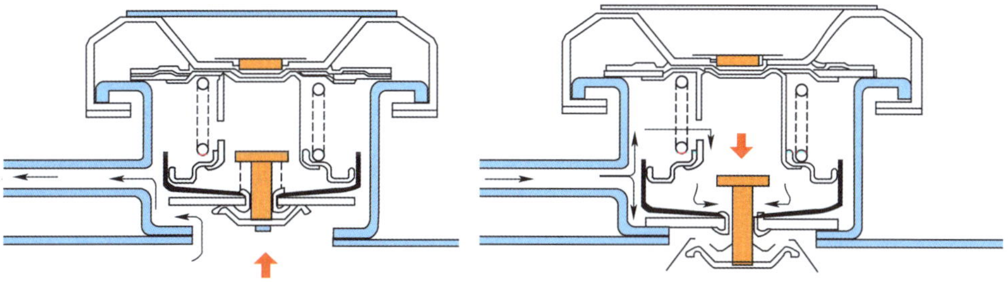

图 7-1-3　散热器盖

蒸汽阀一般在散热器内压力达到 126 ~ 137kPa 时，阀门开启，部分水蒸气经泄气管排入大气，避免损坏散热器。

散热器盖安装在加液口上。对于闭式冷却系统来说,系统与外界大气不直接相通,所以散热器盖上带有空气—蒸汽阀,使冷却系统的压力高于大气压力,冷却液的沸点有所提高。

2.3 储液罐

1)结构

储液罐多用半透明材料(如塑料)制成,如图7-1-4所示。透过箱体可直接方便地观察到液面高度,无须打开散热器盖。储液罐的上部用一个较细的软管(蒸汽回流管)与发动机汽缸盖的水套相连,底部通过水管与水泵的进水侧相连接,通常位置略高于散热器。

图7-1-4 储液罐

2)功用

(1)把冷却系统变成永久性封闭系统,减少了冷却液的损失。

(2)避免空气不断进入,避免了机件的氧化腐蚀。

(3)减少了穴蚀。

(4)使冷却系统中水、气分离,保持系统内压力稳定,提高了水泵的泵水量。

3)储液罐的工作原理

一般冷却系统冷却液的流动是靠水泵的压力来实现的。水泵吸水侧压力低,易产生蒸汽泡,使水泵的出水量显著下降,并引起水泵叶轮和水套的穴蚀,在其表面产生麻点或凹坑,缩短了叶轮和水套的使用寿命。加装储液罐后,其冷却液利用储液罐的高位置而形成的液压力,通过储液罐下端的水管及时补充到冷却系统的小循环回水管内,以填补水泵吸水侧的低压。同时,储液罐内的冷却液温度比小循环管的冷却液温度低,对冷却液在水泵的吸水侧产生蒸汽泡起着抑制作用。而散热器中的蒸汽泡和水套中的蒸汽泡则通过汽缸盖处的蒸汽回流管进入储液罐,从而使气、水彻底分离。由于储液罐温度较低,进入的气体得到冷凝,一部分变成液体,重新进入水泵。而积存在储液罐液面上的气体起缓冲作用,使冷却系统内压力保持稳定状态。

储液罐盖的结构与原理与散热器盖基本相同。

2.4 风扇

1)风扇的功用

提高流经散热器的空气流速和流量,以增强散热器的散热能力并冷却发动机附件。

2)安装位置

风扇多为轴流式,安装在散热器的后面。

3)风扇扇风量的相关因素

风扇的扇风量主要与风扇的直径、转速、叶片形状、叶片安装角及叶片数目有关。

4)结构类型

风扇的结构类型如图7-1-5所示。风扇叶片材料有钢板、塑料和铝合金。为了减轻振动噪声,叶片间夹角不等。叶片数一般为4~6片,叶片与叶轮旋转平面之间有一偏扭角,偏扭角可为定值,也可为变值。因风扇旋转时叶和叶尖的气流速度外大内小,为了提高风扇的效率,叶片从叶根到叶尖偏扭角逐渐减小。

5）电动风扇

由于发动机横置或后置，轿车多采用电动风扇，其工作状况受控于热敏开关，当冷却液或发动机舱达到一定温度时，该开关自动接通风扇电路，使电动风扇工作。在一般行驶条件下，电动风扇几乎不转，功率消耗减少，油耗率降低，而在低速大负荷时又能得到充分的冷却。

电动风扇有单电动风扇和双电动风扇两种形式。

单电动风扇有高速、低速两个挡位。低速挡用于冷却强度不高的情况；高速挡用于冷却强度要求较高的情况。单电动风扇的控制电路如图 7-1-6 所示。

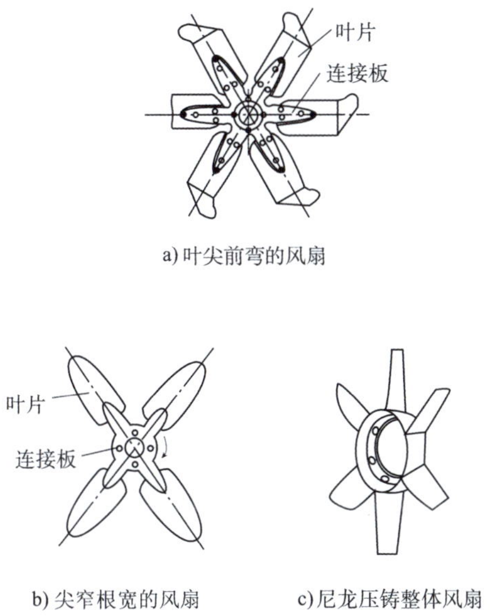

图 7-1-5　风扇结构类型

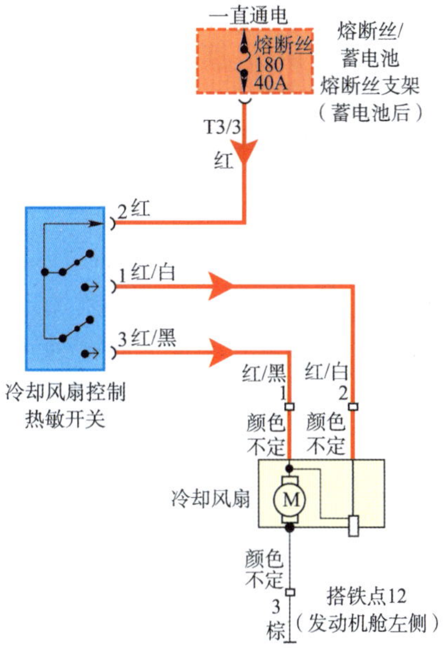

图 7-1-6　单电动风扇控制电路

双电动风扇也是根据发动机冷却强度的要求，确定是一个风扇工作还是两个风扇同时工作。

停车关闭发动机后，因发动机仍处于热态，电动风扇还将继续运转一段时间，待发动机冷却至一定温度后停止运转。

2.5　冷却液

2.5.1　冷却液的组成

冷却液是用于汽车发动机冷却系统中，具有冷却、防腐和防冻等作用的功能性液体。冷却液由水、防冻剂和缓蚀剂等原料组成。

防冻剂主要分为乙二醇、丙二醇及其他防冻材料（如酒精等）三大类，应用最多的是乙二醇防冻剂。

2.5.2　冷却液的分类

冷却液按发动机使用负荷大小可分为轻负荷冷却液和重负荷冷却液两类，按主要原材料可分为乙二醇型、丙二醇型和其他类型三类。

2.5.3　对冷却液的要求

1）通用要求

《机械冷却液　第 1 部分：燃油汽车发动机冷却液》（GB 29743.1—2022）中对冷却液的

通用要求见表7-1-1。

冷却液的通用要求　　表7-1-1

项目	要求	试验方法
外观	无沉淀及悬浮物、清亮透明液体	目测
颜色	有醒目颜色	目测
气味	无刺激性异味	嗅觉

2)性能要求

(1)良好的防锈,抗穴蚀,导热性好。

(2)良好的高温稳定性及对硬水的高容忍性。

(3)高沸点、低冰点,有良好的防沸及防冻功能。

(4)与橡胶和金属部件有良好的相容性。

(5)低泡沫且无沉淀。

2.5.4　冷却液的使用注意事项

正确使用冷却液,可起到防腐蚀、防穴蚀渗漏、防散热器开锅、防水垢和防冻结等作用,能够使冷却系统始终处于最佳的工作状态,保持发动机的正常工作温度,从而使发动机具有良好的技术状态。

(1)要坚持常年使用冷却液,注意冷却液使用的连续性。

(2)要根据汽车使用地区的气温,选用不同冰点的冷却液,冷却液的冰点至少要比该地区最低温度低10℃。

(3)要按车辆使用手册规定选用冷却液。

(4)如果发动机冷却系统原先使用的是水或换用另一种冷却液,在加入新的一种冷却液之前,务必要将冷却系统冲洗干净。

(5)不同牌号的冷却液不能混装混用,以免发生化学反应,破坏各自的综合防腐能力,未用完的冷却液应在容器上注明名称,以免混淆。

(6)当发现冷却液中有悬浮物、沉淀物或发臭时,应及时地清洗冷却系统,并全部更换其冷却液。

(7)乙二醇冷却液有毒,对肝脏有害,切勿吸入口中。皮肤接触后,应立即用水清洗干净。如不慎进入眼睛,立即用大量清水冲洗至少15min,直至刺激感消失为止。另外,这种冷却液中的亚硝酸盐防腐添加剂具有致癌性,废液不要乱倒,以免污染环境。

3　任务实施

3.1　检查

3.1.1　冷却液的检查

1)液位高度的检查

从储液罐上察看冷却液液位。在发动机冷态时,冷却液液位必须在标记“MIN”(最低)和“MAX”(最高)之间。在发动机热态时,冷却液液位会略超过标记“MAX”(最高)。只有在发动机关闭时才能正确检查冷却液液位。

2)冷却液冰点的检查

入冬前对车辆维护时,应使用冷却液检测仪对冷却液的冰点进行检测。冷却液的冰点应低于当地的最低气温,以防冷却液结冰,冻裂发动机。

3.1.2 冷却系统的泄漏检查

以目视的方法检查发动机外部是否漏水,还可以借助专用工具来进行。其方法是:在发动机冷车时拆下散热器盖,在散热器的加液口上装上冷却系统压力试验器,用压力试验器上的手动压气泵向冷却系统内加压,直至压力试验器上的压力表读数达到汽车制造厂规定的散热器盖的标定压力为止(通常为 105 ~ 120kPa)。保持施压 15min 后,检查试验器上的压力表读数。如果在此时间内压力表的读数没有下降,说明冷却系统没有泄漏。反之,说明冷却系统有泄漏,可在保持施压的状态下检查冷却系统外部有无泄漏,并应注意检查散热器下部泄漏出的冷却液。如果没有发现外部泄漏,可以拆下发动机的火花塞以检查有无冷却液漏入汽缸。在拆下火花塞后,拔下点火控制器和各缸喷油器上的线束插头,使喷油及点火系统不能工作,同时起动发动机,此时如有冷却液从火花塞孔中排出,则说明汽缸盖或汽缸垫有泄漏或裂纹,应拆卸汽缸盖进行检修。

3.2 准备工作

阅读维修手册,列出所需工具,制订检测与更换冷却液的方案。

3.3 操作流程

(1)检查冷却液。

(2)拆下冷却液储液罐盖。

(3)拆下散热器出水口的软管,放掉发动机冷却液。

(4)安装冷却液软管。

(5)加注新冷却液。

(6)起动发动机,在 2000r/min 的情况下运转约 3min,直至散热器风扇转动。

(7)检查液位,如必要,添加冷却液。

3.4 操作提示

(1)打开冷却液储液罐盖时可能溢出蒸汽,用布包住盖,慢慢打开,以防烫伤。

(2)应按厂家规定的冷却液牌号更换冷却液。

复习与思考题

1. 叙述冷却系统的组成。
2. 叙述冷却液的使用注意事项。

任务二 更换水泵

1 任务引入

(1)发动机冷却液沸腾,经分析确定是由水泵原因引起的,需对水泵进行更换。
(2)发现水泵出现异响或渗漏等情况,需更换水泵。

2 相关理论知识

2.1 水泵

2.1.1 水泵的功用

水泵一般安装在发动机的前部,由曲轴通过皮带驱动。它的功用是对冷却液加压,使之在冷却系统中循环流动。

2.1.2 水泵的结构

1)组成

图7-2-1为大众车系的水泵结构组成图,它主要由壳体、叶轮、水泵轴、支承轴承和密封组件等组成。

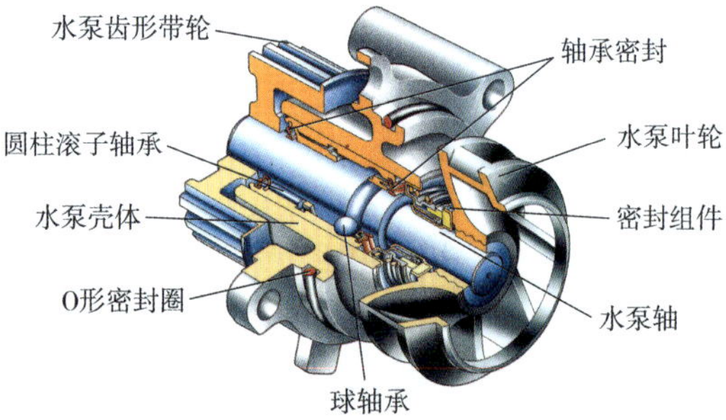

图7-2-1 水泵的结构

离心式水泵的工作原理

2)结构

水泵的叶轮固定安装在水泵轴上,水泵轴通过轴承支撑在水泵壳体的承孔内。水泵的叶轮安装在缸体水道的水泵腔内。为防止冷却液腐蚀轴承,在球轴承和圆柱滚子轴承的外侧装有密封组件。在水泵轴的另一侧,固定安装有水泵的齿形带轮。

2.1.3 水泵的工作原理

发动机的水泵一般为离心式水泵,其工作原理如图7-2-2所示。在发动机工作时,曲轴通过齿形皮带驱动水泵齿形带轮带动叶轮一起旋转。由于离心力的作用,水被甩向叶轮边缘,在泵腔内将动能转变为压能,经与叶轮成切线方向的出水孔被压送到发动机水套内。与此同时,叶轮中心处压力降低,散热器(或发动机水套出水管)中的水便经进水管被吸进叶轮中心部分。水泵连续运转，冷却液在水路中不断地循环。

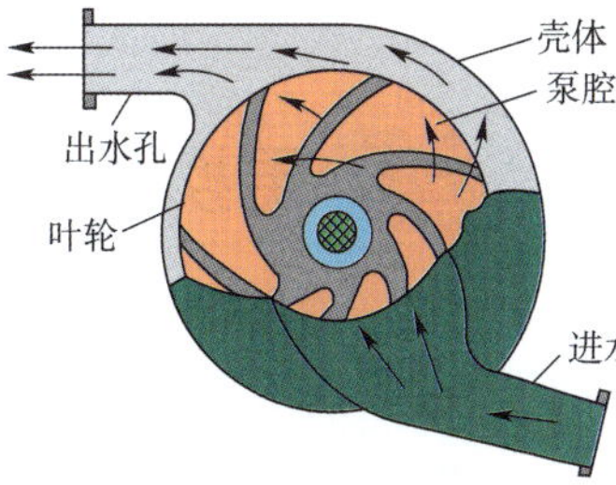

图 7-2-2　离心式水泵工作原理图

2.2　节温器

2.2.1　节温器的功用

节温器的功用是随发动机负荷和水温的大小而自动改变冷却液的流量和循环路线，保证发动机在适宜的温度下工作，减少燃料消耗和机件的磨损，自动调节发动机冷却强度。

2.2.2　普通蜡式节温器

1）结构

蜡式节温器由上支架、下支架、主阀门、旁通阀、感温体、中心杆、橡胶管和弹簧等组成。

蜡式节温器的结构

蜡式节温器有双阀式和单阀式两种，如图 7-2-3 和图 7-2-4 所示。双阀节温器既控制大循环也又控制小循环，单阀节温器只控制大循环水路，不控制小循环。阀座与支架铆接在一起，紧固在阀座上中心杆的锥形下端插在橡胶管内。橡胶管与感温体之间的空腔内充满特制的石蜡。双阀节温器副阀门与主阀门一起动作，当阀门开启时，旁通阀门将小循环水道关闭。

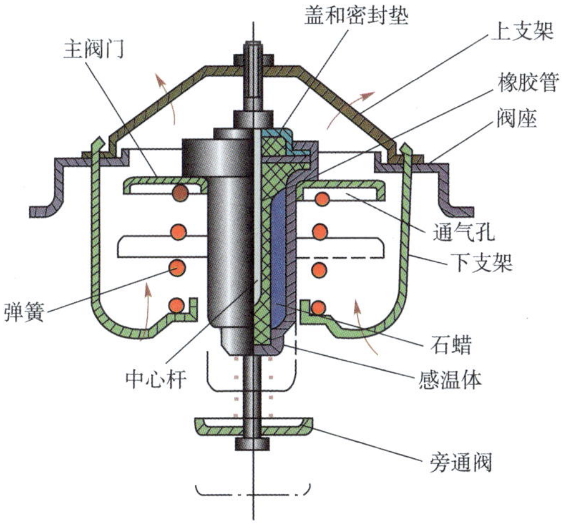

图 7-2-3　双阀蜡式节温器

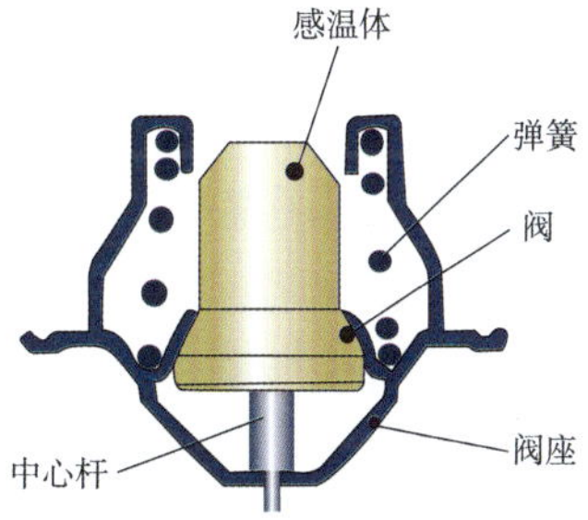

图 7-2-4　单阀蜡式节温器

2）工作原理

双阀蜡式节温器的工作原理如图 7-2-5 所示。

当冷却液温度低于 85℃时，节温器体内的石蜡体积膨胀量尚小，故主阀门受大弹簧作用紧压在阀座上，来自散热器的水道被关闭。而旁通阀门则离开来自发动机的旁通水道，所以冷却液便不经过散热器，只在水泵与发动机水套之间作小循环流动。因此，当冷发动机开始工作时，冷却液快速升温，能很快暖机，在短时间内达到发动机正常工作温度。

当冷却液温度高于 85℃时，石蜡体积膨胀，使橡胶管受挤压变形，对中心杆锥形端部产生向上的轴向推力。但由于中心杆是固定不动的，于是杆对橡胶管、感温体产生向下的轴向反推力,迫使感温体压缩大弹簧,使主阀门逐渐开启,旁阀门逐渐关闭,来自发动机缸盖出水孔的水经节温器流向散热器,冷却液进行大循环流动。

图 7-2-6 为单阀蜡式节温器的工作原理。图 7-2-7 和图 7-2-8 分别为小、大循环的流路线图。

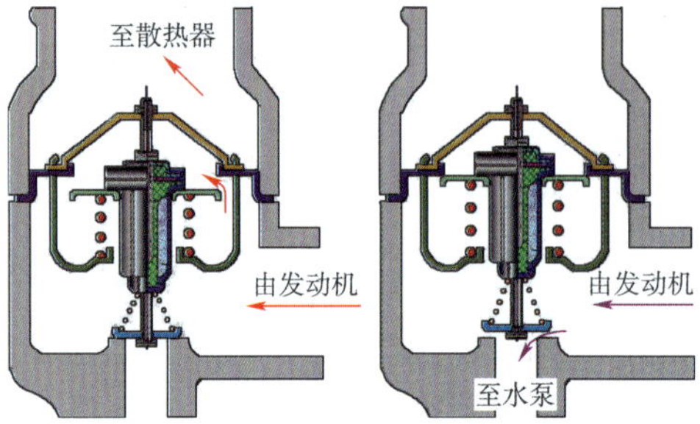

图 7-2-5　双阀蜡式节温器的工作原理

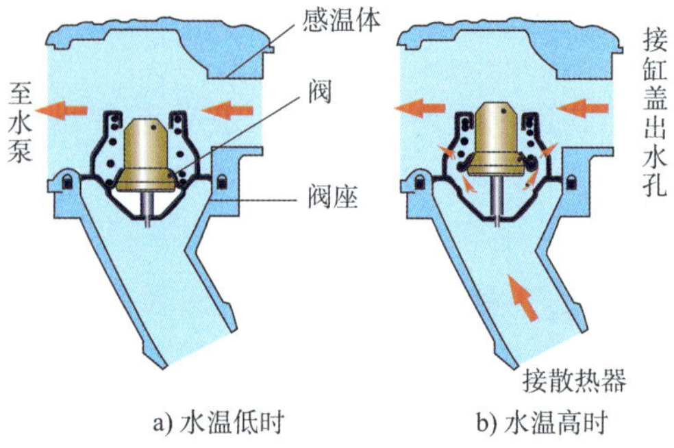

图 7-2-6　单阀蜡式节温器的工作原理

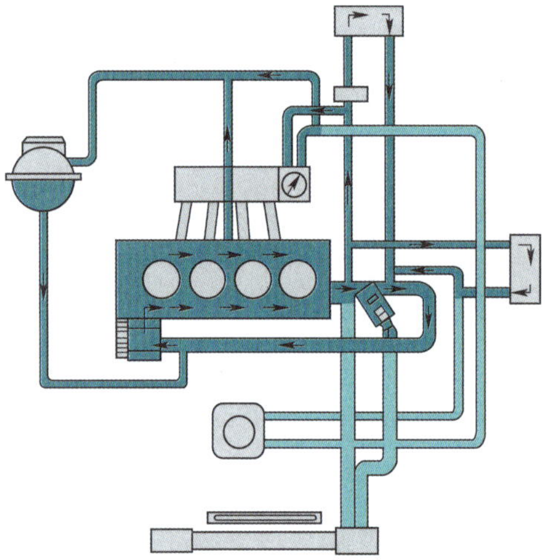

图 7-2-7　冷却液的小循环

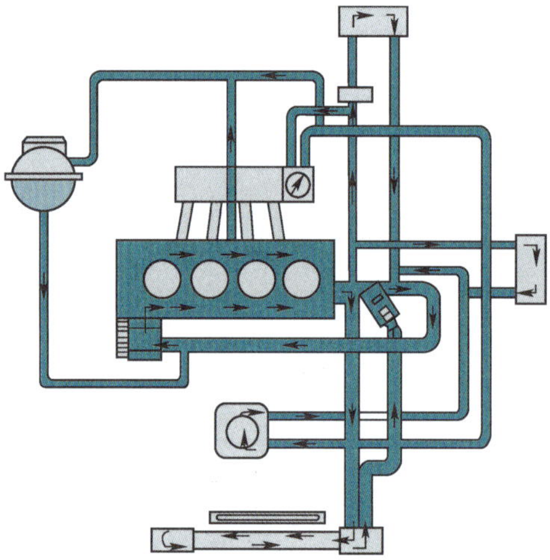

图 7-2-8　冷却液的大循环

小循环:小循环工作使发动机尽快热机,达到正常工作温度。此时,未按发动机冷却特性图进行工作,水泵使冷却液循环。冷却液经过发动机缸盖、分配器上平面流入,此时,小循环阀门打开,冷却液通过小阀门直接流回水泵处,形成小循环。

大循环:发动机全负荷运转时,要求较高的冷却能力。控制单元根据传感器信号得出的计算值对温度调节单元加载电压,溶解石蜡体,使大循环阀门打开,接通大循环。同时,机械关闭小循环通道,切断小循环。

大循环经过散热器散热,小循环不经过散热器散热,靠节温器控制。

2.3　电子蜡式节温器

1)结构

电子蜡式节温器由石蜡、加热电阻、升程销、大阀门和小阀门等组成,其结构与普通双阀蜡式节温器的结构基本相同,如图 7-2-9 所示。不同的是在膨胀元件的石蜡中加有加热电阻,用以对石蜡进行加热。

2)工作原理

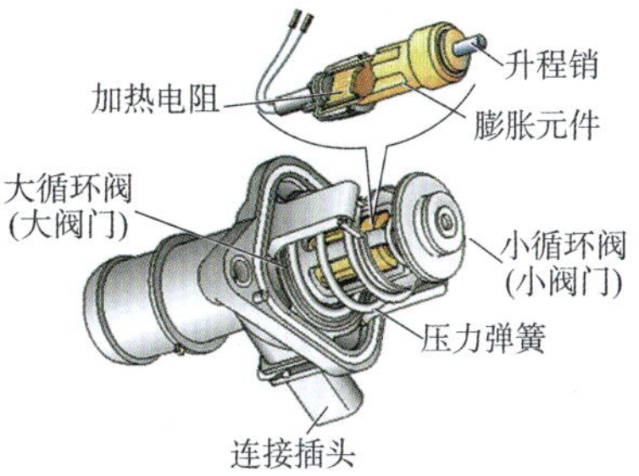

图 7-2-9　电子蜡式节温器的结构

在发动机控制单元中存储了两组冷却液温度特性曲线,如图 7-2-10 所示。一组是由负荷(空气流量)和转速确定的温度调节规定值;另一组是由车速和进气温度确定的温度调节规定值。

发动机控制单元根据缸盖出水口处的冷却液温度传感器 1(冷却液温度传感器 2 安装在散热器的出水口处)的信号,经计算从两组特性曲线中分别确定一个规定值,以规定值小的值作为最后的调节规定值。将该规定值与实际温度值(冷却液温度传感器 1 的信号)进行对比,计算出节温器加热电阻的通电占空比。

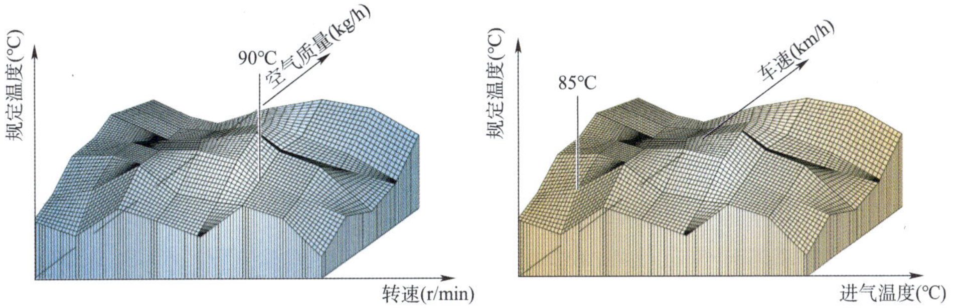

a) 转速与负荷特性曲线　　b) 车速与进气温度特性曲线

图 7-2-10　冷却液温度特性曲线

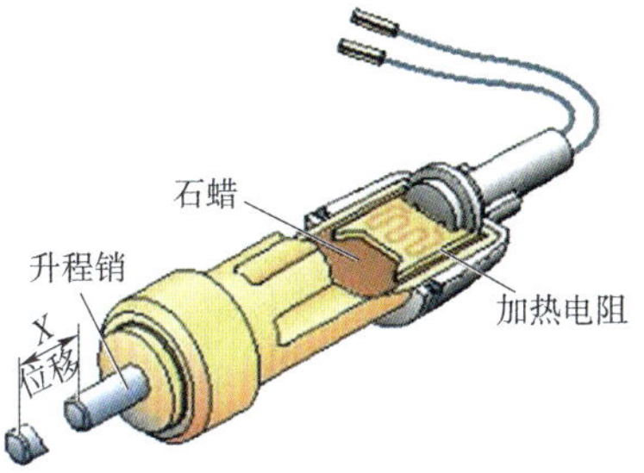

图 7-2-11　膨胀元件的工作原理

发动机冷起动或部分负荷时,发动机控制单元不对膨胀元件进行电压加载,大循环阀关闭,小循环阀开启,系统只进行小循环,循环后的冷却液温度为 95 ~ 110℃。

发动机全负荷运转、冷却液温度达到 110℃或者是控制单元根据负荷情况按特性曲线控制时,发动机控制单元根据计算出的加热电阻的通电占空比,发出一个脉冲信号,对膨胀元件加热电阻进行电压加载,使其溶解石蜡体,石蜡膨胀,升程销发生位移 X(图 7-2-11),使大循环阀门打开,接通大循环。同时,机械关闭小循环通道,切断小循环。循环后的冷却液温度为 85 ~ 95℃。

如果冷却液温度传感器的信号中断,发动机控制单元就用替代值 95℃来进行冷却液温度的调节。

3　任务实施

3.1　准备工作

阅读维修手册,列出所需工具,制订检测与更换冷却液的方案。

3.2　操作流程

(1)排空冷却液。

(2)拆卸皮带。

(3)拆卸皮带张紧器。

(4)拆卸齿形皮带护罩。

(5)拆卸齿形皮带。

(6)拆卸水泵。

(7)领取并更换新水泵。

(8)安装新水泵按拆卸相反的顺序进行。

3.3 操作提示

用冷却液浸湿O形密封环,将冷却液泵插入缸体,拧紧紧固螺栓,拧紧力矩为15N·m,调整配气相位,安装和张紧齿形传动带,加注冷却液。起动发动机,将转速保持在2000r/min约3min,直至散热器风扇转动。检查液位,如必要,添加冷却液。发动机处于正常工作温度时,液位须达阴影区域上标记。冷态时,液位约处于阴影区域中间。

复习与思考题

1. 叙述水泵的功用和工作原理。
2. 叙述蜡式节温器的功能、结构和工作原理。
3. 叙述电子蜡式节温器的结构和工作原理。
4. 分析冷却液大小循环路线。

知识点思维导图

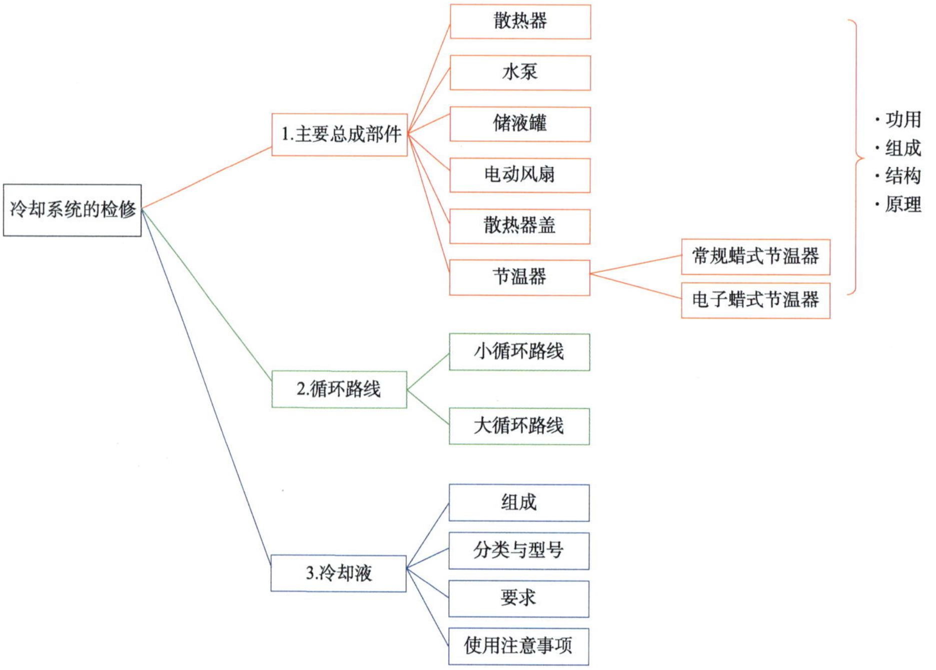

项目八

润滑系统的检修

学习目标

❖ 知识目标

1. 熟悉润滑系统的组成和工作原理。
2. 了解机油的作用、分类及性能指标。
3. 掌握机油泵、机油滤清器等部件的构造和工作原理。
4. 掌握润滑系统常见故障现象及原因。

❖ 技能目标

1. 能够正确更换机油和机油滤清器。
2. 能够检测机油压力。
3. 能够拆卸和安装机油泵等润滑系统部件。
4. 能够判断并修复润滑系统的简单故障。

❖ 素质目标

1. 养成规范操作、注重维修细节的职业素养。
2. 强化润滑系统对发动机长期稳定运行重要性的认识。
3. 培养合理处理废弃机油等污染物的环保意识。
4. 积极探索绿色、高效的润滑解决方案，为我国汽车产业可持续发展贡献智慧。

发动机在工作过程中,内部零件的相对运动表面之间(如曲轴主轴承、活塞与汽缸壁等)必然存在着摩擦。而金属表面之间的摩擦不仅会增加发动机的功率消耗,使零件表面迅速磨损,并且摩擦产生的大量热量可能导致零件表面的烧损,导致发动机不能运转。所以,为了确保发动机正常工作,必须对相对运动零件的表面加以润滑,以减小摩擦阻力,减轻机件的磨损,降低功率消耗,从而延长发动机的使用寿命。

任务一 更换润滑油

1 任务引入

(1)当汽车行驶里程或使用时间达到厂家规定的维护周期时,需要更换发动机润滑油。

(2)当发动机润滑油过脏或变质时,需要更换。

(3)当发动机大修时,需更换润滑油和滤芯。

2 相关理论知识

2.1 润滑油概述

发动机润滑油俗称机油,它是由基础油和添加剂组合加工而成,主要功用是润滑,其构成与功用如图8-1-1所示。

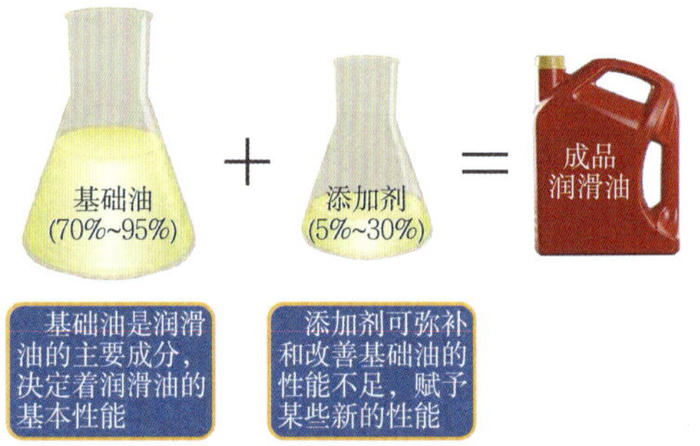

a) 构成

b) 功用

图8-1-1 润滑油的构成与功用

2.1.1 润滑油的减磨机理

发动机中相对运动零部件的接触表面看上去很光滑,但在高倍显微镜下观察这些接触表面却是凹凸不平的。若不对这些表面进行润滑,它们之间会产生强烈的干摩擦而产生金属屑,加剧零件工作表面的磨损。当润滑油进入到摩擦表面时,会在摩擦表面之间形成油膜,实现了液体摩擦,这样大大减轻了零件摩擦表面之间的磨损。

与其他物体一样,润滑油也是由分子组成。这些润滑油分子具有两个重要的工作特性:一是润滑油分子比其他的油分子更容易黏到金属表面上;二是润滑油分子会彼此靠着自由滑动。

如果曲轴和轴承之间有一层油膜，如图 8-1-2 所示（放大），顶层的润滑油分子将黏到曲轴上，底层的润滑油分子将黏到轴承上。当曲轴转动时，内层的润滑油分子彼此靠着滑动，由此作用的液体摩擦比没有油膜的两个金属表面接触滑动时产生的摩擦要小很多。

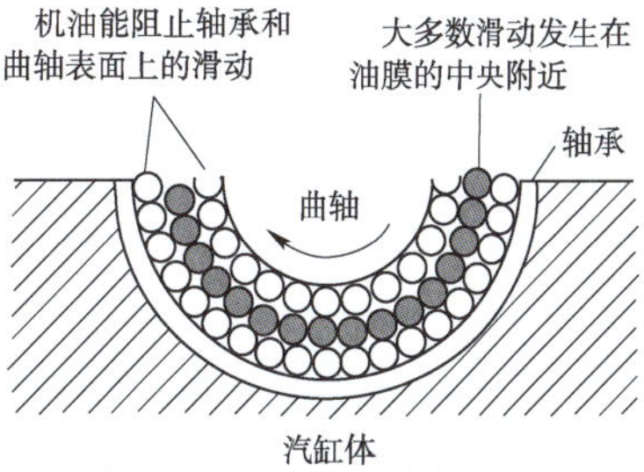

图 8-1-2　润滑油的减磨机理

2.1.2　润滑油的使用性能

1）黏度

润滑油的黏度对发动机性能有很大的影响。黏度过小，在高温、高压下容易从摩擦表面流失不能形成足够厚度的油膜；黏度过大，冷起动困难，润滑油不容易被泵送到摩擦表面。

2）抗氧化性

抗氧化性是指润滑油在储存和使用中抵抗氧化的能力。当润滑油在储存与使用过程中与空气中的氧气接触而发生氧化作用时，润滑油的颜色变暗，黏度增加，酸性增大，并产生胶状沉积物。氧化变质的润滑油将腐蚀发动机零件，甚至破坏发动机的工作。因此，要求发动机润滑油具有良好的抗氧化能力，特别是在高温下的抗氧化能力（热氧化稳定性）。因此，在润滑油中添加有各种抗氧化剂。

3）防腐性

润滑油在使用过程中不可避免地被氧化而生成各种有机酸。这类酸性物质对金属零件有腐蚀作用，可能使铜铅和镉镍一类的轴承表面出现斑点、麻坑或使合金层剥落。为提高润滑油的防腐性，除加深润滑油的精制程度外，还需要在润滑油中添加防腐剂。

4）清净分散性

润滑油的清净分散性是指润滑油分散、疏松和移走附着在零件表面上的积炭和污垢的能力。为使润滑油具有良好的清净分散性，必须在润滑油中添加清净分散剂。

5）抗泡沫性

润滑油在润滑系统中快速循环和飞溅，必然会产生泡沫。如果泡沫太多，或泡沫不能迅速消除，将造成摩擦表面供油不足。因此，要求润滑油有良好的抗泡沫性，一般会在润滑油中添加泡沫抑制剂。

2.1.3　润滑油分类

1）API 使用分类法

我国新的国家标准《内燃机油分类》（GB/T 28772—2012），参照国际通用的 API（美国石油学会）使用分类法。API 品质编制分为汽油机油（以“S”为首字母表示）和柴油机油（以“C”为首字母表示）两种，其中汽油 API 品质编制一般分为 SE、SF、SG、SH（GF-1）、SJ（GF-2）、SL（GF-3）、SM（GF-4）、SN（GF-5）八个等级。SA、SB、SC、SD 等级品质较低，已被淘汰出市场，SN 等级品质最高。“GF”系列代表具有燃油经济性要求的乘用车发动机油，包括 GF-1 至 GF-5 五个质量等级。汽油 API 品质编制是根据机油的工作能力，采用简单的代码来描述发动机机油的。从“SE”一直到“SN”，每递增一个字母，机油的性能就更好，机油中就会有更多用来保护发动机的添加剂。随着环保的要求越来越高，美国石油学会（API）于 2020 年 5 月 1 日发布的 API SP 级是汽油发动机油最高质量等级，适用于国六排放标准车型。

柴油 API 品质被为 CC、CD、CF、CF-2(2 代表二冲程柴油发动机)、CF-4(4 代表四冲程柴油发动机,下同)、CG-4、CH-4、CI-4、CJ-4 九个等级。CA、CB、CD-2、CE 四个等级已被淘汰出市场。

2)SAE 黏度分类法

我国的国家标准《内燃机油黏度分类》(GB/T 14906—2018),采用国际通用的 SAE(美国汽车工程师协会)黏度分类法,将润滑油分为含字母 W 和不含字母 W 两组黏度等级系列。含字母 W 的一组单级内燃机油是以低温起动黏度、低温泵送黏度和 100℃时运动黏度划分黏度等级;不含字母 W 的一组单级内燃机油是以 100℃时运动黏度和 150℃时高温高剪切黏度划分黏度等级。

黏度等级以六个含字母 W 的低温黏度等级号(0W、5W、10W、15W、20W、25W)和八个不含字母 W 的高温黏度等级号(8、12、16、20、30、40、50、60)表示。级号越小,适应的温度越低,其级号越大,适应的温度越高。

另外,为增大润滑油对季节和气温的适应范围,国家标准还规定了多级油的黏度级号,如 5W/30、5W/40、10W/30、20W/40 等多级油,其分子表示低温黏度等级,分母表示 100℃时的运动黏度等级。多级油在油中添加了黏度指数改进剂,能同时满足某 W 级油和非 W 级油的黏度要求,有较宽的温度使用范围。例如,5W/40 既符合 5W 级油黏度要求,又符合 40 级油黏度要求,在全国冬夏季均可通用。多级油中两黏度级号之差应大于等于 15。例如,一个多级油可标为 10W-30 或 20W-40,而不可标为 10W-20 或 20W-20。

3)基础油构成分类法

按基础油构成可分为矿物润滑油、半合成润滑油和全合成润滑油三种。

矿物润滑油是由原油提炼过程中在分馏出有用的轻物质(如航空用油、汽油等)之后残留的塔底油再经过提炼而成的产物。矿物润滑油的价格低廉,但其使用寿命短。

半合成润滑油是在矿物油的基础上经过加氢裂变技术提纯后的产物,它由矿物油、全合成油以 4:6 的比例关系混合而成,其纯度非常接近全合成油,其成本略高于矿物油,是矿物油向全合成油的理想过渡产品。半合成润滑油的更换周期为车辆使用半年或 7500km 更换一次,适用于小排量平顺驾驶的车型,

全合成润滑油是来自原油中的瓦斯气或天然气所分散出来的乙烯、丙烯,再经聚合、催化等复杂的化学反应炼制成大分子组的润滑液。它使用的是原油中较好的成分,加以化学反应,在人为的控制下达到预期的分子形态。分子排列整齐,因此,热稳定性、抗氧化反应、抗黏度变化的能力和清洁发动机方面等均比矿物油和半合成油强,但成本较高。全合成润滑油的更换周期为车辆使用一年或 10000km 更换一次,适合于涡轮增压发动机和高端商务车等。

2.1.4 润滑油牌号与选用

1)润滑油的牌号

润滑油的牌号由使用性能级别代号和黏度级别代号两部分组成。其中,使用性能级别代号是按 API(美国石油学会)使用分类法进行分类的;黏度级别代号是按 SAE(美国汽车工程师协会)黏度分类法进行分类的。例如,API SF/SAE10W—30 其含义为发动机的润滑油

为汽油发动机润滑油，在使用性能上符合 API 的 SF 级的要求，在黏度上符合 SAE 的 10W 和 30 两个黏度等级的要求。

2）润滑油的选用

黏度等级的选用是根据车辆使用地区和环境使用温度来选择的，我国发动机润滑油黏度等级与适用温度范围见表 8-1-1。单级润滑油不可能同时满足低温及高温的要求，因此只能根据当地季节气温适当选用。而多级油的优越性是其黏温性能好、适用温度范围宽，特别是在严寒地区、短途运输、低温起动较多时，其优越性更为明显，故应尽量选用多级油。也可按图 8-1-3 所示进行选用。

发动机润滑油黏度等级与适用温度范围　　表 8-1-1

SAE 黏度级号	适用温度（℃）	SAE 黏度级号	适用温度（℃）
5W/30	-30 ~ 30	20W/20	-15 ~ 20
10W/30	-25 ~ 30	30	-10 ~ 30
15W/30	-20 ~ 30	40	-5 ~ 40 以上
15W/40	-20 ~ 40 以上		

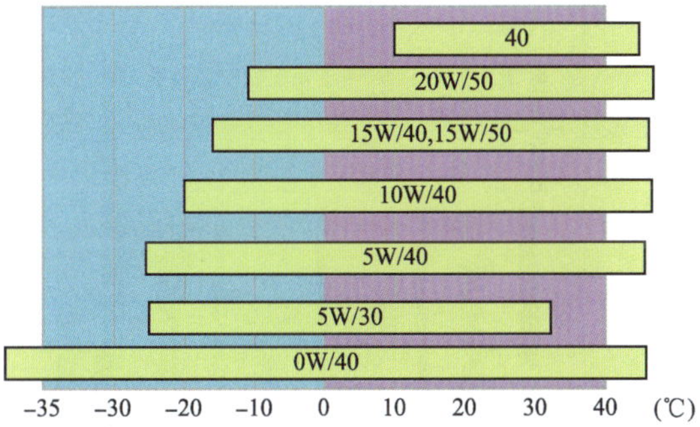

图 8-1-3　发动机润滑油的选择

润滑方式

2.2　发动机的润滑方式

发动机各零件的润滑强度取决于该零件的环境、相对运动速度和承受机械负荷、热负荷的大小。根据润滑强度的不同，发动机润滑系统采用下面几种润滑方式。

2.2.1　压力润滑

压力润滑是利用机油泵，将具有一定压力的润滑油源源不断地送到零件的摩擦面间，形成具有一定厚度并能承受一定机械负荷的油膜，尽量将两摩擦零件完全隔开，实现可靠的润滑。

发动机上一些相对速度高和机械负荷大的零件，都采用这种润滑方式，如曲轴各轴颈与轴承之间、凸轮轴颈与轴承之间、摇臂轴与摇臂之间等部位。采用压力润滑，必须在缸体或者缸盖上设有专门的油道来向这些部位输送润滑油。

2.2.2　飞溅润滑

飞溅润滑是利用发动机工作时某些运动零件（主要是曲轴和凸轮轴）旋转时飞溅起的或从连杆大头上专设的油孔喷出的油滴和油雾，对摩擦表面进行润滑的一种方式。飞溅润滑适合于：暴露的零件表面，如缸壁、凸轮等；相对运动速度较低的零件，如活塞销等；机械负荷较小的零件,如挺柱等。汽缸壁采用飞溅润滑,还可防止由于润滑油压力过高或油量过大而窜入燃烧室,导致发动机工作条件的恶化。

2.2.3 定期润滑

对一些不太重要或分散的部位,采用定期加注润滑脂的方式进行润滑,如发动机水泵轴承、发电机、起动机等总成的润滑,即采用这种方式。

2.2.4 自润滑

近年来也有一些发动机采用了含有耐磨材料轴承(如尼龙、二硫化钼等)来代替加注润滑脂的轴承。这种轴承在使用中不需加注润滑脂,故称为自润滑。

一般汽车发动机的润滑采用复合润滑,既有压力润滑,也有飞溅润滑和定期润滑。

2.3 润滑油路

汽车发动机润滑油路的布置方案大致相同,但由于润滑系统的工作条件和具体结构的不同而略有差异。汽车发动机润滑系统的基本组成和基本油路如图8-1-4所示。

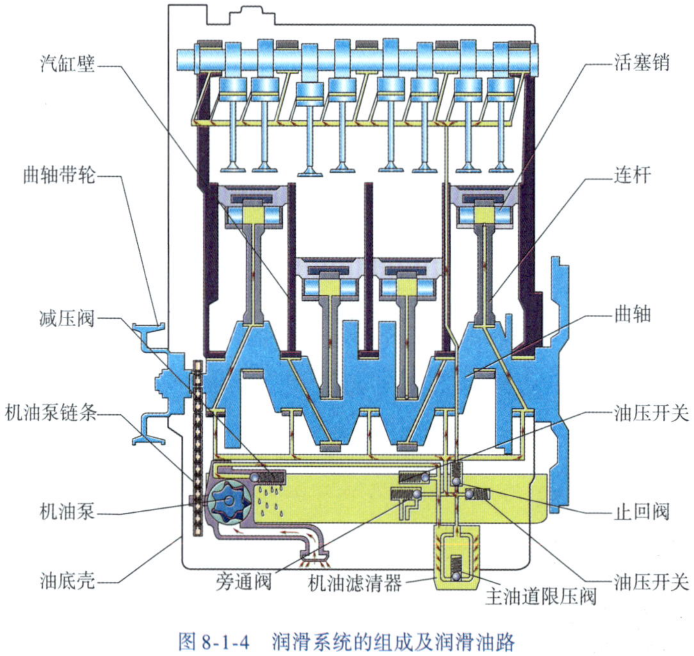

图8-1-4 润滑系统的组成及润滑油路

当发动机工作时,机油泵从油底壳中吸取润滑油,经由机油滤清器过滤后的润滑油在机油滤清器支架内分为三路:一路进入汽缸体主油道,经主油道将润滑油分配到各曲轴主轴承,再由曲轴上的斜油孔通往各连杆轴承,由连杆体上的油孔通往连杆小头衬套;第二路通过安装在机油滤清器上的一个止回阀进入汽缸体,通向汽缸体上平面油道,经汽缸盖的第四个螺栓孔进入汽缸盖主油道,由此将润滑油分配到各凸轮轴轴颈和液压挺柱(止回阀的作用是在发动机停机时能保持汽缸盖油道内存油,防止发动机再次起动时汽缸盖供油不足,导致液压挺柱不能正常工作);第三路通往一个减压阀,油道内的压力过大时该阀打开,将部分润滑油旁通流回油底壳。

在发动机润滑系统的机油滤清器支架上装有两个油压开关,以检测润滑系统的油压大小。同时，为保证系统的正常工作，在润滑油路中还装有两个减压阀（开启压力为 0.35 ~ 0.45MPa），一个减压阀装在机油泵上，另一个减压阀装在机油滤清器支架上。

2.4　机油滤清器

机油滤清器的功用是滤除机油中的金属磨屑、机械杂质和机油氧化物。如果这些杂质随同机油进入润滑系统，将加剧发动机零件的磨损，还能堵塞油管和油道。

机油滤清器按过滤能力分为集滤器、粗滤器和细滤器三种。

2.4.1　集滤器

集滤器多采用滤网式结构，安装于油底壳内机油泵进油管上，其功用是防止较大的杂质进入机油泵。集滤器有浮动式和固定式两种。

固定式集滤器如图 8-1-5 所示，固定式集滤器主要由吸油管、滤网和罩组成。吸油管上端用螺栓与机油泵连接，下端与滤网支座连成一体；罩利用翻边安装在滤网支座外缘凸台上，滤网夹装在支座与罩之间；罩的边缘有 4 个缺口，形成进油通道。当机油泵工作时，润滑油从罩的缺口处经过滤网滤除较大的杂质后，通过吸油管进入机油泵。

图 8-1-5　固定式机油集滤器

与浮动式集滤器相比，固定式集滤器虽然吸入的润滑油的清洁度稍差，但结构简单，并可防止油面上的泡沫被吸入润滑系统，所以被广泛应用。

2.4.2　粗滤器

粗滤器（图 8-1-6）属于全流式滤清器，串联安装于机油泵出油孔与主油道之间的汽缸体外面，以方便维护。

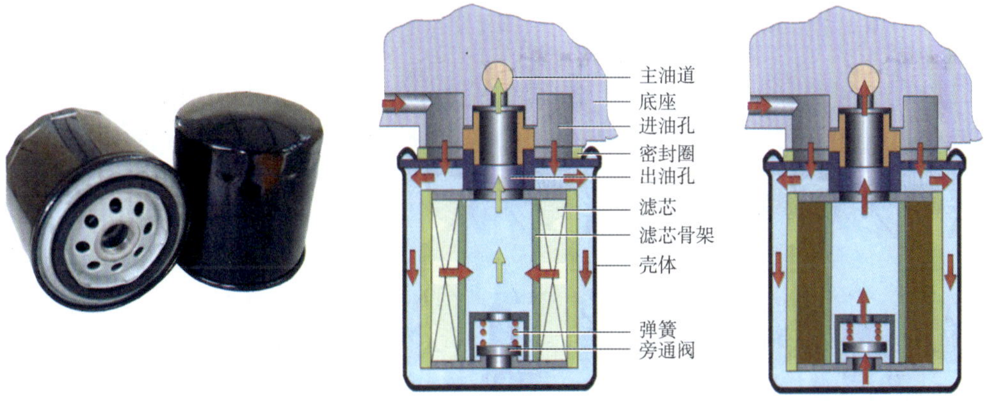

图 8-1-6　粗滤器的结构

2.4.3　细滤器

细滤器用来滤除润滑油中粒度细小（直径为 0.001mm 以上）的杂质。它对润滑油的流动阻力较大，一般与主油道并联，属于分流式机油滤清器。

细滤器可分为过滤式和离心式两种类型。过滤式细滤器存在着滤清与通过能力之间的矛盾,而离心式细滤器具有滤清能力强、通过能力高且不受沉淀物影响等优点,所以车用发动机多采用离心式细滤器。

1)离心式细滤器的组成与结构

离心式细滤器由壳体、转子体、滤清器盖等零件组成,其结构分解如图8-1-7所示。壳体上装有进油限制阀和带中心孔的转子轴,转子轴用推力片锁紧。转子体套在转子轴上,其上下镶嵌着两个铜制衬套,以限定转子体的径向位置。转子体可以绕转子轴自由转动,其下端装有两个按中心对称水平安装的喷嘴。导流罩套装在转子体上,紧固螺母将转子罩与转子体紧固在一起,形成一个空腔,通过导流罩、转子体及转子轴上对应的径向油孔与转子轴中心孔相通。整个转子用外罩盖住,并通过盖形螺母和外罩密封圈将其固定在壳体上。

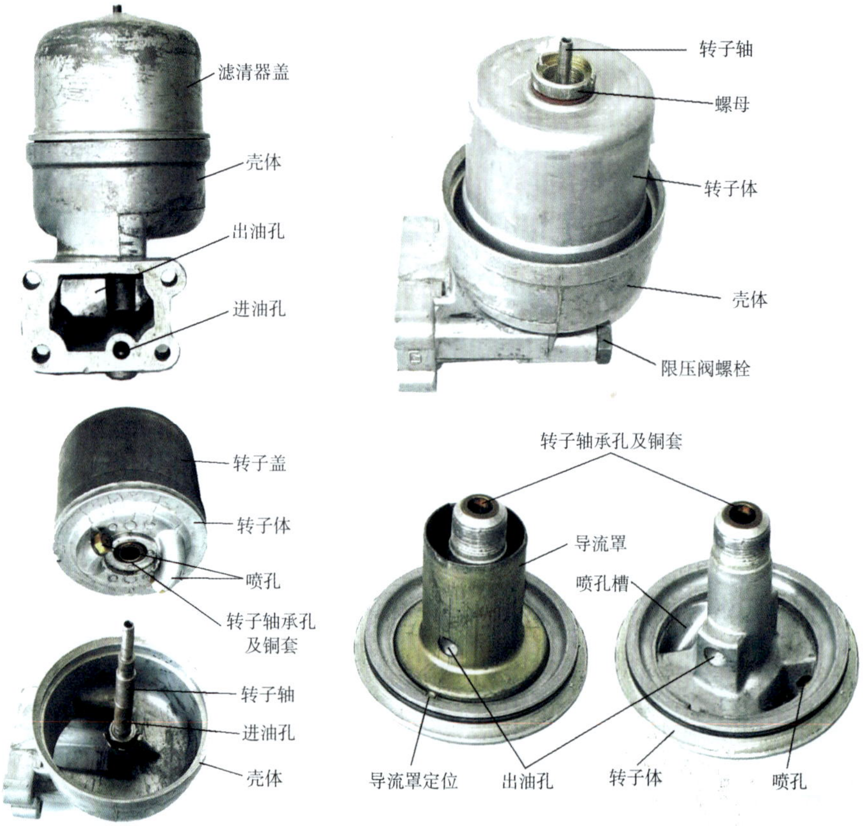

图8-1-7 机油细滤器的结构分解图

2)工作原理

离心式细滤器的工作原理如图8-1-8所示。发动机工作时,从机油泵来的润滑油进入细滤器进油孔,当进油孔压力低于147kPa时,进油限制阀关闭,润滑油不能进入细滤器而全部供给主油道,以保证发动机的可靠润滑;当进油口压力超过147kPa时,进油限制阀开启,润滑油由转子轴中心孔向上经转子轴、转子体、导流罩上对应的油孔流入转子罩内腔后,又经导流罩引导从两个喷嘴向着完全相反的方向喷出,转子体在喷射反作用力的推动下高速旋转。当进油压力为294kPa时,转子体转速可达5500r/min,润滑油中的机械杂质和胶质在离心力的作用下不断被甩向转子罩的内壁上,洁净的润滑油不断从喷嘴喷出,并经出油口流回油底壳。转子体上的喷嘴，也是润滑油限量孔，限制了通过细滤器的出油量。

离心式细滤器滤清能力强，并且不需要滤芯，但它对胶质的滤清效果差。转子上的喷嘴又是机油的限量孔，它保证了通过细滤器的油量为油泵出油量的 10% ~15%。

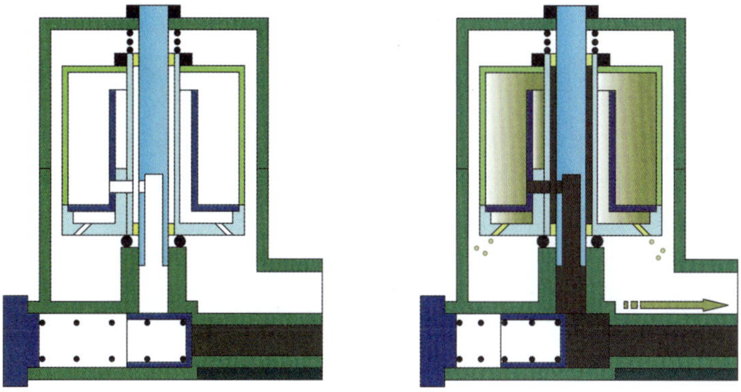

图 8-1-8　机油细滤器的工作原理

3　任务实施

3.1　机油的检查方法

3.1.1　机油存量的检查

检查机油的存量应在起动发动机之前或停机 30min 以后进行，检查之前应将车停在便于机油排放与加注的平坦场地上。将起动开关钥匙拧到关闭位置，把驻车制动杆拉到制动位置，换挡杆放到空挡位置。

打开发动机舱盖，抽出机油尺，将油尺用抹布擦净油迹后再插入导孔，然后拔出查看，油位在上下刻线之间即为合适。如果超出上刻线，应放出少量油；如果低于下刻线，可从加油口处添加机油，待 10min 后，再次检查油位。补充时应严格注意清洁，并检查是否有渗漏现象。

3.1.2　机油质量的检查

在检查油位时，应同时检查机油的质量。检查油尺上的机油，不应有变色（机油变黑除外）的现象。当机油达到使用的间隔里程或达到换油时间时，应及时更换机油。运用“看、闻、捏、想”的方法，可简便、迅速、准确地判断机油是否变质。

1）看

用油尺取两滴机油分别滴在一张洁净的中性滤纸（可临时用白纸替代）和一张塑料纸上，过 10min 左右，仔细观察两滴机油的形状和光泽度。中性滤纸上的油滴已扩散，若扩散斑点周围存在环圈，这是机油含水的特征，环圈数越多，含水量越多。含水量极高时，用油尺取样，油滴呈乳浊状并有泡沫，热机时抽出的油尺表面可发现有蒸发的水珠。塑料纸上的油滴上层颜色若逐渐变得暗淡，甚至完全失去光泽，说明机油内的添加剂已失效。

2）闻

靠近滤纸上的机油扩散斑点闻气味，若闻到有汽油的味道，说明机油里混有汽油。

3)捏

取一滴机油放在食指和拇指间搓捏,若有细粒感,说明机油含杂质较多(如金属磨屑、由空气带进发动机内的灰尘以及汽油燃烧后产生的氧化铅微粒等)。两指分开,机油丝的长度大于3mm,则表明黏度过大。两手指搓捏无滑腻感,手指分开油丝长度小于2mm,则说明机油过稀。

4)想

把发动机近期的有关机械故障和由“看、闻、捏”而知的现象加以联想,便可作出机油是否变质的正确结论。

3.2 准备工作

阅读维修手册,列出所需工具、仪器与设备,制订换油方案,领取备品。

3.3 操作流程

(1)将车停在工位上,发动机处于熄火状态。

(2)记录车辆的基本信息。

(3)装上三件套。

(4)将机油抽净。

(5)更换机油滤清器。

(6)加入新机油。

(7)试运转,检查有无漏油现象,停机检查机油油面高度。

(8)交车。

3.4 操作提示

(1)如采用放油的方式,应用举升器将车辆支承稳固。放油螺塞不可用其他同尺寸螺塞替代。

(2)换机油必须同时换机油滤清器。

(3)在安装新的机油滤清器时,先将机油滤清器灌满清洁的新机油,然后在机油滤清器油封表面均匀地涂上少许的机油。先用手装上机油滤清器,待油封与接合面接合上时,再拧紧,以防损坏螺纹或机油滤清器。

(4)机油的型号不得低于车辆制造商规定的型号。

(5)在换油操作过程中,注意不要让机油滴落到地面上或机器上,否则应及时擦净。

(6)注意废弃物处理规定。

复习与思考题

1. 叙述润滑油的构成和功用。

2. 叙述机油牌号的划分。

3. 解读 API SN SEA SW/40 的含义。

4. 叙述机油滤清器的功用和工作原理。

任务二 更换机油泵

1 任务引入

如出现下列情况之一：

(1)机油压力过低。

(2)机油压力过高。

经分析怀疑是由机油泵的原因引起的，需对机油泵进行检测，视情况更换。

2 相关理论知识

机油泵的功用是把一定量的机油压力升高，强制地将机油压送到发动机各摩擦表面。

机油泵一般安装在曲轴箱内，由曲轴、凸轮轴或中间轴驱动。汽车发动机所用的机油泵有定排量机油泵和变排量机油泵两大类。

2.1 定排量机油泵

2.1.1 外啮合齿轮式机油泵

1)组成与结构

外啮合齿轮式机油泵的结构如图 8-2-1 所示。泵壳用螺栓安装在曲轴箱内第一道主轴承座两侧，泵壳内装有主动轴和从动轴，主动齿轮和从动齿轮分别安装在主动轴和从动轴上。泵盖用螺栓安装在泵壳上，机油泵的进油孔和出油孔均设在泵盖上，带有固定式集滤器的吸油管用螺栓固定在进油孔处，出油管用螺栓固定在机油泵出油孔与发动机机体上的相应油道之间。主动轴的前端伸出泵壳，并用半圆键、锁片和螺母将传动齿轮固定安装在主动轴上。发动机在工作时，通过传动齿轮与曲轴正时齿轮啮合驱动机油泵工作。限压阀安装在机油泵出油孔处，限压阀主要由阀体、球阀、弹簧和弹簧座组成，开口销用来固定弹簧座的位置。

2)工作原理

外啮合齿轮式机油泵的工作原理如图 8-2-2 所示。发动机在工作时，机油泵齿轮按图中箭头所示方向旋转，进油腔的容积因齿轮向脱离啮合的方向转动而增大，进油腔内产生一定的真空度，润滑油便从进油孔被吸入进油腔。随齿轮旋转，轮齿间的润滑油被带到出油腔。由于出油腔内齿轮进入啮合状态使其容积减小，油压升高，润滑油便经出油孔被压送到润滑油道中。发动机在工作时，机油泵不断工作，保证润滑油在润滑系统中不断循环。

齿轮式机油泵的工作原理

为保证齿轮转动的连续性，当前一对轮齿还未脱离啮合时，后一对轮齿已进入啮合，这样在两对啮合轮齿之间的润滑油会因轮齿逐渐啮合而被挤压，产生很高的压力，不仅会增加齿轮转动的阻力，而且此压力通过齿轮作用在主动轴和从动轴上，加剧齿轮和轴的磨损。为此,通常在泵盖上加工有卸压槽,使啮合轮齿间的润滑油流回出油腔。

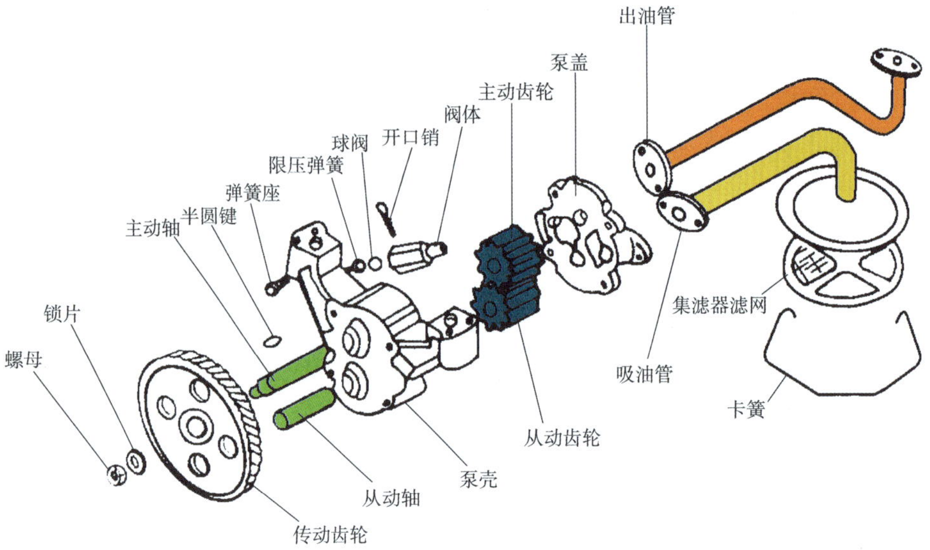

图 8-2-1　外啮合齿轮式机油泵

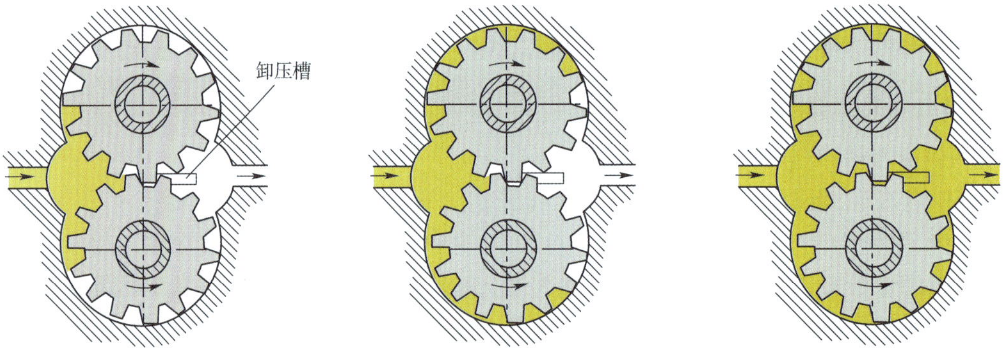

图 8-2-2　外啮合齿轮式机油泵的工作原理

外啮合齿轮式机油泵具有泵油效率高、功率损失小、结构简单、工作可靠等优点,但需要中间传动机构,制造成本较高。

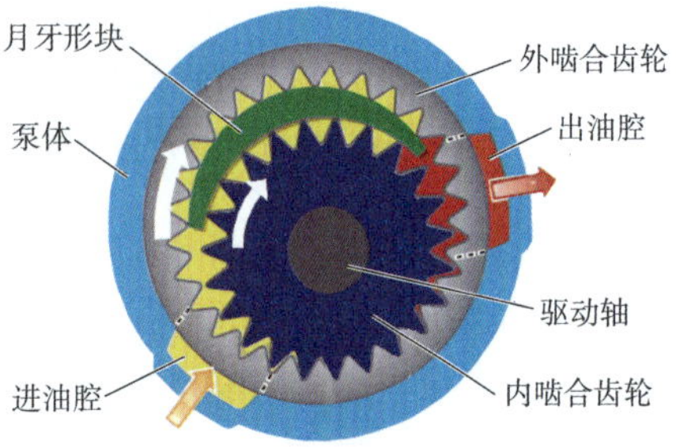

图 8-2-3　内啮合齿轮式机油泵

2.1.2　内啮合齿轮式机油泵

1)组成与结构

有些发动机上采用了内啮合齿轮式机油泵,其结构如图 8-2-3 所示。

2)工作原理

工作时,机油从进油口吸入两齿轮轮齿之间,内啮合齿轮各齿之间带入的机油被推向出油孔,并随着内、外齿间啮合间隙的逐渐减小,使润滑油加压流入油道。若出油孔处机油压力超出正常范围,限压阀开启,部分机油经此阀门进入油底壳,以减小机油泵出油压力。

内啮合齿轮式机油泵具有制造成本低(无须中间传动机构,所需的零件数量少)、占用空间小等优点,但由于内、外齿轮间有一处无用的空间,使机油泵的泵油效率降低。

转子式机油泵的结构

2.1.3　转子式机油泵

1)组成与结构

转子式机油泵的结构如图 8-2-4 所示,主要由泵壳、泵盖、内转子、外转子、转子轴、机油泵链轮、限压阀等零件组成。内转子固定在机油泵转子轴上,其外端装有机油泵链轮。外转子自由地安装在泵壳内,并与内转子啮合传动,泵壳上设有进油孔和出油孔。内、外转子之间有一定的偏心距。一般内转子有 4 个或 4 个以上的凸齿数,外转子的凹齿数比内转子的凸齿数多一个。机油泵用螺栓安装在曲轴箱内,由中间轴通过传动链驱动。

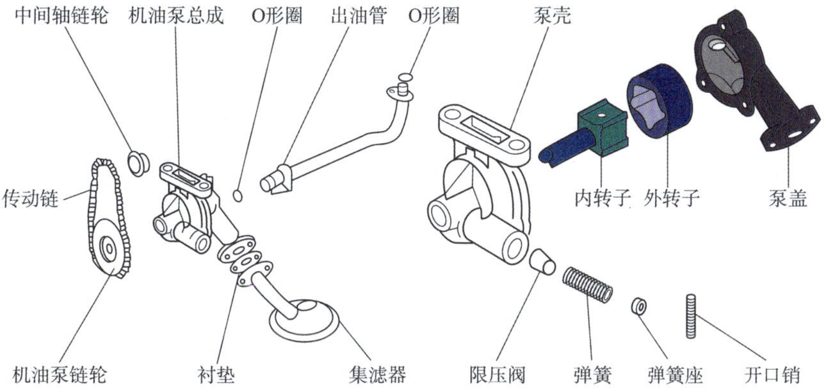

图 8-2-4　转子式机油泵

2)工作原理

转子式机油泵的工作原理如图 8-2-5 所示。当机油泵工作时,转子轴带动内转子旋转,同时带动外转子朝同一方向转动。无论转子转到任何角度,内转子与外转子每个齿的齿形轮廓线上总有接触点,内、外转子间的接触点将外转子的内腔分成 4 个工作腔。内转子与外转子的齿数不同,且存在一定的偏心距,所以在机油泵工作时,4 个工作腔的位置和大小都不断变化。当某一工作腔转过进油孔时,容积增大,产生真空,润滑油经进油孔被吸入工作腔内。当该工作腔转过出油孔时,容积减小,油压升高,润滑油经出油孔被压出。

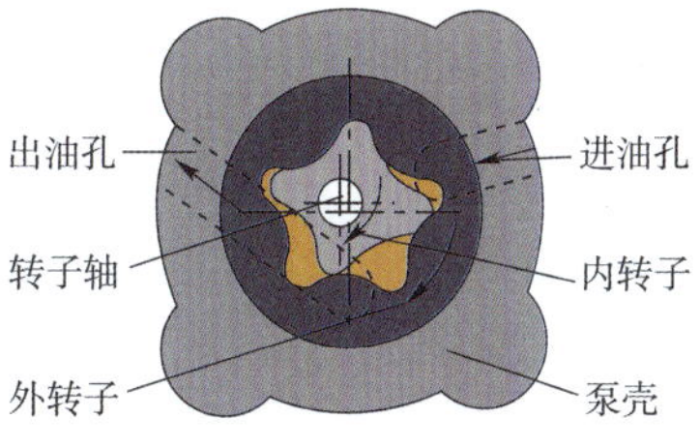

图 8-2-5　转子式机油泵的工作原理

转子式机油泵具有结构紧凑、供油量大且油压均匀、工作噪声小、吸油真空度高等优点。当机油泵安装在曲轴箱以外或安装位置较高时,采用转子式机油泵比较合适。但内、外转子啮合表面的滑动阻力比齿轮泵大,功率消耗较大。

2.2　变排量机油泵

目前,汽车发动机润滑系统所采用的变排量机油泵都是通过改变泵腔的有效泵油容积来改变机油泵的供油量,所以,它们都属于容积可变式机油泵。容积可变式机油泵有齿轮式、叶片式和滑阀式三种。

2.2.1 齿轮式变排量机油泵

1)组成与结构

齿轮式变排量机油泵主要由驱动齿轮、可移动的从动齿轮、控制活塞、冷起动阀(又称减压阀)、止回阀等组成,其结构如图8-2-6所示。机油泵与控制阀之间的控制油路如图8-2-7所示。

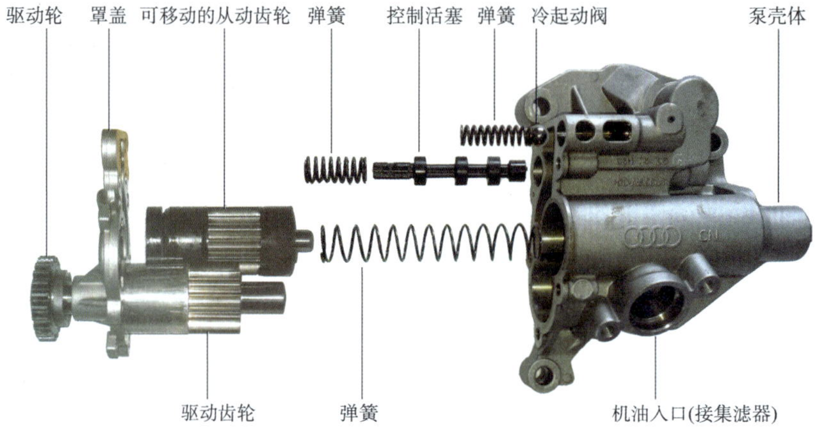

图8-2-6 大众齿轮式变排量机油泵的结构

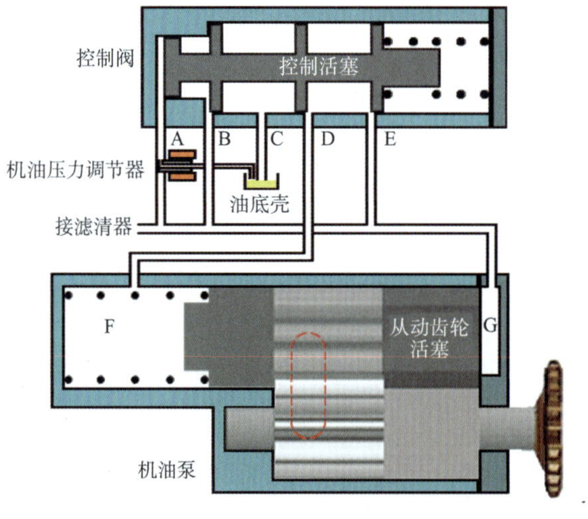

图8-2-7 大众齿轮式变排量机油泵的控制油路

2)工作原理

大众车系的齿轮式变排量机油泵采用两个不同的压力。低压力设定值约为0.18MPa(相对)。当发动机转速达到约3500r/min时就切换到高压力设定值,压力约为0.33MPa(相对)。机油压力的调节是通过调节泵齿轮的供油量来实现的。这样就可以按机油冷却器和机油滤清器下游所需要的机油压力来精确地供给机油。

机油供油量的调节是通过从动齿轮的轴向移动来实现的。当主、从动齿轮正对着,供油量最大。如果从动齿轮移动量越大,齿轮的泵油容积就越小,其供油量就越小。

当发动机起动时，机油泵开始供油，由滤清器过滤后的一小部分机油经 B、E 孔进入控制阀和机油泵被动齿轮两端的油腔内。同时，发动机控制单元激活机油压力调节阀，使通往控制阀 A 孔的供油油道被打开，此时机油泵以最大供油能力来供油，直至达到低压力设定值（约 0.18MPa），如图 8-2-8 所示。

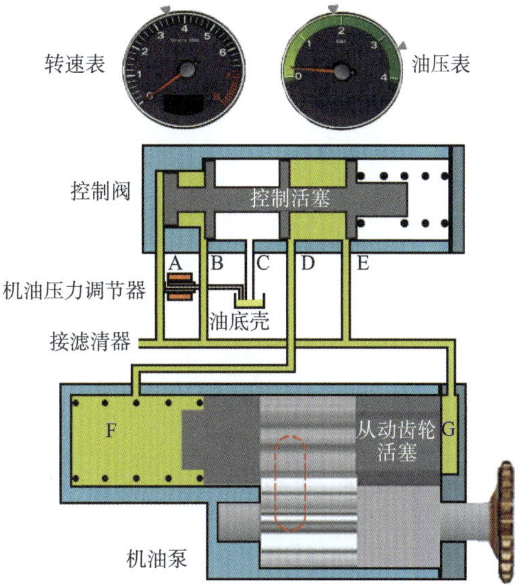

图 8-2-8　发动机起动时的状态

发动机起动后，随着转速升高，机油压力也随之增高，这就使作用在控制阀各个面上的机油压力之和大于弹簧的弹力，控制活塞压缩弹簧向右（朝向弹簧方向）移动，机油泵 F 腔的供油油路被逐渐关闭，泄压油路被逐渐打开，F 腔内的机油经 D 孔、C 孔流回至油底壳，如图 8-2-9 所示。这时，从动齿轮活塞在 G 腔机油压力的作用下，克服弹簧的弹簧力，带动从动齿轮相对主动齿轮向 F 腔方向移动，使主、从动齿轮的啮合齿长变短，泵的供油量随之减小，并与机油冷却器和机油滤清器下游所需要的机油压力相匹配。通过调节供油量，使机油压力保持在一个相对稳定的水平。

在发动机转速接近 3500r/min 时（即在切换到高压力设定值前），从动齿轮被移动到最左侧，即从动齿轮达到了最大移动量，机油压力被限制在 0.18MPa 左右，如图 8-2-10 所示。

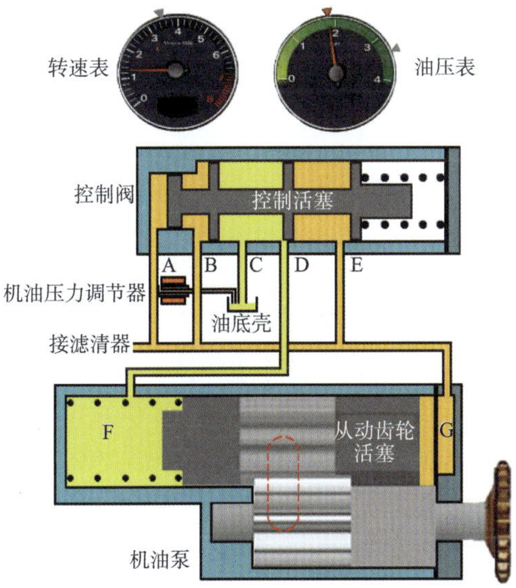

图 8-2-9　发动机低速运转时的状态

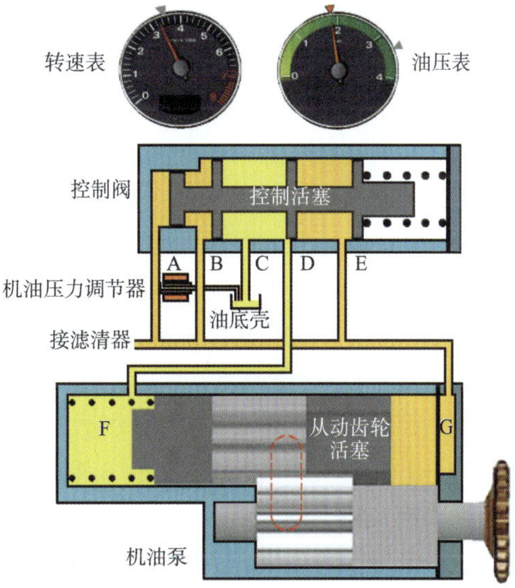

图 8-2-10　切换高压力设定值前的状态

当发动机的转速达到约 3500r/min 时，机油泵被从低压力状态切换到高压力状态。此时，发动机控制单元断开机油压力调节阀的控制电路，使其关闭，控制阀孔 A 的供油油路被切断，泄压油路被接通。这时，由于控制活塞的一个作用面（A 孔面）不再有机油压力作用，弹簧弹力便起主导作用,推动控制活塞向左(背离弹簧方向)移动,通向泵 F 腔的泄压油道被逐渐关闭,供油油道被逐渐打开,机油流入 F 腔。因从动齿轮两端的活塞作用面均有相同压力的机油作用,从动齿轮便在弹簧弹力的作用下向右(朝向 G 腔方向)移动,直至主、从动齿轮两个端面再次相互平齐(即初始状态)为止,如图 8-2-11 所示。泵即以最大供油能力运行,从动齿轮保持在该位置,直至机油压力达到约 0.33MPa。在此期间,通过高机油压力维持控制活塞与弹簧的平衡关系。

当发动机转速继续升高时,从动齿轮就又开始移动(就像低压状态时那样),如图 8-2-12 所示。机油压力开关 F22(在机油滤清器模块上)切换到高压力设定值此时,机油压力调节阀仍保持关闭状态,直至机油压力达到约 0.33MPa。机油压力和调节弹簧力平衡后,高压保持在相对恒定的水平。

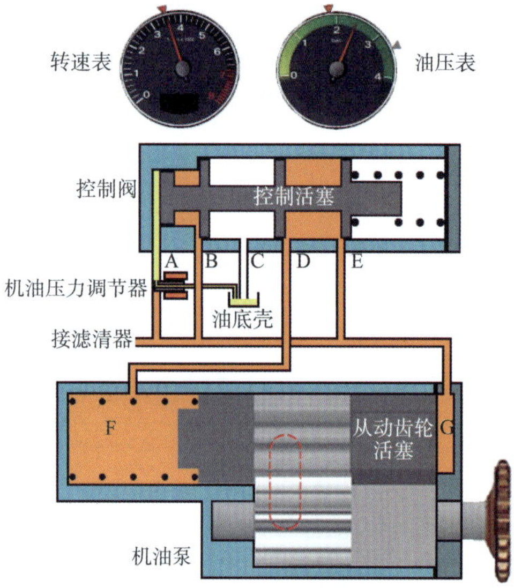

图 8-2-11　最大供油能力状态

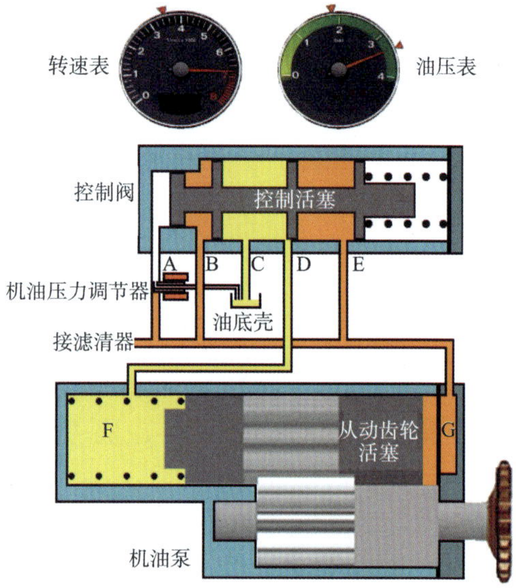

图 8-2-12　高压状态下的压力调节

2.2.2　叶片式变排量机油泵

1)组成与结构

叶片式变排量机油泵主要由转子、调节环、叶片、轴承、控制弹簧、壳体等组成,其结构如图 8-2-13 所示。该机油泵与普通叶片式机油泵的主要区别是它增加了一个调节环,这个调节环可以沿泵的轴承做小角度摆动,改变调节环的偏心率,来调整泵的排量。调节环摆动的方向取决于作用在调节环上的 A、B 两腔机油压力及控制弹簧张力的合力的大小与方向。因 A、B 两腔均在轴承的一侧,故作用在配流面 1、2 上的机油压力作用在调节环上,以使调节环逆时针摆动,而控制弹簧张力作用在调节环上,以使调节环顺时针摆动。

2)工作原理

发动机在运转时,A 腔始终与发动机的主油道相通,机油压力始终作用在配流面 1 上 。

当发动机转速低时,ECU 将电磁阀控制电路的搭铁导通,电磁阀打开通往 B 腔的油道,机油流入 B 腔。这时 AB 两腔的机油压力(压力是相同的)作用在配流面 1、2 上,由此产生的力大于控制弹簧张力,使调节环绕轴承逆时针摆动,调节环的中心移向叶片泵轴中心(即偏心率小),缩小了叶片间的供油腔,油泵排量最小,如图 8-2-13a)所示。

当发动机转速超过 2500r/min 或转矩超过 350N · m(全负荷)时,ECU 将电磁阀控制电路的搭铁断开,电磁阀停止工作,通向 B 腔的机油通道被切断,B 腔中的机油经泄压油道泄压。来自发动机主油道的机油只进入 A 腔,A 腔的机油压力作用在配流面 1 上,该压力小于控制弹簧张力,使调节环绕轴承顺时针摆动,调节环的中心移离叶片泵轴的中心(即偏心率大),增大了叶片间的供油腔,油泵排量最大,如图 8-2-13b)所示。

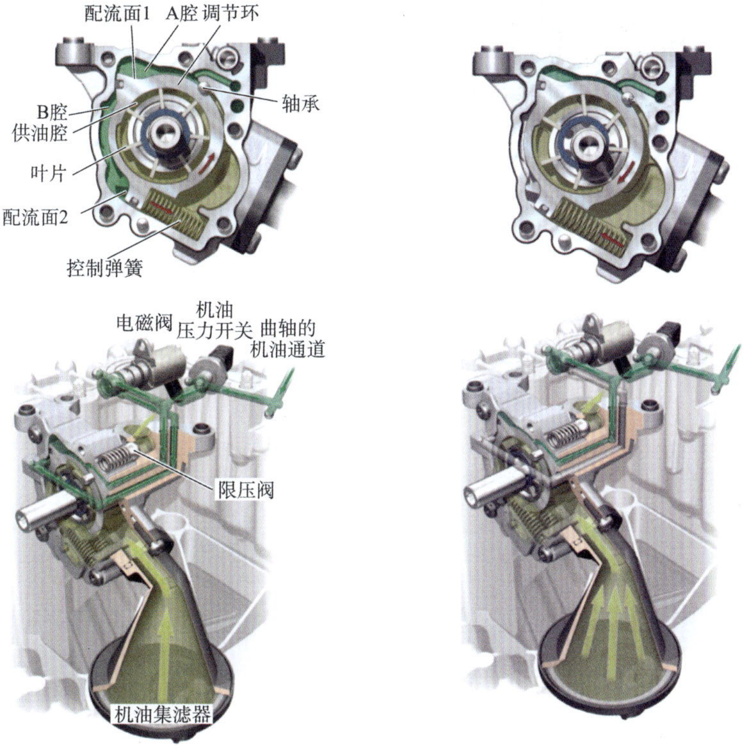

a) 发动机转速低时　　b) 发动机转速高时

图 8-2-13　叶片式变排量机油泵的结构与工作原理

2.2.3　滑阀式变排量机油泵

1)组成与结构

宝马 N20 发动机采用的滑阀式变排量机油泵主要由滑阀、滑阀弹簧、外转子、内转子、摆杆、紧急阀等组成,其结构如图 8-2-14 所示。

内外转子装于滑阀腔内,内转子通过摆杆与外转子连接。滑阀装在泵体的腔内,并把泵体腔分隔成四个腔室,即进油腔、出油腔、调节油室和弹簧腔。滑阀在泵体腔内在油压和弹簧弹力的作用下沿弹簧轴向方向往复移动,以此改变外转子与内转子的偏心率,改变泵的排量。机油泵安装在平衡轴箱内,由平衡轴驱动。

为了使机油泵供油量的调节更加精准,宝马 N20 发动机采用了两个阀对机油泵的供油调节进行控制。一个是特性曲线调节阀(电磁阀),它安装在发动机左侧底板内,主油道的机油可通过该阀输送到机油泵内的调节油室;另一个阀是紧急阀,又称二级调节阀(SLR),它是一个纯液压阀,安装在机油泵壳体内,其结构与机油泵的简化机油回路如图 8-2-15、

图 8-2-16所示。

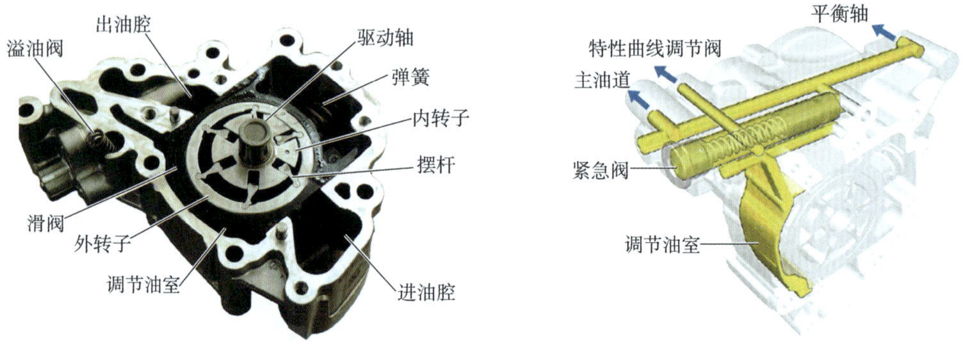

图 8-2-14　宝马 N20 发动机滑阀式变排量机油泵的结构

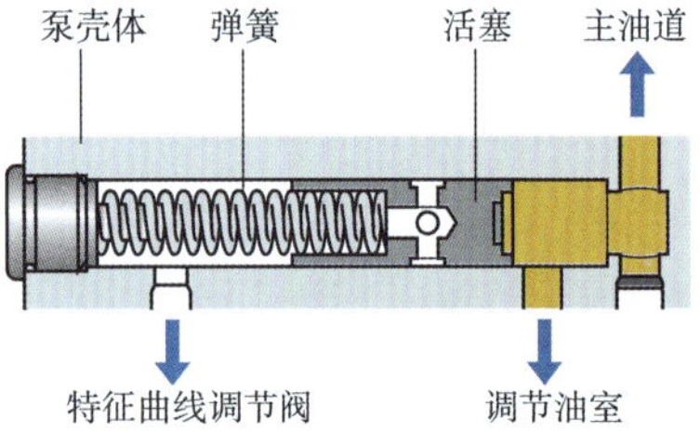

图 8-2-15　紧急阀

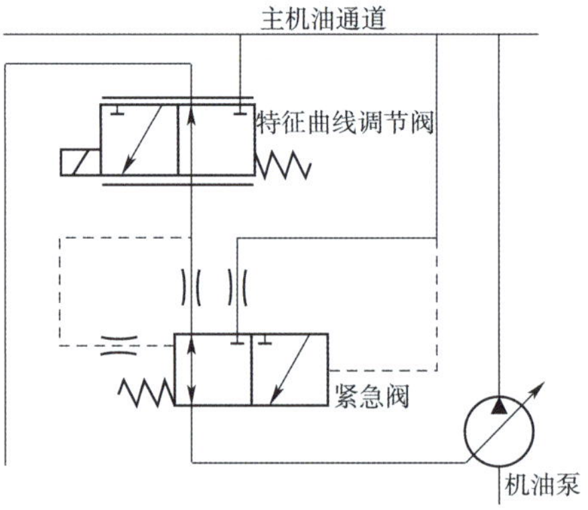

图 8-2-16　宝马 N20 发动机机油泵简化机油回路

2)工作原理

滑阀位置取决于调节油室内的机油压力,该压力可使滑阀克服弹簧力而移动。如果该压力较小,那么滑阀就会偏离轴线中心的位置,此时输送功率较高。如果该压力较大,那么滑阀就会逐渐压向轴线中心,此时输送功率降低,如图 8-2-17 所示。

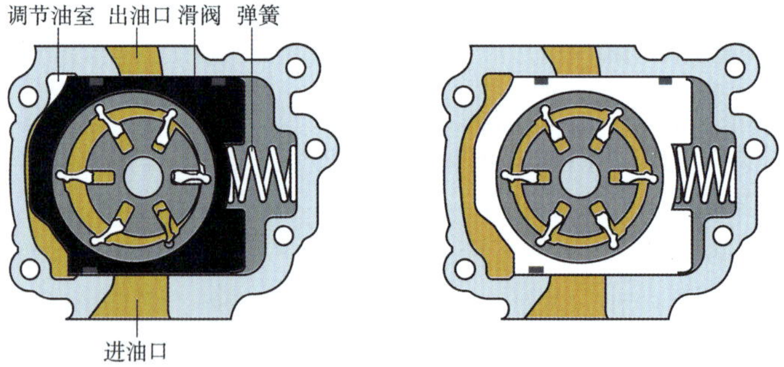

a) 最大功率状态　　b) 最小功率状态

图 8-2-17　滑阀机油泵的机油调节原理

(1)特性曲线调节模式。特性曲线调节分两级调节,第一级是通过特性曲线调节阀进行调节,第二级是通过紧急阀进行调节。

机油泵在特性曲线调节模式下,紧急阀的活塞处于极限位置,需要移动活塞时必须存在可以克服0.55MPa弹簧力的过压。这在特性曲线调节模式下不可能出现，因为系统内的最大调节压力为0.45MPa。在这种情况下，紧急阀由特性曲线调节阀向机油泵调节油室方向开启，如图8-2-18所示。

通过这种方式可使机油泵调节油室内的压力直接由特性曲线调节阀决定，从而控制机油泵的输送功率。特性曲线调节方式是机油系统标准运行模式，在这个模式下机油压力为$(1.5\sim4.5)\times10^5$Pa。如果系统内没有任何故障且运行条件没有高于或低于特定数值，就会始终执行这种模式。

(2)紧急运行模式。紧急阀是特性曲线调节的第二级，它是一种基本运行模式。在特性曲线阀关闭时，紧急阀内弹簧侧空间就会失去压力，因此活塞只承受朝向弹簧侧的压力。在切换紧急阀时，需要5.5×10^5Pa的压力，由此将压力从主机油通道直接引入至机油泵调节油室内。通过这种方式可使机油压力限制为最大5.5×10^5Pa，低于该限值时在紧急运行模式下不会进行任何调节，如图8-2-19所示。

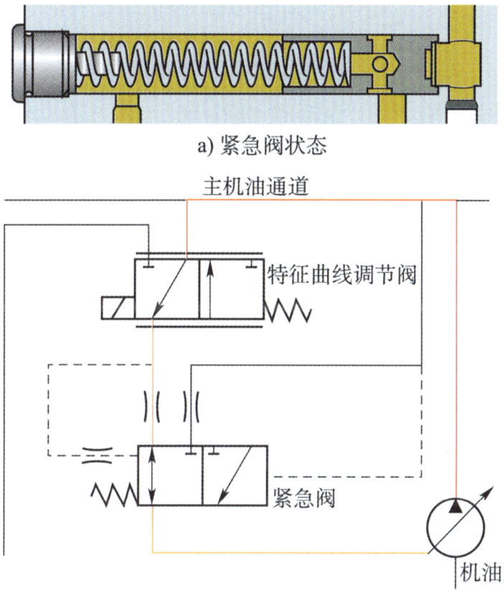

b) 机油的油路控制

图8-2-18　特性曲线调节模式

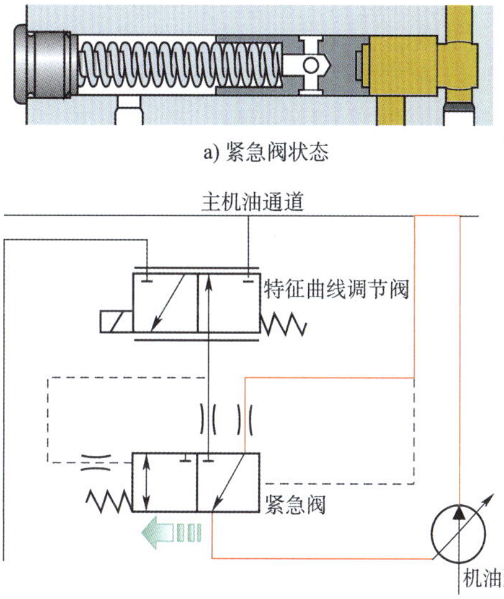

b) 机油的油路控制

图8-2-19　紧急运行调节模式

特性曲线调节阀在未通电状态下关闭，因此，在特性曲线调节阀失效的情况下(如调节阀损坏、机油压力传感器损坏、车外温度低于-20℃、机油或冷却液温度较高等)，系统自动进入紧急运行模式，并将压力限制为最大值5.5×10^5Pa。

3　任务实施

3.1　机油泵的检修

3.1.1　齿轮泵的检修

齿轮式机油泵在使用中，主动齿轮与从动齿轮、轴与轴孔、齿轮顶与泵壳、齿轮端面与泵盖均会产生磨损，造成机油泵供油量减少和供油压力降低等。

(1)齿轮与泵壳径向间隙的检查。拆下泵盖，在齿轮上选一与啮合齿相对的轮齿，用厚薄规测量齿顶与泵壳间的间隙,如图8-2-20所示。然后转动齿轮,用相同的方法测量其他轮齿与泵壳间的间隙,若径向间隙超过允许极限值,应更换机油泵总成。

(2)齿轮端面间隙的检查。用千分尺检查齿轮端面与壳体平面之间的间隙,如图8-2-21所示。所测值加上泵盖垫片厚度即为齿轮端面与壳体平面之间的间隙,该间隙值应符合规定值。如不符合,可通过增减垫片厚度的方法来调整。

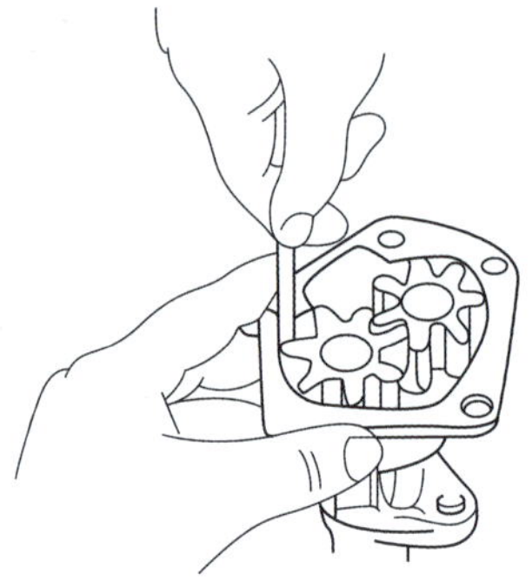

图8-2-20　齿轮与泵壳径向间隙的检查

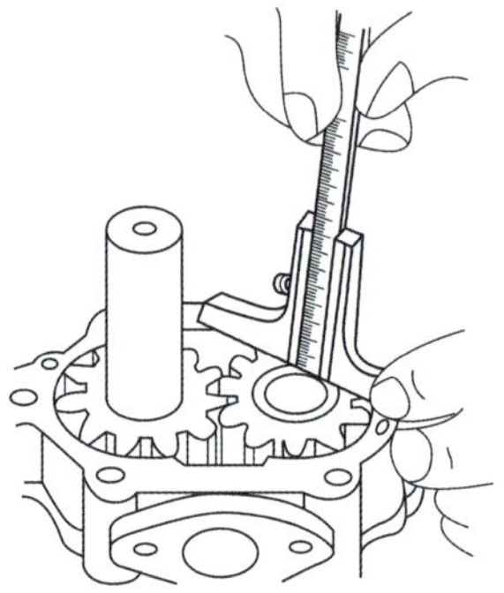

图8-2-21　齿轮端面间隙的检查

(3)检查齿轮啮合间隙。拆下泵盖,用厚薄规测量主动齿轮与从动齿轮啮合一侧的齿侧间隙,如图8-2-22所示。若超过允许极限值,应更换机油泵总成。

(4)主动轴与轴孔配合间隙的检查。分别测量机油泵主动轴直径、泵体上主动轴孔径,并计算其配合间隙。若配合间隙超过允许极限值,应进行修复或更换新件。

(5)从动轴与衬套孔配合间隙的检查。分别测量机油泵从动轴直径及其衬套孔径,并计算其配合间隙,若配合间隙超过允许极限值,应更换衬套。

(6)机油泵限压阀的检查。限压阀常见故障是发卡而导致机油压力过高或过低,检查时,拆下限压阀,清洗阀孔和阀体,将限压阀钢球(或柱塞)装入阀孔,移动时应灵活无卡滞现象。在实验台上检查限压阀的开启压力,应符合标准。

3.1.2　转子式机油泵的检修

(1)转子轴与轴孔配合间隙的检查。分别测量机油泵转子轴直径和泵壳上的轴孔内径,并计算其配合间隙。若配合间隙超过允许极限值,应更换机油泵总成。

(2)外转子与泵盖配合间隙的检查。如图8-2-23所示,拆下泵盖,用厚薄规测量外转子与泵壳之间的间隙,若超过允许极限值,应更换机油泵总成。

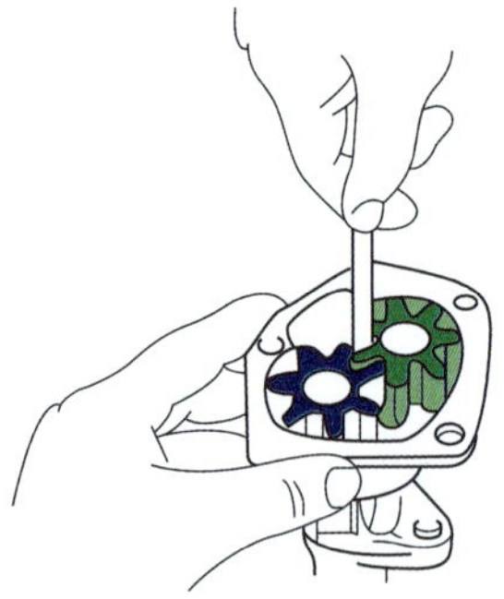

图8-2-22　齿轮啮合间隙的检查

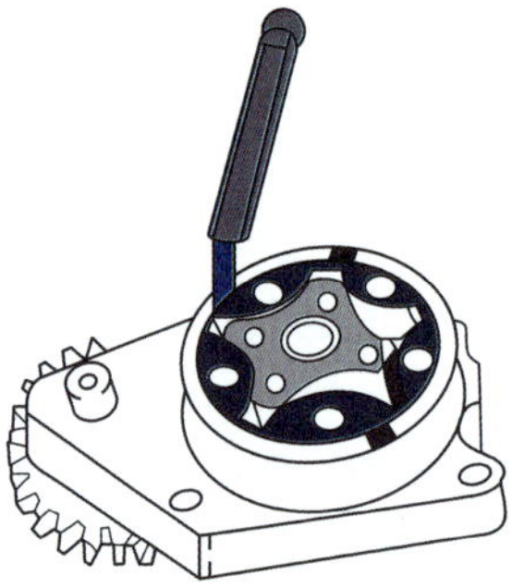

图8-2-23　外转子与泵盖间隙的检查

(3)内转子与外转子啮合间隙的检查。如图8-2-24所示,拆下泵盖,用厚薄规测量内转子与外转子啮合间隙,若超过允许极限值,应更换机油泵总成。

(4)转子端面与泵盖轴向间隙的检查。如图 8-2-25 所示,拆下泵盖,用厚薄规和直尺测量转子端面与泵盖轴向间隙,若超过允许极限值,应更换机油泵总成。

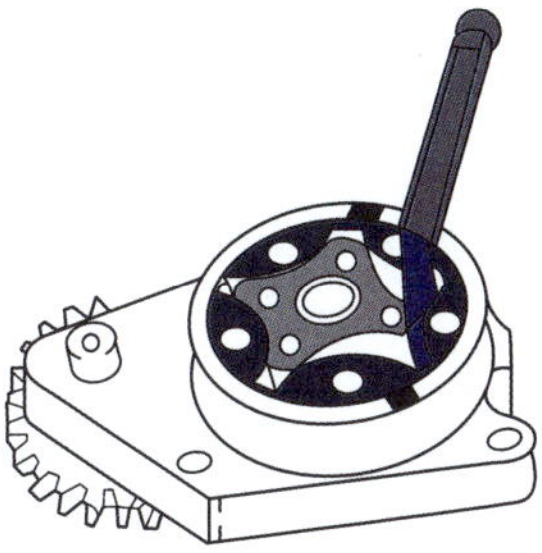

图 8-2-24　内外转子啮合间隙的检查

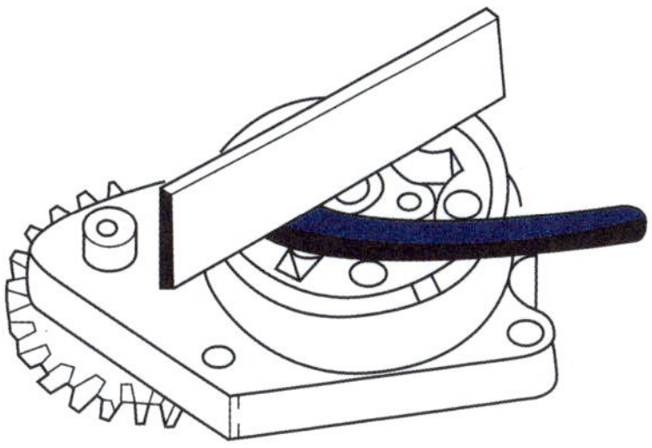

图 8-2-25　转子端面与泵盖

3.1.3　机油泵的装配与调试

机油泵在装配时,应边安装边复查各部位配合间隙,尤其是要复查机油泵齿轮或转子端面与泵盖的轴向间隙,此间隙过大,机油泵工作时,润滑油会从此间隙漏出,使供油压力降低。

机油泵装配后应进行调试。简便的方法是:将进油口浸入清洁的润滑油内,用手转动机油泵轴,润滑油会从出油口流出来,用拇指堵住出油口,会有压力感,且泵轴转动困难。如条件允许,最好在试验台上对机油泵的泵油量和泵油压力进行测试。

装配时要注意,涂密封胶 30min 后再加注机油。

3.2　准备工作

阅读维修手册,列出更换机油泵所需工具及设备,制订更换方案,领取备品。

3.3　操作流程

(1)将车停放在工位上,并熄火。

(2)装上三件套。

(3)用举升机将车辆支承稳固。

(4)放尽润滑油。

(5)拆卸油底壳。

(6)拆卸机油泵。

(7)装复过程与拆卸过程相反。

3.4　操作提示

(1)注意废弃物处理规定。

(2)注意密封胶的有效期。

(3)必须在敷涂密封胶 5min 内安装油底壳。

(4)密封胶不应敷涂得太厚,否则,多余的密封胶会进入油底壳堵塞滤网。

(5)安装油底壳后,必须等密封胶干燥之后(大约需要 30min)才可注入机油。

复习与思考题

1. 叙述机油泵的功用。
2. 叙述定排量齿轮式机油泵的结构和工作原理。
3. 叙述定排量转子式机油泵的结构和工作原理。
4. 叙述变排量齿轮式机油泵的结构和工作原理。
5. 叙述变排量叶片式机油泵的结构和工作原理。
6. 叙述变排量滑阀式机油泵的工作原理。

知识点思维导图

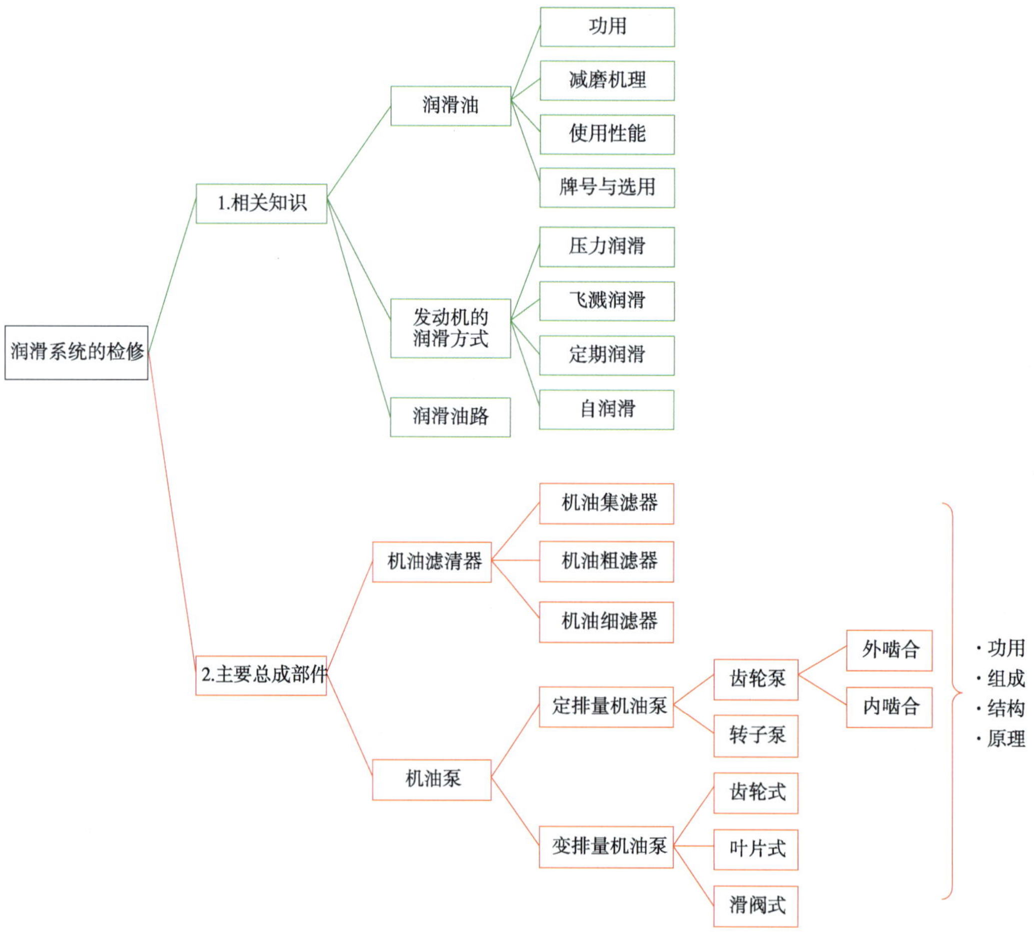

参考文献

[1] 于海东. 透视图解汽车构造·原理与拆装[M]. 北京:化学工业出版社,2017.
[2] 陈新亚. 画解宝马[M]. 北京:机械工业出版社,2011.
[3] 陈新亚. 汽车为什么会跑:发动机图解[M]. 北京:机械工业出版社,2015.
[4] 陈新亚. 画解奥迪[M]. 北京:机械工业出版社,2011.
[5] 王林超,杨秀红. 电控燃油喷射装置图册[M]. 北京:人民交通出版社,2006.
[6] 陈文华. 汽车发动机构造与维修[M]. 北京:人民交通出版社,2001.
[7] 汤定国. 汽车发动机构造与维修[M]. 2 版. 北京:人民交通出版社,2011.
[8] 解福泉. 汽车典型电控系统构造与维修[M]. 北京:人民交通出版社,2011.
[9] 阙广武. 汽车发动机新技术入门[M]. 北京:中国电力出版社,2009.
[10] 李百华. 汽车发动机电控技术[M]. 北京:人民邮电出版社,2009.
[11] 安宗权. 汽车发动机电控系统维修[M]. 北京:人民邮电出版社,2009.
[12] 张建俊. 汽车诊断与检测技术[M]. 3 版. 北京:人民交通出版社,2012.
[13] 赵培全,景艳,张颂. 车用柴油机电控技术[M]. 北京:机械工业出版社,2019.
[14] 张秋霞. 汽车发动机构造与检修[M]. 2 版. 北京:清华大学出版社,2025.
[15] 王雷. 汽车发动机构造与检修[M]. 2 版. 北京:人民交通出版社股份有限公司,2024.